Melanie Klein I

Coleção Estudos
Dirigida por J. Guinsburg

Equipe de realização – Tradução: Marise Levy, Noemi Moritz Kon, Belinda Piltcher Haber e Marina Kon Bilenky; Revisão: J. Guinsburg; Revisão de provas: Attílio Cancian e Plinio Martins Filho; Produção: Ricardo W. Neves e Sergio Kon.

Jean-Michel Petot

MELANIE KLEIN I
**PRIMEIRAS DESCOBERTAS E
PRIMEIRO SISTEMA 1919-1932**

 PERSPECTIVA

Título do original em francês
Mélanie Klein – premières découvertes et premier système
1919-1932

Copyright © Bordas, Paris 1979

Dados Internacionais de Catalogação na Publicação (CIP)
(Câmara Brasileira do Livro, SP, Brasil)

Petot, Jean-Michel
Malanie Klein I : primeiras descobertas e primeiro
sistema, 1919-1932 / Jean-Michel Petot ; [tradução
Marise Levy]. – São Paulo : Perspectiva, 2008. – (Estudos ; 95 / dirigida por J. Guinsburg)

Título original: Mélanie Klein : premières découvertes et premier système, 1919-1932.
2ª reimpr. da 2. ed. de 2001
Bibliografia.
ISBN 978-85-273-0261-6

1. Klein, Melanie, 1882-1960 2. Psicanálise I.
Guinsburg, J. II. Título. III. Série.

05-3793   CDD-150.195

Índices para catálogo sistemático:
I. Psicanálise kleiniana 150.195

2ª edição – 2ª reimpressão
[PPD]

Direitos reservados em língua portuguesa à
EDITORA PERSPECTIVA LTDA.
Av. Brigadeiro Luís Antônio, 3025
01401-000 São Paulo SP Brasil
Telefax: (011) 3885-8388
www.editoraperspectiva.com.br

2019

Para Jacqueline Lenoir

Sumário

O Pensamento de Melanie Klein e da Escola Kleiniana:
A Contribuição de Jean-Michel Petot – *Elias Mallet
da Rocha Barros* IX

PREFÁCIO XXI

1. A GÊNESE E O SURGIMENTO DA VOCAÇÃO PSICANALÍ-
TICA DE MELANIE KLEIN 1

1. A Infância e a Juventude de Melanie Klein 1
  1.1. O Encontro com a Psicanálise 2
  1.2. Os Anos Berlinenses... 7

2. A Educação Psicanalítica de Fritz-Erich 11
  2.1. A Questão da Identidade do Pequeno Fritz....................... 11
  2.2. Os Objetivos Pedagógicos Iniciais de Melanie Klein 14
  2.3. O Desenvolvimento de Erich antes de 1919..................... 17
  2.4. A Primeira base da Educação Sexual 18
  2.5. Segundo Período de Educação Pat analítica..................... 22
  2.6. O Terceiro Período e a Primeira Análise 25
  2.7. O Quarto Período e a Segunda Análise 27
  2.8. As Lições da Educação e da Análise de Erich 31

2. O SISTEMA PROTOKLEINIANO... 37

1. A Psicanálise de Félix (1921-1924) 37
2. Os Elementos Teóricos Implícitos na Abordagem Clínica de
  Melanie Klein antes de 1923 42
3. O Lugar da Inibição no Processo Defensivo 49

4. A Gênese das Sublimações Primárias e o Sistema
Protokleiniano...... 58
5. O Normal e o Patológico no Sistema Protokleiniano...... 70
6. O Papel do Sistema Protokleiniano na Obra Kleiniana...... 73

3. A DESCOBERTA DA TÉCNICA DO BRINCAR E SUAS
CONSEQUÊNCIAS 79

1. O Novo Estilo da Criatividade de Melanie Klein...... 79
2. A Psicanálise de Rita...... 82
3. A Descoberta da Técnica do Brincar...... 88
4. Um Precursor da Concepção Kleiniana do Brincar: Sigmund
Pfeifer...... 90
5. A Utilização do Brincar no Tratamento Educativo e Curativo
de Hermine von Hug-Hellmuth...... 91
6. A Originalidade da Invenção Kleiniana da Técnica do Brincar 94
7. A Originalidade da Técnica Kleiniana da Interpretação...... 97
8. O Surgimento da Teoria Kleiniana da Transferência...... 100
9. Os Ensinamentos Teóricos da Análise de Rita.
Da Ansiedade à Culpa Edipiana...... 106
10. A Descoberta das Fantasias Sádicas Pré-Genitais...... 110
11. Sadismo e Superego Arcaico...... 115
12. O Complexo de Édipo Arcaico da Menina...... 120
13. O Complexo de Édipo Arcaico do Menino...... 127

4. DO APOGEU DO SADISMO AOS MECANISMOS
DE REPARAÇÃO 133

1. Os Primeiros Anos Londrinos de Melanie Klein...... 133
2. A Teoria do Desenvolvimento...... 136
3. A Psicose Infantil...... 153
4. Projeção, Clivagem, Introjeção 170
5. A Descoberta dos Mecanismos de Reparação...... 193

BIBLIOGRAFIA...... 213

O Pensamento de Melanie Klein e da Escola Kleiniana: A Contribuição de Jean-Michel Petot

ELIAS MALLET DA ROCHA BARROS*

É voz corrente entre psicanalistas que a leitura de Melanie Klein é difícil e trabalhosa. Esta dificuldade é atribuída a uma variedade de razões. Seu estilo é considerado pouco elegante e obscuro; os conceitos, imprecisos e contraditórios; e por fim é mencionada sua falta de preocupação com uma apresentação sistemática de suas ideias. Sua linguagem é, contudo, impregnada de termos anatômicos e fisiológicos utilizados nas interpretações e na descrição do que seria a vida emocional do bebê e isso é que mais causa estranheza. Hermann e Alves Lima (1982), comentando o choque produzido por um primeiro contato com o texto kleiniano, escrevem:

> Para o leigo, assim como para o terapeuta que faz sua primeira leitura, o texto kleiniano alça-se da estranheza ao disparate, quando não a uma pornografia cuidadosamente bizarra. Lê-se que excremento é projetado para dentro do corpo materno, ou que pênis e vagina combinam-se de formas inusuais e insólitas, e nos parece estar penetrando num quadro intrapsíquico feito à maneira de Bosch. É a primeira impressão, por vezes muito duradoura, definitiva se o leitor desiste cedo.

Segal, em 1964, publica sua *Introdução ao Pensamento de Melanie Klein* com o objetivo de introduzir o leitor ao sistema kleiniano na sua forma mais desenvolvida. Este livro foi reeditado muitas vezes em muitas línguas e até hoje é considerado a obra clássica naquilo que se propõe. Posteriormente, em 1979, Segal publica *Klein: Teorias e Técnicas da Pioneira da Análise de Crianças*. Esta obra, como a anterior, apresenta de uma maneira mais aprofundada o sistema kleiniano; procura situar Klein no panorama psicanalítico da época em que viveu e busca retraçar para o grande público o desenvolvimento de suas ideias num contexto biográfico.

* Membro efetivo da Sociedade Britânica de Psicanálise

X MELANIE KLEIN I

Estes dois livros de Hanna Segal são de leitura obrigatória para o estudioso do pensamento kleiniano, mas ainda assim deixam o leitor intrigado quanto a como Klein chegou a estas formulações.

Jean-Michel Petot, professor universitário dedicado à epistemologia da Psicanálise, empreende um trabalho de fôlego e hoje de leitura indispensável sobre a obra de Melanie Klein, no qual segue uma abordagem distinta. Inspirado pela tendência que propunha um estudo do texto freudiano do ponto de vista de sua história interna, que foi responsável por uma renovação da psicanálise francesa, adotou esta mesma perspectiva e rigor metodológico em relação à obra de Melanie Klein

Deste trabalho de reflexão de muitos anos resultam dois volumes publicados respectivamente em 1979 (*Melanie Klein: Primeiras Descobertas e Primeiro Sistema*) e 1982 (*Melanie: O Eu e o Bom Objeto*). As presentes páginas são publicadas a título de introdução ao primeiro volume que ora vem a público em português, competentemente traduzido por Marise Levy, Noemi Moritz Kon, Belinda P. Haber e Marina K. Bilenky.

O volume 1 trata da gênese das ideias kleinianas até 1932, época em que recebe sua primeira sistematização formal em seu livro *Psicanálise das Crianças*, e o volume 2 trata da evolução dos principais conceitos kleinianos a partir de 1932 até sua morte.

Petot, em linhas gerais, concorda com a divisão da obra kleiniana proposta por Hanna Segal no seu livro de 1964. Esta autora propõe que uma primeira fase inicia-se com o artigo: "O Desenvolvimento de uma Criança" (1921), culmina com a publicação de "A Importância da Formação de Símbolos no Desenvolvimento do Ego" (1930) e recebe sua primeira formulação sistemática com o livro *A Psicanálise das Crianças*, publicado simultaneamente em inglês e alemão em 1932, baseado numa série de conferências que pronunciou em Londres. A segunda fase conduziu progressivamente à formulação do conceito de "posição depressiva" em 1935. Neste período Melanie Klein rompe com a teoria das fases libidinais, sobretudo no seu aspecto cronológico. Introduziu o conceito de posição para enfatizar que não estava se referindo a uma fase ou estágio passageiro e sim a uma configuração particular de relações objetais, caracterizada por uma associação regular de um conteúdo ansiogênico típico a um conjunto de mecanismos de defesas. A terceira fase identifica-se com a publicação do artigo "Notas sobre Alguns Mecanismos Esquizoides" (1946), onde introduz o conceito de posição esquizoide, posteriormente denominado "posição esquizo-paranoide", e pelo seu livro *Inveja e Gratidão* (1957).

Petot insere-se na mesma linha de preocupações teóricas de Willy Baranger, analista francês radicado na Argentina, que, no seu livro *Posição e Objeto na Obra de Melanie Klein* (1971), interessa-se pelas contradições internas inerentes ao desenvolvimento do pensamento kleiniano e procura estabelecer os conceitos que teriam o papel de organizadores do seu sistema conceitual. Petot reconhece a importância da contribuição de Baranger, citando-o com frequência e explicitando pontos de convergência e divergência.

O trabalho de Petot está repleto de informações interessantes, mas acredito que seu aspecto mais criativo é a metodologia que adota para abordar o pensamento de Melanie Klein e que expressa de maneira particularmente rica no primeiro volume.

Desde a introdução este autor deixa clara a sua proposta:

O presente trabalho procura suprir esta lacuna [a falta de um estudo de conjunto da obra de M. Klein], propondo ao leitor seguir a formação das concepções kleinianas no triplo movimento da construção dos conceitos conforme as necessidades da teoria, da consideração dos fatos que o trabalho clínico impõe e do movimento de reenvio permanente entre uma e outra

O Capítulo 1 do primeiro volume é dedicado a uma breve biografia de Melanie Klein. Para que se possa apreciar a seriedade do estudo de Petot é preciso notar que na época em que este capítulo foi escrito não havia nenhuma biografia mais completa de Klein publicada. Até então dispunha-se das notas biográficas escritas por Hanna Segal e de uma autobiografia inacabada e inédita deixada por Melanie Klein contendo uma série de imprecisões fatuais, conforme nos indica posteriormente Grosskurth (1986), que publica nesta data uma biografia da criadora da psicanálise da criança através do brincar. A biografia de Melanie Klein delineada por Petot enfatiza somente os aspectos que interessam à compreensão de seu pensamento analítico e, neste sentido, constitui uma magnífica ilustração da ideia de Freud de que a vida de uma analista só interessa na medida em que se relaciona com a história da Psicanálise.

Petot documenta pela primeira vez que o paciente referido na literatura como "Fritz" e cujo material inspirou uma série de noções básicas do sistema kleiniano, era de fato Erich, o filho mais jovem de Melanie Klein. Esta revelação permite seguir a elaboração progressiva de seu primeiro sistema conceitual, que contém em germe alguns dos conceitos kleinianos que vão marcar a originalidade de seu pensamento e revolucionar a Psicanálise, tais como as noções de mundo interno, fantasia inconsciente, sua concepção de transferência e sua preocupação em relacionar todo fenômeno psíquico com a ansiedade.

Petot sugere que as origens da técnica kleiniana de análise de crianças através do brincar estão na relação mantida por Klein com seu filho Erich, entre os dias que precederam a Páscoa de 1919 e o fim de sua análise em 1921, se pudermos chamar aquele procedimento de psicanálise.

O objetivo inicial de Klein ao observar e depois analisar Erich, segundo Petot, era profilático e pedagógico, visando ajudá-lo a superar uma inibição intelectual e evitar um retorno ou acentuação desta. A ideia que a guiava na época era de que a diminuição da repressão facilitaria a sublimação e portanto um maior aproveitamento das capacidades criativas da criança. A primeira fase de suas observações levaram-na a pensar que a curiosidade de Erich sobre questões sexuais deveria ser estimulada e respondida.

Petot sugere que Melanie Klein partiu do ponto exato de onde partiram Freud e o pai do pequeno Hans, 12 anos antes, mas pôde ir mais longe por haver se dado conta de que o brincar continha um aspecto simbólico e, através deste, a criança expressava suas ansiedades e fantasias. Este fato tornou possível superar o obstáculo assinalado por Freud da impossibilidade de analisar crianças, por estas não serem capazes de produzir livres associações.

Suas observações a respeito do desenvolvimento de Erich são apresentadas à Sociedade Psicanalítica de Budapeste. Um dos participantes, Anton von Freund, reconhece o caráter analítico de suas investigações mas critica o fato de não ter intervindo psicanaliticamente sob a forma de interpretações e, consequentemente, ter-se limitado ao material consciente. Este sugere também que reserve uma hora por dia para este tipo especial de conversa, distinguindo este momento dos demais de sua relação com o filho.

Segue-se a este um período durante o qual Erich continua a desenvolver-se, porém repetindo incessantemente as perguntas cujas respostas já conhece. Klein concluiu que a repressão não fora eliminada, que certas questões simplesmente não são verbalizadas e que estas preocupações não expressas verbalmente continuam produzindo ansiedade. Passa neste momento a suspeitar da existência de fantasias inconscientes e de que o brincar seja uma manifestação das mesmas.

A este período seguem-se duas outras fases, caracterizadas por uma intervenção mais ativa por parte de Klein, que passa a interpretar o que lhe parece ser a fantasia inconsciente produtora da ansiedade. A observação de que Erich havia perdido o interesse em outras crianças e deixado de brincar levou-a a concluir que o brincar era a atividade através da qual se expressavam as fantasias produtoras de ansiedade. Nesta época, descreve pela primeira vez o mecanismo da cisão e intui a importância da projeção no processo de formação de imagos.

Em 1921 a família Klein muda-se para Berlim. Erich deteriora e desenvolve uma repugnância em percorrer o caminho que o leva à escola. Klein dá-se conta de que a dificuldade da criança não era com a escola e sim com o trajeto a ser percorrido. Supõe que este sintoma estaria ligado a fantasias e temores a respeito da exploração do corpo materno. Posteriormente vai cunhar a expressão "geografia do corpo materno" para referir-se a este tipo de ansiedade. A partir destas formulações estão lançadas as bases para sua concepção ulterior de simbolismo.

Até 1921, época em que se transfere para Berlim, Klein não tinha tido nenhum outro paciente a não ser Erich. É nesta cidade que lhe são oferecidas as oportunidades de analisar outras crianças: Ruth (4 anos e 3 meses), Trude (3 anos e 3 meses), Peter (3 anos e 9 meses), Erna (6 anos) e principalmente Rita (2 anos e 10 meses). Erich preparou o terreno para o atendimento de casos mais difíceis por ter-lhe sugerido o instrumental conceitual que possibilitou a compreensão e abordagem da ansiedade infantil. Rita parece ter sido a paciente que sugeriu a Melanie Klein a utilização sistemática de brinquedos e do brincar como parte integrante do que veio a ser a sua técnica analítica. Em parte isto deveu-se ao fato de que Rita sofria de uma grande inibição de sua capacidade de expressão e brincava relativamente pouco. Era atendida em seu quarto e passava grande parte da sessão brincando com seus brinquedos. Não era capaz de verbalizar suas emoções e suas fantasias e, provavelmente, brincar evitava uma confrontação direta com a analista.

Petot sustenta convincentemente que Klein não teve nenhuma intenção de privilegiar o brincar em relação a qualquer outra forma de expressão. Sua experiência anterior com Erich a havia habituado a procurar a entender o significado simbólico das atividades lúdicas. A técnica da análise através do brincar só foi adotada de forma sistemática por ocasião do fim da análise de Rita ou um pouco após o seu término. Depois das dificuldades experimentadas ao analisar uma criança na casa de seus pais, Klein decidiu analisá-las em sua própria casa. Melanie Klein relata que foi durante o curso de uma sessão com uma paciente que se seguiu a Rita, quando a comunicação tornou-se muito difícil, que decidiu buscar alguns brinquedos de seus filhos e propor à paciente que deles se utilizasse. Petot

O PENSAMENTO DE MELANIE KLEIN... XIII

identifica esta paciente como sendo "Inge", referida algumas vezes na literatura.

A leitura deste primeiro volume nos indica que as teses que constituíam o sistema que o autor denomina "protokleiniano" de 1923 já indicam uma concepção claramente baseada no papel do brincar na gênese e desenvolvimento dos processos de sublimação.

De posse da técnica de análise através do brincar, Klein realiza em poucos meses as três descobertas sobre as quais se assenta o edifício de sua psicanálise e que vão constituir a essência de sua contribuição, a saber:

1 – a existência normal e regular de um complexo de Édipo precoce;
2 – a existência de uma forma arcaica de superego, desde praticamente o início de vida;
3 – a possibilidade de existência de uma transferência na análise de uma criança desde a primeira sessão, por mais jovem que seja.

De posse de uma técnica psicanalítica que lhe possibilitava tratar crianças e de um sistema conceitual que permitia compreender a vida mental de seus pacientes, Klein dedica-se a aprofundar suas ideias a respeito da transferência e desenvolve uma técnica interpretativa que a diferencia de outros analistas da época.

Para Freud, a transferência era um processo através do qual certas relações e acontecimentos do passado, com seus componentes afetivos, eram repetidos em relação à figura do analista sob a influência do princípio da compulsão de repetição. Para Klein, a transferência era fruto de uma externalização de relações objetais internas sob a pressão exercida pela ansiedade. Neste sentido, a relação com os pais reais não era determinada somente pela realidade de suas atitudes, mas por uma imago interna, uma representação imaginária e deformada dos pais produzida por uma sucessão de movimentos projetivos e introjetivos. Assim, a relação com os pais já é de certa forma uma transferência desta relação interna com suas representações.

Freud pensava nos neuróticos, segundo Meltzer, como pessoas atormentadas por experiências penosas não assimiláveis, análogas à presença de um corpo estranho provocando uma permanente irritação. Klein já os concebia como pessoas que repetiam em seu mundo externo um conflito interno cuja fonte foram experiências passadas, agravadas pela falta de solução do conflito no presente.

A concepção interpretativa preconizada por Melanie Klein privilegia a ansiedade como centro de interpretação. Esta dirige-se à fantasia inconsciente subjacente à relação estabelecida com o analista, fantasia que contém tanto a ansiedade como os mecanismos de defesa utilizados contra ela. No modelo freudiano a interpretação visa às modalidades do conflito defensivo e sua finalidade última é tornar consciente o desejo inconsciente. O conflito do qual o paciente se defende é encarado como o produto de um choque entre pulsões opostas. A interpretação dirige-se primeiro às defesas utilizadas e depois às pulsões. A transferência, nestas circunstâncias, é concebida como uma resistência e ao mesmo tempo como o motor da cura. A ansiedade é vista como uma indicação de que existe um conflito e não como parte da experiência emocional que em si mesma dá sentido à vida mental.

Depois de tratar do conceito de transferência na obra de Melanie Klein e expor as ideias desta sobre técnica interpretativa, Petot, no segundo volume, dá uma grande ênfase a discussão do conceito de objeto interno. Retraça em suas minúcias os diversos sentidos e o papel que este conceito ocupa dentro do sistema global do pensamento kleiniano em suas diversas fases. Petot endossa a visão de Baranger (1971) quanto ao perigo de uma deformação que consiste em lidar com o conceito de objeto interno como se se tratasse de uma coisa que teria uma identidade própria, independente do sujeito. Baranger (1971) escreve:

> Os objetos aparecem fenomicamente no relato analítico, nas condutas e nos sentimentos do analisando. Em todo caso, temos que diferenciar o objeto de suas múltiplas representações. Poucas vezes um seio aparecendo no conteúdo manifesto de um sonho pode significar um seio, mas na maioria das vezes apenas um trabalho interpretativo nos permite ver o seio idealizado através do prato cheio de guloseimas que nos apresenta o conteúdo manifesto.

Esta concepção de objeto interno como algo que adquire seu sentido e sua função nas múltiplas relações que estabelece com o ego, ressaltada tanto no estudo de Baranger como no de Petot, nos permite compreender a origem e a importância da ampliação do conceito de objeto parcial introduzido por Bion, que escreve em 1962:

> A concepção de objeto parcial como análogo a uma estrutura anatômica, encorajada pelo emprego de imagens concretas como unidades de pensamentos de parte do paciente, é enganosa porque a relação com o objeto parcial não é somente com a estrutura anatômica mas com sua função, não com a anatomia mas com a fisiologia, não como seio, mas com a alimentação, o envenenamento, com o amor e o ódio produzidos por estes.

Este pequeno trecho de Bion terá profundas consequências na linguagem utilizada pelos analistas kleinianos ao formular suas interpretações que aos poucos abandonam os termos referentes a partes do corpo, enquanto representativas de objetos parciais, e passam a descrever a experiência emocional do paciente numa linguagem coloquial e adulta.

Uma parte importante do trabalho de Petot no segundo volume consiste no exame detalhado do conceito de identificação projetiva e sua importância relativa para o sistema kleiniano na época de sua introdução. O aprofundamento da compreensão do mecanismo de identificação projetiva e do mecanismo de cisão passou a ser o foco da psicanálise kleiniana nos últimos trinta anos.

O fenômeno clínico ao qual o mecanismo de identificação projetiva refere-se, embora não nomeado, já era conhecido por Klein de longa data, provavelmente desde 1932.

A definição formal do fenômeno clínico a que se refere e o termo "identificação projetiva" aparecem no artigo de Klein "Notas sobre Alguns Mecanismos Esquizoides" publicado originalmente em 1946.

Este texto foi reeditado em 1952 com algumas alterações. Petot afirma que o termo identificação projetiva só aparece neste artigo na versão de 1952, ao contrário do que todos os autores interessados nesta questão indicam, ou seja, de que o termo foi formalmente introduzido na versão de 1946. A passagem acrescentada em 1952 é a grifada:

O PENSAMENTO DE MELANIE KLEIN... XV

Muito do ódio contra partes do *self é* agora dirigido para a mãe. Isto leva a uma forma particular de identificação que estabelece o protótipo de uma relação de objeto agressiva.

Eu sugiro para estes processos o termo identificação projetiva.

Petot tem razão quando afirma que esta frase não eslava presente nesta passagem específica no texto de 1946, Contudo, lhe passa despercebido que o termo, nesta mesma edição, aparece duas páginas adiante como se já fosse conhecido. A ausência desta pequena frase que introduz o termo, seja lapso ou não, é indicativa da pouca importância que Klein parecia dar à rotulação desta classe de fenômenos.

Com uma argumentação muito convincente, Petot mostra que Melanie Klein, com o conceito de identificação projetiva, procurava resolver alguns problemas, dentre eles a relação que existia entre a teoria da identificação e os processos de introdução e projeção. Neste sentido a inovação capital não estava nem na introdução de uma etiqueta verbal, nem na descrição de um fenômeno clínico já conhecido. A grande novidade consistia na teoria que permitia compreender a interação existente entre projeção, introjeção e identificação ocorrendo simultaneamente em relação ao mesmo objeto. Esta teoria promove um avanço na compreensão de um modo narcísico de relacionar-se com o objeto e descreve uma forma de identificação própria à posição esquizo-paranoide, cujo movimento básico é projetivo e dirigido a objetos parciais.

A compreensão desta forma narcísica de relação objetal cria condições para o desenvolvimento da análise de psicóticos.

Inicialmente, a identificação projetiva foi descrita como um mecanismo patológico *per se*. Posteriormente, a própria Melanie Klein passou a considerar que este fazia parte de processos necessários ao desenvolvimento normal e somente seu excesso seria patológico. Bion e Rosenfeld ampliaram o uso do conceito, mostrando que esta forma especial de identificação podia ser usada com finalidades comunicativas. Bion desenvolveu uma teoria sobre a origem do pensamento baseada na ideia de que a identificação projetiva está na base dos processos de comunicação existentes entre a mãe e o bebê desde o nascimento.

Poderíamos acrescentar às reflexões de Petot a sugestão de que a definição do mecanismo de identificação projetiva levou Melanie Klein a ampliar o conceito de transferência. Está em seu artigo de 1952 intitulado "As Origens da Transferência", que introduz a noção de transferência como situação total. Klein escreve:

Existe um outro aspecto da análise da transferência que é preciso mencionar. Estamos acostumados a falar da situação da transferência. Será que temos sempre em mente a importância fundamental deste conceito? Minha experiência diz que, ao desenredar os detalhes da transferência, é essencial pensar em termos de situações totais transferidas do passado para o presente, bem como em termos de emoções, defesas e relações objetais.

A partir da noção de identificação projetiva e de transferência como uma situação total, os analistas voltaram-se não apenas para que o paciente diz, mas também para a maneira como diz, seu uso da linguagem, suas ações dentro do consultório, assim como para sua atuação na transferência.

XVI MELANIE KLEIN I

Dentre os seguidores de Klein foram Bion, Rosenfeld e especialmente Betty Joseph os autores que mais se dedicaram a estas questões.

Ao introduzir o segundo volume de seu estudo, Petot considera que é nos últimos trabalhos de Melanie Klein que suas concepções atingem suas formulações mais completas e satisfatórias. Coerente com esta postura, assume que o conceito organizador da metapsicologia kleiniana, na última fase de sua obra, é o de pulsão.

Sustenta a tese de que o conceito de inveja primária promove um retorno a uma concepção instintivista e implica a adoção de uma metapsicologia constitucionalista fundada sobre a noção de uma dosagem inata das pulsões de vida e de morte. Considera que esta mudança de orientação do pensamento de Klein origina-se no aprofundamento da clínica dos mecanismos esquizo-paranoides, que levaria a uma impossibilidade de distinção clara entre ansiedades de caráter persecutório e depressivo. Pensa que, a partir do momento em que a ansiedade persecutória é vista por Klein como fruto de um medo de retaliação por parte do objeto danificado pelos ataques destrutivos do ego, o estado em que se encontra este objeto passa a fazer parte das preocupações deste ego. Se ainda na posição esquizo-paranoide existe uma preocupação por parte do ego com o estado em que se encontram seus objetos, então a distinção entre ansiedades persecutória e depressiva fica obscurecida, já que a ansiedade depressiva é baseada numa preocupação com os danos causados a seus objetos internos como consequência de ataques hostis da parte deste ego. Desta forma, a distinção entre posição esquizo-paranoide e depressiva perderia o sentido e, por tanto, o conceito de posição ficaria relegado a um segundo plano. Assim, segundo este raciocínio, Klein passa a considerar que a natureza dos mecanismos utilizados pelo ego para defender-se da ansiedade conta menos do que as condições econômicas nas quais são ativados, e seu interesse se deslocará das descrições das técnicas de funcionamento psíquico para a colocação em evidência de seus determinantes pulsionais finais.

Esta opinião de Petot é certamente a mais controversa de seu trabalho. Ela parece estar em desacordo tanto com os pontos de vista de Hanna Segal quanto com os de Baranger. Para ambos o conceito central sempre foi o de "posição", desde o momento de sua introdução, e Melanie Klein nunca teria abandonado esta ideia. Vou procurar expor o que seria a argumentação destes autores numa polêmica com Petot.

Hanna Segal e Baranger consideram que é no artigo "Algumas Conclusões Teóricas Referentes à Vida Emocional do Recém-nascido", publicado por Klein em 1952, que esta apresenta a formulação mais completa e dinâmica de seu sistema. E descreve neste artigo a existência de um movimento contínuo entre as posições esquizo-paranoide e depressiva que numa personalidade sadia resulta numa maior integração do ego.

Para estes autores, o que caracteriza a posição esquizo-paranoide não é apenas o caráter persecutório da ansiedade mas, também, a tendência à desintegração presente nos mecanismos mentais ativados para lidar com esta ansiedade. Da mesma forma, para eles a posição depressiva não é caracterizada apenas pela preocupação com o estado do objeto e os danos sofridos por este em consequência de ataques hostis, mas por uma tendência à integração presente nos mecanismos de reparação postos em ação pelo sentimento de culpa.

Para Baranger a inveja é o fator negativo e desintegrador por excelência e aparece como o polo da vida psíquica oposto ao da reparação. Da mesma forma pensa Segal, que é mais explícita nas razões pelas quais considera a inveja um fator de desintegração. Ela, em diversos artigos, aponta para o lato de que a inveja intensa interfere com a operação normal dos mecanismos esquizoides no processo de amadurecimento do ego.

Neste processo, para que o ego atinja um bom nível de integração emocional, é necessário que, em certas situações de grande tensão, ocorra uma cisão entre o objeto persecutório e o objeto ideal. Esta cisão tem por objetivo proteger o objeto ideal dos ataques hostis do objeto persecutório e permitir posteriormente uma introjeção seguida de uma identificação com o objeto ideal. No caso da presença de uma inveja intensa, esta cisão não ocorre, ou não se mantém por um tempo suficiente, já que é o objeto ideal que estimula a inveja.

A diferença de opiniões entre Baranger e Segal, de um lado, e Petot, de outro, a meu ver resulta da maneira como cada um destes pensadores encara o uso que Melanie Klein faz do conceito de instinto de morte. Baranger (1971), por exemplo, pensa que quando Klein fala do instinto de morte ou de vida ela está referindo-se apenas a grandes polaridades ou grandes tendências que governam a vida psíquica. Esta opinião está de acordo com o ponto de vista de representantes do grupo kleiniano atual. Ruth Malcolm (1980), sumariando o que lhe parecia ser as grandes aquisições e problemas do pensamento kleiniano, afirma:

> Eu penso que as ideias de energia e catéxis enquanto conceitos quantitativos não têm nenhum papel na maneira kleiniana de pensar, ainda que Klein nunca tenha explicitado esta ideia em seus escritos [e mais adiante] para dizer de uma forma simples: penso que a visão de Klein é de que o instinto de vida (ou amor) é uma tendência à integração, e o instinto de morte (ou ódio) é uma tendência à desintegração.

Embora controversa, a ideia de Petot tem o mérito de avivar a discussão a respeito da importância relativa dos conceitos de instinto de morte e inveja primária para o sistema kleiniano.

A preocupação primordial de Petot nunca foi a de tornar mais fácil a leitura da obra de Melanie Klein, mas este é um dos resultados mais imediatos produzidos pelos seus dois volumes.

Petot não só procura localizar e descrever a experiência clínica a partir da qual cada conceito foi elaborado como também define seu significado e importância relativa em cada fase da obra de Melanie Klein. Estes esclarecimentos atenuam a sensação de contradição e mesmo de estranheza e disparate que uma primeira leitura menos informada pode causar. Também nos ajuda a descobrir que a linguagem dos textos kleinianos é retirada do discurso de seus pacientes, é uma linguagem do cotidiano e não acadêmica. O estilo de Klein é muito pessoal e está imbuído do que Ricardo Steiner (1985) denomina "pragmatismo poético" que visa essencialmente a descrever de forma eloquente a experiência emocional que está sendo vivida pelo paciente.

Os textos kleinianos adquirem parte de seu sentido no contexto da obra global. F nesta perspectiva que um pensamento de Octavio Paz (1971) torna-se esclarecedor Ele escreve, comentando a natureza do texto original: "O mundo se nos apresenta [...] como uma superposição de textos, cada um ligeiramente distinto do anterior: traduções de traduções, de traduções [...] cada texto é único e simultaneamente é a tradução de outro texto". Petot guia nos com elegância e competência através desta sucessão

XVIII   MELANIE KLEIN I

de traduções conceituais que ao mesmo tempo representam uma continuidade com o passado e introduzem uma inovação

A abordagem lógico genética de Petot permite que laçamos uma re-
ferenciação mais clara do pensamento quando comparado com o modelo
freudiano naquilo que representa inovações, continuidade e divergências
Também permite entender melhor o sentido das contribuições dos segui
dores de Klein na Inglaterra.

E, finalmente, fica claro, a partir da leitura de Petot, que ao colocar a
ansiedade e não o impulso, no centro de suas preocupações, Melanie Klein
fazia da experiência emocional o objeto principal de suas investigações.

É interessante notar que esta importância dada à experiência emocional contrastava com a abordagem de Freud, para quem a emoção é simplesmente um subproduto da vida instintiva.

Meltzer (1984) diz a este respeito, referindo-se a Freud:

> Ele podia pensar a emocionalidade somente de uma forma darwiniana, como
> uma relíquia de formas primitivas de comunicação. Desta forma, ele confundia a
> experiência da emoção com a comunicação da emoção; e assim tratava a emoção
> como um indicador de funcionamento mental e não como uma função mental em
> si mesma, como se se tratasse de um simples barulho de engrenagem

Dentre os muitos méritos deste estudo de Petot, gostaria de ressaltar,
para finalizar, que o principal consiste em haver inaugurado uma nova
maneira de abordar o texto kleiniano, tornando-o mais vivo e sempre contemporâneo. Parece ter antecipado à proposta de Laplanche (1983) quando
este escreve: "Ainsi de Melanie Klein; plutôt que de la banir, ou de l'exor-
ciser, demandons-lui de travailler, forçons sa pensée et son oeuvre à travailler".

Petot é, dentre os autores que escreveram sobre Klein, aquele que
mais força o pensamento e a obra de Melanie Klein a trabalhar.

BIBLIOGRAFIA

BARANGER, W. (1971). *Position y Objeto en la obra de Melanie Klein.* 2a.
edição. Buenos Aires, Ediciones Kargieman.

BION, W. (1962). *Learning from Experience.* Londres, William Heinemann.

FREUD, A. "Intervention on Susan Isaac's Paper: 'The nature and function of
phantasy'. *Bull. British Psychoanal. Soc,* (1967) 10.

JOSEPH, B. (1985) "Transference: The Total Situation". *J. Psychoanal.*
66:447-454.

HERMANN, F. & A. ALVES LIMA, A. (1982). *Melanie Klein (Textos Esco-
lhidos).* São Paulo, Ática.

KLEIN, M. (1946, 1952). *Notes on some Schizoid Mechanisms. In the Waitings
of Melanie Klein.* Vol. 3. Londres, Hogarth Press, 1975, pp. I 24

LAPLANCHE, Jean. (1983). *Psychanalyse à l'université.* Setembro 1983,
tomo 8, n? 32, pp. 559 570.

MELTZER, D. (1984) *Dream life.* Londres, Chinie Press.

PAZ, O. (1971), *Traduction: Literatura y Literalidad.* Barcelona, Tusquets

RIESENBERG-MALCOLM, R (1980) "Melanie Klein: Achievements and
Problems"". *The British Psychoanalytical Society Bulletin,* setembro
1980.

_____. (1985). "Interpretation: The Past in the Present". *The British Psychoanalytical Society Bulletin*, maio 1985.

SEGAL, H. (1973) *Introduction to the Work of Melanie Klein.* Londres, The Hogarth Press. Primeira edição publicada em 1964.

_____. (1979) *Klein.* Great Britain, The Harvester Press Limited.

_____. (1981) *The Work of Hanna Segal.* Londres & New York, Jason Aronson.

STEINER, R. (1985). "Some Thoughts About Tradition and Change Arising from an Examination of the British Psychoanalytical Society's Controversial Discussions (1943-1944)". *Rev. Psycho-Anal.* 12:27-72.

Prefácio

Ainda que a obra de Melanie Klein seja cada vez mais apreciada por seu justo valor e crescentemente reconhecida, ela não foi objeto, no entanto, de nenhum estudo de conjunto.

O presente trabalho procura preencher esta lacuna, propondo ao leitor seguir a formação das concepções kleinianas no triplo movimento da construção dos conceitos conforme as necessidades da teoria, da consideração dos fatos que o trabalho clínico impõe e do movimento de reenvio permanente entre uma e outra.

A partir do artigo que J. B. Pontalis dedicou a Melanie Klein, há aproximadamente 25 anos[1], onde insistia mais na exigência que animava seu pensamento do que nas formas utilizadas para enunciá-lo, foram publicados alguns trabalhos que, em sua maior parte, se restringem a expor suas ideias, no melhor dos casos e, no pior, a criticá-las. Cabe, de resto, confessar que tais trabalhos não são inúteis, pois se Freud deu-se ao esforço de pronunciar, publicar e atualizar conferências de introdução à psicanálise[2], Melanie Klein nunca se preocupou, a não ser uma única vez em sua vida, em sistematizar o conjunto de suas concepções. Era 1932 e ela, até então, jamais pensara em remanejar sua obra, a fim de harmonizá-la com suas descobertas mais recentes. Daí resulta que um texto como a *Psychanalyse de l'enfant* (*Psicanálise da Criança*)[3], torna-se a princípio incômodo ao leitor que não esteja perfeitamente informado sobre o estágio

---

1. J. B. PONTALIS, "Nos débuts dans la vie selon Mélanie Klein", *Les Temps Modernes*, CV, ago. 1954.

2. "Introduction à la psychalalyse" (1916-17) e depois "Nouvelles conférences sur la psychanalyse" (1933).

3. Tradução habitual: *La psychanalyse des enfants*, Paris, P.U.F.

XXII   MELANIE KLEIN I

derradeiro das teorias kleinianas: deverá ele considerar a passagem que descreve as primeiras formas de defesa do ego e o desenvolvimento das ideias sobre o segundo estágio anal como uma tese ainda sustentável e sustentada pelos psicanalistas kleinianos ou como uma hipótese já há muito tempo abandonada? É neste sentido que uma exposição clara e concisa das últimas teorias de Melanie Klein é preciosa. Mas de nossa parte propomo-nos tanto menos a preencher esta tarefa, quanto existe uma admirável *Introdução à Obra de Melanie Klein* escrita por Hanna Segal, uma de suas discípulas mais próximas[4].

É pelo movimento da sua formação que tentaremos compreender o pensamento de Melanie Klein. Neste sentido, parece-nos legítimo considerar que é no derradeiro estágio de suas formulações que se encontram a conclusão e como que a verdade daquilo que ela disse e escreveu no decorrer de sua vida. Nessa perspectiva, um estudo histórico, até mesmo epistemológico, poderia contribuir para a compreensão de sua obra, mostrando como e em que ordem surgiram suas principais ideias. Tratar-se-ia então de percorrer os sucessivos estágios do que se cumpre de fato chamar de doutrina, designando, de passagem, o que é apenas aproximação de uma ideia promissora, o que é uma aquisição estável e definitiva ou aquilo que é considerado ou sustentado apenas por pouco tempo. Um trabalho como este será muito útil e já se acha largamente realizado pelo estudo muito documentado do psicanalista franco-argentino Willy Baranger[5]. Mas, desde a renovação dos estudos freudianos pelos trabalhos de Ernest Jones, Alexandre Grinstein e, na França, de J. Laplanche e J.-B. Pontalis seguidos por D. Anzieu, sabemos como o conhecimento das origens e até mesmo das pré-noções iniciais de um pensamento puderam iluminar a estrutura da teoria pela qual ela se enuncia em um dado momento. Aprendemos que tomar a sério as concepções aparentemente ultrapassadas do criador da Psicanálise, procurar o sentido dos caminhos mais aberrantes – os traços filogenéticos, a horda primitiva, o instinto de morte não nos distancia sempre da teoria viva e da clínica, mas, ao contrário, frequentemente nos reconduz a elas: os esquemas hereditários sendo apenas um meio de insistir sobre o caráter típico dessas organizações da vida de fantasia, que de fato se revelam, em grande parte, independentes das contingências individuais e mesmo culturais como se houvesse uma natureza humana inscrita em programas biológicos, com a pulsão de morte impondo-se para dar conta adequadamente de fenômenos como a reação terapêutica negativa. Daí por que, no momento de abordar o estudo da construção, por Melanie Klein, de seus instrumentos conceituais, evitaremos efetuar qualquer triagem dentro do que seus primeiros escritos nos oferecerão como hipóteses de contornos mal definidos, crenças talvez ainda mal dominadas e ideias promissoras a longo prazo. Mas, tomando o todo como igualmente necessário, tentaremos precisar as suas articulações e sua coerência de maneira a ressaltar, em cada etapa de sua evolução científica, a unidade de seu projeto clínico, a coerência de seus meios teóricos e a adequação dos instrumentos à sua função.

De onde partiu Melanie Klein? O que ela procurou, antes de mais nada, fazer e dizer? Como suas sucessivas descobertas transformaram suas

---

4. Trad. fr., Paris, 1969. [Trad. bras., Editora Imago Ltda., 1975]

5. WILLY BARANGER, *Position y Objeto en la Obra de Melanie Klein*, Buenos Aires, Editorial Paidos, 1971

PREFÁCIO XXIII

crenças iniciais, suas atitudes mais profundas e talvez seu próprio projeto? Quais são as funções indispensáveis provisoriamente preenchidas por determinadas teses suas que não são mantidas em suas concepções ulteriores? Quais são as invariantes, se é que as houve, de sua abordagem clínica, teórica e técnica? Estas são as questões que nosso trabalho pretende colocar, ainda que não tenha a intenção de resolver todas.

Sigmund Freud, neurologista reputado, descobriu a psicanálise praticando a autoanálise de seus sonhos. Instituiu um espaço onde o paciente fala, sem vê-lo, a um médico, tão imóvel quanto ele e relativamente silencioso. Tal dispositivo visava acudir um sofrimento nitidamente caracterizado como miséria sexual, fundada, em teoria, no reconhecimento do Édipo, sendo que Freud levou muito tempo para admitir que as insatisfações da pulsão sexual não são todas integralmente explicáveis pela repressão social da sexualidade. Melanie Klein, dona de casa e mãe de família, desprovida de formação universitária, tendo renunciado ao final da adolescência a uma vocação intelectual e sem dúvida médica, chegou a psicanálise durante a Primeira Guerra Mundial, fazendo se analisar primeiro para depois começar a aplicar os ensinamentos da psicanálise à educação de seus filhos, especialmente do mais jovem. Não se trata, para ela, de cura, mas de prevenir. A miséria da qual quer aliviar seu filho não é um sofrimento sexual e atual, mas uma falta intelectual e simplesmente potencial: procura, antes de mais nada, protegê-lo de todo risco de inibição intelectual, dando lhe uma educação baseada nas ideias psicanalíticas da época; crê, de natureza, poder assegurar-lhe a plena utilização de suas faculdades intelectuais, no quadro de uma normalidade entendida como reunião de todos os talentos e de todas as aptidões funcionando sem entraves. Com este objetivo, procurou liberar a criança ao máximo e, antes de mais nada, liberá-la da repressão* da curiosidade sexual, considerada como fonte de todas as renúncias da inteligência; também não mediu esforços para combater a ansiedade**, sinal manifesto da entrada em cena da repressão, assim como para facilitar todas as expressões, diretas ou indiretas, da espontaneidade da criança: é nesta perspectiva, de início profilática e pedagógica mais do que psicanalítica, que o brincar se torna centro de seu interesse. Melanie Klein perdeu suas ilusões educativas; passando de seu próprio filho a outras crianças, da Hungria à Alemanha, dos incentivos do entusiasmado Ferenczi à supervisão do prudente Abraham, delimita os contornos do seu saber e do seu poder, edifica suas primeiríssimas teorias e consolida a originalidade de seu manejo da interpretação.

Assim, tendo tomado a medida da resistência das forças (inibidoras) de repressão, mas também tendo observado as modalidades do desenvolvimento das sublimações, pôde construir, por volta de 1923, um primeiro

---

* Para tradução de *refoulement* adotamos o termo *repressão*, de acordo com o Vocabulário oficial adotado pela Sociedade Brasileira de Psicanálise. Quanto à controvérsia em torno dos termos *recalcamento* e *repressão*, vide LAPLANCHE e PONTALIS, *Vocabulário de Psicanálise*, São Paulo, Livraria Martins Fontes, pp. 552 e 594.

** Seguindo as versões das obras de Freud e Melanie Klein para o português, optamos por empregar o termo *ansiedade* como tradução do termo francês *angoisse*. Optamos por *angústia* apenas quando utilizada na expressão *neurose de angústia*. Sobre os empregos dos termos *ansiedade* e *angústia* e seus correlatos em alemão *angoisse* e *anxiété* e, em inglês, *anxiety* e *anguish*, vide a edição *standard* brasileira das *Obras Completas* de Sigmund Freud: "O Termo *Angst* e sua Tradução Inglesa", v. III, p. 37, e "A Ansiedade", v. XVI, p. 457, n. 3 (N. da T.).

XXIV   MELANIE KLEIN I

sistema teórico a cujo respeito se pode afirmar que ele ultrapassa em certos pontos as concepções freudianas da época, principalmente no que tange à teoria da ansiedade, da qual mantém, no entanto, o elemento essencial e duradouro, o elo que une a ansiedade à repressão. Pensamos ter estabelecido, no Capítulo 2 do presente trabalho, que esta primeira doutrina de 1923 possibilitou a descoberta da técnica do brincar e, mais indiretamente, dos estágios arcaicos do complexo de Édipo e do superego. Para assinalar a sua solidez, coerência e profunda originalidade, assim como sua perfeita adequação ao problema clínico que Melanie Klein pretendia resolver, nós o denominamos "sistema protokleiniano"

Que Melanie Klein tenha brincado espontaneamente com seu filho e com seus pequenos pacientes antes de fazer desta conduta uma técnica planejada, é um fato que se explica pela natureza de seu objetivo e pelas circunstâncias da abordagem de seu trabalho; de resto, tal fato nada tinha de extraordinário e veremos que ela não era a única a pensar nisso por volta de 1920. Porém, diferentemente de muitos outros, foi capaz de formular uma teoria daquilo que se produzia entre ela e a criança, graças aos primeiros conceitos que ela forjara, para si mesma, expressamente com este objetivo. Que estes conceitos tenham sido verdadeiros ou falsos, contará menos aqui do que sua fecundidade. Graças ao estatuto que tais ideias conferiam ao brincar, este podia ser considerado não apenas como um instrumento facilitador da comunicação, nem somente como material a ser interpretado – veremos que, em 1920, dois psicanalistas diferentes detinham, cada um, uma destas duas verdades parciais – mas utilizando-as concomitantemente e, portanto, como o equivalente das associações verbais que o adulto produz em análise.

Uma vez de posse da técnica do brincar, Melanie Klein pôde fazer, em alguns meses, as três grandes descobertas sobre as quais repousará até o fim o edifício da psicanálise kleiniana e às quais muitas outras acabaram por se juntar de maneira mais ou menos sub-reptícia: a existência normal e regular de um complexo de Édipo "precoce" ao final do primeiro ano de vida, a existência de uma forma arcaica do superego desde essa época, a possibilidade e a realidade cotidiana da transferência na análise de crianças muito pequenas[6]. Uma vez conquistados estes fatos essenciais, todo o universo do inconsciente mais arcaico oferece-se à exploração. O que Melanie Klein descobrirá aí inicialmente é o núcleo da parte psicótica da personalidade, o mundo incoerente das fantasias* do sadismo oral, anal e uretral e a incessante luta do ego para escapar à influência do sadismo e da ansiedade, colocando em ação os mecanismos de defesa tais como a clivagem e, sobretudo, a reparação. A primeira geografia coerente destes continentes desconhecidos será *A Psicanálise da Criança*, publicada em 1932.

É esta a primeira parte do itinerário de Melanie Klein, talvez a parte mais fascinante, mesmo que não seja a mais enriquecedora para a psica-

---

6. Cf., por exemplo, a obra de dois discípulos de Anna Freud: J. ROLLAND & J. SANDLER, *Psychanalyse d'un enfant de deux ans*, Paris, P.U.F.

* Optamos pelo termo *fantasia* para traduzir o termo francês *fantasme*. De acordo com o *Vocabulário de Psicanálise*, de LAPLANCHE e PONTALIS, *o fantasme* (em alemão *phantasie*) é equivalente, em português, a *fantasia* ou *fantasma*. Daniel Lagache propõe ainda o termo francês *fantasie*, que também seria traduzido para o português por *fantasia*. Em coerência com a nossa opção, adotamos as expressões "vida de fantasia", "conjunto de fantasias" e "em fantasia" para traduzir o termo *fantasmatique* (N. da T.).

PREFÁCIO   XXV

nálise, que nos propomos a seguir neste livro[7]. Nosso primeiro capítulo, depois de lembrar brevemente o que se sabe da vida de Melanie Klein antes de ela tornar-se psicanalista, empenha-se em reconstituir, tão próximo quanto possível, a história de seu empreendimento inicial de educação psicanalítica, pela qual começa e toma forma a vocação da futura criadora da técnica do brincar. O segundo capítulo tem por objetivo apresentar explicitamente os elementos e as articulações desse primeiríssimo sistema kleiniano largamente implícito nos escritos iniciais ou enunciado apenas na ocasião de descrições concretas, em termos desprovidos de pretensão a generalidade. Insistiremos aí sobretudo neste fato que, antes de ser definitiva e completamente abandonado, é bem aquele que, por suas orientações mais centrais, terá permitido as novas descobertas que hão de impor sua superação. O movimento concreto dessa superação, a descoberta, através da psicanálise da pequena Rita, da forma arcaica do complexo de Édipo, o aceito da técnica do brincar que seria definitivamente adotada alguns meses mais tarde, a descoberta da situação ansiógena feminina, a dificuldade em precisar a forma exata que toma a fase arcaica do Édipo masculino dificuldade exatamente inversa e simétrica à dificuldade freudiana de conceber o Édipo feminino sem passar pelo arquétipo de desenvolvimento masculino – tudo isto é o objeto do restante de nosso estudo, que procura mostrar como esta profusão de fatos e ideias acaba se reagrupando sob uma forma coerente e mesmo sistemática no trabalho de 1932, termo da evolução que nos esforçamos por analisar.

---

7. Dedicaremos um próximo trabalho à evolução das concepções kleinianas, *Melanie Klein II – O Ego e o Bom Objeto (1932-1960).*

1. A Gênese e o Surgimento da Vocação Psicanalítica de Melanie Klein

1. A INFÂNCIA E A JUVENTUDE DE MELANIE KLEIN

Melanie Reizes nasceu a 30 de março de 1882 em Viena. A família era judia e o pai médico, mas os Reizes não parecem ter evoluído nos mesmos círculos que a família Freud. De qualquer forma, Melanie Reizes, depois Melanie Klein, não tinha conhecimento algum de psicanálise antes de ler fortuitamente um livro de Freud, pouco antes da guerra de 1914. Melanie era a caçula de quatro filhos. De sua irmã mais velha não sabemos quase nada; conhecemos melhor seu irmão Emmanuel, nascido em 1877, e sua irmã Sidonie, nascida em 1878. O pai dela, o Dr. Reizes, tinha mais de cinquenta anos na ocasião de seu nascimento. Proveniente de um meio judeu ortodoxo, dedicara a primeira parte de sua existência a estudos religiosos e estava destinado a ser rabino. Com a idade de 37 anos, rompera com as suas origens e empreendera estudos de medicina, sem dúvida em condições difíceis. Tal passado valeu-lhe a admiração da caçula pelo seu espírito independente e sua atitude científica[1].

O Dr. Reizes exercia a medicina na capital austríaca. Sabemos, pela correspondência de Freud com sua noiva, que era difícil para um médico desprovido de títulos universitários de prestígio, e por cima judeu, garantir uma clientela nesta cidade. É provável que o pai de Melanie Reizes tenha sido relativamente malsucedido. De qualquer forma, sua esposa teve que abrir uma loja de modo a complementar as rendas da família.

Esse fato revela certamente uma dificuldade, pois era contrário aos padrões da época que a esposa de um médico exercesse uma profissão;

---

1. W.R. BION, H. ROSENFELD e H. SAGAL, "Melanie Klein", *International Journal of Psycho-Analysis*, 1961.

2 MELANIE KLEIN I

testemunha ainda a energia e a independência de espírito daquela que assim se opunha a preconceitos arraigados, para ajudar seu marido e assegurar uma boa educação aos filhos.

No decorrer de seus primeiros anos de vida, a pequena Melanie apega-se muito à mãe e, em circunstâncias trágicas, à irmã Sidonie. Esta cai gravemente enferma em 1886, tendo, então, oito anos e Melanie quatro. Obrigada a permanecer acamada, Sidonie empenha-se na instrução da caçula. Deste modo, Melanie aprende aos cinco anos a leitura, a escrita e os rudimentos de cálculo, através do amor de sua irmã, com a qual mantém uma relação afetiva intensa que a marcará para sempre Sidonie morre em 1887: é o primeiro dos lutos que balizarão a existência de Melanie Klein.

Alguns anos mais tarde, terá uma relação comparável a esta com o irmão mais velho Emmanuel. Assim que manifesta sua intenção de entrar no ginásio (equivalente aos liceus clássicos franceses), recebe a ajuda e os encorajamentos deste. Graças às lições do irmão, que se revela um eficiente professor, é bem-sucedida no concurso de entrada para esse estabelecimento secundário reputado, a única escola que prepara moças para ingressar na universidade. Adolescente, partilha dos gostos literários e artísticos do irmão, que parece ter sido um rapaz brilhante e bem dotado, pianista e escritor nas horas vagas. No meio intelectual dos amigos do irmão, desenvolve seus interesses e sua curiosidade, vivamente estimulada pela confiança e admiração que Emmanuel não dissimula quanto aos dons naturais da irmã caçula. Mas esta relação afetiva e intelectual intensa também seria interrompida pela morte. Emmanuel sofria desde a infância de problemas cardíacos e sua irmã sabia, assim como ele mesmo, que estava destinado a morrer muito jovem. Efetivamente, veio a falecer em 1902, com a idade de vinte e cinco anos.

Nesta data Melanie Reizes já era noiva há três anos de Arthur Klein. Ao invés de estudar medicina como pretendera, frequenta cursos de arte e história na Universidade de Viena. Casa-se em 1903 e desde então acompanha seu marido, engenheiro químico, pelas diferentes localidades da Europa Central, onde este exerce sua profissão. No decorrer destes anos tem três filhos: Melitta, nascida em 1904, Hans, em 1907, Erich, em 1914. Sabemos que a família Klein se instala em Budapeste alguns anos antes da Primeira Guerra Mundial e ali permanece até a revolução de Bela Kun. É em Budapeste que Melanie começa a leitura da obra de Freud.

1.1. O *Encontro com a Psicanálise*

Sabemos que Melanie Klein foi psicanalisada por Sandor Ferenczi durante a Primeira Guerra Mundial. As "referências biográficas" que acompanham a edição francesa de sua coletânea de artigos *Contributions to Psycho-Analysis nos* dão as seguintes indicações: "1916. Em Budapeste. Após a leitura das obras de Freud e uma análise pessoal com Ferenczi, começa sua carreira de psicanalista de crianças numa policlínica de Budapeste, sob a direção de seu antigo analista"[2]. Mas, na realidade, os fatos não se desenrolaram desta maneira. Freud e Ferenczi alimentavam a esperança de montar em Budapeste uma policlínica e um instituto de psicanálise, graças a uma importante doação de Anton von Freund, discípulo

---

2. MELANIE KLEIN, *Essais de Psychanalyse*, Payot, p.19.

A GÊNESE E O SURGIMENTO DA VOCAÇÃO... 3

de Freud e rico cervejeiro de Budapeste, que se tornaria membro do famoso comitê secreto constituído, após a dissidência de Jung, pelos mais próximos discípulos de Freud, por instigação de Ernest Jones, a fim de defender a psicanálise e seu fundador e administrar o movimento. Budapeste teria se tornado desta maneira o principal centro da psicanálise. Tais projetos foram concebidos apenas em 1918, durante as semanas agitadas do Congresso de Budapeste, no decorrer do qual a nova ciência pareceu estar próxima de beneficiar-se do apoio das autoridades, em função dos serviços que ela prestara no tratamento das neuroses de guerras[3]. Em 27 de agosto de 1918, um mês antes do Congresso, Karl Abraham ainda não conhece Anton von Freund e Freud lhe escreve então: "Creio que Sachs deu-lhe algumas informações sobre o Dr. von Freund que acabo de descrever aqui [...] é de prever que Budapeste se torne a central de nosso movimento"[4]. Na verdade a doação de um milhão de coroas que von Freund havia prometido foi reduzida a uma quantia inferior, em razão da doença e morte do doador, e sobretudo seu valor efetivo foi reduzido a quase nada devido à brutal desvalorização das moedas dos Impérios Centrais, após a derrota. Budapeste não se torna a central do movimento psicanalítico e o projeto de fundação de uma policlínica não se concretiza. De fato, sabemos atualmente que Melanie Klein nunca exerceu psicanálise em Budapeste. Retornaremos em breve à questão da natureza de suas atividades psicanalíticas na Hungria.

Em contrapartida, é certa sua análise com Ferenczi. O que não poderíamos afirmar com exatidão é quando ocorreu esse tratamento. Podemos, com toda certeza, excluir alguns períodos determinados. Não é impossível que Melanie Klein tenha consultado Ferenczi, principal discípulo húngaro de Freud e que já gozava, em sua cidade, de lisonjeira reputação, nos meses que se seguiram ao início da guerra. Mas o tratamento não pode ter começado neste momento: por volta de 20 de outubro de 1914, Ferenczi foi mobilizado como major-médico de um regimento de hussardos, sendo enviado com seu corpo de tropa a Papa, cidade situada a mais de 160 km por via férrea, tendo então que abandonar sua clientela[5]. Permanece ali até janeiro ou fevereiro de 1916, data em que é nomeado médico chefe de uma clínica neurológica militar. Não é impossível que este homem com tantas atividades tenha então retomado os pacientes em análise. Karl Abraham, também responsável por um serviço psiquiátrico militar em Allenstein, perto de Koenigsberg, havia assumido o atendimento de alguns pacientes naquela localidade[6]. É, portanto, possível que a análise de Melanie Klein tenha ocorrido neste momento. Em tal hipótese, ela teria sido interrompida ou finalizada em meados de fevereiro de 1917. Com efeito, nesta data Ferenczi foi acometido de tuberculose pulmonar. Sofre também de bócio exoftálmico, devendo passar três meses em um sanatório, em Semmering, estação de montanha situada aproximadamente a 60 km ao sul de Viena. Retorna a Budapeste no fim do mês de maio, após longas entrevistas com Freud, no decorrer das quais discutiram as concepções de Lamarck sobre a evolução: início, para um, do *Além do Princípio do Prazer* e, para o ou-

3. ERNEST JONES, *La vie et l'oeuvre de Freud*, P.U.F., v. II, p.211.
4. SIGMUND FREUD e KARL ABRAHAM, *Correspondance*, N.R.F., p.283.
5. ERNEST JONES, *La vie et l'oeuvre de Freud*, P.U.F., v. II. p.185.
6. SIGMUND FREUD e KARL ABRAHAM, *Correspondance*, N.R.F., p.255.

4 MELANIE KLEIN I

tro, de *Thalassa*. Ferenczi, residindo desde então em Budapeste, encarrega-se da organização das férias de verão de Freud nos Tatras em 1917 e arma o Congresso de Psicanálise que se verifica em Budapeste de 28 a 29 de setembro de 1918. Portanto, a análise de Melanie Klein pode ter sido iniciada ou retomada, em maio de 1917.

Não sabemos no que consistiu este tratamento. Como Sandor Ferenczi elaborava durante os anos de guerra os princípios de sua "técnica ativa", que comporta injunções e interdições dirigidas ao paciente, podemos supor sem grandes riscos de erro que este homem íntegro e entusiasta, que nunca fazia coisas pela metade, aplicava a sua técnica a todos os pacientes e que Melanie Klein foi tratada desta maneira, lista técnica destinava-se a acelerar os períodos inertes do trabalho analítico. Num primeiro momento, o analista ordena ao paciente que realize suas tendências sexuais reprimidas. Num segundo momento, estas satisfações são interditadas e analisadas pelo estabelecimento da relação com afetos e cenas infantis. Ferenczi recebera a aprovação de Freud, que iria, aliás, formular explicitamente a regra da abstinência apenas em 1918, precisamente no Congresso de Budapeste[7]. Além disso, Ferenczi mostra-se muito circunspecto, em seus escritos técnicos, no que concerne às indicações sobre seu método[8]. De qualquer modo, Melanie Klein ficou impressionada com a personalidade brilhante de seu analista. Ela escreve no prefácio da primeira edição da *Psicanálise da Criança*, em 1932:

> Foi Ferenczi quem me iniciou na psicanálise. Foi ele quem me fez compreender sua verdadeira natureza e significado. Era dotado de uma sensibilidade imediata e profunda em relação ao inconsciente e ao simbolismo e uma intuição espantosa diante de tudo que diz respeito à alma infantil; ele me ajudou, com seu exemplo, que me marcou, a compreender a psicologia da criança pequena. Foi ele também o primeiro a assinalar minhas aptidões para a análise de crianças por cujo progresso teve o maior interesse, encorajando-me a me dedicar a esse campo da terapia analítica, ainda muito pouco explorado na época. Fez tudo que pôde para sustentar meus primeiros esforços neste caminho, é a ele que devo meus primeiros passos no ofício de psicanalista[9].

Sabemos pelo testemunho de Willy Hoffer que Melanie Klein assistiu ao Congresso de Psicanálise de Budapeste em setembro de 1918. Ela o fez com o mesmo direito que um público bastante numeroso: o Congresso não era reservado unicamente aos psicanalistas e as conferências realizaram-se no grande auditório da Academia de Ciências da Hungria. Ali ela vê Freud pela primeira vez. Contrariamente a seu hábito de falar sem anotações, Freud lê seu artigo "Linhas de Progresso da Terapia Psicanalítica". Melanie Klein, sem dúvida, entusiasmou-se com este congresso, realmente excepcional, não apenas pela qualidade das comunicações, mas principalmente por sua atmosfera. A psicanálise estava aparentemente a ponto de ser reconhecida pelas autoridades, os congressistas foram recebidos oficialmente pela municipalidade de Budapeste e uma petição circulava entre os estudantes da

---

7. S. FREUD, "Les voies nouvelles de la thérapie psychanalytique", *in De la technique psychanalytique*, P.U.F.

8. S. FERENCZI, "Technische Schwierigkeiten einer Hysterieanalyse", *Internationale Zeitschrift fur ärtzliche Psychoanalyse*, V, p. 37.

9. M. KLEIN, *La Psychanalyse des Enfants*, P.U.F. pp.1-2.

A GÊNESE E O SURGIMENTO DA VOCAÇÃO...   5

Universidade, no sentido de requerer a criação de uma cadeira de psicanálise que teria Ferenczi como seu titular. A doação de Anton von Freund suscitava grandes esperanças. Tudo isto tomaria outro rumo cerca de dois meses mais tarde, em consequência do esboroamento dos Impérios Centrais.

Quando Melanie Klein faz, no ano seguinte, sua primeira comunicação à Sociedade Húngara de Psicanálise, desperta muito interesse, sendo elogiada por Ferenczi e von Freund, que lhe colocam questões particularmente pertinentes e que a ajudam a amadurecer algumas de suas concepções. Ferenczi apresenta a em seguida, por ocasião do Congresso Internacional de Psicanálise de Haia, em setembro de 1920, a Karl Abraham, que a convida para ir a Berlim. Mas parece certo que Ferenczi não a orientou em seu trabalho e, cm particular, não supervisionou seu primeiro trabalho psicanalítico. Limitou-se a encorajá-la e emprestar-lhe livros[10]. Melanie Klein foi eleita membro titular da Sociedade Húngara a 13 de julho de 1919, logo após à exposição que fez de seu primeiro artigo. Não havia, ainda, começado a praticar a psicanálise, ao menos no sentido como a entendemos hoje.

Com efeito, Melanie Klein deixara Budapeste em março de 1919 em virtude da situação política. A 31 de outubro de 1918, o Império Austro--Húngaro chegou ao fim, devido à derrota das Potências Centrais. A República Húngara fora proclamada a 16 de novembro e Mihaly Károlyi fora designado presidente provisório. A derrota e a ocupação dos Aliados acarretaram dificuldades econômicas e perturbações políticas, quando se evidenciou a intenção dos vencedores de amputar da Hungria dois terços dos seus territórios anteriores. Neste contexto, a 20 de março de 1919 sobreveio o levante dirigido por Bela Kun e pelo Partido Comunista, que instaurou a República dos Conselhos. O levante de Bela Kun instalou, por quatro meses, um regime que se mostrou muito favorável à psicanálise: uma cadeira de psicanálise foi criada para Ferenczi e outra, de psicanálise aplicada, foi confiada a Géza Róheim. Isto não impede que Melanie Klein parta para Ruzomberok[11], uma pequena cidade da Eslováquia, com os filhos e o marido, lugar onde este aparentemente tinha laços de família, o que talvez o tenha induzido a conduzi-los para lá. Daí retorna em julho a Budapeste para assistir à sessão da Sociedade de Psicanálise, no decorrer da qual lê seu artigo[12]. Permanecerá em Ruzomberok cerca de um ano.

Seu primeiro artigo não se baseia nos dados recolhidos no decurso de uma psicanálise clássica, mas sim na observação do desenvolvimento de uma criança[13], durante o período em que recebe de sua mãe esclarecimentos que devem satisfazer sua curiosidade sexual, que fica manifesta por numerosas perguntas. O artigo descreve os efeitos destes esclarecimentos sobre a criança. Estamos em condições de afirmar que esta criança não é outra senão Erich, o segundo filho de Melanie Klein, então com cinco anos

10. Cf. WILLY HOFFER, "Melanie Klein", *International Journal of Psycho-Analysis*, v.42, 1961, pp.1-3.

11. Cf. WILLY HOFFER, "Melanie Klein", *International Journal of Psycho-Analysis*, v.42, 1961, pp.1-3. O autor dá o endereço de Melanie Klein em 1919: Fr. Melanie Klein c/o Director Julius Klein, Ruzomberok, Tcheco-Eslováquia.

12. Anunciado no *International Journal of Psycho-Analysis*, v. I, 1920, p.370: "July, 13 Mrs. Melanie Klein: Remarks on the Intellectual Development of a Child".

13. MELANIE KLEIN, "Le développement d'un enfant", *in Essais de psychanalyse*, Payot. O texto lido em 1919 corresponde à primeira parte, pp.29-56.

6 MELANIE KLEIN I

de idade[14]. O trabalho de educação sexual da criança iniciou-se em março de 1919, logo após a chegada da família Klein a Ruzomberok, e continuou após a leitura do artigo, para se transformar em seguida em uma verdadeira psicoterapia psicanalítica do menino por sua mãe, em Ruzomberok e depois em Berlim. Esta psicoterapia durou até 1922. Melanie Klein, que descreve a terapia de Erich, dando-lhe o pseudônimo de Fritz, especificou repetidas vezes que não havia analisado outras crianças até sua chegada a Berlim: "Meu primeiro paciente foi um menino de cinco anos de idade. Referi-me a ele sob o nome de Fritz no primeiro artigo que publiquei [...] Entre 1920 e 1923 adquiri mais experiência com outros casos de crianças", escreve[15]. Entre 1920 e 1923 achava-se em Berlim, onde começou a análise de outras crianças além da de seu filho.

Não temos quase documentos referentes ao fim de 1919 e ao começo de 1920. De 8 a 12 de setembro de 1920 assiste ao Congresso de Psicanálise de Haia, o primeiro a desenvolver-se sem a presença de Freud, e também o primeiro que, após a guerra, reúne os psicanalistas do mundo anglo-saxão e os da Europa Central. Ferenczi, no decorrer do Congresso, apresenta M. Klein a Karl Abraham, que dirige a Sociedade Berlinense de Psicanálise. Ela impressionou suficientemente Abraham – homem prudente e reflexivo mas dado o bastante a entusiasmos imediatos – para que ele lhe sugira, ao longo do Congresso, que se instale em Berlim e que ali pratique a psicanálise de crianças. Aceitando o convite, dispõe se a mudar para Berlim. No Congresso de Haia, teve também a ocasião de ouvir e aproximar-se de Hermine von Hug-Hellmuth, que era considerada, na época, a principal especialista em análise de crianças. O contato foi muito frio: reserva por parte de Hemine von Hug-Hellmuth em relação a essa novata entusiasta e desprovida de qualquer formação universitária; decepção de Melanie Klein, que logo iria constatar que sua colega mais velha não tinha muito a lhe ensinar. As duas mulheres coexistirão na Sociedade Psicanalítica de Berlim, porém sem colaboração mútua.

No início de dezembro de 1920, Melanie Klein encontra-se em Budapeste. Assiste a uma sessão científica da Sociedade de Psicanálise em 5 de dezembro e ali faz uma comunicação intitulada ("Contribuição à Análise na Primeira Infância")[16]. Por volta do final do mesmo ano o seu primeiro artigo *publicado* aparece na *Internationale Zeitschrift für Psychoanalyse* sob o título de "Der Familienroman in Statu Nascendi": trata-se de um episódio destacado do caso Erich ("Fritz")[17] e não do texto do primeiro trabalho lido em julho de 1919, o qual será publicado apenas em 1921[18]. Em 14 de dezembro, tendo deixado Budapeste, escreve a Ferenczi, pedindo que lhe envie um livro[19]. Passa as festas de fim de ano em Ruzomberok e parte para a Alemanha. Está acompanhada de seus filhos,

14. No que se refere à comprovação desta afirmativa, pedimos ao leitor que leia a p. 11.

15. "The Psycho-Analytical Play-Technique; His History and Significance", *New Directions in Psycho-Analysis*, Maresfield Reprints, Londres, p. 4. "My first patient was a five-years-old boy. I referred do him under the name Fritz in my first published paper... Between 1920 and 1923 I gained some further experience with other child cases...".

16. Mencionada no *International Journal of Psycho-Analysis*, 1920, I, p.370.

17. *Internationale Zeitschrift...*, v.VI, 1920, pp.151-155.

18. *Imago*, v.IX, 1921.

19. Cf. *International Journal of Psycho-Analysis*, 1961, pp. 1-3.

A GÊNESE E O SURGIMENTO DA VOCAÇÃO...

mas não do marido, que encontrou um emprego na Suécia e ali se instala. Esta separação será definitiva, sendo o divórcio pronunciado pouco depois.

1.2. Os anos berlinenses

Melanie Klein chega a Berlim em janeiro de 1921. Continua a "psicanálise" de Erich e recebe preciosos conselhos de Abraham[20], lá em 3 de fevereiro, uma sessão da Sociedade de Psicanálise é consagrada à sua exposição da segunda parte da educação psicanalítica de Erich, sendo que a sessão da semana seguinte é totalmente dedicada à discussão dessa comunicação. A 5 de maio faz uma exposição sobre os problemas da orientação de crianças. Essa exposição permaneceu inédita, mas o seu conteúdo foi retomado na "Análise de Crianças Pequenas"[21].

Em 1922, figura na lista dos membros associados da Sociedade Psicanalítica de Berlim. Começa a trabalhar na Policlínica. Prossegue a psicoterapia de Erich e multiplica as comunicações, geralmente curtas e dedicadas a pontos clínicos, nas sessões científicas da Sociedade Berlinense: "Uma Anedota Tirada da Vida de Walter Scott", a 24 de janeiro; – "Uma 'Neurose de Domingo' numa Criança", a 24 de fevereiro: trata-se do relato de um caso visto na Policlínica e que confirma os pontos de vista de Ferenczi sobre as neuroses de domingo[22]; – "Algumas Notas sobre a Ansiedade Latente", a 21 de março, texto que é certamente idêntico ao artigo intitulado "Ansiedade Infantil e sua Importância para o Desenvolvimento da Personalidade", que faz parte da bibliografia dos *Essais*[23], compilada por Lola Brook, que foi durante os quinze últimos anos a secretária e amiga íntima de M. Klein, que indica sua existência e utilização para a redação da "Análise de Crianças Pequenas"; "Algumas Observações sobre uma Composição Escolar", a 11 de abril; – e a 2 de maio "Compulsão à Dissimulação e à Mitomania". A 25, 26 e 27 de setembro o Congresso Internacional de Psicanálise se reúne em Berlim; Freud está presente e lê um texto que permaneceu inédito: "Algumas Notas sobre o Inconsciente". Este será seu último congresso. O nível científico do conclave é particularmente elevado, dando motivos fiara sonhar: Abraham lê seu texto sobre a melancolia[24]; Ferenczi apresenta e resume *Thalassa*[25]; Géza Róheim lê "Após a Morte do Pai Primitivo"[26]. Melanie Klein experimenta imensa alegria em ler, na presença de Freud, um artigo intitulado "O Desenvolvimento e a Inibição das Aptidões na Criança", que mais tarde dará o essencial da "Análise de Crianças Pequenas".

Melanie Klein prossegue durante o ano de 1923 suas comunicações científicas à Sociedade Psicanalítica de Berlim: "Notas sobre a Análise de uma Criança" a 13 de fevereiro; – "O Jogo do Médico Tal Qual as Crian-

---

20. Cf. "The Psycho-Analytic Play Technique", *New Directions in Psycho-Analysis*, Maresfield Reprints, p. 4.

21. In *Essais de Psychanalyse*, Payot, pp.110-141.

22. S. FERENCZI, "Névroses du Dimanche", in *Oeuvres Complètes*, v.II, pp.314-318.

23. MEEANIE KLEIN, *Essais de Psychanalyse*, Payot, p.425.

24. KARL ABRAHAM, *Oeuvres complètes*, tomo II, pp.231-297.

25. SANDOR FERENCZI, *Thalassa*, Payot.

26. GÉZA RÓHEIM, "Nach dem Tod des Urvaters", *Imago*, 1923.

8 MELANIE KLEIN I

ças o Jogam"[27] a 10 de abril; – uma pequena comunicação clínica no dia 8 de maio. É eleita, a 20 de fevereiro, membro titular dessa Sociedade. Mas, certamente, o essencial não reside nessas comunicações a respeito de detalhes. No decorrer deste ano engaia-se numa segunda experiência psicanalítica excepcional (sendo que a primeira foi a análise de seu filho) e inventa a técnica do brincar que será o fundamento de todas as suas descobertas posteriores. Karl Abraham comunica o fato a Freud – que não reage a 7 de outubro de 1923: "A senhora Klein acaba de levar a bom termo, nestes últimos meses, a psicanálise de uma criança de três anos"[28]. Com efeito, foi durante o verão que Melanie Klein analisara a pequena Rita, com dois anos e três meses de idade no início de seu tratamento, análise que durara três ou quatro meses. O trabalho verificava se na casa da criança, que brincava espontaneamente com seus brinquedos e Melanie Klein analisava o brincar, como havia feito com Erich. A técnica do brincar foi, portanto, de algum modo imposta pelas próprias crianças. É somente num segundo momento, ao longo deste mesmo ano de 1923, que Melanie Klein, utilizando a experiência obtida com o início da análise de Rita, decide analisar as crianças em sua casa, a fim de evitar a interferência da família no tratamento, e é aí que lhe vem a ideia de lhes fornecer os brinquedos, transformando, assim, um fenômeno espontâneo numa técnica planejada. A análise de Rita confirma os dados colhidos ao longo da de Erich e permite novas aquisições: evidencia a existência e a severidade de uma instância crítica interna desde tenra idade, a importância das fantasias sado-anais e uretrais e as primeiras percepções sobre a situação de ansiedade típica da menina. Marca, assim, os verdadeiros inícios da psicanálise kleiniana tal qual a conhecemos atualmente. É também no ano de 1923 que se dá a organização e publicação de dois artigos extensos, baseados no material colhido ao longo da experiência com Frich e das primeiras análises conduzidas em 1921 e 1922[29]. Mostraremos mais tarde[30] que estes textos já contêm uma concepção muito original das relações entre repressão, inibição e sublimação, concepção que Melanie Klein modificará mais tarde, mas que fornece o suporte teórico da técnica do brincar, cujos resultados deveriam conduzir ao abandono de tal concepção. O ano de 1923 marca, portanto, uma virada decisiva.

Sabemos muito pouco da vida particular de Melanie Klein nesta época: logo após 1921 divorciara-se. Além disso, sem que possamos estabelecer uma relação entre estes dois fatos, começa uma análise com Karl Abraham no início de 1924. De 22 a 23 de abril, participa do Congresso Internacional de Salzburg, o segundo a acontecer nesta cidade. Freud, abatido por sua doença, não está presente. No curso deste congresso, Abraham é eleito presidente da Associação Psicanalítica Internacional. Melanie Klein lê nesta ocasião uma comunicação intitulada "Sobre a Técnica da Análise das Crianças muito Pequenas"[31]. Esta comunicação não foi publicada. Consiste na primeira versão do célebre artigo de 1926 sobre

27. Estes três textos permaneceram inéditos.

28. S. FREUD, K. ABRAHAM, *Correspondance*, N.R.F., p. 344.

29. "O Papel da Escola no Desenvolvimento Libidinal da Criança" e "Análise de Crianças Pequenas", in *Essais de Psychanalyse*, Payot, pp.90-141.

30. Cf. Cap. 2.

31. Obedecendo aos conselhos dados pela própria Melanie Klein a seu tradutor J.B. Boulanger (cf. *La psychanalyse des enfants*, P.U.F, p.9), traduzimos assim o título

A GÊNESE E O SURGIMENTO DA VOCAÇÃO... 9

"Princípios Psicológicos da Análise de Crianças Pequenas"[32] que é geralmente considerado como o primeiro texto a conter as ideias kleinianas. Sabemos, por uma nota de Melanie Klein (*Essais*, p. 167), ter ela sustentado, em Salzburg, que as crianças, no âmbito das primeiras formas das teorias sexuais infantis, concebem e desejam o coito como um ato oral. Mas é provável que as três teses fundamentais de 1926 não estivessem presentes, todas as 1res neste texto, sob sua forma definitiva: o complexo de Édipo começando imediatamente após o desmame a introjeção do superego desde os primórdios *do* conflito edipiano, a existência da transferência na técnica da psicanálise de crianças muito pequenas, com um pape! comparável ao desempenhado no adulto. Apenas esta última era sem dúvida formula da com nitidez, pois a análise de Rita dera ensejo a importantes reflexões de ordem técnica, enquanto que a importância do sadismo oral foi revela da pelas análises de Ruth, Trude, Peter e Erna[33], iniciadas todas as quatro em 1924 e ainda, talvez, pela própria psicanálise de Melanie Klein com Abraham que estava, nós o sabemos[34], muito atento a tudo que se refere a esta questão. O trabalho apresentado por Melanie Klein no Congresso causou uma forte impressão em Ernest Jones, presidente da Sociedade Britânica de Psicanálise e principal responsável pelo *International Journal of Psycho-Analysis*. Ele abriu-lhe as colunas de sua revista e a convidou a ir a Londres no ano seguinte, com o intuito de ali dar uma série de conferências. Alguns psicanalistas ingleses, notadamente Alix Strachey e Joan Riviere, já haviam pressentido a importância dos trabalhos de Melanie Klein, apoiando-a desde o início, o que lhe foi valioso[35].

Na época em que trata das quatro crianças mencionadas acima faz, neste mesmo ano de 1924, algumas comunicações nas sessões da Sociedade Psicanalítica de Berlim: – "Efeito Produzido na Análise de Crianças pelas Interrupções do Tratamento" e "A Atividade do Superego no Quarto Ano de Vida de uma Criança", ambas em 6 de maio; – em 14 de junho, em colaboração com dois colegas, apresenta interpretações de desenhos infantis. A análise de Erna já está suficientemente adiantada no outono deste ano para que Melanie Klein possa expô-la sob o título de "Extrato da Análise de uma Neurose Obsessiva numa Criança de Seis Anos", durante o encontro dos psicanalistas alemães que Abraham organiza em 11 e 12 de outubro em Würzburg. Após ouvir esta exposição, Abraham declarou, no debate que se segue: "O futuro da psicanálise reside na psicanálise de crianças". Esta declaração surpreende Melanie Klein, que não tinha consciência clara da importância de suas descobertas e considerava se uma fiel discípula de Freud e Abraham. Parecia-lhe que seus desenvolvimentos eram tão naturais e evidentes que qualquer outro aluno de Freud poderia ter chegado às mes-

---

Zur Technik der frühen Analyse, a fim de evitar o emprego da palavra *précoce*, que é "imprópria e ambígua".

32. *Essais de Psychanalyse*, Payot, pp. 166-177.

33. Melanie Klein clarifica a importância do sadismo oral no "The Psycho-Analytic Play Technique".

34. Cf. ABRAHAM, *Oeuvres Complètes*, Payot, v.II, e notadamente pp.272-294 e 332-342.

35. Joan Riviere, que conhecemos atualmente como uma das primeiras e principais colaboradoras de Melanie Klein, foi uma das mais próximas discípulas britânicas de Freud, por quem havia sido analisada e com a qual se correspondia regularmente (E. JONES, *La vie et l'oeuvre de Sigmund Freud*, P.U.F., v.III, p.X).

10 MELANIE KLEIN I

mas conclusões e que as particularidades de suas concepções eram o reflexo direto daquelas do psiquismo da criança pequena. Em 11 de novembro de 1924, trata das "Manifestações Infantis do Sentimento de Culpa". Em 13 de dezembro, finalmente, apresenta uma comunicação sobre a "Princípios Psicológicos da Análise na Infância". Contrariando o hábito berlinense de comunicações clínicas curtas, a sessão inteira foi dedicada a este artigo comprovadamente longo e importante no plano teórico[36]. É necessário, provavelmente, identificar esta comunicação com o célebre artigo "Princípios Psicológicos da Análise de Crianças Pequenas" publicado apenas em 1926, o qual representara retrospectivamente um verdadeiro manifesto das ideias kleinianas. Com efeito, em dezembro de 1924 a análise de Trude termina; as de Peter a Ruth estão bem adiantadas; a de Erna já dura mais de seis meses (e se prolongará ainda por dezoito meses). Melanie Klein percebe, neste momento, os elos do sadismo com a fase inicial do complexo de Édipo, fato central sobre o qual se funda o artigo de 1926.

Intervém pouco nos debates da Sociedade Psicanalítica de Berlim ao longo do ano de 1925. Faz apenas uma breve comunicação em fevereiro, sobre "Uma Analogia Entre Certos Crimes e as Fantasias das Crianças". Em contrapartida, publica sua "Contribuição à Psicogênese dos Tiques" no volume XI da *Internationale Zeitschrift für Psychoanalyse*[37], artigo que ainda não contém nenhuma das novas ideias e prolonga diretamente os textos de 1923. Parece estar, nesta época, totalmente absorta em sua análise com Abraham. Este, que sofria de efizema, vai lazer três conferências na Holanda, Volta no início de junho, acometido daquilo que pensa ser uma bronquite, devendo então permanecer acamado. Assim, a análise de Melanie Klein é interrompida ao final de catorze meses, e jamais seria retomada. Na realidade Abraham havia ferido a faringe com uma espinha de peixe, na Holanda, o que lhe causou uma broncopneumonia infecciosa, seguida de um abscesso no pulmão, e por fim de um abscesso subfrênico. Os acessos de febre alternavam-se com intervalos livres e com estados de euforia, dando-lhe a ilusão de que a cura estava próxima, até o dia 1º de janeiro de 1926, data de sua morte. Nesse meio tempo, não pôde retomar suas atividades[38].

Pouco após a interrupção de sua psicanálise, Melanie Klein, que espera como todos uma cura rápida de seu analista, parte para a Inglaterra, a fim de proferir as conferências requisitadas por Jones no ano anterior. Ali permanece por seis semanas, pronunciando seis conferências perante os membros da Sociedade Britânica de Psicanálise. Recebe uma acolhida calorosa e uma adesão geral às suas ideias, o que a surpreende de maneira feliz: em Berlim, apenas Abraham a apoiava verdadeiramente. Ernest Jones convida-a, desta vez, a vir instalar-se na Inglaterra ao menos por um ano. Colegas pedem-lhe que analise seus filhos.

De volta a Berlim, acompanha os progressos da doença de Abraham. Quando este morre, o luto é certamente longo e penoso: Melanie Klein, comumente tão ativa, não faz mais nenhuma comunicação e não publica nenhum artigo até o fim de 1928 – com exceção dos "Princípios Psicológicos da Análise de Crianças Pequenas" publicado em 1926, mas prova-

---

36. *International Journal of Psycho-Analysis*, 1924, nº 4.
37. Retomado em *Essais de Psychanalyse*, Payot, pp. 142-165.
38. Cf. S. FREUD, K. ABRAHAM, *Correspondance*, N.R.F., p.388, nota.

A GÊNESE E O SURGIMENTO DA VOCAÇÃO...   11

velmente redigido ou pelo menos iniciado em 1924[39]. Além dos efeitos perturbadores próprios a este gênero de situação, Melanie Klein perde com Abraham seu principal garante no plano científico e seu único suporte real em Berlim. Torna-se-lhe difícil suportar a Sociedade Berlinense de Psicanálise. As propostas britânicas se lhe apresentam então sob uma nova luz. Ela queria afastar-se de Berlim enquanto Abraham era vivo, pois, segundo a expressão de Maria Torok e Nicolas Abraham, autores da introdução à edição francesa dos *Essais de Psychanalyse*, "esperava conquistar no divã dele o que já sabia dispensar às crianças"[40]. Após o desaparecimento de Abraham, aceita as ofertas de Ernest Jones, termina as análises em andamento, notadamente a de Erna, e toma providencias para instalar-se em Londres. Conta então 44 anos. Praticamente nada mais a prende ao Continente. Começa uma nova etapa de sua carreira, que a tornará a inspiradora da Escola Inglesa de Psicanálise.

2. A EDUCAÇÃO PSICANALÍTICA DE FRITZ-ERICH

2.1. *A Questão da Identidade do Pequeno Fritz*

Relatando em 1953 as circunstâncias da invenção de sua técnica de psicanálise de crianças pelo brincar, Melanie Klein declarava:

Meu primeiro paciente foi um menino de cinco anos de idade. Referi-me a ele sob o nome de "Fritz" em meu primeiro artigo publicado. A princípio julguei que seria suficiente influenciar a atitude da mãe. Sugeri-lhe que devia encorajar a criança a discutir livremente com ela numerosas perguntas inexpressas que estavam obviamente ocultas em sua mente e que impediam seu desenvolvimento intelectual. Isso deu bons resultados, mas suas dificuldades neuróticas não foram suficientemente atenuadas e logo decidiu-se que eu deveria psicanalisá-lo[41].

De fato, o caso de Fritz desempenhou um papel considerável nos primeiros escritos de Melanie Klein. O artigo publicado em 1921, composto de duas partes redigidas, uma em 1919 (lida na Sociedade Psicanalítica de Budapeste, em 13 de julho deste ano[42]), a outra em 1921 (*Essais*, p. 57, n. 2) e que constitui o primeiro dos artigos reunidos nos *Essais de Psychanalyse*[43], é integralmente dedicado a este caso. Este é retomado em dois artigos publicados em 1923: "O Papel da Escola no Desenvolvimento Libidinal da Criança" (*Essais*, pp. 90-109) e "Análise de Crianças Pequenas" (*Essais*, pp. 110-141).

Em "O Desenvolvimento de uma Criança" (1921), Melanie Klein apresenta esta criança nos seguintes termos:

A criança em questão é um menino, o pequeno Fritz, cujos pais, que pertencem à minha família, moram na minha vizinhança. Esta circunstância deu-me a oportu-

---

39. Cf. *supra*, pp.7-8.

40. Na edição francesa, Payot, p.9.

41. MELANIE KLEIN, "The Psycho-Analytic Play Technique", p.6.

42. MELANIE KLEIN, *Essais de Psychanalyse*, Payot, p.29, nota 1.

43. MELANIE KLEIN, "Le développement d'un enfant", *Essais de Psychanalyse*, Payot, pp.29-89.

12 MELANIE KLEIN I

nidade de estar muitas vezes na companhia da criança, sem qualquer constrangimento. Além disso, como a sua mãe segue todas das minhas recomendações, posso exercer uma influência de longo alcance na educação de seu filho (*Essais*, p. 30).

Ao escrever estas linhas, Melanie Klein reside na Eslováquia, de onde podemos deduzir que a criança também mora em Ruzomberok. Mas, em "Análise de Crianças Pequenas" indica-nos o fato de ter retomado a análise do menino quando este conta com um pouco menos de sete anos; portanto, em 1921. Ora, nesta época, ela se encontra em Berlim. É preciso, pois, que a família da criança também se tenha, por uma extraordinária coincidência, transferido para Berlim, ou então, o que imaginamos ser pouco plausível, que a criança tenha sido enviada a Berlim para ali prosseguir sua análise. Veio-nos então a ideia de que esta criança era provavelmente o filho mais novo de Melanie Klein, Erich, nascido em 1914 e cuja idade coincide exatamente com a do pequeno Fritz. Assim podemos compreender por que a criança seguiu Melanie Klein para a Alemanha e por que ela pôde, desde o início, prevalecer-se da docilidade da mãe em seguir seus conselhos e da influência que ela podia assim exercer sobre a educação de "Fritz".

Por outro lado, convém ressaltar uma inexatidão nas declarações da fundadora da técnica do brincar segundo as quais "O Desenvolvimento de uma Criança" seria seu primeiro artigo publicado. De fato, a primeira parte deste texto é realmente a primeira comunicação feita por Melanie Klein a um público, o dos membros da Sociedade Húngara de Psicanálise. Porém, foi editado apenas em 1921, junto com a segunda parte, sob o título e na forma que conhecemos atualmente. Ora, em 1920 a *Internationale Zeitschrift für Psychoanalyse* havia publicado, na sua rubrica regular de "Comunicações sobre a Vida Psíquica Infantil", um artigo de Melanie Klein (Budapeste) intitulado "O Romance Familial in Statu Nascendi"[44]. Este artigo, mencionado por Lola Brook na bibliografia que acompanha os *Essais de Psychanalyse*, é um dos raríssimos textos de Melanie Klein que nunca foi traduzido para o inglês nem reeditado. Quando se examina este texto, compreende-se a razão pela qual foi deixado no esquecimento: seu conteúdo com pouca coisa a menos reaparece integralmente no "Desenvolvimento de uma Criança"[45] e consiste no seguinte: próximo à Páscoa, a criança ficara visivelmente decepcionada pelas explicações de sua mãe relativas à inexistência do "coelho da Páscoa", que é aquele que, nos países germânicos, supostamente traz para as crianças brinquedos e guloseimas, que são escondidos no jardim na manhã de Páscoa. A criança mostrara certa frieza após este fato e apegara-se a crianças vizinhas que lhe asseguravam que o "coelho da Páscoa" existia realmente. Nesse momento, a mãe aproveita uma conversa para instruir a criança sobre a gravidez e o nascimento de bebês: as explicações são mal recebidas e, dois dias após essa conversa, o menino anuncia que vai trocar de pais e pretende ir morar na casa dos vizinhos. Melanie Klein descreve o episódio de maneira detalhada e relaciona esse desejo de trocar de família à formação do romance familial descrito por Freud[46].

---

44. *Internationale Zeitschrift für Psychoanalyse*, v.VI, 1920. "Mitteilungen aus dem infantile seelenleben", 1. "Der Familienroman in Statu Nascendi, von Melanie Klein" (Budapeste), pp.151-155.

45. MELANIE KLEIN, *Essais de Psychanalyse*, Payot, pp.32-33.

46. S. FREUD, "Le roman familial des névrosés", in *Névrose, psychose et perversion*, P.U.F., pp.157-165.

A GÊNESE E O SURGIMENTO DA VOCAÇÃO... 13

Mas a criança em questão, cuja identidade com Fritz é manifesta, acha-se aí explicitamente designada como o filho de Melanie Klein: "Meu filho Erich, agora com cinco anos, é uma criança saudável e vigorosa [...] Estávamos próximos da Páscoa e ele ouvira falar coisas muito bonitas sobre o coelho da Páscoa"[47]. Indubitavelmente foi esse dado tão revelador que motivou a omissão do artigo nas coletâneas publicadas em seguida.

Deste modo, a origem da técnica kleiniana da psicanálise das crianças através do brincar está na relação que Melanie Klein teve com seu filho entre os dias precedentes à Páscoa em 1919 e o fim desta "análise" em 1921. Ela mesma nos chama a atenção sobre a importância desta relação para o prosseguimento de sua obra:

Esta análise marca o começo da técnica psicanalítica através do brincar, por que desde o início a criança exprimiu suas ansiedades e fantasias essencialmente ao brincar e eu interpretava regularmente, para ela, o seu significado, com o efeito de que surgia material adicional em sua brincadeira. Isso quer dizer que eu já empregava, com esse paciente, o essencial do método da interpretação que se tornou característico da minha técnica[48].

Não podemos deixar de estabelecer uma relação entre o caso de Erich e do pequeno Hans, cuja análise, a primeira psicanálise de uma criança pequena[49], foi relatada por Freud[50].

Em ambos os casos, a análise foi efetuada por um dos pais da criança. O que hoje nos parece estranho, parecia como algo que se impunha por si e mesmo com a condição de possibilidade de análise de crianças muito novas:

Apenas a reunião da autoridade paterna e da autoridade médica, em uma única pessoa, e o encontro nesta de um interesse ditado pela ternura e de um interesse de ordem científica, permitiram, neste caso, fazer do método uma aplicação ao qual, sem esta, não teria sido eficaz[51].

Assim como mais tarde Melanie Klein será encorajada por Ferenczi, também os pais do pequeno Hans, ambos "adeptos achegados" de Freud, foram por ele incentivados a observar seu filho, então com menos de três anos de idade, sob um ponto de vista psicanalítico, a fim de verificar principalmente as hipóteses já formuladas no ano anterior nos *Três Ensaios sobre a Teoria da Sexualidade* (1905). Suas observações multiplicaram-se e Freud foi regularmente informado a respeito (*Idem*, p. 94).

A intenção inicial dos pais não era apenas estudar o desenvolvimento de Hans, mas "educar seu primeiro filho, sem maiores coerções do que as que fossem absolutamente necessárias para manter um bom comportamento. E, à medida que a criança, desenvolvendo-se, se tornava um meni-

47. *Internationale Zeitschrift für Psychoanalyse*, vol.VI, 1920, p. 154.

48. MELANIE KLEIN, "The Psycho-Analytic Play Technique", *New Directions in Psycho-Analysis*, Maresfield Reprints, p.4.

49. FREUD tratou pela psicanálise, antes de 1900, crianças maiores. Ele cita "Um destes mais jovens histéricos" de 12 anos (*A Interpretação dos Sonhos*, vols.IV e V, Imago ed.). (*l'Interprétation des rêves*, PUF, pp.462,463).

50. "Análise de uma Fobia em um Menino de Cinco Anos", in *Cinq Psychanalyses*, P.U.F., pp.93-198.

51. *Idem*, pp.93-94.

14 MELANIE KLEIN I

ninho alegre, bom e vivaz, a experiência de deixá-lo crescer e expressar-se sem intimidações prosseguiu satisfatoriamente (*Idem*, p. 94). Porém, dezoito meses após o início de suas observações, constatam a instalação de um sintoma fóbico e o pai toma a decisão de empreender a análise da criança. Também no caso de Erich, Melanie Klein se propõe inicialmente a um objetivo puramente educativo. Mas a educação transforma-se em análise quando se torna evidente que a criança não manifesta a espontaneidade esperada e apresenta um incremento de seus traços neuróticos. Assim, podemos considerar que ela parte em 1919 do preciso ponto de onde Freud e o pai do pequeno Hans partiram eles mesmos doze anos antes. Entretanto, ela poderá ir mais longe graças à compreensão do simbolismo das brincadeiras da criança, o que lhe permitirá superar o maior obstáculo assinalado por Freud cm 1918, que consiste na incapacidade da criança em produzir livres associações verbais[52].

2.2. Os Objetivos Pedagógicos Iniciais de Melanie Klein

A ambição inicial de Melanie Klein é puramente pedagógica, mas é grandiosa e é acompanhada de um tom de entusiasmo militante: não se trata de curar perturbações neuróticas, de cuidar, de readaptar a criança a seu meio e de permitir sua entrada na média, o que será mais tarde o objetivo de Anna Freud. A perspectiva é completamente diferente: a humanidade média não é normal, é doentia sem o seu conhecimento. A doença mais disseminada é a inibição intelectual que Melanie Klein passa em revista nas manifestações mais banais, fundamentando-se constantemente no seguinte postulado, que permanece implícito mas nem por isso é menos patentemente operante: só é verdadeiramente normal uma atividade intelectual que comporte a capacidade de cobrir a extensão do campo dos interesses e a capacidade de penetração aprofundada, aplicável tanto ao domínio prático como ao domínio científico e especulativo, integralmente subordinada ao teste de realidade e liberada, em particular, da ilusão religiosa. Todas as formas de "graves prejuízos causados à capacidade intelectual", que descreve em julho de 1919[53], repousam na supressão, sob o efeito da repressão, de uma ou outra dessas aptidões que parecem ser, de pleno direito, sob o ponto de vista de Melanie Klein, o resultado de um desenvolvimento natural das capacidades do ser humano. Esta crença é sustentada pela frequente observação do contraste entre a espontaneidade e a vivacidade intelectual da criança pequena e o caráter mais contido, de alguma forma "achatado", dos interesses intelectuais da criança em idade escolar. A diferença se explica pela repressão da curiosidade sexual inerente ao complexo de Édipo.

O inventário dos tipos de inibição por ela levantados merece que nos detenhamos por um instante nele. A "repugnância pela pesquisa fundamental desinteressada" não é um fato natural, mas procede diretamente da oposição dos adultos à curiosidade sexual da criança: nas pesquisas profundas,

---

52. S. Freud escreve: "A análise praticada diretamente numa criança neurótica deve, desde o princípio, parecer digna de fé, mas não pode ser muito rica em material; é preciso colocar à disposição da criança muitas palavras e muitas ideias; ainda assim, as camadas mais profundas de seu psiquismo se acharão impenetráveis à consciência" (S. FREUD, *Cinq Psychanalyses*, P.U.F., p.326.)

53. MELANIE KLEIN, *Essais de Psychanalyse*, pp.49-56.

A GÊNESE E O SURGIMENTO DA VOCAÇÃO...

a criança que permanece no adulto teme descobrir "as coisas proibidas" outrora por seus pais. Por conseguinte, ela só pode permitir-se uma curiosidade superficial. Em outros casos, a atividade intelectual permanece possível, podendo mesmo ser brilhante, mas apenas de maneira setorial: o sujeito detém-se diante das consequências em que implica riam suas ideias; em particular, tem medo de questionar as "ideias que lhe são autoritariamente impostas como verdadeiras". Num terceiro tipo, o do "investigador", a inteligência solo uma redução em extensão; atraído por um único problema, o sujeito "pode dedicar-se ao trabalho de uma vida inteira sem manifestar nenhum interesse particular fora da esfera restrita que lhe convém". Um outro tipo de pesquisador escapa a esta restrição do campo de interesse, mas "fracassa totalmente diante das grandes ou pequenas realidades da vida cotidiana"; a hipótese de uma retração do interesse, motivada pelo investimento exclusivo do pensamento abstrato, parece a Melanie Klein inaceitável: apenas a repressão, que na infância pesou sobre o conhecimento das realidades concretas de ordem sexual, pode explicar o desfalecimento da inteligência no domínio prático.Todos estes estados de realização intelectual diminuída são consequência do caráter repressivo de uma educação que interdita as manifestações da curiosidade sexual da criança. Da mesma forma, a educação exerce um efeito perturbador quando se opõe ao livre funcionamento do teste de realidade, impondo a criança ideias prontas, sem lhe deixar a possibilidade de elaborá-las por um esforço pessoal e julgar por si mesma acerca do verdadeiro e do falso:

> A submissão permanente ao princípio da autoridade, a dependência e a fraqueza intelectual permanentes têm por base esta primeira e importantíssima experiência da autoridade, que constituem as relações entre os pais e a criança pequena. O efeito desta experiência é fortalecido e sustentado pela massa das ideias éticas e morais que são apresentadas já completas à criança e que constituem outras tantas barreiras à liberdade de seu pensamento (*Idem*, p. 54).

No entanto, a espontaneidade intelectual da criança resiste a esta intrusão do mundo dos adultos: "um intelecto infantil mais dotado, cuja capacidade de resistência tenha sido menos deteriorada, pode muitas vezes travar contra elas uma batalha mais ou menos bem sucedida" (*Idem*, p. 54). Talvez a criança chegasse a preservar sua liberdade intelectual se os adultos não dispusessem de um recurso absoluto: a ilusão religiosa: "A ideia de uma deidade invisível, onipotente e onisciente, é esmagadora para a criança" (*Idem*, p. 54). Esta ideia de Deus é facilmente incutida na criança, devido à sua experiência arcaica de dependência absoluta em relação à mãe; quando cresce e "se dá conta de sua solidão e de sua fraqueza diante das grandes forças da vida, [...] procura então negar a sua própria dependência, por meio de uma regressiva ressurreição das forças que a protegiam na infância"[54]. A criança forja a ideia de um Deus protetor que a protegerá da *Hilflosigkeit* em face do mundo, como a mãe onipotente protege o lactente. Além disso, a crença infantil na onipotência dos pensamentos fornece um motivo para a aceitação da ideia de Deus: numa relação de causalidade circular, a ideia de Deus alimenta o sentimento de onipotência que contribuiu para sua aceitação. A capacidade de realizar o

---

54. S. FREUD, "Leonardo da Vinci e uma Lembrança da sua Infância" (1910), in *Obras Selecionadas de Freud*, Psychoanalytischer Verlag, Viena/Zurique, p.83.

teste de realidade acha-se definitivamente alterada pela separação de um vasto grupo de pensamentos, de ideias prontas, de normas inculcadas diante das quais o julgamento pessoal deve se submeter. A educação torna-se, deste modo, cúmplice do narcisismo infantil e da "tendência inata à repressão" da criança. Obtém a socialização da criança às custas de uma mutilação de sua inteligência, de tal forma que o simples exercício de um pensamento independente pode parecer excepcional:

Costumamos prestar homenagem à "coragem" do pensador que, opondo-se ao costume e à autoridade, consegue levar avante pesquisas inteiramente originais. No caso das crianças, elas precisam, realmente, não só dessa "coragem", mas também de estar dotadas de um espírito muito especial que lhes permita resolver por si mesmas, contra a oposição das "altas autoridades", os assuntos melindrosos que lhe são, em parte, negados, em parte, recusados[55].

A atitude do educador preocupado em aplicar os conhecimentos psicanalíticos será, portanto, bastante simples: ausência de educação religiosa, abolição dos tabus referentes à curiosidade sexual da criança, educação sexual, luta contra a crença no maravilhoso e contra as manifestações da "megalomania incurável do ser humano"[56] que se exprime pelo sentimento de onipotência dos pensamentos.

Tal programa traz indiscutivelmente a marca da influência de Sandor Ferenczi. A variedade de seus temas de interesse era tal que frequentemente esquecemos que sua entrada no círculo de discípulos de Freud deu-se a partir da leitura, em 1908, no Congresso de Salzburg, de um artigo no qual coloca a seguinte questão: "Que ensinamentos práticos a pedagogia pode tirar das observações obtidas pela pesquisa psicanalítica?"[57] Insiste aí sobre um dos mais graves erros da educação "a saber, a repressão das emoções e das representações. Poderíamos até mesmo dizer que cultiva a negação das emoções e das ideias". Mas, como Freud havia mostrado, o reprimido sempre retorna, e as tendências reprimidas pela educação só podem permanecer assim às custas da edificação de "organizações" defensivas poderosas, cujo funcionamento é automático e cuja atividade consome muita energia psíquica" (*Idem*, p. 50). Deste modo, a personalidade consciente é enfraquecida pela incessante luta travada com o reprimido:

A educação moral edificada sobre a repressão produz em todo homem saudável um certo grau de neurose e dá origem às condições sociais atualmente em vigor, onde a palavra de ordem de patriotismo recobre qualquer evidência dos interesses egoístas, onde sob a bandeira da ventura social da humanidade propaga-se o esmagamento tirânico da vontade individual, onde se venera na religião quer um remédio contra o medo da morte (orientação egoísta) quer um modo lícito da intolerância mútua (*Idem*, p. 54).

A neurose e o egoísmo hipócrita são portanto o resultado de uma educação fundada sobre dogmas, que negligencia a verdadeira psicologia do homem (*Idem* p. 51).

---

55. MELANIE KLEIN, *Essais de Psychanalyse*, Payot, p.54.

56. S. FERENCZI, "Le développement du sens de realité et ses stades", in *Psychanalyse*, Payot, II, p.61.

57. S. FERENCZI, "Psychanalyse et Pédagogie", in *Psychanalyse*, Payot, I, p. 50.

A GÊNESE E O SURGIMENTO DA VOCAÇÃO...   17

O que impressiona nestes textos de Ferenczi é o fato de que os efeitos da repressão são remetidos em sua totalidade a influências educativas e que a psicanálise aparece aí como devendo inspirar uma reelaboração das atitudes pedagógicas que permitiriam a prevenção das neuroses e dos males causados pela educação: "Uma questão surge então espontaneamente: qual seria o meio terapêutico e profilático contra estes males?" (*Idem*, p. 54). E como em Ferenczi a reposta nunca se faz esperar muito tempo, escreve em seguida: "A pedagogia está para a psicologia, assim como a jardinagem está para a botânica" (*Idem*, p. 51). Estamos muito próximos das ideias expressas pelo próprio Freud nessa época: é a moral sexual "civilizada" que esmaga o indivíduo. O progresso da educação passa pela supressão da ideia de Deus e pela introdução da educação sexual:

Considero um avanço muito significativo na educação da criança que na França o Estado tenha introduzido, em lugar do catecismo, um livro elementar que dá à criança as primeiras informações sobre a posição cívica e sobre os deveres morais que deverá assumir um dia. No entanto, essa educação elementar continuará vergonhosamente incompleta enquanto não compreender também a vida sexual[58].

Contudo, tanto para Ferenczi como para Freud, o objetivo procurado quando se imagina uma pedagogia inspirada na psicanálise é o florescimento da personalidade da criança em todas as suas dimensões, sendo a ênfase colocada, sobretudo em Ferenczi, na preservação e no incremento da capacidade de vivenciar prazer: o mal que quer evitar é que a educação torne o indivíduo "inapto a gozar sem inibições os prazeres naturais da vida" (*Idem*, 51). Este objetivo faz parte das preocupações de Melanie Klein em 1919. Mas o que ela acrescenta aí, e que lhe é peculiar, é o privilégio concedido à inteligência e à autonomia intelectual. Para ela, nesta época, o sintoma mais preocupante é a falta de espontaneidade intelectual. O objetivo da educação psicanalítica do pequeno Erich será principalmente o de liberar sua curiosidade, satisfazendo sua curiosidade sexual e evitando a repressão.

2.3. *O Desenvolvimento de Erich antes de 1919*

A educação psicanalítica de Erich começa alguns dias antes da Páscoa de 1919. O menino conta com quatro anos e nove meses. Portanto, nasceu em torno de junho de 1914. Seu pai esteve ausente durante um ano quando Erich tinha entre seis e dezoito meses. Por volta do vigésimo mês manifestou um amor exagerado pelo pai. Começou a falar, segundo sua mãe, "somente aos dois anos": Melitta e Hans foram aparentemente mais precoces e podemos ver na observação de Melanie Klein um sinal da inquieta atenção que dedica ao desenvolvimento intelectual de seus filhos, pois de fato a idade na qual Erich começa a falar é perfeitamente normal. Entre dois e três anos ele sofre terrores noturnos. Aos dois anos e nove meses foge: é encontrado em uma rua vizinha contemplando uma vitrine de relojoaria. Uma certa

---

58. S. FREUD, "Les explications sexuelles données aux enfants", in *La vie sexuelle*, P.U.F., p. 13. Cf. igualmente suas linhas escritas em 1908 na mesma coletânea, p.46: "Em vista disso, é justo que indaguemos se a nossa moral sexual 'civilizada' vale o sacrifício que nos impõe [...]. Certamente não é atribuição do médico propor reformas, mas me pareceu que eu poderia defender a urgência de tais reformas se ampliasse a exposição de von Ehrenfels sobre os efeitos nocivos da nossa moral sexual 'civilizada'..."

18 MELANIE KLEIN I

tendência à fuga persiste durante seis meses. Aos três anos, vê o irmão nu durante o banho e exclama, feliz: "Karl (= Hans) também tem um pipi!" e lhe diz: "Por favor, pergunte a Lena (= Melitta) se ela também tem um pipi".

Expressa-se corretamente aos três anos e seis meses mas, "mesmo então, jamais o ouvem pronunciar aquelas expressões notáveis e curiosas, que se costuma ouvir dos lábios de crianças de tenra idade mais bem dotadas.

A despeito disto, ele dava a impressão, tanto no seu aspecto como no seu comportamento, de ser uma criança viva e inteligente"[59]. Segundo o julgamento de sua ambiciosa mãe, ele leva muito tempo para dominar noções distintas. Só nomeia as cores após os quatro anos de idade. Aos quatro anos e três meses começa a fazer perguntas: "Para que serve um papai?" e "Para que serve uma mamãe?" O significado profundo destas questões não são compreendidos e lhe é respondido: "Para te amar e cuidar de você". A criança não persiste nestas perguntas. Com a idade de quatro anos e seis meses, adquire as noções de ontem, hoje e amanhã. Sua mãe o considera atrasado quanto ao domínio prático: ele não entende por que é necessário pagar aos comerciantes e se espanta que as pessoas que têm tantas coisas e em tais quantidades não venham a dá-las. Na mesma época o número de perguntas que faz aumenta consideravelmente. O sentimento de onipotência permanece arraigado: assegura que sabe cozinhar, ler, escrever etc., contra qualquer evidência. Um dia, pede à sua mãe que cozinhe espinafres para que se tornem batatas, o que é por ela interpretado como crença em sua onipotência. De outra feita pede à mãe que lhe dê imediatamente a cidade B onde deveriam, em princípio, passar o verão seguinte. Manifesta uma acentuada repugnância por estradas e ruas. No entanto, tem enorme interesse por veículos e brinca incansavelmente de cocheiro ou chofer.

Como podemos notar ao término deste arrolamento de informações fornecidas por Melanie Klein e distribuídas no decorrer dos quatro artigos que expõem seu caso entre 1919 e 1923, o progresso de Erich anterior ao início de sua educação psicanalítica é normal. O que deve ser ressalta do é que sua mãe se preocupa reiteradamente, sem uma verdadeira razão, com seu desenvolvimento intelectual.

2.4. *A Primeira Fase da Educação Sexual*

Devemos insistir sobre a extrema brevidade da experiência de Melanie Klein expostas na Sociedade Psicanalítica de Budapeste em 13 de julho de 1919. A observação total durou menos de três meses. As intervenções pedagógicas dividiram-se em dois curtos períodos. Um de três dias, e outro de quatro, separados por um breve intervalo. Os resultados são avaliados a partir da evolução da criança nas seis semanas seguintes.

O processo começa casualmente. Sabemos que Erich fazia perguntas há três meses. Neste momento, Melitta e Hans evocam em sua presença acontecimentos que ignora e explicam-se-lhe que ele ainda não havia nascido na época. Erich parece muito decepcionado com a ideia de não ter estado sempre ali. Pergunta: "Onde estava eu antes de ter nascido?" e um pouco mais tarde: "Como é que se faz uma pessoa?" Melanie Klein lhe dá explicações sobre o crescimento no interior do corpo materno, sem fazer

---

59. MELANIE KLEIN, *Essais de Psychanalyse*, Payot, p.30.

A GÊNESE E O SURGIMENTO DA VOCAÇÃO...   19

alusão alguma ao papel desempenhado pelo pai na concepção, conforme a regra que ela se impusera inicialmente: "Permitiremos à criança adquirir conhecimentos sexuais na medida de sua curiosidade" (*Idem*, p. 30). Esta regra implica um aspecto positivo: responde-se totalmente à pergunta da criança, sem desviar o assunto antes que ela mesma o faça; ainda um aspecto restritivo: informam-se apenas os fatos suscitados por suas questões. Erich reage às explicações de sua mãe, mostrando-se distraído e confuso, mas repete, a princípio, cotidianamente a pergunta. Em seguida dirige-se a Hans e à governanta que lhe contam a fábula da cegonha e lhes repete a mesma pergunta várias vezes. Depois de alguns dias volta-se de novo para mãe, repetindo a pergunta da seguinte forma: "Como se faz uma pessoa?" e desta vez reage diferentemente às explicações: opõe à resposta de Melanie Klein a fábula das cegonhas que é por ela desmentida; e quando ela a desmente, o fato provoca uma revisão geral das crenças infantis: o coelho da Páscoa, Papai Noel e os anjos não existem; em contrapartida os serralheiros realmente existem. A criança começa então a adquirir referências intelectuais para o teste de realidade. Entretanto, sobrepõem-se acontecimentos que evidenciam as dificuldades da criança cm assimilar a educação sexual. O principal é o episódio referido em "Romance Familial in Statu Nascendi", o qual se liga às dificuldades encontradas na instauração do teste de realidade. Algumas semanas antes deste episódio Melanie Klein havia desmentido a fábula do coelho da Páscoa contada pelas crianças da vizinhança. Como essa estória lhe agradava muito, Erich recebeu mal as explicações de sua mãe. Reagiu da mesma maneira quando esta lhe disse que o diabo, de quem também falavam as crianças L. (as crianças dos vizinhos), não existia. Em ambos os episódios, tentara mostrar à sua mãe o coelho de Páscoa e o diabo; mas se tratava de um coelho e de um potro vistos em um prado. Na época, a família L. constituía um meio cuja influência contrariava as explicações de sua mãe. Dois dias após a conversa sobre a origem das crianças, o coelho da Páscoa, o Papai Noel etc., Erich anuncia que vai trocar de família. Será, doravante, o irmão das crianças. Mantém esta decisão durante o dia todo, recusa-se a obedecer a Melanie Klein a quem não considera mais como sua mãe. É preciso pedir aos vizinhos que o mandem embora para que volte para a casa à noite. Reconcilia-se com sua mãe e a recebe na manhã seguinte com a pergunta: "Mamãe, por favor, como é que você veio ao mundo?" Melanie Klein, que relata este incidente a Ferenczi, adota a seguinte interpretação, que este lhe sugere: Erich estava muito perturbado, em razão das repressões anteriores, pelas explicações de sua mãe; quisera escolher para si uma família na qual não se nasce de uma maneira tão desagradável e tão comum, mas sim de uma forma mais poética e refinada.

Em todo caso, a volta à casa de sua mãe é acompanhada de uma liberação da curiosidade. Durante algum tempo faz perguntas sobre detalhes do crescimento do feto e sobre o próprio mecanismo deste crescimento. Num dia de chuva, circunstâncias fortuitas levam a abrir a questão da existência de Deus. Erich pergunta se Deus realmente sabe durante quanto tempo vai chover. Melanie Klein lhe responde "que não era Deus quem fazia a chuva, mas que a chuva provinha das nuvens e explicou-lhe todo o mecanismo" (*Idem*, p. 34). No dia seguinte ele repropõe as três questões: sobre a origem das crianças, seu crescimento e a chuva. Coloca além disso a questão: "Mas Deus realmente existe?" Melanie Klein vê-se então numa posição embaraçosa: é ateia e não deu nenhuma educação religiosa a seus filhos. Entretanto, o ensino da época comporta uma instrução religiosa e a ideia de Deus acha-se presente na educação das crianças. Arthur Klein, o marido de Melanie, que não é praticante, mantém uma crença baseada numa concepção "panteísta da divindade" (*Idem*, p. 35). Tal questão não constituía problema até então e eles não haviam combinado nada a este respeito. Após alguma hesitação, ela responde que Deus não existe e acrescenta, em resposta a uma objeção de Erich, que muitas pessoas adultas não estão bem a par das coisas e não podem falar corretamente a respeito. Tal conversa leva o menino a tentar entender as relações entre existência e percepção atual: aquilo que ele vê existe mas, por que razão não vê tudo que existe, por exemplo a casa de sua tia, que não pode ver naquele momento? Sua mãe tem a mesma dificuldade que ele? Ela pode ou não ver esta casa, situada numa outra cidade? Em seguida interroga sobre a origem do Sol etc. À noite, quando seu pai vem para casa e antes que sua mãe possa colocá-lo a par dos acontecimentos, a criança pergunta sua opinião sobre a existência de Deus. Arthur Klein responde afirmativamente. Sua esposa aparece no momento em que a criança começa uma discussão e o pai explica então: "ninguém jamais viu Deus, mas algumas pessoas creem que ele existe, e outras, não. Eu acredito, mas sua mãe não crê na sua existência" (*Idem*, p. 35). Esta resposta tranquiliza Erich, que estava muito ansioso no início da cena. Após novas perguntas ele adota a opinião de sua mãe: Deus não existe, mas as coisas que podemos ver existem, principalmente os bondes elétricos.

Este dia parece ter marcado uma mudança decisiva. Erich adquiriu um critério da existência dos objetos.

Pela primeira vez constata uma divergência de opinião entre seus pais e tem de realizar sua primeira escolha intelectual. Os objetivos de sua mãe começam a ser alcançados: a autoridade dos pais é abalada enquanto critério de verdade e este referencial, não estando disponível, leva-o a questionar a ideia de Deus através de um método de verificação tirado da reflexão sobre sua experiência pessoal. Deste dia em diante, as interrogações da criança se multiplicam em diferentes direções.

O material recolhido por Melanie Klein durante as seis semanas seguintes classifica-se segundo dois eixos maiores: liberação e sublimação da curiosidade sexual e fortalecimento do senso de realidade correlacionado com o declínio do sentimento de onipotência. No que concerne ao primeiro tópico, as questões relativas ao nascimento mudam de natureza, versando agora sobre comparação entre o homem e o animal. As questões sobre a origem e o modo de formação das coisas aplicam-se a todos os órgãos e partes do corpo humano, aos animais, às plantas e suas partes e aos objetos inanimados. A curiosidade da criança se volta para o interior do corpo e seus conteúdos: urina, fezes. Certo dia, enquanto ajuda sua mãe a descascar ervilhas, faz a seguinte observação que Melanie Klein se limita a mencionar[60]: "disse que faria uma lavagem na vagem, lhe abriria o bumbum e lhe tiraria os cocôs". Ele se interessa também pelo mecanismo interno das coisas, pelo sistema de circulação de água, e jogos mecânicos. Simultaneamente, emergem questões que testemunham uma interrogação sobre a diferença dos sexos: sua mãe fora sempre menina, ele mesmo fora sempre menino? Tal processo corresponde a uma dupla liberação de seu intelecto, em extensão e em profundidade. Melanie Klein tem pela primeira vez a experiência do

60. Ela só irá interpretar fantasias deste tipo após 1925.

A GÊNESE E O SURGIMENTO DA VOCAÇÃO...   21

que havia postulado: a redução da repressão acarreta uma capacidade de sublimação. A descrição e explicação de tal conceituação estarão no centro de suas primeiras teorias pessoais, formuladas três anos mais tarde.

No que concerne ao segundo tópico de desenvolvimento, o senso de realidade progride rapidamente no menino. Sua adaptação prática aprimora-se: admite as necessidades do comércio, interessa-se pelo dinheiro, começa a recorrer à irmã para que esta lhe leia os artigos da enciclopédia sobre o diabo, a fim de formar uma opinião definitiva sobre a questão de sua existência. Com muita dificuldade acaba por admitir que as crianças dos vizinhos, que há algum tempo o maltratam e lhe contam mentiras, comportam-se mal com relação a ele. Desiste de lhes inventar desculpas e procura outros companheiros de jogos. Coloca à prova a onipotência de seus pais, reconhece progressivamente os limites de seu poder, encontrando, nisto, ora prazer (não são muito mais poderosos que ele), ora o desprazer (se eles não podem fazer certas coisas, consequentemente, ele também não o pode). Aprende a discernir a diferença de sentido entre querer e poder. Entrega-se a uma pesquisa sistemática sobre pontos que interessam especialmente à sua relação com os pais: o que lhe é permitido fazer? Por quê? Quais são seus devores e seus direitos? E o de seus pais? Exige que lhe deem motivo a qualquer interdição que lhe seja feita e argumenta, com pertinência, quando lhe são impostas ordens sem uma razão plausível. Ao final de seis semanas, é capaz de discriminar, ele mesmo, na maior parte dos casos, as "estórias" que são belas, porém irreais, e os "casos verdadeiros" que não são necessariamente belos, mas que realmente existem, e elabora uma noção geral destas duas categorias.

Melanie Klein esboça uma explicação dinâmica e econômica dos fenômenos que constata (*Idem*, pp. 46-47): a evolução do conflito entre a curiosidade sexual e a "tendência à repressão" assumiu um papel motor no conflito entre a crença na onipotência dos pensamentos (inspirada pelo princípio do prazer) e o princípio de realidade. É o encontro dos interesses sexuais e dos interesses intelectuais que lhes permitiu tornarem-se mais fortes do que o apego à ilusão da onipotência. Na origem de todo esse processo, a "tendência à repressão" foi vencida, pois seus referenciais encontrados anteriormente na relação com seus pais foram retirados: as explicações sobre o processo do nascimento e a divergência entre os pais a respeito da existência de Deus enfraqueceram sua posição.

Tais são os fatos e as ideias que Melanie Klein expõe em sua primeira comunicação. É muito bem recebida pelos psicanalistas de Budapeste citados anteriormente, sendo então eleita membro da sociedade. Durante a discussão, Anton von Freund lhe faz uma crítica e uma sugestão. Reconhece o caráter psicanalítico de suas observações, mas lhe critica o fato de que suas intervenções não tiveram nenhum caráter psicanalítico: ela não comunicou à criança nenhuma interpretação, levando em conta apenas as questões expressas e a curiosidade consciente da criança. Uma educação verdadeiramente psicanalítica deveria ter a mesma consideração pelas "questões inconscientes" e dar-lhes respostas. Naquele momento Melanie Klein defende sua posição, mas posteriormente reconhecerá o caráter fundamentado deste reparo. Em segundo lugar, von Freund (que está visivelmente a par da identidade de Fritz e de Erich não dissimulada por Melanie Klein durante sua exposição) sugere que ela diferencie o momento da "análise" dos outros momentos e também de aspectos da relação entre a mãe e a criança, estabelecendo um lugar e uma hora fixos para este tipo

22 MELANIE KLEIN I

de conversação, que compreenderia esclarecimentos sobre a sexualidade e eventualmente interpretações. Tal conselho, como o anterior, será rejeitado de início e aceito posteriormente.

2.5. O Segundo Período da Educação Psicanalítica

Após esta primeira fase, Erich continua colocando inúmeras perguntas e desenvolvendo seu senso prático durante dois ou três meses. Progressivamente percebe-se que repete indefinidamente questões cujas respostas conhece há muito. Melanie Klein começa a suspeitar que a observação de von Freund é verdadeira: a repressão está longe de ser eliminada, as questões que ele não colocava e jamais colocara sobre o papel do pai na concepção e sobre o ato sexual perturbavam no inconscientemente e traduziam-se em questões desprovidas de sentido para a consciência. No entanto, Melanie Klein não põe ainda em prática tal conselho, contentando-se apenas em observar. As coisas degradam-se rapidamente: durante os dois meses seguintes Erich quase não coloca nenhuma questão nova, repetindo compulsivamente questões esteriotipadas. Depois disto aparece, sucessivamente, uma atitude de recolhimento e inibição para o brincar. Erich dá sinais de aborrecimento mesmo quando está com sua mãe, não demonstra mais nenhum interesse pelas estórias que ela lhe conta. A distração manifestada no início da educação analítica ao escutar as respostas que lhe eram dadas reaparece. Desinteressa-se pelas outras crianças sem saber o que fazer quando se encontra em sua companhia. Apresenta algumas dificuldades alimentares. Além disso, perdeu o prazer de brincar, até mesmo de cocheiro e de motorista, o que anteriormente podia ocupá-lo durante horas. A mudança não constitui uma neurose caracterizada, o sono e a saúde da criança permanecem normais, mas Melanie Klein tem aí sua primeira derrota e, sem dúvida, uma grande decepção. Acaba por concordar com a opinião de Anton von Freund, interpretando, agora, a inibição generalizada de Erich como consequência do triunfo da tendência à repressão:

Depois de haver feito muitas e diferentes perguntas em substituição daquelas que reprimira, no curso posterior do desenvolvimento ele tinha chegado ao ponto em que evitava completamente as perguntas e se recusava a ouvir estórias, pois estas últimas podiam, inesperadamente, fornecer-lhe os esclarecimentos que não desejava obter[61].

A avaliação do período consecutivo à primeira fase de esclarecimentos sexuais deveria mudar: a emergência das questões, seu número, sua crescente profundidade eram o sinal de um recuo da repressão, de uma maior tolerância da censura em face dos produtos do inconsciente, mas não um sinal da liberação definitiva. É preciso portanto retomar pela segunda vez a educação sexual da criança, dando-lhe, agora, informações completas. Frente a isto, Melanie Klein sobrepuja suas próprias resistências que se expressavam até então por uma filosofia otimista e pela ilusão de que explicações, no fim de contas, muito superficiais, seriam suficientes. Este aprofundamento, tanto pessoal quanto teórico, vai acarretar um enriquecimento nos seus modos de proceder. Encontrará o brincar e a

61. Essais de Psychanalyse, Payot, p.62.

A GÊNESE E O SURGIMENTO DA VOCAÇÃO... 23

fantasia, que estarão ulteriormente no centro de sua técnica e teoria, graças a uma abordagem que se tornará também característica de seu método e que consiste em ir muito além das preocupações manifestas da criança. Fica, por conseguinte, à espreita da primeira manifestação de curiosidade de Erich, que lhe dará ocasião de completar os esclarecimentos anteriores. Certo dia, o menino pergunta como crescem as plantas a partir das sementes e sua mãe explica-lhe o processo de fecundação: a criança mal escuta suas explicações e a interrompe rapidamente. Em outra oportunidade, menciona que para que uma galinha ponha ovos, é necessário também um galo, mas logo abandona o assunto e sua atitude geral permanece inibida em todos os domínios. A liberação sobrevém bruscamente após alguns dias, quando Melaine Klein, dando-lhe um bombom, conta-lhe uma estória que lhe agrada muito: o bombom, esperava-o há muito tempo e a aventura do bombom dá lugar a um relato que encanta Erich e depois a outro. A partir deste momento a criança conta espontaneamente estórias fantásticas, cada vez mais ricas e longas com uma fluência extraordinária. Melanie Klein começa então a comunicar-lhe prudentemente interpretações para romper as resistências, que por vezes interrompiam as narrativas, e descobre assim a função dinâmica da interpretação, que assumirá ulteriormente uma considerável importância em sua técnica psicanalítica. Após algum tempo, reaparecem também as questões referentes à origem e fabricação das coisas.

Simultaneamente, Erich restabelece contatos com outras crianças e recomeça a brincar sozinho ou em companhia. As pulsões edipianas são agora claramente reconhecíveis em suas fantasias e suas brincadeiras: nas fantasias, duas vacas caminham juntas, sendo que uma pula sobre o dorso da outra, e monta em cima dela; certa manhã, diz à sua mãe: "Eu vou subir em cima de você; você é uma montanha e eu vou escalar você". Exprime o desejo de ver sua mãe nua e de ver "a imagem que está em seu estômago" ou seja, o lugar onde se encontrava antes de nascer. Nas brincadeiras duas peças de um jogo de xadrez são um soldado e um rei. O soldado injuria o rei, que o prende e ele morre; mas volta à vida, prometendo não mais cometer o mesmo crime e desta vez é apenas detido. Duas figurinhas representando cachorros são seu pai e ele, um é bonito (ele), o outro é sujo (seu pai). Esta manifestação da vida de fantasia edipiana é acompanhada de uma mudança geral. A criança está cada vez mais alegre e loquaz. Em muito pouco tempo e com pouca ajuda aprende a ler e com tal avidez "que parece quase precoce" (*Idem*, p. 65). Quando se rememora a preocupação manifestada por Melanie Klein diante dos supostos atrasos de seu filho, imagina-se facilmente que tenha ficado satisfeita com esta evolução.

O episódio decisivo desta segunda fase da educação analítica é uma conversa realizada após o reaparecimento, nas brincadeiras e fantasias de Erich, da teoria sexual infantil da criança na fase anal, segundo a qual as crianças são feitas de alimentos e são idênticas às fezes: sentado em seu penico ocorria-lhe dizer que suas "cacas" eram crianças malvadas que não queriam vir ou ameaçar bater nelas, porque eram muito duras e demoravam para chegar.

Certo dia, Erich, sentado em seu penico, explica à sua mãe que as "cacas" subiram correndo para a varanda (= estômago) e não querem descer para o jardim (= penico). Melanie Klein interpreta: "Então, são essas as tuas crianças que nascem no teu estômago?" e, como a criança reage favoravelmente, prossegue seus esclarecimentos sobre a diferença entre fezes e crianças, relembra as explicações dadas sobre o ato sexual, o papel do esperma, dos óvulos. Erich exprime o desejo de "ver como uma criança é feita por dentro desse jeito" e logo em seguida o de lhe fazer uma. Melanie Klein comunica-lhe, então, a interdição do incesto: cada homem tem apenas uma mulher, ela é mulher do pai de Erich, quando ele for grande ela estará velha e ele irá se casar com uma bela jovem. Erich está prestes a chorar, faz sua mãe prometer que, apesar disto, viverá com ele e em seguida faz uma série de perguntas sobre o crescimento do feto (*Idem*, pp. 66-67). Após esta conversa a criança assimila ativamente, em nível consciente, a totalidade das explicações recebidas. Renúncia, em grande parte, à teoria da criança anal e interessa-se muito menos por seu estômago, do qual falava muito até então. Nos dias que se seguem, a vida de fantasia edipiana é cada vez mais clara e sua mãe a interpreta num estilo já "kleiniano" Assim, Erich, a partir de um sonho, aborda uma estória complicada onde aparecem um grande e um pequeno automóvel que entram num bonde, sendo que o pequeno roda entre o grande e o bonde. Sua mãe interpreta: "Explico ao menino que o grande automóvel é seu papai, o bonde é a mamãe e o pequeno automóvel é ele mesmo, que se colocou entre o papai e a mamãe, porque gostaria muito de afastar o pai completamente, para ficar sozinho com a mamãe, fazer com ela o que somente o papai está autorizado a fazer"[62]. Tal interpretação provoca, após uma leve hesitação, a retomada do relato. Novos carros entram em cena, dois motoristas se agridem, sendo que um deles é seu avô. Após um silêncio e um olhar inquieto dirigido à mãe, desenvolve o relato da briga. Melanie Klein pergunta-lhe, então, quem é o adversário. O menino responde imediatamente: "Eu", e transforma sua narrativa em aventuras guerreiras cada vez mais complicadas. À medida que as fantasias e brincadeiras deste tipo multiplicam-se, sua mãe diminui o número de interpretações: considera que "uma parte destes complexos tornara-se consciente ou, no mínimo, pré- -consciente" e que isto era suficiente.

Esta segunda fase de intervenção analítica durou aproximadamente dois meses, a partir do episódio do bombom que o havia desencadeado. Não é demais insistir sobre a importância que ela nos parece ter no aprofundamento da relação com Erich e para o futuro da técnica psicanalítica do brincar.

Duas transformações localizam-se nesta fase. Uma diz respeito à própria atitude de Melanie Klein: mede melhor a profundidade da repressão e das fantasias inconscientes. Sobretudo, parece-nos que abandona seus objetivos iniciais. O desenvolvimento da curiosidade intelectual deixa de ser seu ponto primordial, tudo se passa como se ela se distanciasse do seu desejo narcísico de fazer de Erich uma nova edição de Emmanuel, um ser superior no plano intelectual. Ela se viu às voltas com um malogro que levou a compreender, posteriormente, o alcance das observações de Anton von Freund. Tem-se a impressão, quando se comparam os dois momentos da intervenção, que no primeiro momento a abordagem do inconsciente é apenas um meio a serviço de um projeto de pedagogia elitista, no contexto de uma ideologia muito próxima da *Aufklärung*, a filosofia racionalista das luzes, do espírito crítico, do livre pensamento, da rejeição da autoridade e das religiões. Na prática real de Melanie Klein, esta ideologia serve de racionalização ao investimento narcísico em Erich. No segundo momento, pelo contrário, as perspectivas pedagógicas passam ao segundo plano, aparecem com uma conotação menos ideológica e são proclamadas num tom menos militante. Por este fato, podem lograr êxito e, quando sua mãe muda de atitude, Erich

---

62. *Idem*, 68-69.

A GÊNESE E O SURGIMENTO DA VOCAÇÃO...   25

pode, então, não apenas brincar e imaginar, mas aprender a ler em algumas semanas, dando a impressão de precocidade. É nesta resposta de Erich que reside a segunda transformação: agora que sua mãe renunciou parcialmente a projetar sobre ele seu ideal narcísico, ele pode expressar-se segundo seus meios, o brincar e a fantasia. Enceta-se então, durante algumas semanas, uma extraordinária comunicação de fantasias entre a mãe e a criança, que permite uma elucidação parcial do Édipo, no momento em que ele atinge sua intensidade máxima. Este período de dois meses traz à Melanie Klein a compreensão da equivalência do brincar, do sonho e da fantasia enquanto manifestações do inconsciente, além de proporcionar-lhe a primeira experiência da sequência: elucidações-recusa aparente-retomada do brincar, revelando que a explicação foi aceita inconscientemente, sequência que ela aplicará mais tarde à teoria da interpretação. Este período nos parece marcar a segunda etapa da "decolagem" kleiniana que preludia a elaboração daquilo que chamaremos as teorias de 1923[63]).

Este período tão intensamente rico é interrompido por circunstâncias externas. Melanie Klein adoece por dois meses, perto do final do ano de 1919, e não pode se dedicar tanto a Erich. Durante a doença da mãe, a criança fica extremamente ansiosa. Tem dificuldades em adormecer. Está mais contida, triste, brinca muito menos, manifesta um zelo excessivo em aprender a ler, o que Melanie Klein é doravante capaz de reconhecer como compulsivo, e desenvolve uma leve fobia com relação às crianças encontradas na rua. Quando a mãe se restabelece, seu primeiro cuidado é lutar contra as manifestações de ansiedade do seu filho.

2.6. O *Terceiro Período e a Primeira Análise*

Consiste num período de seis semanas, que Melanie Klein qualifica de período de "análise" em oposição às outras fases que são denominadas "educação psicanalítica". Parece ser neste período que ela introduz os dispositivos técnicos sugeridos por Anton von Freund: "Reservei uma certa hora – mesmo que devesse ocasionalmente ser mudada – para a análise, e essa hora foi respeitada, embora eu estivesse praticamente o dia todo com a criança" (*Idem*, p. 86). O material muda de natureza; está mais centrado nos sonhos e fantasias e muito menos no brincar. Melanie Klein procura interpretar os sonhos de Erich segundo o método clássico descrito por Freud: recorte dos elementos do conteúdo manifesto, associações de ideias a partir de cada um deles. Choca-se com a dificuldade prevista por Freud: a criança não está apta para a livre-associação sob pergunta. Renuncia, então, parcialmente à exploração sistemática dos sonhos e fundamenta suas interpretações na comparação dos sonhos entre si e no simbolismo.

Esta fase da "análise" faz aparecer componentes homossexuais provenientes do complexo de Édipo negativo do menino. Um de seus sonhos de ansiedade, no qual é perseguido por homens armados com bastões, fuzis e baionetas, propicia uma interpretação acompanhada de novas elucidações: quando Melanie Klein explica-lhe que os bastões, os fuzis etc. representam o grande pênis de seu pai, o qual deseja, porém teme, a criança objeta que "as armas eram duras, enquanto o pipi era mole", o que permite explicações relativas à ereção. A criança, retomando sua narrativa, explica que um dos

63. Cf. Cap. 2.

homens (que a perseguiam no sonho) "se metera dentro do outro e ficara um só!" Em outros sonhos e nas fantasias que os prolongam receia a causa do diabo; descreve o estômago e o ventre como um interior mobiliado (*Idem*, p. 75). Mas alguém sentado numa cadeira coloca sua *cabeça* sobre a *mesa* e a casa inteira desaba. Respondendo a uma pergunta de sua mãe, precisa que este intruso catastrófico é "uma varinha que passou pelo 'pipi' para dentro da barriga e entrou no estômago": deseja e receia o coito com seu pai, por quem teme ser destruído. Manifesta-se o temor das feiticeiras e das mulheres envenenadoras e Melanie Klein não consegue interpretá-lo de uma maneira que a satisfaça: relaciona-o em parte com a velha teoria sexual da criança anal, fabricada a partir da alimentação e, em parte, à hostilidade que Erich vivência com relação a ela em função da proibição que lhe faz de se masturbar. No entanto entrevê, pela primeira vez, o mecanismo da clivagem, cuja descrição constituiria ulteriormente uma de suas maiores contribuições à teoria psicanalítica[64]: a personagem da feiticeira é apenas um representante de uma imagem obtida pela "divisão (*Abspaltung*) da imago materna"[65]. Esta imago inquietante "que ele separou da sua querida mãe, a fim de conservá-la tal como era". Este precursor da mãe má clivada é a imago mulher com pênis; um dos símbolos disso é a vaca cujo "pênis" dá o leite. Esta clivagem dá conta da ambivalência que Erich vivência em relação ao sexo feminino: chega a manifestar uma antipatia irracional por meninas ou mulheres adultas. A interpretação de um outro sonho permite realçar o primeiro sinal do interesse de Melanie Klein pelo mecanismo da projeção. Erich sonha que estava com um oficial. Saíam de um certo lugar, o pátio de um entreposto, de onde entravam e saíam vagonetes. O oficial ameaçava-o e mantinha o deitado no chão. O movimento de vaivém dos vagonetes representa o coito com sua mãe. A criança deseja participar do coito dos pais. Mas ao invés de interpretar a ansiedade do menino em termos do medo da castração pelo pai e da punição deste desejo proibido, Melanie Klein o interpreta diferentemente: o menino, frustrado em seu desejo incestuoso, deseja atacar o pai e projeta sua hostilidade sobre este último por quem teme, portanto, ser destruído. Este é o início de sua teoria pessoal da situação de perigo da criança. Ao que sabemos, Freud nunca invocou a projeção, sobre o pai, da hostilidade parricida do menino, para explicar a gênese da ansiedade de castração.

Ao final destas seis semanas de análise, as manifestações de ansiedade desapareceram. A criança adormece sem dificuldades e não acorda durante a noite. O brincar reencontrou toda sua riqueza, e os contatos com outras crianças são restabelecidos. Permanece, muito atenuada, a fobia por crianças desconhecidas. Neste momento – se nossa reconstituição do quadro cronológico foi exata, estamos em junho de 1920 – Melanie Klein afasta-se de seu filho e por seis meses não o vê regularmente. De qualquer modo, a observação e intervenção psicanalíticas são interrompidas. Sabemos que durante este período Melanie Klein assistiu ao Congresso de Haia, onde Ferenczi a apresentou a Abraham. Por outro lado, em 1920, Arthur Klein instalou-se na Suécia. Talvez sua mulher tenha ido se lhe juntar. Resta, porém, como certo, que reencontra Erich no final de 1920 e leva seus filhos para Berlim, aonde chegam nos primeiros dias de 1921. A partir de 3

64. MELANIE KLEIN, "Notes sur quelques mécanismes schizoïdes", in *Développements de la Psychanalyse*, pp.279 e ss.

65. MELANIE KLEIN, *Essais de Psychanalyse*, Payot, p.76

A GÊNESE E O SURGIMENTO DA VOCAÇÃO... 27

de fevereiro, apresenta à Sociedade Berlinense de Psicanálise seu artigo sobre Erich, que será publicado no decorrer do ano pela revista *Imago*. A criança parece não ter se ressentido muito desta separação de seis meses e procurou sozinha livrar-se de sua fobia, obrigando-se a sair à rua, primeiro correndo de olhos fechados e depois cada vez mais tranquila, fato de que ele se sentia muito orgulhoso. No entanto, ao final de 1920, manifesta uma acentuada repugnância pela análise e pelos contos de fadas, única manifestação observável de uma regressão.

Nesta época, Melanie Klein avalia sua experiência com otimismo moderado, porém real, o que contrasta com os comentários entusiastas que finalizavam a comunicação de 1919. Considera que, no conjunto, as dificuldades neuróticas estão quase superadas e que se pode fazer um prognóstico favorável: "É de esperar, portanto, que ele conseguirá liberar-se da mãe pelo caminho apropriado; isto é, pela escolha de um objeto que se pareça com a imago da mãe" (*Idem*, p. 85). Mas a experiência anterior deixa-a suficientemente alerta sobre a persistência dos complexos inconscientes para que seu otimismo seja desprovido de ilusões: "não gostaria de afirmar que o recurso à psicanálise terminou no ponto até onde o descrevi. A manifestação de uma resistência tão ativa à análise e a repugnância em ouvir contos de fadas, me permitem por si só pensar que a educação futura desta criança fornecerá, provavelmente, à psicanálise a oportunidade de ainda intervir" (*Idem*, p. 79)

2.7. *O Quarto Período e a Segunda Análise*

A análise é efetivamente retomada em Berlim. Desta vez ela "penetrou muito a fundo" (*Idem*. p. 112). Podemos reconstituir seu desenvolvimento a partir de numerosas alusões feitas em dois artigos publicados em 1923: "O Papel da Escola no Desenvolvimento Libidinal da Criança Pequena" e "A Análise de Crianças Pequenas". A entrada de Erich na escola constituiu ocasião de uma verdadeira neurose infantil, manifestada por uma fobia escolar acentuada, que se estendeu rapidamente ao caminho da escola e reativou a antiga fobia pelos passeios em toda sua intensidade. Segundo tudo indica, a análise versou primeiramente sobre a fobia do movimento e o caminho da escola, explorando apenas num segundo momento os significados relacionados, para a criança, ao quadro e aos trabalhos escolares. Com efeito, Melanie Klein efetuava, já em 5 de maio de 1921, uma comunicação sobre "As Perturbações da Orientação na Infância", a cujo respeito sabemos, por Lola Brook (*Idem*, p. 425), que é um dos três textos que, reunidos, constituem a "A Análise de Crianças Pequenas". Ora, a quase totalidade dos exemplos clínicos dados a este propósito no artigo publicado refere-se ao caso de "Fritz". É somente em 11 de agosto e 1922 que expõe a "A Análise de uma Composição Escolar" concernente, sem dúvida, a um dos materiais utilizados para "O Papel da Escola no Desenvolvimento Libidinal da Criança Pequena". Já pudemos constatar a rapidez com que Melanie Klein, no início de seu trabalho, publica o que acaba de descobrir e pensamos poder tirar daí uma regra que aplicaremos a nosso caso.

Se isto for de fato assim, a análise empenhou-se, primeiro, em destacar o significado inconsciente da repugnância pelo caminho da escola, antes de voltar-se para o significado da própria escola. Assim que a ansie-

28 MELANIE KLEIN I

dade que subtendia essa fobia tornou-se manifesta, transpareceu que era relacionada às árvores que bordejavam a estrada e a uma ponte – imaginária – sobre a qual a criança devia, supostamente, passar. Erich gostava das estradas que atravessavam campos nos quais gostava de urinar. Porém, receava que as árvores do caminho da escola caíssem sobre ele: "A árvore representava o grande pênis do pai, que ele queria cortar e que, portanto, temia"[66]. A ponte imaginária continha um buraco no qual corria o risco de tombar. Um pedaço de barbante caído na estrada causava lhe medo, pois lembrava uma cobra. Uma feiticeira encontrada no caminho da escola poderia esvaziar um frasco de tinta sobre ele e sua pasta escolar: evocação da imagem clivada da mãe-com-pênis, cujo pênis é representado pelo frasco. Por volta da mesma época, sucede-lhe fazer, às vezes, o trajeto da escola saltando num pé só, contando que seu pé havia sido cortado. Assim, a ansiedade de castração aparece como a causa desta fobia.

As fantasias que surgem no decorrer da análise permitem que este ponto seja aprofundado. A criança declara que gostaria de ir à escola se pudesse evitar o trajeto e imagina todos os meios para fazê-lo: poderia colocar uma escada entre a janela de seu quarto e a da professora ou, então, estender uma corda sempre de janela a janela. Chega a imaginar uma máquina que permite lançar a corda nas diferentes partes da cidade, aonde deseja ir. Tudo isto constituía manifestamente a elaboração de suas teorias sexuais infantis e fantasias que representavam o interior do corpo como o interior de uma casa. Esta identidade em fantasia também era de molde a aplicar-se ao conjunto do espaço. Descrevia fantasias nas quais seu corpo e o de sua mãe eram cidades com uma geografia complicada, às vezes eram países, contendo homens, animais e objetos. Descreve minunciosamente a estrada de ferro percorrida por "trens de pipi" e "trens de cacas"[67]. Os terminais e as plataformas representavam a boca, o anus e o pênis. Os olhos, os orifícios das orelhas e do nariz eram outras estações e plataformas. "Descobrimos assim, escreve Melanie Klein, que seu sentido de orientação, que fora antes muito inibido, mas que agora se desenvolvia de maneira notável, dependia de seu desejo de penetrar no corpo materno, de examiná-lo por dentro, explorar as passagens que permitiriam entrar e sair dele, e estudar os processos da fecundação e nascimento"[68]. Após algum tempo de análise isto aparece claramente na brincadeira da criança: certo dia, Erich pega um de seus brinquedos, um cãozinho que chamava frequentemente de *filho* em suas brincadeiras e fantasias, e o desliza sobre o corpo de sua mãe enquanto relata suas viagens: sobre o peito havia montanhas, na região genital, um grande rio. Mas a viagem termina mal: outros brinquedos acusavam o cachorrinho de ter cometido uma falta (por exemplo, ter danificado o automóvel de seu dono) e então era espancado ou morto.

Não é, pois, apenas a repugnância por percorrer o caminho da escola que se explica pela ansiedade de castração. Tal sintoma não é senão a expressão de uma perturbação fundamental na relação com o espaço, que já se manifestara repetidas vezes na vida anterior da criança: aos cinco anos, não compreendia que, após ter deixado Budapeste há algumas horas, não

66. A gênese projetiva da ansiedade de castração não traz nenhuma dúvida para Melanie Klein, desde esta época.

67. caca = fezes.

68. MELANIE KLEIN "L'analyse des jeunes enfants", in *Essais de Psychanalyse*, Payot, p.133.

A GÊNESE E O SURGIMENTO DA VOCAÇÃO...   29

se encontrava mais ali; pedia à sua mãe que lhe desse imediatamente a cidade onde deveriam passar o verão seguinte; mais tarde, como sabemos, passou a sentir repugnância em sair nas ruas, abandonou sua brincadeira favorita (brincar de cocheiro ou chofer) antes de manifestar a fobia pelos meninos que encontrava na rua, da qual se liberou por seus próprios esforços durante os últimos meses de 1920. Na escola, tem dificuldades em aprender Geografia. Esta inibição generalizada do senso de orientação no espaço provém do significado simbólico deste, que nos remete ao que Melanie Klein denomina como "uma geografia do corpo materno" (*Idem*, p. 133, nº. 1)[69]. A análise permite então evidenciar um poderoso interesse anterior pelo movimento e exploração do espaço: Erich fugira várias vezes, por volta dos três anos de idade, manifestara muito cedo um interesse por veículos (carruagens, automóveis, bondes de Budapeste, vagonetes da fábrica de seu pai). A "geografia do corpo materno" já subentendia este interesse cuja repressão correspondia à repressão do desejo primário que aí se exprimia: caminhar equivalia ao coito com a mãe, a observação do movimento dos veículos equivalia à observação do movimento do pênis. A repressão do complexo de Édipo estendera-se a seus derivados simbólicos e transformara o prazer primário em ansiedade. A interpretação da ansiedade de castração, trazendo os desejos edipianos para a consciência, permite um novo florescimento das brincadeiras de movimento e exploração do espaço.

A análise das fantasias relacionadas com a vida escolar permite encontrar as mesmas tramas da vida de fantasia. Parece que as interpretações relativas à geografia simbólica do corpo precederam a exploração sistemática dos significados inconscientes dos exercícios escolares, pois as fantasias mencionadas por Melanie Klein[70] são de uma riqueza e complexidade consideráveis. Erich aprendera a ler em Ruzomberok, com um zelo excessivo, revelando o caráter compulsivo de sua aprendizagem. Na escola, deve agora aprender a escrever e a contar. A aprendizagem da escrita lhe é muito árdua; mais tarde multiplicará os erros de ortografia repetitivos, esbarrando sempre nos mesmos grupos de letras e terá muitas dificuldades com as divisões[71]. Desde o início revela-se que a professora representa a imago da mulher-com-pênis e que os deveres simbolizam o coito e a masturbação. As boas notas que poderia receber representavam o pênis que lhe era devolvido pela mãe castradora. As fantasias mais específicas ligam-se à escrita:

[...] as linhas de seus cadernos eram estradas, o próprio caderno era o mundo todo, e as letras corriam aí sobre motocicletas, isto é, sobre a pena. Outras vezes, a pena era um bote e o caderno, um lago. Descobrimos que os numerosos erros de Fritz (que durante certo tempo não puderam ser sobrepujados até que foram explicados pela análise, quando então desapareceram sem qualquer dificuldade) eram origi-

69. A expressão parece ter sido emprestada de Abraham.

70. Em "Le Rôle de l'école...", in *Essais de Psychanalyse*, Payot, pp.90-109.

71. As fantasias referidas por Melanie Klein sobre a ortografia e as divisões nos fornecem um argumento suplementar em apoio à nossa suposição de que as implicações da vivência escolar foram analisadas após as perturbações da orientação. Não podemos imaginar uma criança que ainda não sabe escrever no início de 1921, enfrentando as dificuldades da ortografia e sobretudo da divisão antes de pelo menos seis meses a um ano – portanto antes do ano escolar de 1921-1922. Ora, sabemos que a análise das perturbações da orientação já estava avançada a 5 de maio de 1921.

30 MELANIE KLEIN I

nados pelas suas inúmeras fantasias acerca das diversos letras, que gostavam muito umas das outras, ou lutavam umas com as outras e passavam por toda espécie de aventuras. Em geral, considerava as minúsculas como filhas das maiúsculas. A maiúscula S era encarada por ele como sendo o imperador dos S longos góticos; existiam dois ganchos em cada extremidade deste "S", para que se pudesse distingui-lo da imperatriz, ou S final que só tinha um gancho (*Idem*, p. 135).

Quase toda letra ou número tem sua mitologia particular. O *i* e o *e* do alfabeto latino eram dois amigos inseparáveis que rodavam constantemente sobre a mesma motocicleta: gostavam-se tanto que mal se podia distingui-los. As letras correspondentes do alfabeto gótico rodavam sobre uma motocicleta de marca diferente. Os *i* góticos eram hábeis e inteligentes, possuíam armas, viviam nas grutas e etc. Os *L* eram, ao contrário, sujos, grosseiros, repugnantes; as ruas de sua cidade estavam cobertas de detritos: representavam evidentemente as fezes. Erich tinha muita dificuldade em escrever o duplo S alemão até que a fantasia subjacente se tornasse consciente: um dos S era seu pai, o outro ele mesmo. Deviam embarcar juntos a bordo num barco, representado por sua pena, para o mar[72]. O S-Erich passava sempre à frente do S-paterno e o deixava em terra.

A inibição generalizada com respeito à escrita fundamentava-se numa inibição especial em relação ao *i*, cujo duplo movimento de ascenso e descenso reaparece em todas as outras letras. O ponto sobre o *i* (assim como os pontos e os ponto-e-vírgulas) representavam o impulso do pênis; explicando que era preciso alcançar este ponto forte, levantava e abaixava sua bacia. No momento em que pôde expressar suas fantasias, tomou gosto pela escrita, bordando cenários cada vez mais numerosos a respeito das letras.

A inibição em fazer divisões, sem dúvida mais tardia, sobreveio numa época onde Melanie Klein começa a perceber a importância do sadismo anal. Erich tinha compreendido perfeitamente o princípio da divisão, porém suas operações eram sempre incorretas. Suas associações remetem a fantasias relativas ao abaixamento dos algarismos do dividendo: é preciso puxá-los violentamente para baixo e isto não deve ser agradável para eles. Em seguida imagina o número de circo onde se serra uma mulher em pedaços sem matá-la e isto conduz à primeira fantasia canibalística, cuja descrição se pode encontrar na obra kleiniana:

Ele me disse em seguida (tratava-se igualmente de uma fantasia elaborada antes) que, na verdade, toda criança quer ter um pedaço de sua mãe, a qual devia ser cortada em quatro; descreveu exatamente como ela gritava, como lhe enchiam a boca de papel para que não pudesse chamar, e as expressões do rosto dela durante a operação etc. Um menino pegava uma faca bem afiada e Fritz (= Erich) descrevia como a mãe fora retalhada...

Após uma descrição longa e minuciosa desta fantasia, no decorrer da qual dá sinais de nervosismo, admite que os pedaços são comidos pelas crianças.

---

72. *See* no texto alemão. A tradução francesa diz *lac* que é também possível. Mas pensamos que o barco faz alusão ao trajeto marítimo do Báltico (Ostsee) necessária para se transportar de Berlim à Suécia onde se achava o pai da criança.

A GÊNESE E O SURGIMENTO DA VOCAÇÃO...   31

Verificou-se também na mesma ocasião que ele sempre confundia o resto, com o quociente nas divisões, e que o colocava sempre no lugar errado, porque em sua mente estava lidando inconscientemente com postas sangrentas de carne. Estas interpretações removeram completamente a sua inibição a respeito da divisão (*Idem*, p. 102).

Já no dia seguinte, Erich é bem-sucedido em todas as divisões, para o espanto da professora e dele próprio.

Neste momento, Erich tem provavelmente perto de oito anos de idade e parece que sua análise não se prolongou além dessa época. De fato, após 1921, as atividades psicanalíticas de sua mãe ampliam-se e a ocupam cada vez mais. Tem novos pacientes, outras crianças, mas também, mais esporadicamente, adultos. Trabalha desde 1922 na Policlínica Psicanalítica e dá cursos para professoras de jardim de infância. Mas sobretudo parece que as interpretações comunicadas a Erich em 1921 foram resolutivas e que ele, desde então, superou definitivamente sua neurose infantil cujas manifestações, por mais tenazes que tenham sido, nunca foram muito graves. Em todo caso, a criança curou-se de sua fobia escolar e de suas perturbações de orientação no espaço.

2.8. *As Lições da Educação e da Análise de Erich*

Parece-nos que as aquisições de maior importância efetuadas por Melanie Klein na análise de seu filho são essencialmente de ordem metodológica. Erich não apresenta os sintomas maciços cuja compreensão resultará na construção dos conceitos propriamente kleinianos, mas sua educação difícil permitiu elaborar progressivamente as ferramentas (dispositivos técnicos e primeiras noções teóricas) que deviam possibilitar à sua mãe abordar os primeiros casos verdadeiramente difíceis.

Limitar-nos-emos aqui ao exame dos aspectos técnicos dos ensinamentos da educação psicanalítica de Erich, pois propomo-nos a dedicar o capítulo seguinte ao exame das concepções teóricas oriundas destes e mostrar como elas constituem um primeiro sistema pré-kleiniano, cuja relação com o sistema kleiniano propriamente dito merece ser detalhadamente examinada. No plano técnico, Melanie Klein aprende no trabalho com Erich: a insuficiência dos melhores métodos pedagógicos; a profundidade das fontes da culpa e da ansiedade; a inter-relação do brincar e das fantasias inconscientes; a lentidão da perlaboração das interpretações; a necessidade de interpretar a ansiedade inconsciente que permanecerá como o ponto característico de seu método.

A tomada de consciência quanto à insuficiência de todo método pedagógico é uma lição, sem dúvida amarga, de sua experiência com Erich. Insistimos sobre as ilusões que Melanie Klein alimentava no momento em que, após menos de três meses de educação psicanalítica, parecia persuadida de que a revelação da origem das crianças e a rejeição por Erich da ideia de Deus o colocariam ao abrigo das inibições intelectuais. Este otimismo racionalista repousava num desconhecimento da profundidade e precocidade da repressão da curiosidade sexual da criança. Implicava, em segundo lugar, uma definição singularmente ambiciosa e intelectualista da normalidade, sob a qual acreditamos perceber a influência de um ideal narcísico. Mas tal investimento narcísico fornece precisamente o motor da perseverança de Melanie Klein a partir do momento em que pôde notar que os efeitos benéficos da primeira fase da educação sexual não duravam mais que três meses. Pensara ter atingido o sucesso definitivo. Devia perder suas ilusões, mas os progressos de Erich durante estes três meses provavam-lhe que o instrumento tinha certa eficácia e que bastava retomar o trabalho. No decorrer das quatro fases, cada vez mais "psicanalíticas", da sua relação educativa e psicoterápica com Erich, os objetivos enunciados em termos especificamente psicanalíticos – liberação da atividade de fantasia, liberação do brincar – substituíram os objetivos pedagógicos do início. Melanie Klein compreendeu a necessidade de efetuar um desvio pela exploração do inconsciente antes de qualquer tentativa de reeducação pedagógica e também a verdade do paradoxo que oporia durante toda sua vida aos defensores de outras escolas de psicanálise da criança, e cujo reconhecimento, pelo menos parcial, acabará obtendo; a psicanálise só pode ajudar a pedagogia colocando toda preocupação pedagógica entre parênteses. A boa adaptação social e escolar da criança não podem ser os objetivos do psicanalista de criança, constituindo, quando muito, benefícios secundários da psicanálise. Isto acarreta uma atitude profunda, mais fundamental ainda que as medidas e noções técnicas nas quais se exprime: a "normalidade" não poderia ser enunciada em termos de critérios objetivos, mas sim, em termos de liberdade, de fluidez e de variedade da atividade de fantasia. Assim sendo, um elemento essencial dos seus pressupostos ideológicos de 1919 é conservado: nenhuma referência a critérios externos é aceitável em psicanálise; este elemento é até mesmo aprofundado: após ter deplorado a falta de precocidade de seu filho, Melanie Klein acaba tornando-se capaz de julgar inquietante o zelo excessivo da criança pela aprendizagem da leitura, isto é, passa a considerar as condutas intelectuais como condutas sem privilégio particular, cujo reforço excessivo pode ser um signo patológico e cujo significado não pode ser avaliado isoladamente, mas apenas em sua relação com o conjunto da personalidade. Atinge assim o que Daniel Lagache chamava de "categoria de conjunto". Ao mesmo tempo, descobre um meio de proceder a avaliações melhor fundadas, descobre os verdadeiros "objetos psicanalíticos", para retomar uma expressão de seu discípulo Wilfred Bion: as organizações da vida de fantasia, cuja descrição lhe permitirá mais tarde retomar, sob novas bases, a psicopatologia no seu conjunto. Poder-se-ia, portanto, enunciar a primeira lição da educação de Erich nos seguintes termos: os objetivos da psicanálise de crianças só podem ser definidos em termos psicanalíticos. Caberia pensar que aí se tem apenas uma tautologia estéril, ou um "tecnicismo" de vista curta: em todo caso, aquém de toda formulação técnica ou teórica, uma atitude que Melanie Klein foi a primeira, e durante muito tempo a única, a tomar em matéria de psicanálise da criança, sendo isto um resultado direto da experiência vivida com Erich.

A segunda atitude profunda que Melanie Klein retirou desta vivência é sua peculiar sensibilidade à ansiedade. Sabemos que tal atitude se prolongará mais tarde numa teoria, pouco admissível sob um ponto de vista estritamente freudiano, da ansiedade inconsciente[73], e numa técnica de interpretação muito particular. O que nos interessa, aqui, é que esta força reativa diante da ansiedade foi adquirida junto de Erich. Ela procede, com

---

73. Freud sempre considerou a noção do afeto inconsciente como pouco compreensível. Cf. *Métapsychologie*, Gallimard, p.81.

A GÊNESE E O SURGIMENTO DA VOCAÇÃO...   33

toda certeza, de um *insight* inconsciente. Tal *insight já* nos parece estar presente sob as racionalizações intelectualistas de 1919: dizer como ela o faz então, que todo estado de mínima realização intelectual é sinal de um sofrimento inconsciente e resultado de uma repressão, significa ter, sete anos antes de *Inibição, Sintomas e Ansiedade*, os meios de procurar a ansiedade oculta por trás da inibição ou da falta de interesse manifestos. O elo, tão fortemente nela ancorado entre prazer e exercício da inteligência, leva-a a detectar o sofrimento de Erich tão logo ele renuncia à sua curiosidade e a trazer à luz este sofrimento. Chega assim a uma atitude completamente estranha à técnica analítica própria da época – a não ser prática de Freud – que consiste cm ativar o desenvolvimento da ansiedade. Convém lembrar aqui que tal passo seria incompreensível sob um ponto de vista metapsicológico anterior â revisão, cm 1926, da teoria psicanalítica da ansiedade. Sucede lhe emocionar se e sobretudo assustar-se com a intensidade da ansiedade vivida por Erich ao longo de sua última fase da análise. Ida mesma contou como esta atitude espontânea torna-se uma técnica deliberada, em 1921:

[...] desviei-me de algumas das regras até então estabelecidas, pois interpretei o que pensava ser mais urgente no material que a criança me apresentava e constatei que meu interesse se focalizava em suas ansiedades e nas defesas que esta erigira contra as mesmas. Essa nova abordagem em breve me colocou diante de sérios problemas. As ansiedades que encontrei ao analisar esse primeiro caso eram muito agudas e, conquanto me fortalecessem na convicção de que estava trabalhando sobre diretrizes certas, quando constatei de maneira repetida um alívio da ansiedade produzida pelas minhas interpretações, às vezes sentia-me perturbada com a intensidade das novas ansiedades que apareciam. Numa ocasião destas, procurei o conselho do Dr. Karl Abraham. Respondeu-me que, como minhas interpretações haviam produzido, até então, com frequência, alívio e a análise progredia visivelmente, não via nenhuma razão para modificar o meu método de abordagem. A convicção ganha nesta análise influenciou fortemente todo o curso do meu trabalho analítico[74].

Esta necessidade, vivida intensamente, de desentocar a ansiedade em seus mínimos sinais, parece-nos inseparável da atitude que apontamos anteriormente e que consiste em avaliar uma conduta apenas pelo lugar que ocupa na dinâmica total da personalidade. A ansiedade é efetivamente a manifestação imediata e interior da perturbação psíquica, o signo (na primeira teoria psicanalítica da ansiedade) de uma repressão de uma quantidade de libido que se acha bloqueada, em estado de estase, o sinal e o precursor (na segunda teoria freudiana) que anunciam o crescimento de um movimento pulsional não conforme ao ego e o acionamento próximo do processo defensivo, signo da atividade da pulsão de morte (na teoria kleiniana definitiva), qualquer que seja o quadro de referência teórica e assinala os pontos críticos do conflito defensivo, ou seja, aquilo que deve atingir – pelo menos em última instância – a interpretação. A ansiedade fornece um critério estritamente psicanalítico da pertinência da intervenção do psicanalista.

Todas as outras lições que Melanie Klein tira da análise de Erich nos parecem remeter a estas duas transformações de sua atitude. A descoberta

74. "The Psycho-analytic Play Technique", in *New Directions in Psycho-Analysis*, p.4.

34 MELANIE KLEIN I

da pequena influência da renúncia aos métodos pedagógicos coercitivos revela a profundeza da origem das fontes da repressão por uma simples dedução, já que na época todo mundo, inclusive Melanie Klein, considera a ansiedade como consequência da repressão (ou mais exatamente como consequência do incremento de excitações internas provocado pelo acúmulo de libido frustrada pelo efeito da repressão). A evidência da precocidade da repressão é decorrência da interpretação de inibições muito precoces (acabara interpretando o "retardo" da palavra em Erich como uma inibirão) que atestam a existência de uma ansiedade muito precoce (que se revela lambem nos terrores noturnos) e, portanto, a existência de uma repressão que lhe é inteiramente contemporânea[75].

A inter-relação do brincar e das fantasias inconscientes esclareceu-se para Melanie Klein na dinâmica concreta da ansiedade. Conduz diretamente à tese essencial de 1923 que examinaremos no próximo capítulo: a inibição é a consequência de uma "ansiedade inconsciente".

Quanto à descoberta da lentidão – mas da realidade – da perlaboração – na criança, liga-se à descoberta da profundeza das fontes da ansiedade. Desde o início, a mãe de Erich não se deixa desencorajar pela distração da criança durante suas explicações, por sua oposição, por suas tentativas de mudar de família: localiza aí a resistência à educação sexual, proveniente da tendência "inata à repressão" da qual subestima então a importância, mas cuja existência reconhece. Uma vez esfriado o seu otimismo de novata devido às flutuações da atitude de Erich, desenvolve-se uma atitude de otimismo fundada na experiência. Mesmo quando a criança não ouve, ela entende na realidade e o que entende faz seu caminho no inconsciente. Sabemos que Melanie Klein descreveu frequentemente a atitude característica da criança diante de uma interpretação "profunda": de início mostra-se distraída, passa amiúde a outro assunto e, no momento seguinte, uma brincadeira ou um desenho mostra que a interpretação foi aceita. Foi Erich quem lhe mostrou a fixidez desta sequência característica, em momentos essenciais da primeira e segunda fases de sua educação sexual (mas não nas duas fases ulteriores da análise).

O conjunto destes fatores conduz Melanie Klein, a partir da terceira fase (a primeira fase da análise, em 1920) da educação de Erich, a sustentar o que permanecerá como um dos fundamentos da psicanálise kleiniana, a ideia do caráter universalmente benéfico da psicanálise de crianças. Esta ideia comporta um aspecto negativo de certa forma polêmico: generalizando o que Freud dizia a respeito do pequeno Hans, Melanie Klein sustenta a inocuidade absoluta da psicanálise aplicada a uma criança pequena: "não é necessário recear que esta tenha efeitos profundos"[76]. Como Freud já havia apontado, a supressão da repressão não acarreta realizações cruas dos desejos sexuais e agressivos, mas sim, o enriquecimento das sublimações. O papel da psicanálise não é portanto somente curativo – isso também será uma constante da atitude kleiniana – mas preventivo e, senão pedagógico, ao menos formador: "Há duas coisas que são do alcance da análise de crianças pequenas: fornecer proteção contra os traumatismos

---

75. Ainda que a noção de uma ansiedade independente de toda repressão (por exemplo, na neurose atual) esteja presente em Freud desde esta época, Melanie Klein não faz uso desta noção. Para ela, até elaborar, após, 1927, sua própria teoria da ansiedade, toda a ansiedade está em estreita relação com o processo de repressão.

76. MELANIE KLEIN, *Essais de Psychanalyse*, Payot, p.83

A GÊNESE E O SURGIMENTO DA VOCAÇÃO...   35

graves e vencer as inibições. Ela serve, assim, ao mesmo tempo à boa saúde dos indivíduos e à cultura, pois o fato de sobrepujar as inibições abre novas possibilidades de desenvolvimento" (*Idem*, p. 83). Daí – neste ponto se anuncia a divergência com Freud – as perspectivas de aplicação serem ilimitadas. Por enquanto considera sobretudo o lado das crianças normais: "Sou de opinião que nenhum tipo de educação deveria dispensar a análise, pois esta proporciona preciosa ajuda e, no ponto de vista da profilaxia, uma assistência de valor ainda impossível de avaliar" (*Idem*, p. 79). Dado que toda infância normal comporia uma neurose infantil, a psicanálise tem nela sempre um lugar: "Seria, portanto, desejável, no que se refere à maioria das crianças, prestar atenção aos seus traços neuróticos no momento em que aparecem; todavia, se desejarmos apreender estes traços e removê-los o mais precocemente possível, será absolutamente necessário recorrer à observação analítica e, se for o caso, a uma verdadeira análise" (*Idem*, p. 87). Para realizar tal projeto, pensou na criação de jardins de infância psicanalíticos, dirigidos por mulheres psicanalistas, comparáveis àquele que Vera Schmidt organizara em Leningrado: "Não há dúvida de que uma psicanalista, tendo sob sua orientação algumas pessoas treinadas por ela, estaria habilitada a observar grande número de crianças, de maneira a reconhecer o momento em que uma intervenção psicanalítica se torna desejável e a empreendê-la imediatamente" (*Idem*, p.88). Mais tarde, quando tiver inventado a técnica do brincar, voltar-se-á, ao contrário, para os casos patológicos, os mais graves. A partir de 1924 analisará crianças pré-psicóticas e trinta anos mais tarde seu método permitirá a seu aluno Emilio Rodrigue esta surpreendente *performance* técnica: a análise de uma criança psicótica muda[77]. Mas esta afirmação será mantida do início ao fim: o campo de aplicação da psicanálise da criança é ilimitado.

77. EMÍLIO RODRIGUÉ, "The Analysis of a three-years-old mute schizophrenic boy", in: MELANIE KLEIN et coll., *New Directions in Psycho-Analysis*, Londres, Maresfield Reprint, pp.140-179.

2. O Sistema Protokleiniano

Desde sua chegada a Berlim, Melanie Klein, ao mesmo tempo em que empreende a segunda análise de Erich, começa praticar a psicanálise de crianças. Seus pacientes, no começo raros, tornam-se progressivamente mais numerosos. Os textos publicados em 1923 e 1925 mencionam alguns deles: Félix, Ernst, Grete, analisados antes de 1923; Werner e Walter, ambos citados em 1925, começaram a análise pouco após esta data. O caso de Félix é desenvolvido mais profusamente: é citado em dez passagens diferentes, algumas das quais lhe consagram várias páginas. Sua análise, iniciada em 1921, contou com 370 sessões. "Como o menino aparecia para ser analisado apenas três vezes por semana", a análise estendeu-se por três anos e três meses e terminou portanto no decorrer de 1924[1]. É a primeira análise longa, "profunda", como se dizia na época, que Melanie Klein levou a bom termo. Permitiu-lhe precisar sua técnica, confirmar os ensinamentos da relação com Erich e ilustrar suas primeiras concepções psicanalíticas forjadas em grande parte na interpretação das dificuldades neuróticas deste paciente.

1. A PSICANÁLISE DE FÉLIX (1921-1924)

Félix, no início de sua análise, era uma criança de treze anos de idade e isenta de sintomas característicos, mas que apresentava de maneira sensível manifestações daquilo que Franz Alexander chamara de caráter neurótico[2]. Pouco emotivo, não tinha nenhum gosto pelo estudo a despeito de

1. *Essais de Psychanalyse*, p. 142.
2. F. ALEXANDER, "The Castration Complex and the Formation of Character", *International Journal of Psycho-Analysis*, v.IV, 1923.

38 MELANIE KLEIN I

uma inteligência real e mostrava-se pouco sociável. Algum tempo antes do início de sua análise tivera um tique que não preocupara nem a seus familiares, nem a ele mesmo. Tal quadro clínico, não contendo sintomas marcantes, mas sim inibições, corresponde exatamente aos interesses teóricos de Melanie Klein neste período, de tal modo que Félix, no começo ao lado de "Fritz" (Erich) e mais tarde só, terá uma importância considerável nos escritos de 1923 e 1925. Os dois artigos sobre "O Papel da Escola" e "A Análise de Crianças Pequenas" concedem um amplo espaço à exposição de suas fantasias. O artigo de 1925: "Contribuição ao Estudo da Psicogênese dos Tiques"[3] lhe é quase que inteiramente consagrado.

Desde o início de sua psicanálise, exatamente contemporânea a segunda "análise" de Erich, Melanie Klein aplica-lhe a mesma hipótese que a este último: a repugnância pela escola e o parco sucesso escolar têm valor de inibição neurótica. Trata-se portanto de interpretar as fantasias que subentendem as atividades escolares, a fim de fazer emergir a ansiedade que impede o sucesso. Diferentemente de Erich, as inibições de Félix referem-se mais à sua relação com o professor do que ao valor simbólico específico dos exercícios. No entanto, o papel deste último permanece claramente discernível. Assim, conta que certos meninos de sua classe colaram durante uma prova de grego. Tal fato é o ponto de partida de uma fantasia relativa à maneira de que se poderia lançar mão, a fim de obter um melhor lugar na classe: imagina matar todos que o precedem. Deste modo, somente o professor seria mais forte que ele, mas o professor está fora de alcance. Por trás desta impossibilidade, Melanie Klein discerne a fantasia do desejo de tomar o lugar do professor sobre o tablado, de falar por ele e reduzi-lo ao silêncio. Diversas associações permitem analisar esta fantasia: acontecera-lhe um dia pensar que o professor, que estava de pé diante da classe encostado em sua escrivaninha, iria cair para trás, quebrando-a ao forçá-la e machucando-se. Tal fantasia trai a concepção sádica do coito: o professor representa o pai, a escrivaninha, a mãe. O desejo de tomar o lugar do pai, proveniente do complexo de Édipo de Félix, exprime-se no desejo de suplantar o professor na classe. O desejo homossexual oriundo do complexo de Édipo invertido está em ação na rivalidade com os colegas de classe: trata-se de aproximar-se do professor. As duas moções pulsionais provocam a ansiedade de castração: o professor atacado nas fantasias pode vingar-se, o professor objeto do desejo homossexual pode castrar Félix num coito sádico. A ansiedade impede, pois, o menino de qualquer sucesso escolar que representaria a realização dos desejos homossexuais ou parricidas: como no caso de Erich, ela está na origem da inibição.

Melanie Klein ressalta uma segunda analogia com seu filho: sabemos que Erich, antes de sofrer uma inibição generalizada do senso de orientação, manifestara um verdadeiro gosto pela exploração e pelo movimento (fugaz em torno dos três anos de idade, interesse por veículos, paixão pela brincadeira do cocheiro e do chofer). Do mesmo modo, Félix havia sido um excelente aluno até a idade de onze anos, antes de se desinteressar pelo trabalho escolar. A inibição, portanto, não é um déficit puro e simples, provém da repressão de um interesse. Melanie Klein informa que, na época em que era bem-sucedido em seu trabalho escolar, Félix era desajeitado, apresentava sinais de agitação física excessiva, não podia manter as pernas imóveis durante a aula e sentia uma grande aversão pelos esportes e pela

3. *Essais de Psychanalyse*, Payot, pp. 142-165.

O SISTEMA PROTOKLEINIANO

ginástica. A transformação ocorreu quando seu pai, que havia sido mobilizado, voltou da Primeira Guerra Mundial. Ameaçou punir o filho pelo seu medo tios exercícios físicos e, de fato, bateu nele e o chamava de poltrão. Ao mesmo tempo, descobriu e reprimiu a masturbação de Félix. O diretor da escola morreu; uma doença intercorrente do menino provocou um exame nasal que reativou a ansiedade de castração (associada pela criança às intervenções médicas e cirúrgicas desde a circuncisão realizada na idade de três anos). Félix chegou a vencer o seu medo, tornou-se um jogador de futebol apaixonado, praticou ginástica e natação. Renunciou, não sem pena, à masturbação. Mas quando o pai se pôs a controlar seu trabalho escolar, perdeu o gosto pelo estudo e a escola tornou-se para ele uma tortura. De qualquer maneira, as inibições foram permutadas. Tudo se passa como se Félix não pudesse ser simultaneamente bem-sucedido na escola e nos exercícios físicos: o fracasso em uma das atividades deve compensar o êxito na outra. Entretanto, Melanie Klein não se contenta com esta constatação. Está intrigada com o desenvolvimento bastante tardio dos interesses esportivos e pergunta-se de onde provêm e principalmente de onde tira sua energia. Assim, dá um passo que nos parece decisivo, pois preludia a elaboração de seus primeiros conceitos teóricos: pela primeira vez tem a ideia de procurar destacar o significado inconsciente de uma atividade normal e bem-sucedida, que não comporta nenhuma regressão ao nível do funcionamento do aparelho psíquico. Os acontecimentos sobrevindos após o retorno do pai mostram que Félix transferiu seus interesses, do trabalho escolar para os esportes. As ameaças e injunções paternas explicam o fenômeno, na medida em que modificam o fator de conformidade ao ego (egossintonia). Mas podem elas permitir a plena compreensão da permuta dos valores de prazer e desprazer que se prendem a estas atividades? É preciso supor que foi retirada a energia psíquica investida nos exercícios escolares para ser reinvestida nos esportes. Ora, a interpretação das dificuldades escolares permitiu pôr em evidência a natureza do conjunto de fantasias associado à escola: teoria sexual infantil do coito destruidor, funcionando como a expressão e a aposta do conflito e do compromisso entre as pulsões edipianas ativas e passivas. Apenas uma equivalência inconsciente entre o esporte e a competição escolar pode explicar a mudança dos gostos de Félix. A análise volta-se, portanto, para a exploração dos significados inconscientes do futebol.

No início do jogo, este esporte parece associar-se, para Félix, à masturbação. A única fantasia masturbatória que permaneceu consciente nos primeiros tempos da sua psicanálise é a seguinte: "Está brincando com algumas meninas, acaricia seus seios e brincam juntos de futebol. Enquanto joga, permanece continuamente perturbado e distraído por uma cabana que ele percebe por trás das meninas"[4]. A cabana o conduz à evocação de privada e de lembranças relacionadas com a mãe de Félix. Permite a Melanie Klein interpretar a fixação anal do menino e sua hostilidade inconsciente para com a mãe. O futebol, jogo no qual é necessário meter a bola entre as traves, aparece como uma representação simbólica do coito. O fato de jogar futebol equivale, para o inconsciente, à masturbação, e serve à descarga do excesso de tensão sexual. Mas o que a partir de então surge como problema é a repugnância anterior pelos exercícios físicos sob todas as formas. Fiel à sua hipótese geral, que mantém desde 1919,

4. MELANIE KLEIN, *Essais de Psychanalyse*, p. 144.

segundo a qual toda repugnância mascara uma inibição, Melanie Klein considera a falta de jeito e a covardia anteriores de seu paciente, como efeito de uma inibição precoce: seu gosto inicial pelo movimento, associado desde o começo a representações sexuais, tornou-se objeto de uma primeira repressão que não lhe deixava outra saída senão a agitação física durante a aula. A atividade escolar, que expressava as mesmas fantasias inconscientes, pudera escapar à repressão, porque se manifestavam aí sob uma forma mais disfarçada e, portanto, mais conforme ao ego. As mesmas pulsões libidinais puderam, pois, descarregar-se, dos seis aos onze anos de idade, sob a forma de prazer no trabalho escolar e de ansiedade no medo de exercícios violentos. A volta do pai e sua intervenção brutal fizeram com que a economia deste equilíbrio instável se modificasse, agindo sobre o fator de conformidade ao ego: a permuta dos prazeres subsequentes empregara uma via já traçada pelas conexões inconscientes entre o esporte e o estudo enquanto substitutos da masturbação e dos interesses sexuais.

A sequência da análise evidenciou tudo aquilo que o gosto pelo futebol tinha de compulsivo e reativo. Quando Félix compreendeu que o esporte representava para ele apenas um substituto pouco satisfatório da masturbação, seu interesse pelo futebol decresceu, enquanto manifestava uma atenção inédita por certas disciplinas escolares. Paralelamente, pôde vencer progressivamente sua ansiedade em tocar seus órgãos genitais e entregou-se novamente à masturbação quando atingiu a idade de quatorze anos.

Entretanto, Félix não podia ainda se permitir uma melhora de seu estado, sem que isso fosse custoso, de um modo ou de outro. No momento em que efetuava tais progressos, o tique, que até então se apresentara esporadicamente, passou a dominar o quadro clínico. Tal tique compunha-se de três fases: iniciava-se por uma sensação de dilaceramento na nuca, que desencadeava, primeiro, um movimento da cabeça para trás e, em seguida, uma rotação do pescoço da direita para a esquerda; finalizava-se por um movimento do queixo que ia apoiar-se sobre o peito, acompanhado da sensação de perfurar algo. Este tique aparecera pouco antes da análise, após a observação clandestina das relações sexuais dos pais. Melanie Klein pôde relacionar a primeira fase do tique à identificação de Félix com sua mãe (sensação de ser brutalmente penetrado), a segunda, aos movimentos próprios do menino destinados a facilitar-lhe a observação visual e auditiva da cena, e a terceira, à identificação com o pai num papel ativo e sádico. A frequência do tique diminuía à medida que se aprofundava a exploração dos desejos homossexuais de Félix e das fantasias ligadas à cena primitiva, vivida na primeira infância e reativada pela observação recente do coito dos pais.

Durante este período de análise, o menino adquire uma nova fonte de prazer. Passa a interessar-se por música, frequenta concertos e apaixona-se por certos maestros e músicos. Foi fácil relacionar este interesse à sublimação das pulsões homossexuais que haviam encontrado uma descarga no tique, e também dar-se conta de que o gosto pela música não surgia naquele momento, mas ressurgia após um longo período de inibição. Comentários sobre o piano de cauda que o havia impedido, durante um concerto, de ver o instrumentista, suscitam-lhe recordações encobridoras: lembrou-se ter sentido medo ao ver seu reflexo deformado na superfície polida do piano existente na casa de seus pais, quando em sua primeira infância lembra a posição de seu berço em relação à cama dos pais quando

O SISTEMA PROTOKLEINIANO   41

dormia no quarto destes antes dos seis anos de idade: a posição da cama de casal impedia lhe de ver o que se passava ali e a observação da cena primitiva fora essencialmente auditiva. Estava na origem de seu interesse arcaico pelos ruídos e pelos sons, sinais audíveis das explorações genitais do pai. Durante seu terceiro ano de vida, Félix gostava de cantar: identificava-se, assim, com seu pai. Tal prazer foi reprimido após a intervenção cirúrgica em seu pênis aos três anos, mas tivera tempo de interessar-se por elementos rítmicos e motores da música. O maestro aparecia-lhe como um pai tolerante que permite aos músicos (seus filhos) participar do concerto (suas relações sexuais com a mãe), dirigindo-os e orientando-os. Quando o interesse pela música reapareceu durante a análise, a admiração passiva acompanhava-se de elementos que expressavam uma maior atividade: o jovem amante da música fascinava-se pelo virtuosismo dos grandes regentes e gostaria muito de saber como faziam para que os músicos seguissem suas indicações com tal precisão. À medida que tomava consciência do significado de tal interesse, desenvolviam-se os elementos ativos. Após algumas passagens pelo ato homossexual, pôde experimentar uma admiração apaixonada por uma atriz e, deste modo, chegar à escolha de um objeto heterossexual. Esboçou, em seguida, uma ligação com uma menina mais velha, a qual Melanie Klein pediu que interrompesse, ao menos provisoriamente, a fim de não atrair contra o tratamento, a ira do pai. Quando a analista pôs fim à análise, Félix, então, com dezesseis anos, voltara a ser um bom aluno, interessava-se pela música e pelo teatro e atingira uma posição genital heterossexual. O gosto compulsivo pelos esportes, assim como o tique, haviam desaparecido. Ao termo desta psicanálise – a primeira que efetuou em condições usuais – Melanie Klein foi capaz de relacionar o conjunto da evolução de seu paciente às sucessivas transformações de suas fantasias masturbatórias, que comandam o conjunto de suas inibições, sintomas e sublimações. Pôde também estabelecer que as diferentes variantes destas fantasias organizam as relações de objeto de Félix nas diferentes épocas de seu desenvolvimento e de sua análise. Quando, em sua primeira infância, partilhava o quarto de dormir com os pais, o conteúdo de suas fantasias masturbatórias frequentemente traziam à cena um ser compósito, meio velho, meio criança (metade seu pai, metade ele mesmo), que descia de um tronco de árvore. Mais tarde fantasiava com cabeças de heróis gregos; na puberdade, o florescimento heterossexual trouxe a fantasia das meninas com as quais jogava futebol; em seguida, no decorrer da análise, a de uma mulher deitada sobre ele e, finalmente, sob ele. O progresso no desenvolvimento e no tratamento não se traduzem apenas por um abandono, "um julgamento condenando" ou uma "usura" pura e simples das fantasias inconscientes reveladas pela interpretação, mas por uma elaboração destas fantasias num nível genético superior, do ponto de vista libidinal e do ponto de vista da estrutura da relação objetal. Assim, o tratamento psicanalítico de Félix permite ampliar as conclusões tiradas da educação psicanalítica e das psicoterapias de Erich. Conduz Melanie Klein a elaborar uma teoria genética das organizações de fantasias que servem de guia à interpretação e fornece uma primeira teoria do tratamento.

42 MELANIE KLEIN I

2. OS ELEMENTOS TEÓRICOS IMPLÍCITOS NA ABORDAGEM CLÍNICA DE MELANIE KLEIN ANTES DE 1923

É possível reduzir esta concepção das fantasias a um certo número de enunciados, nem sempre formulados em sua generalidade por Melanie Klein, mas que podem ser captados a partir do exame dos dados clínicos que ela apresenta e das interpretações que ela lhes dá e que, a seu ver, admitem pouquíssimas exceções.

Tese 1. *Toda conduta e toda atividade psíquica são modos de atuação ou de expressão de fantasias inconscientes ou pré-conscientes*

Esta tese não recebe uma formulação geral nos textos do período de 1921 a 1925 que nos interessa aqui. Sentimo-nos, entretanto, autorizados a considerar que ela está presente a título de pressuposto implícito quando passamos em revista o número e a variedade das atividades e das formações psíquicas que Melanie Klein relaciona a fantasias, quer sejam inconscientes ou pré-conscientes. Cabe ressaltar sucessivamente:

– *A atividade motora*, a marcha, a exploração do espaço, o senso de orientação, o gosto pelo passeio. Erich fornece, neste sentido, uma ilustração típica:

Eis um exemplo de fantasias que ocorreram mais tarde, durante sua análise, e nas quais ficaram evidentes o significado original do caminho, o seu valor de prazer [...] o prazer que sentia originalmente em andar pelos caminhos correspondia a seu desejo de coito com a mãe [...]. Sobre o tema produziu numerosas fantasias, mostrando que subsistia a ação de uma imagem mental do corpo de sua mãe e, por identificação com ela, de seu próprio corpo (*Idem*, pp. 130-131).

– *Os gostos e repulsas alimentares*. O exemplo de Erich a este respeito é também característico. Melanie Klein relaciona suas numerosas fantasias referentes ao estômago às suas atitudes alimentares: "O estômago tinha para ele uma significação afetiva particular e diversificada [...] Costumava também queixar-se, nas refeições, de ter frio no estômago; declarava então que era devido à água fria. Manifestava também forte repugnância a vários pratos frios" (*Idem*, p. 65). Numa outra fase da educação de Erich: "Era a fecundação pela comida que estava aí representada e a aversão da criança por certos alimentos provinha destas fantasias" (*Idem*, p. 132).

– *A acuidade perceptiva*: "Quando a análise de Félix começou, esta criança apresentava uma tendência muito nítida a não ver as coisas mais próximas dela". Melanie Klein explica este fato pela "repressão do prazer de ver intensificado pela cena primária" (*Idem*, pp. 147-148).

– *A imagem do corpo* é descrita, no caso de Erich, como uma representação elaborada através de inúmeros devaneios ligados às funções corporais e à identificação com a mãe. Deve-se lembrar as fantasias de Erich relativas ao estômago e ao útero consideradas como casas ou apartamentos, com suas portas (os orifícios corporais), seus terraços, seus móveis etc.; às fezes, à urina e ao pênis personificados (os "trens de caca" e ao "general pipi") em numerosos cenários imaginários; ao corpo materno

O SISTEMA PROTOKLEINIANO 43

identificado a uma cidade e, definitivamente, ao universo inteiro (a "geografia do corpo materno") (*Idem*, p. 133).

– *A voz, o canto e a palavra* são permeados de fantasias sexuais: "Nesta análise[5] aflorou que a gagueira da menina se devia ao investimento libidinal da palavra assim como do cantor. O subir e o descer da voz e os movimentos da língua representavam o coito" (*Idem*, p. 93). Sabe-se que: "Em seu terceiro ano de vida, Félix já manifestara esta identificação [com o pai] pelo canto [...]" (*Idem*, p. 145).

– *As atividades físicas e os esportes* não são relacionados a um conjunto de fantasias subjacente apenas no caso de Félix. Declarando a seu respeito: "Estas fantasias mostravam como tinham sido elaboradas algumas das suas fixações e como se haviam transformado em interesse pelos esportes", Melanie Klein acrescenta em nota: "Este significado do futebol e, aliás, de todos os esportes jogados com bola é típico como pude descobrir pela análise de meninos e meninas" (*Idem*, p. 125).

– *Os concertos, os espetáculos, o cinema.* Vimos a este respeito numerosas ilustrações sobre o caso de Félix. Melanie Klein multiplica as afirmações neste sentido: "Em grande número de casos, me parece que teatro e concerto, bem como, na realidade, toda representação em que há algo para ver ou ouvir, simbolizam sempre o coito entre os pais: o fato de escutar ou de olhar simboliza a observação real ou imaginária, enquanto a cortina que desce representa os objetos que estorvam a observação, tais como as cobertas, o montante da cama etc." (*Idem*, p. 137). Numa outra passagem, ela especifica: "Constatei no caso da Sra. H. que [...] uma apreciação nitidamente artística das cores, das formas e das pinturas tinha a mesma raiz, só com esta diferença no tocante a ela de que as observações e fantasias da primeira infância diziam respeito ao que havia aí para *ver*" (*Idem*, p. 138).

– *As atividades escolares e intelectuais.* Contentar-nos-emos em lembrar as inumeráveis brincadeiras e fantasias de Erich, mencionando que Lisa, Ernst e Grete também as apresentavam em termos comparáveis. O conjunto dos exercícios e das disciplinas escolares: leitura, escrita, aritmética, gramática, história, geografia e ciências naturais[6].

– *Os sintomas neuróticos* são, é claro, determinados pelas fantasias subjacentes e Melanie Klein mostra-se também uma fiel discípula de Freud no que concerne aos sonhos, aos atos falhos, e às recordações encobridoras etc.

– *As relações objetais* em seu conjunto e, em definitivo:

– *A organização da personalidade.* Tal ideia acha-se notadamente expressa a propósito do caso particular de Félix: "existia uma conexão íntima entre o tique e sua personalidade total, sua sexualidade tanto quanto sua neurose, o destino de suas sublimações, o desenvolvimento de seu caráter e de sua atitude social. Esta ligação estava enraizada em fantasias de masturbação" (*Idem*, p. 155).

5. A análise de Grete.

6. "A propósito da análise lógica, Grete fala do desmembramento efetivo e da dissecação real de um coelho assado [...]. Durante a análise, Lisa informou-me que para estudar a história, a pessoa tinha que se transplantar para aquilo que as pessoas faziam nos tempos antigos [...] naturalmente, as fantasias da primeira infância sobre as batalhas, os crimes etc, desempenhavam aí um importante papel, de acordo com uma concepção sádica do coito [...]. O interesse reprimido pela matriz da mãe [...] acarreta frequentemente a inibição do interesse pelas ciências naturais" (*Ibid*, p. 104).

Esta enumeração, que não deixa escapar nenhum gênero e nenhum nível de conduta, permite o aparecimento do lugar central que a fantasia ocupa desde esta época na atitude global de Melanie Klein, mesmo que ela não lhe dê ainda uma formulação explícita.

Nossa insistência sobre este ponto pode surpreender. A ideia da presença atuante dos cenários das fantasias é agora comum a um grande número de autores psicanalíticos notadamente na França e na Grã-Bretanha. É conhecida a importância que esta concepção assumiu no estudo psicanalítico de grupos restritos: Wilfred Bion classificou os diferentes tipos de grupo segundo as três formas típicas que constituem o "grupo de suposição básica", identificado com a atividade de fantasia inconsciente comum aos membros do grupo: dependência, ataque-fuga e acasalamento[7]. Numa perspectiva mais geral Jean Laplanche e Jean-Bertrand Pontalis escrevem:

> Por isso o psicanalista se empenha em destrinçar a fantasia subjacente por trás das produções do inconsciente como o sonho, o sintonia, o agir, os comportamentos repetitivos etc. O progresso da investigação faz até surgir aspectos do comportamento muito distantes da atividade imaginativa c, em primeira análise, comandados apenas pelas exigências da realidade, como emanações, "derivações", fantasias inconscientes. Nesta perspectiva, é o conjunto da vida do indivíduo que se revela como modelado, estruturado por aquilo que se poderia chamar, para sublinhar o seu caráter estruturante, de vida de fantasia[8].

Pelo que é de nosso conhecimento, nenhum texto de Freud segue explicitamente este caminho. Poder-se-ia certamente multiplicar as referências que mostram ter ele chegado a considerar tal atividade de pensamento puro ou tal conduta aparentemente racional da vida prática como a expressão de uma fantasia, mas sem que isto tenha constituído objeto de uma afirmação geral. Parece-nos até possível pensar que certas noções freudianas vão diretamente ao encontro desta concepção: Freud chegou a dizer algumas vezes em textos tardios que em certos casos o complexo de Édipo pode não ser reprimido, mas suprimido e ultrapassado. A própria noção de fantasia relaciona-se estreitamente, para Freud, à ideia de uma via de regressão da excitação, a qual se opõe a uma via de progressão controlada pela consciência e percepção, na primeira tópica. Um texto como *Formulações sobre os dois Princípios do Funcionamento Mental* opõe nitidamente alucinação – protótipo da fantasia – e teste de realidade. Numerosos autores, notadamente os da escola americana de psicologia do ego e os da escola britânica de Anna Freud, consideram a existência de atividades psíquicas puramente "racionais" que nada devem às fantasias, desde que sejam dadas condições favoráveis.

Anna Freud, neste sentido, escreveu: "Há um longo caminho a percorrer antes de uma criança atingir o ponto em que, por exemplo, pode regular a sua ingestão de alimentos ativa e racionalmente, quantitativa e qualitativamente, com base nas suas próprias necessidades e apetites e independentemente de suas relações com quem lhe fornece o alimento e das fantasias conscientes e inconscientes"[9]. Numa outra passagem do mesmo trabalho, admite que se pode constatar pela observação extra analítica de crianças pequenas ou de adolescentes pré-delinquentes: "alternâncias entre os dois

---

7. WILFRED BION, *Recherches sur les petits groupes*, Paris, P.U.F.

8. J. LAPLANCHE e J.-B. PONTALIS, *Vocabulaire de la Psychanalyse*, P.U.F., p. 155.

9. ANNA FREUD, *Le Normal et le Pathologique chez l'enfant*, P.U.F., p.57.

O SISTEMA PROTOKLEINIANO

modos de funcionamento: durante os períodos de calma, o comportamento é governado pelo processo secundário; mas sempre que uma pulsão se atualiza (em vista de uma satisfação sexual, de um ataque ou da posse de um objeto) o processo primário prevalece" (*Idem*, p. 18). Dentro de tal concepção, a fantasia, infiltrada pelo processo primário, do qual sempre traz a marca, ainda que tomando as formas mais "secundarizadas", faz figura de um agente de desorganização mais do que de organização da conduta.

Por isso temos base para pensar que, se hoje estamos habituados a admitir que a fantasia modela e organiza o conjunto da conduta e, segundo as palavras de Daniel Lagache, que "a representação da realidade é permeada pela fantasia"[10], isto se deu sobretudo devido à influência das ideias kleinianas. Freud não dissecou este ponto, foi Susan Isaacs, amiga e discípula de Melanie Klein, quem enunciou explicitamente pela primeira vez, em 1943, a ideia de que "as fantasias são os conteúdos primários dos processos psíquicos inconscientes"[11]. A ideia, na época, pareceu bastante nova para que Susan Isaacs propusesse distinguir "fantasia" (*ing. fantasy*, fr. *fantasme*), devaneio diurno que pode ser consciente ou reprimido, de "phantasia" (ing. *phantasy*, fr. *phantasme*), atividade psíquica prévia à repressão, e para que Ernest Jones faça, a este respeito, o seguinte comentário: "Recordo-me de uma situação semelhante, há anos passados, a propósito do termo 'sexualidade'. Os críticos queixavam-se de que Freud estava modificando o significado desta palavra e o próprio Freud pareceu anuir, uma ou duas vezes, a esta maneira de apresentar as coisas, mas eu sempre protestei em favor do contrário: ele não havia modificado a significação da própria palavra, mas apenas tinha estendido o conceito"[12]. Susan Isaacs procedeu, de fato, a uma "extensão da noção de fantasia": dava, assim, uma formulação teórica e uma orientação implícita na prática de Melanie Klein, que se pode perceber desde 1923.

Tese 2. *Todas as fantasias conscientes são derivações ou variantes das fantasias masturbatórias conscientes e inconscientes.*

Convém reunir ao enunciado desta tese os mesmos reparos que acompanhavam a anterior: não a encontramos formulada literalmente com esta generalidade. Permanece, porém, o fato de que é muito difícil achar nos textos de Melanie Klein, anteriores a 1926, um único exemplo de fantasia que não seja relacionado direta ou indiretamente à atividade masturbatória. Citamos acima (p. 43) a passagem na qual ela liga a "personalidade total" de Félix a seu tique; este texto prossegue assim: "Tal relação se enraizava nas fantasias de masturbação; pudemos constatar que essas fantasias exerciam considerável influência sobre as sublimações da criança, sua neurose e sua personalidade"[13]. Esta ideia fora apenas entrevista no decorrer da educação psicanalítica de Erich. É a análise de Félix que parece tê-la imposto a Melanie Klein e sabemos, segundo suas próprias declarações, que

10. DANIEL LAGACHE, "Fantaisie, réalité, vérité", *La Psychanalyse*, V, P.U.F., p.6. No original *fantaisie*, ver N. da T. no Prefácio (p.XXIV).

11. SUSAN ISAACS, "Nature et fonction du Phantasme", in MELANIE KLEIN, e colaboradores, *Développements de la Psychanalyse*, P.U.F., p. 79.

12. E. JONES, citado por S. ISAACS, *op. cit.*, p.65.

13. MELANIE KLEIN, *Essais de Psychanalyse*, Payot, p. 155.

46 MELANIE KLEIN I

ela havia salientado o fato na exposição oral (não publicada) feita em 1924, no congresso de Salzburg[14].

Tese 3. *As fantasias masturbatórias são, elas mesmas, variantes ou derivações da cena primitiva, real ou fantasiada.*

Tal tese já se acha estabelecida desde 1923, ao menos a nível clínico, se não ao teórico. Ainda aqui, a psicanálise de Félix desempenha um papel decisivo. "A análise nos reconduzira às mais antigas fantasias masturbatórias diretamente ligadas à observação das relações sexuais entre os pais"[15].

É esta tese que permite compreender a equivalência inconsciente de todas as sublimações que descarregam as tensões sexuais ativadas pela observação da cena primitiva. Melanie Klein insiste especialmente na influência que exercem sobre a forma das fantasias masturbatórias as condições reais da cena primitiva, favorecendo um ou outro tipo de percepção de uma ou de outra parte do corpo, e a atitude – ativa ou passiva – que o sujeito assume:

> Em Fritz (= Erich), a fixação era sobre o movimento do pênis; em Félix, sobre os sons que ele ouvia; em outros o jogo das cores [...]. Na fixação na cena primitiva (ou nas fantasias de cenas primitivas) *o grau de atividade*, tão importante para a própria sublimação, determina também, penso eu, um talento quer da criação, quer da reprodução (*Idem*, p. 138).

Importa ressaltar que em 1923 a ideia não recebera ainda os desenvolvimentos que ela terá na teoria ulterior. Sua conexão com o conjunto das ideias psicanalíticas não está ainda definida. Em particular, a ligação das fantasias masturbatórias com o autoerotismo, ou com a relação objetal, permanece na sombra: numa perspectiva estritamente freudiana, as condutas autoeróticas são acompanhadas, desde o início, da representação alucinatória do seio, que assume assim a figura de precursora das fantasias masturbatórias. Desta forma pareceria difícil relacionar as fantasias masturbatórias à fantasia originária da cena primitiva que só poderia vir a organizá-las depois de ocorridas no momento de emergência das pulsões genitais. Melanie Klein não encara em nenhum momento esta dificuldade em seus escritos do período 1921-1925. É possível, no entanto, observar que a masturbação tratada nos casos clínicos em que ela se fundamenta, é sempre uma masturbação fálica, mesmo se as fantasias que a acompanham comportem elementos sádico-anais, e, mais raramente, sádico-orais. Convém também ressaltar que a partir desta época, quando Melanie Klein utiliza as noções clássicas de autoerotismo e de narcisismo, em suas considerações teóricas (veremos em breve um exemplo), o faz praticamente sem nenhum uso clínico.

Tese 4. *Toda conduta ou aptidão não desenvolvida é inibida em razão da ansiedade suscitada pela repressão das pulsões libidinais que as subtendem por intermédio de um tipo particular de fantasias masturbatórias.*

Duas ideias convergem para dar nascimento a esta tese. Uma delas está presente desde o início da educação de Erich: ela tem sua origem no

---

14. MELANIE KLEIN, *La Psychanalyse des enfants*, P.U.F., p.21.
15. MELANIE KLEIN, *Essais de Psychanalyse*, Payot, p.155.

O SISTEMA PROTOKLEINIANO   47

pressuposto fundamental de Melanie Klein, segundo o qual o estado normal não é um estado médio, mas um estado ótimo, comportando o pleno desenvolvimento de todas as aptidões, pressuposto que é acompanhado de início pela ilusão segundo a qual uma educação não coercitiva seria suficiente para permitir o pleno desenvolvimento da criatividade da criança. Em 1923, renunciou a esta ilusão e mostraremos nas páginas seguintes que ela admite a existência de inibições normais. Mantém, entretanto, com a maior firmeza no plano clínico a atitude que consiste em suspeitar a existência da ação da repressão por trás da falta de uma aptidão qualquer. Mas a ampliação de sua experiência a leva a modular esta posição em função da história anterior da criança: a psicanálise de Félix confirma o bom fundamento de sua tese, quando se revela que o desprazer e o medo manifestados pela criança, entre seis e onze anos diante dos esportes e das atividades físicas, remetem à repressão precoce de um interesse anterior. Mas o despertar progressivo dos gostos musicais do adolescente, embora fornecendo um argumento em apoio da concepção segundo a qual sua falta de interesse anterior era devida à ansiedade, mostra a Melanie Klein que só se poderia falar em verdadeira inibição lá onde uma disposição anterior se haja manifestado. A tese inicial é mantida, porém limitada. Sob esta forma limitada e verificada pelos dados clínicos torna-se um dos pontos de partida das construções teóricas de 1923.

Tese 5. *Os progressos do tratamento e do desenvolvimento baseiam-se na liberdade da atividade da vida de fantasia. O tratamento psicanalítico é uma reeducação da capacidade de fantasiar.*

Esta ideia provém diretamente das teses precedentes. Permanecerá até o fim como uma das constantes da abordagem kleiniana em psicanálise que era de ordem educativa e assumiu a forma sob a qual nós a enunciamos no começo do segundo período da educação psicanalítica de Erich ao fim de 1919: foi então que Melanie Klein se deu conta de que a diminuição da curiosidade sexual de Erich era acompanhada de uma inibição generalizada da imaginação e das brincadeiras e pôde constatar que a renovação dos interesses intelectuais era precedida e provocada por uma liberação intensa das fantasias. É muito provável que esta tese, que decorre logicamente das outras, seja historicamente anterior a elas: é a partir da experiência adquirida com Erich acerca do papel motor da liberação da vida de fantasia, que Melanie Klein pôde constatar que todas as atividades da criança são subtendidas por fantasias. É no decorrer da psicanálise de Félix que as teses 2 e 3 se lhe impuseram e que a tese 4 recebeu sua forma definitiva.

A psicanálise das crianças é concebida como uma reeducação na medida em que Melanie Klein partiu de uma empreitada educativa e encontrou em seus primeiros pacientes apenas uma sintomatologia bastante leve, dominada pela fobia escolar e pela inibição. Esses dois fatores contribuíram para que concebesse o objetivo do processo analítico em termos de reeducação das inibições e de preparação das crianças para o sucesso escolar e para a criatividade, de tal forma que podemos admitir que uma perspectiva pedagógica está de fato presente na abordagem psicanalítica de Melanie Klein em 1923.

No entanto, é importante assinalar a extrema originalidade de suas concepções referentes às relações entre psicanálise e pedagogia já em 1923. Seria um grave engano supor que ela compartilhou, nos primeiros anos, das

48   MELANIE KLEIN I

ideias de Hermine von Hug-Hellmuth, que seriam retomadas ulteriormente por Anna Freud. Sabe-se que H. von Hug-Hellmuth supunha que o psicanalista de crianças devia desempenhar simultaneamente um papel psicanalítico e pedagógico. Ela havia declarado em 1920, no Congresso de Haia:

> O trabalho *curativo* e educativo da análise não consiste apenas em liberar a jovem criatura de seus sofrimentos, deve igualmente prove-la de valores morais e estéticos. O objeto deste tratamento curativo e educativo não é o homem feito, capaz, uma vez liberto, de assumir a responsabilidade de seus próprios atos: é a criança, o adolescente, ou seja, seres humanos que ainda estão numa fase de desenvolvimento, que devem ser reforçados pela direção educativa do analista, a fim de tornarem-se adultos capazes de ter vontade forte e objetivos determinados. Aquele que é ao mesmo tempo analista e educador jamais deve esquecer que o alvo da análise das crianças é a análise do caráter – em outros termos a educação[16].

Os psicanalistas de crianças, na época, admitiam todos que a incompletitude da criança impunha que se introduzissem modificações técnicas na análise, a fim de aplicá-la neste domínio. Concebiam a psicanálise como um auxílio à educação. Melanie Klein, desde 1919, concebe diferentemente suas relações. Para ela não se trata de aumentar o fardo das exigências educativas que pesam sobre a criança, mas sim de aliviá-lo. Quando descobre o predomínio da atividade de fantasia na atividade psíquica, encontra uma base clínica para sua crença – de início, puramente ideológica – nas capacidades próprias da criança, de crescimento e desenvolvimento intelectual e afasta-se radicalmente da concepção vigente na época. Se a incapacidade da criança em suportar as medidas educativas exige uma intervenção da análise, esta deverá efetivamente proceder a uma reeducação. Mas ela não tentará sob nenhum aspecto inculcar o que quer que seja – normas, valores ou saber. Tratar-se-á, ao contrário, de destruir o trabalho da repressão, a fim de restituir à criança sua capacidade de fantasia, base de todo o desenvolvimento. Trata-se, pois, para empregar uma linguagem contemporânea, não de educação, mas de formação, no sentido em que a palavra é empregada na psicossociologia dos grupos restritos: a formação, como mostrou Kurt Lewin, supõe uma descristalização dos hábitos e normas antigos, que permite uma elaboração autônoma de novas normas e decisões. Melanie Klein vai além, considerando que esta dimensão de reeducação impõe-se à análise apenas em função de exigências práticas: de modo geral só se pensa em encaminhar a criança ao analista quanto esta se desenvolve mal. Ela pensa que a psicanálise, de fato, deveria preceder a educação, que poderia então encontrar o campo livre:

> Seria, portanto, preferível inverter o processo: primeiro uma análise feita bastante cedo deveria remover as inibições mais ou menos importantes que existem em todas as crianças; o trabalho escolar começaria em seguida a partir destes fundamentos. Quando a escola não precisar mais desperdiçar suas forças numa luta vã contra os complexos infantis, poderá realizar um trabalho fecundo, consagrando-se ao desenvolvimento da criança[17].

16. H. VON HUG-HELLMUTH, "Zur Technik der Kinderanalyse", *Internationale Zeitschrift für Psychoanalyse*, 1921.

17. MELANIE KLEIN, *Essays de Psychanalyse*, Payot, p.109.

O SISTEMA PROTOKLEINIANO 49

Na medida em que se trata de devolver à criança os prazeres e as aptidões que teve outrora, mas que foram reprimidos, o trabalho psicanalítico, segundo Melanie Klein, é da ordem de uma reeducação. Na medida em que esta restituição à criança de sua capacidade de fantasiar é uma condição prévia ao êxito de toda educação, é da ordem de uma pré-educação. Sabe-se que tal tese, com algumas revisões de pormenor, permaneceu até o fim como um elemento maior da psicanálise kleiniana e como um ponto de controvérsia com a escola de Anna Freud.

3. O LUGAR DA INIBIÇÃO NO PROCESSO DEFENSIVO

Diferindo das teses precedentes que, em seu conjunto, permanecem implícitas nos trabalhos do período de 1921-1923, Melanie Klein elabora em 1923 uma teoria explícita e extremamente precisa da inibição, da sublimação, da simbolização e suas relações sob um ponto de vista metapsicológico. Em geral, faz-se pouco caso desta primeira teoria kleiniana da sublimação. Ela desconcerta os psicanalistas kleinianos que não reencontram aí os conceitos que lhes são familiares – Édipo precoce, projeção, introjeção, sadismo oral – e consideram que Melanie Klein ainda não havia encontrado seu caminho individual. Ela foi ignorada ou rejeitada pelos psicanalistas não pertencentes à escola kleiniana, assim como todo o restante da obra de Melanie Klein. De nossa parte, propomo-nos, ao contrário, mostrar que esta metapsicologia da sublimação é um conjunto coerente e perfeitamente adaptado à explicação do material clínico de que Melanie Klein dispunha na época, e que ela desempenhou um papel principal na invenção da técnica do brincar que teria sido impossível sem ela e que jamais foi abandonada, mas sim retomada como alicerce na teoria kleiniana ulterior. Poder-se-ia dizer, guardada as devidas proporções, que ela ocupa na obra kleiniana um lugar comparável ao que ocupa na obra freudiana o "Projeto para uma Psicologia Científica"[18]. Esta teoria, parcialmente exposta no "Papel da Escola", é desenvolvida em "A Análise de Crianças Pequenas".

3.1. O *Lugar da Inibição no Processo Defensivo*

O ponto de partida de Melanie Klein é a reflexão sobre o fenômeno da inibição, cuja importância, frequência e relação com a ansiedade a prática lhe revelou. O dado imediato da psicanálise de crianças em seu início é a equivalência entre a ansiedade e a inibição:

A análise do Pequeno Fritz (= Erich) trouxera à luz o laço interior que liga a ansiedade e a inibição [...] A ansiedade (que, em um momento dado, era considerável, mas que se apaziguou gradativamente depois de haver alcançado determinado ponto) acompanhava de tal maneira o decurso da análise, que chegava sempre a anunciar o desaparecimento das inibições. Cada vez que a ansiedade se apaziguava, a análise dava um grande passo e a comparação com outras análises confirmava minha impressão: a obtenção de êxito em nosso trabalho de remover as inibições está em relação direta com a nitidez pela qual a ansiedade se manifesta como tal e a possibilidade de aplacá-la totalmente (*Idem*, p. 111).

18. S. FREUD, "Esquisse d'une psychologie scientifique", in *La Naissance de la Psychanalyse*, P.U.F., pp.305-384.

Quando a ansiedade retrocede, a atividade inibida desenvolve-se, dando lugar a uma sublimação. Mas a partir da psicanálise de Félix, Melanie Klein é lavada a considerar que toda inibição supõe um interesse primitivo reprimido, que ela considera como uma sublimação. É assim conduzida, em 1923, a refletir sobre as relações da ansiedade e da repressão: se a psicanálise de crianças, em particular a de Félix, permite reconhecer o papel principal das inibições na sintomatologia dos problemas da criança pequena, quais são as relações entre as inibições e os sintomas neuróticos? Se ambos os fenômenos provêm da repressão, quais são os fatores que fazem com que a repressão desemboque seja em uma inibição seja em um sintoma? Por outro lado, Melanie Klein chegou a distinguir inibições normais e inibições neuróticas: diferem elas em seu mecanismo? Em que caso a inibição e normal ou neurótica? Enfim, por que certas aptidões podem desenvolver-se livremente, enquanto outras são reprimidas? A resposta a tais questões, que permitirá construir uma teoria geral do sintoma, da inibição e da sublimação, passa pelo exame do processo da repressão e do surgimento da ansiedade.

Na primeira teoria freudiana da ansiedade, que vigora até 1926[19], a ansiedade aparecia sob uma única forma, aquela que terá mais tarde o nome de ansiedade automática. Freud concebia a ansiedade como a manifestação afetiva de um processo quantitativo: o incremento da quantidade de excitação no interior do aparelho psíquico. Deste modo, em seus textos dedicados às neuroses atuais, Freud admite que nestas afecções a libido insatisfeita descarrega-se sob a forma de sintomas somáticos difusos e de ansiedade. Isola da neurastenia descrita por Beard, uma síndrome dominada pela ansiedade generalizada, que denomina neurose de angústia[20]. Entre as manifestações da tendência à ansiedade, ressalta a existência – ao lado de sintomas onde a ansiedade é acompanhada de perturbações somáticas ou aparece relacionada de maneira mais ou menos lábil a um conteúdo representativo – de manifestações da ansiedade em estado puro: "Acordar com medo à noite (o *pavor nocturnus* dos adultos), em geral acompanhado de ansiedade, dispneia, suores etc., frequentemente nada mais é que uma variedade de acesso de ansiedade [...] Cheguei, além do mais, à convicção de que o *pavor nocturnus* das crianças comporta uma forma que pertence à neurose de angústia" (*Idem*, pp. 19-20). A ideia que domina a concepção freudiana da neurose de angústia é que a ansiedade se apresenta, aí, flutuante, fixa-se mais ou menos em certas situações ou representações, mas que é a primeira em relação a todos os outros sintomas: "Ou então este acesso de ansiedade comporta unicamente o sentimento de ansiedade, sem nenhuma representação associada, ou então ele liga a este sentimento a interpretação mais próxima" (*Idem*, p. 18). Esta ansiedade nada deve à repressão; é resultado imediato do aumento da quantidade de excitação, provocada pela abstinência sexual voluntária ou compulsória, qualquer que seja a posição psíquica do indivíduo em relação a esta abstinência e à sexualidade, aceita e assumida, ou reprimida. Freud descreve, assim, uma ansiedade virginal, uma ansiedade dos recém-casados insatisfeitos pelas suas primeiras relações sexuais, uma ansiedade das mulheres cujos maridos sofrem de ejaculação precoce ou de impotência

19. Data da publicação de *Inibição, Sintomas e Angústia*.
20. S. FREUD, *Névrose, psychose et perversion*, P.U.F., pp. 15-38.

O SISTEMA PROTOKLEINIANO 51

etc. A frustração sexual impede que a excitação sexual se descarregue de maneira adequada, provocando diretamente o acúmulo de tensão, que se manifesta como ansiedade. Freud manterá até o fim esta concepção da neurose de angústia, como neurose atual.

É por um processo comparável que é engendrada a ansiedade assinalada nas psiconeuroses, tendo como diferença apenas o fato de que, nestas, a frustração sexual é o produto de um processo intrapsíquico, a repressão. As pulsões libidinais reprimidas não podem chegar à descarga e à satisfação; acumulam-se, portanto, no interior do aparelho psíquico, onde provocam um aumento da quantidade de excitação. Em virtude da equivalência geral do princípio de constância e do princípio do prazer, este aumento de tensão produz desprazer e, quando as tensões são de natureza libidinal, ansiedade. A ansiedade aparece, pois, como uma manifestação afetiva cujo *quantum* de afeto é fornecido pela energia pulsional sexual reprimida. Sob o efeito da repressão, a libido transforma-se em ansiedade. Toda manifestação de ansiedade remete a esta etiologia. Melanie Klein inscreve o conjunto de suas reflexões de 1923 nesta concepção freudiana, com a diferença de que ignora completamente a eventualidade de uma transformação direta da libido em ansiedade no quadro da neurose atual, eventualidade que, de resto, para os psicanalistas, já representa desde esta época uma noção abstrata, mais do que uma realidade clínica.

Reafirmando, portanto, segundo Freud, que a "descarga sob a forma de ansiedade" é "o destino imediato da libido quando sujeita à repressão"[21], Melanie Klein considera, como ele, que os sintomas neuróticos têm por objetivo proteger o indivíduo contra o desenvolvimento da ansiedade e encontra a confirmação deste fato na sintomatologia infantil: acessos de ansiedade que as crianças frequentemente dissimulam a seu meio, pavores noturnos. Deste modo "a ansiedade nas crianças precede invariavelmente a formação dos sintomas; constitui a manifestação neurótica primária, abrindo caminho para estes sintomas"[22]. Entretanto, se a ansiedade é um fenômeno geral na infância, nem toda criança recorre permanentemente a sintomas neuróticos para proteger-se do desenvolvimento da ansiedade originária da libido reprimida. O surgimento e consolidação dos sintomas neuróticos são os sinais de um malogro da repressão: obedecendo, como todo processo psíquico, ao princípio do prazer, a repressão tem por objetivo evitar o desprazer ligado a uma pulsão perigosa. Quando pode apenas trocar este desprazer pela ansiedade, não atingiu seu alvo, ainda que tenha podido conseguir a rejeição para o inconsciente dos "representantes-representativos" da pulsão. Porém, sob um ponto de vista estritamente econômico, o sucesso da repressão é de difícil compreensão na primeira teoria freudiana: se é verdade que a libido reprimida transforma-se em ansiedade, o que acontece com esta ansiedade no caso da repressão bem-sucedida, ou seja, não acompanhada de ansiedade?

A originalidade da concepção de Melanie Klein manifesta-se neste ponto e de duas maneiras diferentes:

1. Tenta, com certa ambiguidade na expressão, sinal de um embaraço considerável, reduzir a uma única possibilidade de transformação em an-

---

21. S. FREUD, *Introduction à la Psychanalyse*, Payot, p.347.
22. MELANIE KLEIN, *Essais de Pschanalyse*, Payot, p. 112.

siedade os três destinos da pulsão, no fim do processo de repressão: supressão pura e simples da pulsão "de modo a não deixar vestígio algum" surgimento de um afeto dotado de um valor qualitativo particular e transformação em ansiedade. Não lhe parece possível que a pulsão seja expungida, devendo transformar-se em ansiedade. Em tal caso "a ansiedade estaria na realidade presente inconscientemente por certo tempo" (*Idem*, p. 113). Desta forma, topa com a noção de afeto inconsciente, que já havia chamado a atenção de Freud. Sabe-se que este último, na *Metapsicologia*, descartara radicalmente a ideia de que um afeto pudesse ser inconsciente ou reprimido, dado que o afeto é a percepção pela consciência de um processo de descarga secretora ou motora. O afeto, ou mais exatamente, o *quantum* de afeto associado à pulsão, que constitui o objeto da repressão, só pode estar presente no aparelho psíquico fora da consciência, é suprimido ou inibido, diferentemente da representação, que e conservada tal qual indefinidamente[23]. Sendo assim, Freud admite que na prática falar de sentimentos inconscientes é uma forma solta de expressar-se. Melanie Klein declara aderir a estas colocações, as quais, no entanto, submete a um forte deslocamento de ênfase: considera que Freud justificou o emprego, embora com certas reservas teóricas, da expressão "afetos inconscientes" e admite, portanto, a existência de uma ansiedade inconsciente como consequência do processo de repressão. Aqui, pode-se ver o primeiro sinal prenunciador das posições que ela adotará mais tarde, segundo as quais todos os afetos começam por ser inconscientes antes de obter acesso à consciência. Mas, por enquanto, trata-se apenas de uma interpretação confusa e – é preciso confessar – quase incorreta de certos textos de Freud.

2. Melanie Klein sugere uma identificação do mecanismo que permite manter o afeto reprimido em estado de disposição virtual com o mecanismo que resulta na inibição. Nesta perspectiva, a inibição torna-se o processo que permite ao indivíduo normal inibir a ansiedade e economizar a formação de sintomas neuróticos. Graças a esta hipótese, ela pôde relacionar sua abordagem clínica dos fenômenos de inibição e as atitudes teóricas neles implícitas com uma concepção global do processo defensivo. A psicanálise de Félix mostrou que as atividades que sofrem a inibição foram objeto de um prazer primário ligado às fantasias masturbatórias que as subtendem. Quando a repressão se exerce contra estas fantasias, as atividades que elas subtendem são igualmente reprimidas. A libido que se lhes juntou pelo viés das fantasias masturbatórias transforma-se em ansiedade e as próprias atividades tornam-se ansiógenas. A partir de então elas são abandonadas e, na medida em que o desvio da atividade ansiógena permite o da ansiedade, a inibição permite que a pessoa se livre desta.

3.2. *Inibições e Sublimações*

Não se pode deixar de comparar esta descrição do processo de inibição à descrição freudiana da gênese do sintoma fóbico da histeria de angústia que aparece nos textos publicados nesta época e, notadamente, no caso do pequeno Hans. Sabemos, com efeito, que na histeria de angústia, a fobia permite ligar a ansiedade que se prende às fantasias pulsionais re-

---

23. S. FREUD, *Cinq Psychanalyses*, pp.213-214.

O SISTEMA PROTOKLEINIANO 53

primidas, relacionando-a com um objeto ou com uma situação externa. A partir de então, para evitar o sofrimento basta evitar o objeto ou a situação ditos fobógenos. Quando um sujeito conseguiu deslocar sua ansiedade para o exterior, "não lhe resta nada mais a fazer a não ser pôr fim a todas as ocasiões que possam levar ao desenvolvimento da ansiedade, e isto graças a barreiras psíquicas: precauções, inibições, interdições. São estas estruturas defensivas que nos aparecem sob a forma de fobias e constituem, a nosso ver, a essência da doença"[24]. Neste sentido, o mecanismo de inibição tal qual Melanie Klein descreve é próximo daquele de uma fobia de situação; poder-se-ia dizer que ele se remete em parte àquele de uma fobia de atividade: o indivíduo que deslocou a ansiedade para as atividades, evita-as como o fóbico evita a situação fobógena. Esta aproximação permite compreender os elementos inegavelmente agorafóbicos que se encontram nas manifestações mais espetaculares da inibição do sentido de orientação de que sofria o pequeno Erich, assim como na "fuga à frente" típica que lhe permitiu livrar-se por si mesmo, aos seis anos, de sua fobia dos meninos que encontrava nas ruas.

Entretanto, a analogia não está completa. Freud considera que a fobia provém do deslocamento para uma situação exterior e da fixação a esta situação de uma quantidade de libido já transformada em ansiedade pela repressão. O investimento de uma situação pela libido convertida em ansiedade é posterior à repressão e é sua consequência: se não fosse reprimida, a libido acharia uma satisfação direta numa descarga adequada. O deslocamento aparece assim como um processo que sucede à repressão e constitui um procedimento defensivo de natureza patológica, que dá nascimento a um sintoma neurótico. Para Melanie Klein, em contrapartida, tratando-se da inibição, o deslocamento da ansiedade para uma atividade do ego apenas segue o caminho já traçado por um investimento libidinal prévio a esta atividade. Quando a repressão transforma a libido em ansiedade, esta transformação não se aplica apenas à quantidade de libido que permaneceu ligada aos alvos diretamente sexuais, mas estende-se igualmente ao conjunto das quantidades libidinais investidas pelas atividades do ego. Toda atividade do ego pode então tonar-se ansiógena. Chega-se, neste caso, a um fenômeno de inibição generalizada dos interesses e das atividades, do qual Erich oferecera um exemplo impressionante alguns meses após a primeira tentativa de educação psicanalítica. A ansiedade propriamente dita é evitada às custas de uma restrição global da vida psíquica. É encontrada apenas sob a forma de aborrecimento, de repugnâncias diversas, inabilidades e sentimentos mais ou menos difusos de desprazer que ilustram bem a noção de uma ansiedade "impedida de se desenvolver". Na maioria dos casos, a ansiedade é desigualmente repartida entre as diferentes atividades do ego, assim como a libido havia sido desigualmente repartida: as condutas subtendidas pelas fantasias mais próximas das derivações das fantasias masturbatórias são ansiógenas e, portanto, abandonadas, aquelas que são acompanhadas de fantasias mais disfarçadas podem ser mantidas: assim, de seis a onze anos, Félix perde o gosto pelos esportes e pelas atividades físicas, nas quais o movimento rítmico se vincula a fantasias masturbatórias mal disfarçadas, ao passo que pode ser bem-sucedido nas atividades escolares subtendidas por fantasias mais deslocadas e disfarçadas.

24. MELANIE KLEIN, *Essais de Psychanalyse*, Payot, p.174.

É claro que a explicação proposta por Melanie Klein sobre o mecanismo de inibição pode igualmente aplicar-se àquele da fobia: a fobia dos meninos encontrados na rua e em seguida a fobia do caminho da escola, manifestadas por Erich, se lhe apresentam como casos particulares da inibição do sentido de orientação que sucedeu, em seu filho, a um poderoso prazer de caminhar e explorar o espaço. Parece de resto que Melanie Klein se inspirou, para elaborar sua concepção de um investimento libidinal prévio à atividade inibida, em um artigo de Karl Abraham consagrado ao estudo das formas graves da agorafobia. Este último ressalta que, no caso de um de seus pacientes, a marcha é impossível em razão de seu significado de substituto do coito: "os movimentos da marcha e da dança oferecem ao paciente o substituto de uma satisfação sexual que lhe é, em suma, proibido em razão de inibições neuróticas"[25]. Abraham, que se atém, aí, até certo ponto à concepção mais clássica, admite portanto a ideia de que o investimento sexual da marcha é posterior à repressão das pulsões incestuosas de seu paciente. Contudo, ele é levado a ultrapassar esta concepção em dois pontos. Primeiramente, assinala a frequência relativa, nos neuróticos, de uma verdadeira compulsão à marcha: "Vê-se muitas vezes nos neuróticos a ação da marcha ser acompanhada de uma excitação sexual e, mais particularmente, de uma excitação genital"[26]. Feito este reparo, aplica à agorafobia a seguinte explicação: "O 'negativo' desta estranha perversão – no sentido em que Freud entende este termo em seus três ensaios sobre a teoria da sexualidade – me parece ser a neurose que conhecemos sob o nome de agorafobia". Deste modo, admite que o prazer sexual colhido na marcha está *negado* na agorafobia, quer dizer, que esta supõe um prazer de marchar anterior à aparição do sintoma: ele sublinha que a significação sexual da marcha será "banal para os psicanalistas que tiveram a ocasião de examinar um caso de ansiedade locomotora. Mas não me limito assinalar o sentido simbólico da marcha: insisto no prazer tirado da marcha como tal" (*Idem*, p. 159). Desde então, é conduzido a procurar uma explicação deste prazer primário da marcha e o atribui a fatores constitucionais: "chego a pensar que existiria desde a origem, nos neuróticos acometidos de angústia locomotora, um prazer constitucional excessivamente acentuado na atividade motora; o fracasso da repressão desta tendência traduziu-se ulteriormente pelas inibições neuróticas da mobilidade corporal" (*Idem*, p. 159). Este esquema explicativo permanece muito particular: Abraham aplica-o apenas à agorafobia. Por outro lado, contenta-se em mencionar o componente constitucional quando se trata de dar conta do excesso do prazer locomotor e relaciona a inibição da marcha a um malogro da repressão que atua por excesso: não conseguindo destacar a marcha de seu significado libidinal – que aparece como um elemento perturbador e patológico – a repressão interdita simultaneamente a atividade do ego e o prazer sexual que nele se enxerta. Melanie Klein generaliza a explicação: ela se torna aplicável a todas as inibições e a todas as fobias. Abandona a noção de uma constituição patológica e dá conta do deslocamento da libido das atividades sexuais para as atividades do ego através das fantasias masturbatórias, processo este que deixa de ser concebido como intrinsecamente patológico, mas como fazendo parte do desenvolvimento

25. KARL ABRAHAM, "L'angoisse locomotrice et son aspect constitutional", in *Oeuvres Complètes*, Payot, vol. I, pp. 157 e ss.

26. *Idem.*

O SISTEMA PROTOKLEINIANO

normal das aptidões e como desembocando, em todos os casos de instalação de um prazer ou de uma aptidão, num fenômeno normal.

Nesta perspectiva, não é possível estabelecer nenhuma diferença fundamental entre uma inibição de uma sublimação no que concerne à sua origem. Efetivamente, Melanie Klein considera que a sublimação não é um destino de pulsão muito particular, assinalável somente no caso da arte ou da atividade intelectual, mas que há aí sublimação cada vez que uma pulsão sexual encontra uma satisfação substitutiva após ter sido deslocada para uma atividade do ego: fenômenos tais como a marcha, o canto, os esportes, aparecem, deste modo, como sublimações de pulsões sexuais e a natureza masturbatória das fantasias que as subtendem constitui o seu início. Existe, por conseguinte, uma equivalência genética entre a inibição e a sublimação. Melanie Klein vai mesmo além, estimando que *toda inibição supõe uma sublimação prévia bem-sucedida*: na medida em que a repugnância por uma atividade e uma forma atenuada da ansiedade ligada a ela, esta ansiedade só pode atingir a quantidade necessária para o surgimento da inibição na medida em que uma quantidade igual de libido pôde ser satisfeita anteriormente nesta atividade. Assim, Erich só pôde desenvolver uma inibição geral do sentido da orientação porque experimentou um prazer anterior considerável na experiência e na exploração do espaço, prazer atestado por suas brincadeiras e pelas fugas realizadas na idade de três anos.

As inibições assumem um caráter neurótico quando afetam uma função essencial da vida física ou psíquica: locomoção, orientação, aprendizagem escolar. Nos casos normais, são elas que permitem reduzir a ansiedade provocada pela repressão do complexo de Édipo. Elas versam, então, sobre sublimações anteriormente bem-sucedidas, mas às quais o sujeito pode renunciar sem grave prejuízo. Deste modo, Félix, para quem a cena primitiva era essencialmente de ordem auditiva, sublimara no canto, desde a mais tenra idade, suas pulsões edipianas ativas. Quando suas pulsões ativas sofreram uma repressão, sua energia libidinal transformou-se em ansiedade: o canto tornou-se uma atividade ansiógena e foi abandonado. Mas este abandono, que permitia um afastamento da ansiedade, assegurava, ao mesmo tempo, a manutenção de outras sublimações nas quais o prazer poderia permanecer intacto.

A teoria da inibição remete-se, portanto, em última análise, a uma teoria da sublimação. A questão de saber qual é a origem de uma inibição leva à questão de saber por que uma sublimação deve ser abandonada de preferência a outra qualquer. A resposta que Melanie Klein dá a este problema comporta a consideração quantitativa e cronológica de fatores estreitamente ligados entre si. De um ponto de vista quantitativo, o número e a variedade de sublimações desempenham um papel decisivo. Quanto maior o número de sublimações, maior é a divisão da libido, em quantidades tanto menores quanto mais numerosas forem as sublimações. Nos casos extremos, este processo resulta na existência simultânea em um mesmo sujeito de prazeres, interesses e atividades, das quais cada um permanece superficial. Nos casos normais, o sujeito dispõe de numerosas sublimações, mas cada uma investida de uma quantidade de energia que lhe permite se desenvolver. Quando sobrevém a repressão do complexo de Édipo, a ansiedade pode então estar associada ao abandono de uma ou várias sublimações, que permanecem próximas dos elementos reprimidos do complexo. Ela se transforma, então, em desprazer diante de certas atividades, em repugnância alimentares etc. É claro que nesta concepção, o grau de deformação das fantasias masturba-

56 MELANIE KLEIN I

tórias desempenha um papel essencial: quanto mais o sujeito conseguiu transferir sua libido para objetos, situações e atividades distantes da cena primitiva e das práticas masturbatórias, mais estas fontes de prazer têm probabilidade de escapar à repressão, menor é a quantidade de libido que permanece vinculada aos desejos interditados, menor é, portanto, a quantidade de libido atingida pela repressão e, consequentemente, menor é a ansiedade. Com efeito, a sublimação permite descarregar as tensões sexuais e, portanto, evitar a ansiedade. Mas vale insistir no seguinte ponto: o que importa para a preservação da sublimação não é a distância objetiva que existe entre uma dada atividade (esporte, estudo etc.) e as fantasias masturbatórias ligadas à cena primitiva, mas sim o grau de deformação, a variedade e a flexibilidade das fantasias que subtendem esta atividade: quando o movimento de mão na escrita e é imediatamente associado aos movimentos do coito, a escrita é uma sublimação menos eficaz que, por exemplo, o esporte, contando que as fantasias relativas aos movimentos da bola não apareçam diretamente como movimentos do pênis.

É, pois, vital que as fantasias tenham a possibilidade de sofrer transformações numerosas, a fim de que a sublimação perca progressivamente seu elo inicial com a cena primitiva. Esta transformação exige tempo. Quanto mais a repressão é tardia, mais o investimento libidinal das atividades do ego é precoce, mais o trabalho de investimento destas atividades tem a probabilidade de desenvolver sublimações numerosas, variadas, e que não evocam mais diretamente, para a consciência, as primeiras situações de excitação sexual (cena primitiva). É portanto, em última análise, de uma corrida de velocidade entre o processo de sublimação e a repressão que depende a saúde psíquica cuja condição fundamental é o trabalho da vida de fantasia que dá lugar às sublimações[27]. Quando a atividade da vida de fantasia preencheu sua função antes que a repressão se exerça "na proporção em que as sublimações até este ponto efetuadas são quantitativamente abundantes e qualitativamente poderosas, a ansiedade de que elas são investidas será então total e insensivelmente distribuída entre elas e assim descarregada" (*Idem*, p. 116). Nesta hipótese, que corresponde aos casos mais favoráveis, um *optimum* quantitativo e qualitativo é atingido de tal forma que a ansiedade não acarreta nenhuma inibição verdadeira, nenhum de abandono de uma atividade libidinalmente investida e manifesta-se apenas de uma forma atenuada:

> É tanto mais fácil de reconhecer a ansiedade pelo qual ela é, mesmo sob a forma de aversão, quanto a ação da repressão bem-sucedida é melhor realizada. Em certas pessoas perfeitamente sãs e aparentemente livres de inibição, esta ansiedade aparece no fim de contas apenas sob forma de propensões total ou parcialmente enfraquecidas (*Idem*, p. 114).

Na maior parte dos casos normais, a ansiedade está vinculada a algumas inibições, que constituem o custo a pagar para a obtenção da saúde: "a inibição faz parte em maior ou menor grau do desenvolvimento de

---

27. "Se compararmos a capacidade de utilizar a libido supérflua no investimento das tendências do ego, a capacidade de *sublinhar*, poderemos admitir que uma pessoa de boa saúde encontra-se assim por causa da maior capacidade de sublimação, desde um estágio muito antigo do desenvolvimento de seu ego" (M. KLEIN, *Essais de Psychanalyse*, Payot, pp. 114-115.)

O SISTEMA PROTOKLEINIANO 57

qualquer indivíduo normal; ainda aqui é somente o fator quantitativo que nos permite dizer se o indivíduo é são ou doente" (*Idem*, p. 114). O homem de boa saúde é aquele que pode "descarregar em forma de inibição aquilo que num outro levou à neurose" (*Idem*, p. 114). A medida que se caminha para a patologia, encontramos, em primeiro lugar, as inibições neuróticas, cuja diferença em relação às do indivíduo normal é puramente quantitativa e, depois, os sintomas neuróticos. O conjunto dos fenômenos da inibição normal e patológica representa, portanto, os graus intermediários de uma *série complementar* que liga o sintoma neurótico à saúde baseada na sublimação (*Idem*, p, 114): "devemos admitir a existência de uma série complementar situada entre a formação de sintomas, de um lado, e a sublimação bem-sucedida, de outro; esta série deve conceder um lugar aos casos de sublimação menos bem-sucedida" (*Idem*, p. 123). Mas o que se percebe é que o destino da repressão depende essencialmente do grau do desenvolvimento alcançado pelas sublimações no momento em que se exerce. Por este fato os processos que resultam na saúde ou na doença dependem, todos, em última análise, do encontro precoce entre os primeiros processos de repressão e a sublimação. Se é verdade que o caráter, a personalidade, os hábitos, as inibições formam-se no decorrer do complexo de Édipo e da neurose infantil, tudo isto não é mais que o efeito de processos anteriores. A partida é jogada muito mais precocemente, pois "o efeito da repressão só aparece após um certo tempo" (*Idem*, p. 115).

3.3. *Precocidade da Repressão*

Melanie Klein chega, deste modo, *no prolongamento de sua concepção da inibição e da sublimação*, à ideia de que o mecanismo da repressão age numa idade muito mais tenra do que se pensa em geral. É assinalável, em seu efeito característico, o desenvolvimento da ansiedade que se pode observar na criança pequena. De fato, Melanie Klein, conforme seu hábito, jamais considera a hipótese de que a ansiedade das crianças muito pequenas poderia ser um processo automático causado pelo simples acúmulo das tensões provenientes da insatisfação. Se lhe ocorre mencionar este precursor da ansiedade, que é o trauma do nascimento, é para em seguida insistir na retomada deste afeto na organização edipiana: "Constatei, repetidas vezes, em diversas análises que a ansiedade do nascimento era uma ansiedade de castração que fazia reviver um material anterior; verifiquei que, apaziguando a ansiedade de castração, dissipava-se a ansiedade de nascimento" (*Idem*, p. 115). Assim, toda ansiedade é, para Melanie Klein, o resultado da repressão e só há repressão no conflito edipiano. Desde então, toda ansiedade infantil é o produto e o sinal da atividade da repressão e, portanto, da existência prévia do complexo de Édipo. Ora, as manifestações mais intensas e mais espetaculares da ansiedade das crianças pequenas são as do *pavor nocturnus*: "Não me parece, portanto, demasiado apressado considerar os pavores noturnos, que ocorrem aos dois ou três anos de idade, como sendo a ansiedade que é liberada quando do primeiro estágio de repressão do complexo de Édipo, e cuja ligação e descarga se verificam mais tarde e são efetuados de diversas maneiras" (*Idem*, p. 115). Deste modo, a teoria da inibição conduz diretamente à noção de um complexo de Édipo arcaico, contemporâneo dos primeiros pavores noturnos, noção que será desenvolvida a partir de 1926 e se tornará uma das contribuições mais pre-

58 MELANIE KLEIN I

ciosas de Melanie Klein à psicanálise e às ciências humanas em geral. Esta hipótese está, portanto, presente desde 1923. Surge como resultado de um raciocínio sobre as relações entre a ansiedade e a repressão. Não foi ainda verificada empiricamente, mas esta verificação dará lugar precisamente à constituição da teoria kleiniana propriamente dita que tem, portanto, sua origem em concepções "protokleinianas" de 1923: "É claro (mas este lato ainda requer verificação) que, se fosse possível empreender a análise da criança no momento dos pavores noturnos ou logo depois, e aplacar a ansiedade, são as próximas raízes da neurose que seriam extraídas e as possibilidades de sublimação seriam liberadas" (*Idem*, p. 115).

4. A GÊNESE DAS SUBLIMAÇÕES PRIMÁRIAS E O SISTEMA PROTOKLEINIANO

Mas em 1923 Melanie Klein ainda não dispõe dos dados clínicos que mais tarde lhe permitirão enveredar por este caminho. Toda a concepção protokleiniana da inibição, que a converte numa sublimação reprimida, leva a pôr em evidência o processo das primeiras sublimações. E é por este caminho que envereda então a conceituação. Já que a análise de Félix, assim como a de Erich, estabelecem a existência de sublimações muito precoces, como são elas efetuadas? É para responder a esta questão que Melanie Klein elabora uma teoria da *sublimação primária*, que permite dar os motivos das sublimações secundárias mais tardias. Esta vasta síntese apoia-se na concepção freudiana do narcisismo primário e em diversos trabalhos psicanalíticos de Ferenczi, Jones e Sperber. Tem por objetivo fornecer uma explicação psicológica global da gênese do investimento libidinal no mundo exterior e nas atividades que surgem da vida das relações.

4.1. O *Problema do Investimento da Realidade Exterior*

A teoria protokleiniana da sublimação primária supõe a concepção freudiana do narcisismo primário entendido como um estado "anobjetal", tal qual aparece a partir de 1916[28], mas também tal como se acha prefigurada em dois artigos escritos em 1913 por Ferenczi, e nos quais Melanie Klein se inspira largamente[29]. Na primeira fase da existência, marcada por uma sexualidade auto erótica, as pulsões libidinais não têm razão alguma para se voltarem para o objeto, já que são satisfeitas *in loco*, sobre o próprio corpo, suas zonas erógenas, dominando o objeto onipotentemente na experiência alucinatória de satisfação. O primeiro movimento das pulsões sexuais*, quando se diferenciam como tais das funções de autoconservação nas quais se apoiam, é um movimento pelo qual se desviam do objeto primário visado desde o início pelas pulsões de autoconservação, o seio materno. Convém, portanto, distinguir duas fases, coincidentes com as que Freud

28. S. FREUD, *Introduction à la Psychanalyse*, Payot, pp. 444-445.

29. S. FERENCZI, "L'ontogenèse des symboles" e "Le Développment du sens de la réalité et des ses stades", in *Psychanalyse*, Payot, t.II.

* Optamos pelo termo *pulsão* (em alemão *Trieb*) e não pelo termo *instinto* (*Instinkt*) para traduzir o termo francês *pulsion*. Quanto às distinções entre os termos *pulsão* e *instinto*, vide *Vocabulário da Psicanálise*, pp. 314 e 506. (N. da T.).

O SISTEMA PROTOKLEINIANO 59

designou respectivamente como fase do "Ego-realidade do início" e fase do "Ego-prazer purificado". Na primeira, as pulsões sexuais são ainda confundidas com as pulsões de autoconservação que lhes indicam o caminho de acesso à realidade. Na segunda, a libido, embora permanecendo apoiada nas pulsões do ego, destaca-se parcialmente delas e satisfaz-se pela sucção no vazio, pela sucção dos dedos etc, primeiras manifestações do autoerotismo, assim como pela satisfação alucinatória que as acompanha. Mas Melanie Klein supõe, em 1923, que este desprendimento não é completo:

Sabemos que no estágio narcísico, as pulsões do ego e as pulsões sexuais estão ainda unidas: inicialmente, estas últimas encontram seu ponto de apoio no terreno dos instintos de conservação [...] Embora aceitando como válida a diferenciação entre pulsões do ego e pulsões sexuais, Freud nos ensina, de outro lado, que uma parte das pulsões sexuais permanece ligada, durante toda a vida, às pulsões do ego às quais prove com componentes libidinais[30].

Contrariamente às interpretações habituais do narcisismo primário e do teste de realidade, cumpre, pois, admitir que as pulsões do ego, que permitem o estabelecimento progressivo de uma relação sensório-motora com o mundo exterior, não são "autônomas" ou providas exclusivamente de uma energia própria: são investidas de uma energia libidinal, que vai permitir ao sujeito achar o caminho do interesse pelo mundo exterior. O desenvolvimento do senso de realidade está subordinado ao transporte progressivo de quantidades de energia libidinal, do próprio organismo investido auto eroticamente para os objetos e as pessoas do mundo exterior. Esta noção, generalizada por ela em 1923, está presente como esboço desde o primeiro escrito de Melanie Klein: observando, na primavera de 1919, a oscilação, em Erich, entre o senso de realidade e o sentimento de onipotência narcísico, considera o rápido desenvolvimento do senso de realidade como uma vitória sobre a repressão. Que a curiosidade de Erich possa versar sobre as condições gerais de existência e de percepção, sobre a fabricação e origem das coisas, sobre a definição do possível e do real, do permitido e do proibido, aparece, para Melanie Klein, como sinal de que através da curiosidade sexual, em vias de sublimar, prolongando em domínios não diretamente sexuais, é a libido que está em vias de investir as funções de percepção e julgamento.

Existe portanto um conflito na criança pequena entre uma parte do ego de onde emana a repressão e uma parte do ego investida libidinalmente: a contribuição libidinal é indispensável para que a criança passe do estágio de onipotência dos pensamentos ao teste de realidade. Vemo-nos aqui frente ao oposto das concepções clássicas de Freud que declarava:

A substituição do princípio do prazer pelo princípio de realidade, com todas as consequências psíquicas daí resultantes [...] não se realiza, na realidade, nem de uma vez, nem simultaneamente em toda a linha. Mas, enquanto este desenvolvimento se produz nas pulsões do ego, as pulsões sexuais se desligam delas de maneira muito significativa [...] a pulsão sexual é detida em sua formação psíquica e permanece de fato muito mais tempo sob o domínio do princípio do prazer, ao qual, em muitas pessoas, ela nunca consegue se subtrair. Em consequência destas condi-

30. MELANIE KLEIN, *Essais de Psychanalyse*, Payot, p.118.

60   MELANIE KLEIN I

ções, se estabelece um vinculação mais estreita entre as pulsão sexual e a fantasia, por um lado[31], e por outro, entre as pulsões do ego e as atividades da consciência[32].

Para Melanie Klein, ao contrário, o senso de realidade só pode prevalecer se for investido libidinalmente. Ela se inclina, portanto, a seguir os caminhos e as etapas segundo os quais se efetua este investimento libidinal da realidade.

4.2. *A Concepção Protokleiniana do Simbolismo*

O processo descrito por Melanie Klein comporta o fato de que o investimento libidinal da realidade é secundário em relação ao investimento libidinal do corpo, processo que se realiza, ele próprio, a partir do investimento auto erótico primário das zonas erógenas. O meio pelo qual se efetua esta evolução coincide com as fases iniciais do *simbolismo*, para empregar os termos de Melanie Klein, ou da *simbolização*, como diríamos, hoje, de preferência. A formação do símbolo e o investimento libidinal do corpo próprio e, mais tarde, do mundo, são apenas dois aspectos do mesmo processo que resulta na instalação das *sublimações primárias*.

A noção de uma construção de imagem corporal dentro do quadro de processos de investimentos libidinais tem sua origem longínqua na descrição de Freud sobre a gênese do sintoma histérico. Sabemos que Freud considerava as zonas histerógenas de Charcot como produto de um deslocamento das zonas erógenas. Ferenczi retomou esta ideia e estendeu-a muito além da psicopatologia da histeria, até convertê-la no princípio explicativo da gênese dos símbolos descritos por Freud. Na medida em que Freud considera o simbolismo como um modo de expressão arcaico, alguns autores o haviam ligado a um déficit das capacidades de discriminação do homem primitivo ou das crianças pequenas: o simbolismo seria assim uma confusão pura e simples entre objetos que apresentam uma similitude. Ferenczi não rejeita integralmente tal concepção, mas insiste em sua insuficiência: além desta condição negativa, a formação do símbolo requer uma condição positiva que é de natureza afetiva. Enquanto não houver um interesse afetivo por objetos externos que se tornarão os símbolos do corpo e das partes do corpo, a criança não os percebe, nem os pensa:

Enquanto a necessidade não a obriga a adaptar-se e, por conseguinte, a tomar também consciência da realidade, a criança se preocupa, de início, exclusivamente em satisfazer suas pulsões, ou seja, as partes de seu corpo que são o suporte desta satisfação, dos objetos que estão em condição de suscitá-la e dos atos que a provocam. As partes de seu corpo aptas a reagir a uma excitação sexual (zonas erógenas) são, por exemplo, a boca, o ânus e o órgão genital, que detêm de maneira muito particular sua atenção[33].

31. O termo em alemão *Phantasie* designa simultaneamente a imaginação enquanto "faculdade da alma", e a fantasia, produto desta faculdade.
32. S. FREUD, "Formulations sur les principes du fonctionnement psychique", tradução francesa inédita de "Formulierungen über die zwei Prinzipen des psychischen Geschehens", *Gesammelte Werke*, v.8, pp. 232 e ss.
33. S. FERENCZI, *Psychanalyse*, Payot, t.II, p. 106.

O SISTEMA PROTOKLEINIANO

Convém ter em mente a concepção psicanalítica do "Desenvolvimento dos Estágios do Senso de Realidade", já alcançada desde o momento em que Ferenczi escreve estas linhas (1913) no artigo que traz este título: a criança não conhece, no estágio do ego-prazer purificado, um "bom critério objetivo" que lhe permita distinguir o interior e o exterior. Tudo que for prazeroso é introjetado, e tudo aquilo que despertar o desprazer é rejeitado para o exterior. Deste modo, "os objetos que estão em condições de suscitar" a satisfação são objetivamente externos (os seios da mãe, a própria mão enquanto pessoa real) mas subjetivamente internos. Sabe-se que Jean Piaget (membro da Sociedade Suíça de Psicanálise até o início dos anos de 1930) descreverá ulteriormente este fenômeno sob um ponto de vista cognitivo mostrando que, nos primeiros estágios da inteligência sensório-motora, o objeto percebido está no prolongamento da própria ação. O ego-prazer purificado é portanto, inicialmente, um caos no qual coexistem, sem organização, grupos de sensações e esquemas motores que remetem às diferentes zonas erógenas do corpo. O primeiro estágio do desenvolvimento do senso de realidade passa, segundo Ferenczi, pelo referencial das partes do corpo a partir das zonas erógenas:

> Encontramos também assimilações análogas entre os diferentes órgãos do corpo: a criança identifica o pênis e os dentes, o ânus e a boca. Talvez a criança achará deste modo, para cada parte da metade inferior do corpo investida afetivamente, um equivalente na metade superior do corpo (principalmente o rosto, a cabeça) [...]. li assim que os olhos se tornaram o símbolo dos órgãos genitais, aos quais foram, outrora, identificados, com base em uma semelhança superficial; é assim que a parte superior do corpo, em geral, adquiriu o superinvestimento simbólico que ela detém a partir do momento em que a repressão atingiu nosso interesse pela parte inferior do corpo (*Idem*, p. 106).

Aludindo a esta passagem, Melanie Klein exprime sua adesão às concepções de Ferenczi e acrescenta uma explicação a esta identificação "com base numa semelhança superficial" das partes do corpo entre si. Desenvolvendo as ideias de Ferenczi ela supõe que, no que concerne à identificação primária (quer dizer, na terminologia que toma emprestado de Ferenczi, a dupla equivalência inicialmente entre partes inferiores e superiores do corpo, em seguida entre partes do corpo e objetos do mundo exterior), o fundamento da comparação deve ser procurado no valor do prazer comum às duas partes do corpo, e não em sua qualidade: "Ademais, segundo Freud, a orientação precoce do sujeito em relação a seu próprio corpo segue a par com a descoberta de novas fontes de prazer. Talvez seja isto que torna possível a comparação entre diferentes órgãos e áreas do corpo"[34]. Há, portanto, um processo contínuo de investimento do corpo, que começa com a emergência da sexualidade pelo investimento libidinal das zonas erógenas, e se estende progressivamente pelos dedos, pelas extremidades, pelo rosto etc., até o conjunto do revestimento cutâneo.

Esta ideia de que o fundamento da comparação deve ser procurado na equivalência do valor do prazer dos termos comparados parece ter sido, de fato, expressa por Ferenczi em 1913, nos textos que acabamos de citar. Mas a forma generalizada sob a qual Melanie Klein a utiliza em 1923 é o pro-

---

34. MELANIE KLEIN, *Essais de Psychanalyse*, Payot, p.119.

62 MELANIE KLEIN I

duto de modificações introduzidas nesta hipótese por Jones[35], sob a influência de um artigo publicado em 1912 por Sperber[36]. Interrogando-se acerca da origem do simbolismo de um ponto de vista ontogenético e filogenético, Ernest Jones, embora concedendo sua parte aos fatores negativos (incapacidade da mente do "homem primitivo" para a discriminação), insiste no papel direto e indireto do princípio do prazer na identificação que está na base do simbolismo. Em primeiro lugar, a mente primitiva interessa-se apenas por aquilo que é fonte de prazer:

> a mente primitiva, que está na dependência quase que exclusiva deste princípio (do prazer), atenta principalmente ao que lhe interessa mais pessoalmente, ou seja, àquilo que e de natureza a lhe proporcionar o máximo de prazer e o máximo de dor. Ignora as distinções entre duas ideias quando tais distinções não são de seu interesse e nota apenas aquelas que lhe interessam (li. Jones, *op. cit.*, p. 99).

> Em seguida, [...] quando uma nova experiência se apresenta à mente, é certamente *mais fácil* perceber os pontos de semelhança existentes entre elas e as experiências familiares anteriores [...] esta tendência acha-se manifestamente sob a dependência do princípio do prazer [...] a associação entre a facilidade e o prazer, ou entre a dificuldade e o trabalho, ou o sofrimento, é uma associação primordial [...] (*Idem*, p. 99).

Esta concepção da prevalência do princípio do prazer é elaborada por Ernest Jones no quadro de uma psicogênese do simbolismo. A ideia de aplicar esta hipótese à comparação entre as partes do corpo pertence a Melanie Klein, que pôde assim esboçar a ideia de que a gênese da imagem do corpo não é um processo das funções cognitivas do ego, mas repousa sobre o movimento da libido regido pelo princípio do prazer.

Uma vez que a imagem do corpo é constituída através das equivalências libidinais entre suas partes, a libido pode investir as imagens do mundo exterior deslizando ao longo de equivalências comparáveis às que são estabelecidas no interior do próprio corpo, entre partes do corpo e objetos. Reencontramos aqui as ideias de Ferenczi. Em virtude da dominação exclusiva do princípio do prazer nos primeiros estágios do desenvolvimento da criança: "Não é de se espantar que sua atenção esteja voltada em primeiro lugar para coisas e processos do mundo exterior que lhe lembrem, em função de uma semelhança ainda que longínqua, suas experiências mais caras"[37].

Deste modo, estabelecem-se estas relações profundas "que perduram por toda a vida, entre o corpo humano e o mundo dos objetos, que chamamos de *relações simbólicas*. Neste estágio, a criança vê no mundo apenas reproduções de sua corporeidade e, por outro lado, aprende a configurar, através de seu corpo, toda a diversidade do mundo exterior"[38]. Sabemos que tal concepção, que Ferenczi quase não mais desenvolveu, tornou-se, já em 1921, um dos principais eixos da prática de Melanie Klein antes de encontrar, após 1927, um lugar definitivo em sua teoria. Efetivamente, desde 1919, o segundo período da educação de Erich e, mais tarde, sua

35. E. JONES, "La théorie du symbolisme", in *Théorie et pratique de la psychanalyse*, Payot.

36. SPERBER, "Über den Einfluss sexueller Momente auf Entstehung und Entwicklung der Sprache", *Imago*, 1912, I, p.405.

37. S. FERENCZI, *Psychanalyse*, Payot, t.II, p.59.

38. *Ibdem.*

O SISTEMA PROTOKLEINIANO   63

análise revelavam que o mundo exterior e o corpo simbolizam-se reciprocamente. Lembremo-nos do fato de que, ao longo do período de liberação da vida de fantasia que seguiu o início da segunda fase da educação psicanalítica, a criança multiplicava as fantasias relativas às funções de excreção e ao estômago: sentada sobre seu penico, queixava-se de que suas "cacas" eram crianças malvadas que não queriam descer ao jardim (penico) e já haviam subido novamente ao terraço (estômago). É nesta equivalência simbólica que repousa a identidade em fantasia criança = fezes. É ela que encontramos nas numerosas fantasias de Erich relativas ao estômago, concebido como o interior de uma casa mobiliada e equipada para as comodidades da estadia da criança anal. Mais tarde, nas fantasias complicadas da criança, onde seu próprio corpo e o corpo de sua mãe são representados como cidades, em seguida como países de geografia complicada, percorridos por uma rede ferroviária que conduz os "trens de caca" e os "trens de pipi", Melanie Klein reconheceu os efeitos do mesmo simbolismo e relacionou as perturbações de orientação de Erich à repressão desta "geografia do corpo da mãe", inspirada pelos interesses libidinais incestuosos[39]. Todo este conjunto de fantasias sobre o espaço e o corpo materno é percorrido em dois sentidos: nos exemplos clínicos, a representação do corpo quase só é constatada de fato através dos objetos do mundo exterior. O estômago é uma casa, as extremidades e articulações do corpo são "fronteiras", os orifícios do corpo são portas e janelas. Como Freud, Ferenczi e Jones haviam assinalado as zonas erógenas do corpo e os processos sexuais são sempre designados simbolicamente por objetos ou fenômenos não sexuais, sendo que, segundo eles, o inverso jamais se produz. Relaciona-se classicamente a Ferenczi esta assimetria da relação simbólica com o "superinvestimento simbólico" que os objetos do mundo exterior e as partes superiores do corpo detêm "a partir do momento em que a repressão golpeou nosso interesse pela parte inferior do corpo" (*Idem*, p. 107). Convém, no entanto, notar que Freud admite[40] que a utilização do simbolismo no sonho não se deve à intervenção da censura, mas que é inerente ao modo de figuração do inconsciente. Tudo se passa como se os símbolos não tivessem apenas uma função de substitutos das coisas, órgãos, zonas erógenas e processos sexuais simbolizados, mas estivessem investidos de um valor próprio de prazer, por um lado, e, por outro, constituíssem o único modo de designação plenamente *satisfatório* (no sentido estritamente libidinal do termo) para estas zonas, processos etc. Aventaríamos de bom grado a seguinte hipótese: ao mesmo tempo em que o investimento libidinal confere um valor de prazer aos objetos do mundo exterior, permite à criança representar, pelo viés desses objetos externos tornados equivalentes a seu corpo e às suas partes, o interior de seu corpo, do qual até então teve conhecimento apenas por sensações cinestésicas e quinestésicas.

Na "identificação primária" a equivalência simbólica comportaria dois fenômenos recíprocos. As representações das coisas externas recebem um investimento libidinal das partes do corpo, tendo como base uma similitude distinguida sob o império do princípio do prazer; as partes visíveis e os órgãos invisíveis do corpo, assim como sua organização no espaço representado, são pensados através de imagens fornecidas por estes objetos do mundo exterior. Neste sentido, em primeiro lugar está o corpo da

39. MELANIE KLEIN, *Essais de Psychanalyse*, Payot, p.133.
40. S. FREUD, *Introduction à la Psychanalyse*, Cap. X.

mãe, que a criança explora e cujas partes coloca em relação com as de seu corpo próprio, pois só pode representar o ensamblamento e a conexão deste por sobre o corpo materno. Deste modo, os objetos do mundo exterior, primordialmente o corpo da mãe, adquiriram seu valor simbólico insubstituível pelo fato de que fornecem à criança o único meio de representar seu corpo. Esta ideia não se encontra tal qual nos textos de Melanie Klein. Não faz parte nem das ideias "protokleinianas" de 1923, nem das ideias kleinianas ulteriores. Ela nos parece portanto imposta pelo material que Melanie Klein apresenta com respeito ao sentido da orientação e da "geografia do corpo materno" em Erich. Mas, principalmente, ela nos parece ser a única ideia capaz de dar conta de certas declarações contraditórias – e simultâneas, o que proíbe explicar a divergência por uma evolução do pensamento – da própria Melanie Klein. Esta escreve na "Análise de Crianças Pequenas" a respeito de Erich:

> A respeito deste tema, ele elaborava numerosas fantasias que mostravam estar ele sob a influência de uma imagem mental do interior do corpo de sua mãe e, pela identificação com ela, com o interior de seu próprio corpo. Descrevia o corpo como sendo uma cidade, muitas vezes como um país e, mais tarde, como o próprio mundo[41].

Nesta passagem é o corpo materno que aparece como o que é primordialmente simbolizado, sendo o corpo de Erich apenas a ele identificado. Entretanto, duas páginas adiante admite uma ideia sugerida por Abraham e que parece exatamente oposta à precedente:

> Abraham salientou que o interesse pela orientação com respeito ao corpo materno é precedido, muito cedo na vida, pelo interesse para com a orientação em relação ao corpo da própria pessoa. Isto é certamente verdadeiro, mas esta primeira orientação me parece destinada à repressão apenas no momento em que o interesse pela orientação com referência ao corpo da mãe é reprimido [...] por causa dos desejos incestuosos ligados a esse interesse (*Idem*, p. 133).

Indo além do conteúdo literal deste texto, o fato de que Melanie Klein possa afirmar simultaneamente a prioridade genética – sugerida em 1921 por Abraham – do referencial em relação ao corpo próprio e a primazia, no conflito psíquico, da imagem do corpo materno sobre a do próprio corpo, só é compreensível se se faz a distinção entre uma ordem genética dos investimentos libidinais, que vai do corpo próprio ao corpo da mãe, e uma ordem simbólica das representações na qual só pude ter a imagem de meu corpo através de uma "identificação" com o corpo da mãe. A hipótese que adiantamos não contém nada mais do que esta distinção.

Resta que, se a ordem simbólica das representações é o único produto do material da vida de fantasia, a interpretação *sempre* a remete à ordem genética ou a segmentos parciais desta ordem. Deste modo, as interpretações que Melanie Klein comunica a Erich remetem sempre as casas, as cidades etc., à representação em fantasia do estômago ou do corpo materno. O inverso, que se tornará possível na teoria kleiniana ulterior sem sair do quadro genético, por meio da noção de reintrojeção dos objetos projetados, não é de forma alguma representado nos textos de 1923. Parece-nos legí-

---

41. MELANIE KLEIN, *Essais de Psychanalyse*, Payot, p.131.

O SISTEMA PROTOKLEINIANO 65

timo pensar que isto ocorre porque Melanie Klein não tem ainda os instrumentos teóricos (a noção de reintrojeção) que lhe permitiriam, por exemplo, dar conta da representação por Erich de seu próprio corpo em referência ao corpo materno, sem transtornar a ordem genética que permanece, para ela, primordial. Convém considerar como o ponto essencial de sua concepção a noção de que a identificação primária se faz segundo um movimento libidinal que vai do corpo próprio aos objetos externos, de conformidade com as ideias de Ferenczi: "numa etapa precoce de seu desenvolvimento, a criança procura redescobrir os órgãos de seu corpo e suas atividades em todos os objetos que encontra" (*Idem*, p. 110).

4.3. *As Sublimações Primárias*

O processo de investimento libidinal do corpo e, em seguida, o do mundo externo, acompanha-se de um processo de investimento das atividades do ego e do corpo próprio. As primeiras fases deste processo confundem-se pura e simplesmente com o investimento do corpo próprio a partir do deslocamento da libido inicialmente colocada nas zonas erógenas: os exercícios motores e vocais do lactente provêm desta apropriação sensório-motora do corpo próprio sob a influência da libido autoerótica. Toda atenção de Melanie Klein está voltada para a segunda fase desta evolução, que supõe que o investimento objetal esteja, se não terminado, ao menos em andamento e parcialmente realizado. Nesta fase, o investimento libidinal das atividades do ego começa, voltando-se, de início, para a fala e o movimento: "A fala e o prazer do movimento têm sempre uma *cathexis* libidinal [...]. Depois que as pulsões sexuais se utilizaram dos instintos de conservação na função de nutrição, as atividades do ego às quais se entregam são aquelas da palavra e do prazer do movimento" (*Idem*, p. 139). O investimento da fala e do movimento segue o mesmo caminho dos investimentos anteriores: os que indicam as equivalências entre as zonas erógenas – principalmente a zona genital – comandadas pelo princípio do prazer, por um lado, e, por outro, a voz e a motricidade voluntária. Neste sentido, trata-se do prolongamento da identificação primária das partes superiores do corpo com suas partes inferiores. Mas a fala e os movimentos, notadamente o andar, também têm o valor de uma representação simbólica da cena primitiva. No curso da análise de Grete: "transpareceu que a gagueira da menina devia-se à *cathexis* libidinal tanto da fala quanto do canto. O altear e o baixar da voz, os movimentos da língua representavam o coito" (*Idem*, p. 93). Para Erich "a palavra pronunciada era idêntica à palavra escrita. A palavra representava o pênis ou a criança, enquanto que o movimento do bico da pena representava o coito" (*Idem*, p. 135). Ao longo de seu terceiro ano de vida, Félix exprimira, através de seu gosto pelo canto, sua "identificação originária com o pai, isto é, a fantasia da relação heterossexual com a mãe" (*Idem*, p. 147). A fala é, portanto, de modo geral, uma atividade do ego investida pelas pulsões libidinais essencialmente genitais e, num grau menor, anais: "Esta significação da palavra como atividade genital [...] eu a encontrei em ação mais ou menos em todos os casos. Em minha opinião ela é típica, bem como o é, a meu ver, a determinação anal" (*Idem*, p. 136). Sucede o mesmo no que concerne ao movimento: no caso de Erich, é particularmente evidente que "o prazer que sentia originalmente em andar pelas estradas e caminhos correspondia ao desejo de coito com a mãe [...] De forma semelhante, vimos que seu amor em explorar ruas e estradas (base de seu senso de orientação) desenvolvera-se com a liberação de sua curiosidade sexual" (*Idem*, p. 131). Estas atividades que permitem a descarga da libido por intermédio de um investimento sexual baseado no simbolismo respondem exatamente à definição kleiniana da sublimação: "capacidade de empregar uma libido supérflua no investimento das tendências do ego" (*Idem*, pp. 114-115). São portanto definidas por Melanie Klein como as "*sublimações primárias*" (*Idem*, p. 105). A este título, possuem os seguintes atributos e funções:

• O mecanismo que lhes dá origem é idêntico, em sua natureza, àquele das sublimações ulteriores; as sublimações primárias resultam da aplicação, às tendências do ego, de uma sobrecarga libidinal, processo já visto em ação na passagem do investimento do corpo próprio ao mundo exterior. Melanie Klein remete explicitamente este processo ao escoramento das pulsões sexuais nas pulsões do ego: "Depois que as pulsões sexuais se apoiaram sobre os instintos de conservação na função de nutrição, a primeira atividade do ego às quais se entregam são aquelas da palavra e do prazer do movimento" (*Idem*, p. 133).

• O investimento libidinal das sublimações primárias é contemporâneo ao aparecimento do simbolismo – ou como diríamos atualmente: da simbolização – que assume o lugar da "identificação" (quer dizer, a confusão primitiva, sob o império do princípio do prazer, do simbolizado e do símbolo) no exato momento do surgimento destas sublimações primárias: "De acordo com isso, verificamos pois que a *identificação* é um estágio preliminar, não somente da formação do símbolo mas, também, da evolução da palavra e da sublimação. Esta última se estabelece por meio da formação do símbolo, fixando-se as fantasias libidinais de forma sexual-simbólica sobre determinados objetos, atividades e interesses particulares [...] O elo intermediário (é) provavelmente [...] o próprio prazer do órgão" (*Idem*, p. 120).

As sublimações primárias representam uma etapa decisiva no desenvolvimento do ego, pois são as únicas a serem fundadas na identificação que supõe, para que um prazer libidinal possa vir juntar-se a ela, a existência de um prazer anterior de natureza não libidinal, correspondendo às satisfações das pulsões do ego, o "próprio prazer do órgão (*Organlust*)"[42]. Por intermédio desta junção do prazer de órgão e do prazer libidinal propriamente dito que vem se apoiar sobre o prazer de órgão, a atividade do ego – fala e movimento – é identificada a uma satisfação libidinal de modo que as "primeiras manifestações da repressão, tornando inconscientes as representações sexuais simbolizadas, transformam a *identificação* em *símbolo*". Com o surgimento do simbolismo, as sublimações secundárias po-

---

42. Não dissimulamos, entretanto, a nossa incerteza quanto a esta questão. Nossa hipótese repousa sobre a interpretação do termo *Organlust* como designando um prazer não sexual. Poder-se-ia multiplicar as citações de Freud definindo o autoerotismo como a procura de obtenção de prazer de órgão. No entanto, a *Introduction à la Psychanalyse*, que é a referência favorita de Melanie Klein nos seus textos de 1923, define este termo como designando uma satisfação não sexual. Mas qualquer que seja a natureza – libidinal ou não – que se atribui ao prazer de órgão, permanece essencial que nas sublimações primárias o investimento sexual essencialmente genital deve ser precedido de um prazer primário ligado ao exercício da função, atividade vocal ou motora, prazer sem o qual o investimento não aconteceria.

O SISTEMA PROTOKLEINIANO 67

derão encontrar o caminho das atividades do ego, sem a necessidade de serem, de algum modo, atraídas por um prazer do órgão anterior. A libido pode assim investir, a partir do movimento e da fala, atividades que não são geratrizes em si mesmas de nenhum prazer: "quando a repressão começa a atuar e quando se produziu a passagem da identificação para a formação de símbolos, é este último processo que dá à libido a possibilidade de ser deslocada para outros objetos e atividades provenientes das pulsões de conservação, e que não tinham originalmente valor de prazer. Chegamos então ao mecanismo da sublimação" (*Idem*, p. 119). É claro que, nesta passagem, convém entender a sublimação no sentido de sublimação secundária, em oposição às sublimações primárias que tornam este mecanismo possível mas não o originam.

• Por intermédio da "identificação", precursora do simbolismo, as sublimações primárias adquirem o valor de equivalentes da cena primitiva. O investimento libidinal da fala e do movimento efetua-se "graças às identificações infantis do pênis com o pé, a mão, a língua, a cabeça e o corpo, de onde passa para as atividades destas diversas partes do corpo, dando assim a essas atividades a significação do coito" (*Idem*, p. 139). As representações simbólicas que as acompanham são, portanto, as primeiras fantasias masturbatórias que se ligam diretamente à cena primitiva. Deste modo, Melanie Klein, interrogando-se a respeito do caso de Félix sobre os fatores específicos da psicogênese dos tiques, afasta a ligação entre as fantasias masturbatórias e a cena primitiva, dos fatores que provocam o tique, em função precisamente da generalidade deste ligame:

> As fantasias masturbatórias sobre as quais se baseia o tique não são certamente específicas, pois sabemos que elas têm a mesma importância para quase todos os sintomas neuróticos e, conforme procurei amiúde demonstrar, para a vida de fantasia e as sublimações. Mas mesmo o conteúdo especial das fantasias de masturbação comum aos dois casos de que falei – a identificação simultânea com o pai e com a mãe, na medida em que o sujeito participa daquilo que eles fazem – não parece em si mesma mais específica. Este tipo de fantasia é certamente encontrado em muitos outros pacientes que não apresentam tique algum (*Idem*, p. 162).

• As sublimações primárias falham em trazer a satisfação completa às pulsões libidinais que são nelas investidas. Esta derrota parcial está na origem da mobilidade da libido que precisa pôr-se, sem trégua, em busca de novos meios de satisfação. É esta insatisfação irremediável da libido que explica a repetição contínua, no decorrer do desenvolvimento, da formação de novos símbolos e o fato de que a libido, através deste dinamismo que lhe é próprio, é o motor de toda atividade:

> Freud demonstra que o que parece ser um impulso para a perfeição nos seres humanos é o resultado da tensão que surge da disparidade entre o desejo de satisfação (que não é saciado por qualquer método possível de formação reativa de substituição ou por qualquer sublimação) e a satisfação que se obtém na realidade. Penso que podemos atribuir, a este móvel, não só o que Groddeck chama de compulsão em fabricar símbolos, como também o constante desenvolvimento dos símbolos (*Idem*, p. 139).

A questão de saber por que a libido é irremediavelmente insatisfeita permanece aberta em 1923. Será, na linha de Freud e de Abraham, essencialmente por que uma satisfação substitutiva apenas tolerada pela atuação da repressão não permite a descarga adequada da libido, como a frase citada parece sugerir? Será por que a libido deseja, desde o início, um estado de satisfação total e durável, o qual a realidade jamais poderia satisfazer, como pensará mais tarde Melanie Klein? O caráter decididamente econômico das ideias protokleinianas incita-nos a pensar que, nesta época, a primeira hipótese citada é a de Melanie Klein.

• As sublimações primárias são a base do desenvolvimento incessante das outras sublimações, às quais fornecem sua energia. Todas as sublimações remetem-se, em última análise, seja à fala, seja ao movimento:

[...] partindo do ponto em que as condições preliminares para a capacidade de sublimação são dadas pelas fixações libidinais nas sublimações primárias que seriam a meu ver a palavra e o prazer dos movimentos – as atividades e os interesses do ego em incessante aumento realizam a *cathexis* libidinal pela simbolização das significações sexuais, possibilitando constantemente novas sublimações nos diferentes estágios (*Idem*, p. 105).

• O desenvolvimento das sublimações faz-se segundo uma ordem determinada, correspondendo simultaneamente à ordem dos estágios de desenvolvimento da libido e à ordem dos estágios do senso de realidade. É pelo caminho das sublimações primárias que "os componentes pulsionais chegam à sublimação sob a supremacia genital". Podemos assim tentar explicar as concepções de Melanie Klein através da imagem de um edifício das sublimações que assumiria a forma de uma pirâmide irregular cujo ápice não estaria forçosamente situado sobre a reta normal ao plano da base passando pela intersecção das medianas desta base, mas poderia deslocar-se, em altura, segundo a quantidade de libido sublimada no plano, segundo o eixo dominante das sublimações – eixo da fala ou do movimento. A base corresponderia às sublimações primárias, comuns a todos os seres humanos (Fig. 1).

Fig. 1   Fig. 2   Fig. 3

• A primeira das sublimações secundárias é o brincar. As condutas lúdicas ocupam um lugar estratégico no desenvolvimento, pois resultam imediatamente das sublimações primárias que elas colocam em ação e das quais são, de certo modo, apenas a combinação. Ao mesmo tempo, permitem ao indivíduo investir libidinalmente atividades e objetos no mundo do "faz-de-conta" antes de confrontá-los com a realidade. Têm assim um papel adaptativo importante que, aliás, procede de seu papel de descarga de tensões. O brincar, correspondendo à primeira camada das sublimações, sustenta a camada seguinte que comporta os primeiros exercícios escolares e os esportes.

O SISTEMA PROTOKLEINIANO 69

As sublimações, neste segundo nível, só poderão ser bem-sucedidas se o brincar efetuou sua tarefa de investimento antecipado destas atividades.

• A estrutura do edifício das sublimações dá conta da clínica das inibições. Com efeito, toda inibição está fundamentada numa sublimação anterior reprimida. Deste modo, Félix, entre 6 e 11 anos, sofre de uma inibição dos esportes e das atividades físicas. A energia libidinal passa totalmente para os interesses escolares que assumem um valor de supercompensação (Fig. 2). Após as ameaças e troças de seu pai, os investimentos são permutados: o sucesso escolar é inibido, mas a sublimação no esporte traz a marca de sua origem: "Tornou-se cada vez mais evidente para ela, durante a análise, que os esportes eram uma supercompensação infrutífera da ansiedade, um mau substituto da masturbação" (*Idem*, p. 144).

Já que todas as sublimações repousam no brincar, todas as inibições repousam na inibição do brincar:

[...] assim os alicerces das inibições posteriores – bem como, por exemplo, da inibição em face da escolha de uma profissão encontram-se, com frequência, nas inibições que dizem respeito aos primeiros estudos e que parecem, amiúde, fugazes. Estas, no entanto, se baseiam nas inibições relativas às brincadeiras, de modo que, finalmente, vemos todas as inibições posteriores, tão importantes para a vida e para o desenvolvimento da personalidade, decorrerem das primeiríssimas inibições com respeito ao brincar (*Idem*, p. 105).

Sendo assim, a riqueza e a espontaneidade ou, ao contrário, a pobreza e a estereotipia das brincadeiras da criança tornam-se um critério diagnóstico importante. Na medida em que o brincar opera a primeira síntese das sublimações primárias (o prazer do movimento e da fala) é, ao mesmo tempo, o meio privilegiado do desenvolvimento das sublimações e, portanto, o tratamento psicanalítico da criança deve conduzir a uma liberação do brincar. O método psicanalítico é simultaneamente um processo de investigação e uma terapêutica. Enquanto processo de investigação, tem a função de interpretar as brincadeiras da criança, destacando as fantasias masturbatórias subjacentes a cada atividade lúdica e remetendo-as à cena primitiva das quais constituem a elaboração. Enquanto terapêutica, só pode atingir seu objetivo de redução dos sintomas e de restituição das sublimações através da interpretação da vida de fantasia atuada no brincar. A regressão formal necessária para a cura deve levar ao brincar, cuja inibição constituiu o primeiro momento da formação do sintoma neurótico ou da inibição de uma aptidão. As duas dimensões – heurística e terapêutica – da técnica psicanalítica aplicada à criança levam a conferir ao brincar um valor privilegiado no tratamento enquanto signo diagnóstico, material a ser interpretado e âmbito de evolução do processo analítico. Por outro lado, a especulação teórica fundada na noção da identificação e no estudo dos precursores do simbolismo e da sublimação, conduz a considerar o brincar como a manifestação imediata das duas sublimações primárias que estão no fundamento das sublimações ulteriores. Todas as linhas de força das concepções protokleinianas de 1923 resultam, portanto, em concentrar atenção sobre a função do brincar. A invenção da técnica do brincar psicanalítico aparece-nos, deste modo, como a consequência das primeiras ideias psicanalíticas de Melanie Klein, cuja amplitude, coerência, importância e fecundidade se desconhecem comumente e as quais tentamos

70 MELANIE KLEIN I

reconstituir a partir de passagens teóricas e sugestões dispersas nos cinco textos publicados antes de 1926. Mas, com a invenção da técnica do brincar, Melanie Klein poderá ir ao encontro das crianças muito pequenas e de uma patologia severa a respeito da qual não tinha nenhuma experiência anterior. Os novos dados clínicos colhidos por meio desta técnica provocarão o estilhaçamento e a modificação profunda das concepções protokleinianas propriamente ditas.

5. O NORMAL E O PATOLÓGICO NO SISTEMA PROTOKLEINIANO

Podemos agora voltar à questão que havíamos deixado parcialmente em suspenso ao final do item 2. O conjunto das construções teóricas protokleinianas visa resolver a questão daquilo que poderíamos chamar, parafraseando e generalizando a noção freudiana de *Escolha da neurose* (*Neurosenwahl*)[43], *a escolha do método de descarga da ansiedade*: quais são os fatores diferenciais específicos que presidem os três tipos de evolução (sublimação, inibição e neurose) resultando respectivamente na saúde (baseada em sublimações reprimidas) e na formação do sintoma neurótico? A escolha entre sublimação e inibição, como já vimos, supõe sempre uma fase prévia de sublimação bem-sucedida da libido por um investimento libidinal ao qual se deu tempo para se desenvolver e se enriquecer antes que sobreviesse a repressão. Esta escolha é, portanto, posterior ao aparecimento das sublimações primárias, e Melanie Klein pôde, tendo em vista este fato, elaborar a respectiva teoria a partir da segunda análise de Erich e do início da análise de Félix, nos primeiros meses de 1921. Mas a formação do sintoma neurótico – de fato, ela tem em vista quase que exclusivamente o sintoma histérico – é anterior às sublimações primárias, ou, pelo menos, corresponde a uma intervenção precoce da repressão, que não deixa às sublimações primárias e ao brincar o tempo de desabrocharem. Assim, a ansiedade liberada pela repressão da libido não pode ser descarregada nem sob a forma de sublimação, nem de inibição. Como a libido ainda não foi investida em quantidades suficientes nas atividades do ego – fala e movimento –, encontramo-nos, então, no estágio geneticamente anterior ao da identificação primária. No caso da histeria, temos a nos haver com o primeiro estágio desta identificação primária, o da construção da imagem do corpo pelo investimento dos órgãos e partes da metade superior do corpo: o deslocamento e a condensação, segundo as leis do processo primário regido pelo princípio do prazer, fazem-nas equivaler às partes da metade inferior do corpo (conforme a formulação de Ferenczi) ou, mais exatamente, às zonas erógenas. Assim sendo, o fenômeno da conversão histérica tem, como condição específica, o aparecimento precoce da repressão no primeiro estágio da identificação primária, mais precisamente no final deste primeiro estágio, durante o período de acavalamento entre o processo de investimento da metade superior do corpo e o processo, já começado, de investimento dos objetos exteriores a partir de sua identificação com as partes do corpo. Esta hipótese permite explicar características essenciais da histeria

---

43. Assim definido por J. LAPLANCHE e J.-B. PONTALIS: "Conjunto de processos pelos quais um indivíduo se empenha na formação de determinado tipo de psiconeurose de preferência a outro" (*Vocabulaire de la Psychanalyse*, P.U.F., p.63).

O SISTEMA PROTOKLEINIANO   71

de conversão. A descarga da ansiedade, por via de uma inervação somática, remete à fixação na fase onde as partes do corpo se equivalem em seu valor de prazer libidinal: o deslocamento das zonas erógenas que dão origem às zonas histerógenas de Charcot é uma sobrevivência deste prazer. O fato de a conversão ser subtendida por uma fantasia que traduz frequentemente uma "identificação por traço único"[44], remete à equivalência, precursora do simbolismo, entre zonas erógenas, parte "superior" do corpo e objetos (incluindo aí as pessoas) do mundo exterior. Melanie Klein pode, pois, escrever: "a sintomatologia da histeria limita-se a reproduzir a capacidade de deslocar as zonas erógenas, capacidade manifesta na primeira orientação e identificação da criança. Por aí mesmo, vemos que a identificação constitui também uma etapa preliminar para a formação dos sintomas; é esta identificação[45] que permite à histeria efetuar o deslocamento característico de baixo para cima"[46]. A escolha entre a linha da evolução que conduz à histeria e a que conduz ao conjunto sublimação-inibição, depende, portanto, de um primeiro fator que corresponde à data do surgimento da repressão e da consecutiva liberação da ansiedade, sendo esta data avaliada não por referência à exclusiva cronologia, mas sim ao estágio alcançado pelos investimentos libidinais. Quanto às causas desta precocidade da repressão, Melanie Klein não se pronuncia explicitamente. Admite, às vezes, a importância de fatores acidentais: o exemplo disto é fornecido pelo traumatismo da manipulação cirúrgica de Félix que dá corpo à ameaça de castração de uma maneira excessivamente precoce. Ela admite, amiúde, notadamente no caso de Erich, o papel de uma "tendência constitucional à repressão". Convém, entretanto, notar que o mutismo a este respeito se explica facilmente: por mais precoces que sejam o traumatismo em Félix, a manifestação da tendência inata à repressão em Erich, sobrevêm todavia após o desenvolvimento das sublimações primárias, e estas duas crianças apresentam apenas leves sintomas neuróticos numa sintomatologia dominada pelas inibições. Nesta época, Melanie Klein ainda não tem nenhuma experiência clínica da histeria de conversão e suas hipóteses permanecem puramente especulativas. Pensamos, portanto, para finalizar este ponto, que expomos de maneira bastante fiel seu pensamento, estimando que ela admite, entre os fatores constitucionais e os acontecimentos externos, a série complementar descrita por Freud e à qual faz referência em contextos próximos, embora diferentes.

O segundo fator específico da escolha entre sintoma histérico e sublimação-inibição deve ser procurado entre os fatores constitucionais: em certos sujeitos, as atividades do ego possuiriam uma aptidão constitucional para receber os investimentos libidinais:

> Podemos supor, ademais, que existe um outro fator de peso quanto à faculdade de sublimar – fator que pode muito bem formar parte considerável do talento de que um indivíduo é constitucionalmente dotado. Refiro-me à receptividade com a qual uma atividade ou tendência do ego carrega-se de uma *cathexis* libidinal e à medida de sua receptividade (*Idem*, p. 121).

44. Cf. S. FREUD, "Psychologie collective et analyse du moi", in *Essais de Psychanalyse*, Payot, p.61.

45. Trata-se aqui da *identificação primária* no sentido de Jones. Isto quer dizer: da forma primitiva da equação simbólica, e não da identificação no sentido habitual do termo.

46. MELANIE KLEIN, *Essais de Psychanalyse*, Payot, p.121.

Para esta receptividade inata das atividades do ego, à qual se pode estar tentado a relacionar o prazer do órgão tal como parece entendê-lo Melanie Klein nesta época, ou do prazer constitucional no sentido que Karl Abraham havia descrito em 1914[47], e a considerar como um prazer funcional não sexual, Melanie Klein encontra um correspondente e um simétrico na noção clássica de "complacência somática" tal qual utilizada na teoria da histeria: "no plano físico, existe um fato análogo: é a presteza com a qual uma região particular do corpo recebe uma inervação, elemento importante no que concerne ao desenvolvimento dos sintomas histéricos"[48]. Assim, os sujeitos repartir-se-iam ao longo de um *continuum* cujos dois extremos seriam a "complacência somática" que predispõe à histeria e a que poderíamos chamar de uma "complacência egoica" que predispõe à sublimação e, portanto, à saúde: "Estes fatores, que poderiam constituir o que entendemos por 'temperamento', formariam uma série complementar, como aquela que a etiologia das neuroses nos tornou familiar"[49]. Melanie Klein admite, além do mais, um terceiro fator, que seria "a aptidão para manter a libido em estado de não-descarga" e que seria igualmente constitucional. É o precursor, na teoria protokleiniana, da "capacidade constitucional para tolerar a ansiedade" que será descrita ulteriormente como um dos fatores que permitem a perlaboração da posição esquizoparanoide.

A interação destes três fatores permite dar conta da direção que toma a evolução rumo ao sintoma histérico ou às sublimações. Assim, fica terminada a pesquisa geral aberta pela teoria protokleiniana sobre a psicogênese da sublimação, da inibição e do sintoma. Esta concepção, que concede um largo espaço aos fatores constitucionais, coloca, no entanto, em evidência a noção do momento em que surge a repressão que é, finalmente, o fator diferencial, qualquer que seja a natureza – constitucional ou circunstancial – de seus determinantes. A questão decisiva é, em última análise, a seguinte: quando foi que a repressão transformou a libido em ansiedade? Se no estágio de identificação primária, assistiremos à formação de sintomas histéricos; se no estágio das sublimações primárias teremos inibições neuróticas; se no estágio das sublimações secundárias, teremos estas leves inibições que são o preço que o indivíduo normal deve pagar por sua saúde psíquica. Deste modo, Melanie Klein é levada a encarar a existência de manifestações muito precoces da repressão.

Ora, desde o início de suas atividades psicanalíticas ela mantém firmemente duas pré-noções fundamentais. De um lado, ignora completamente a noção freudiana de uma ansiedade verdadeira que seria independente da repressão. A segunda teoria freudiana da ansiedade e a manutenção, sob o nome de ansiedade automática, da noção de uma ansiedade anterior à repressão, não terão sobre ela nenhuma influência e ela só modificará sua atitude a este respeito quando tiver elaborado sua própria teoria da ansiedade em ligação com a noção de pulsão de morte. Considera, portanto, os pavores noturnos da criança de dois anos como a manifestação de uma ansiedade desencadeada pela repressão. De outro, ignora ainda os mecanismos de defesa anteriores à repressão, cuja teoria elaborará apenas após 1926, e se prende, a este respeito, à ideia de que a repressão

---

47. K. ABRAHAM, *Oeuvres Complètes*, Payot, t. II, pp.157 e ss.
48. MELANIE KLEIN, *Essais de Psychanalyse*, Payot, p.121.
49. *Ibidem.*

O SISTEMA PROTOKLEINIANO 73

se exerce sempre contra as pulsões edipianas. É assim conduzida, no pro-longamento de suas concepções de 1923, a admitir a hipótese de que, ao menos em certas crianças, o complexo de Édipo já está presente e atingido pela repressão no momento dos pavores noturnos, ou seja, entre dois e três anos de idade. Já nos textos de 1923 encontram-se exemplos clínicos: se Erich falou tardiamente, segundo julgamento de sua mãe, isto se deu em função da repressão que já se exercia contra a voz investida de libido segundo um simbolismo genital; se realiza algumas fugas por volta dos três anos de idade, é que já sublima suas pulsões genitais no caminhar e na exploração do espaço, que têm o valor simbólico de uma exploração do corpo da mãe, inspirada pelas pulsões incestuosas do complexo de Édipo; se Félix gosta de cantar ao longo de seu terceiro ano de idade é porque exprime deste modo sua identificação com o papel ativo do pai na cena primitiva. Tudo isto está ainda em estado de indicações esparsas e não constitui ainda objeto de uma concepção integral e rigorosamente formulada. A atenção de Melanie Klein nem por isso está menos voltada para o referencial da repressão precoce e do complexo de Édipo precoce. Neste sentido, as concepções protokleinianas de 1923 estão diretamente na origem de duas das principais teses kleinianas de 1926: existência de um complexo de Édipo e um superego arcaicos, que não são concebidos como fenômenos "precoces", com o sentido de ser anterior a uma época normal, mas como formas iniciais normais do complexo de Édipo e do superego "clássico", assim como a escultura grega "arcaica" é a forma inicial da escultura "clássica" do tempo de Fídias.

6. O PAPEL DO SISTEMA PROTOKLEINIANO NA OBRA KLEINIANA

Oriundas, no essencial, das análises de Erich e de Félix, que colocaram Melanie Klein em face de uma sintomatologia constituída principalmente de inibições, as concepções protokleinianas de 1923 comportam uma teoria genética que provém da psicologia normal e das considerações psicopatológicas daí decorrentes. No plano da descrição do desenvolvimento normal, a originalidade de Melanie Klein afirma-se na vasta síntese que faz dos pontos de vista mais fragmentários de Ferenczi, Jones e Abraham, para chegar a explicar o conjunto do desenvolvimento da personalidade e principalmente das funções do ego, em termos de investimentos libidinais. Introduz, assim, a ideia de uma continuidade genética entre o autoerotismo, a formação da imagem do corpo, a simbolização e as sublimações primárias e, mais tarde, secundárias.

No que concerne à teoria do processo defensivo, ela vincula a ansiedade, sob todas as suas formas, à repressão do complexo de Édipo. A psicopatologia que daí decorre permite elaborar uma psicogênese da histeria, da inibição e da sublimação, que forma um sistema coerente.

Sabe-se que Melanie Klein iria abandonar estes pontos de vista a partir de 1926. Entretanto, notamos mais de uma vez certo número de noções kleinianas ulteriores. Parece-nos, assim, possível afirmar que o sistema protokleiniano de 1923, longe de representar uma forma de pensamento que Melanie Klein rejeitará globalmente mais tarde, já contém os elementos essenciais da teoria ulterior, com exceção dos dados propriamente clí-

74 MELANIE KLEIN I

nicos que serão revelados pelas primeiras análises conduzidas através da técnica do brincar.

Distinguiremos três tipos de hipóteses:

1. Certas ideias protokleinianas serão pura e simplesmente abandonadas: a principal é a concepção, essencial de 1923, do papel de *primum movens* do desenvolvimento atribuído à libido. Já em 1926, Melanie Klein reconhecerá a importância das pulsões agressivas e irá aderir, em 1932, na *Psicanálise da Criança*, à noção freudiana de uma pulsão de morte. A partir de 1927, a libido só tem como função procurar atenuar a ação dos investimentos agressivos aos quais é conferido o papel motor no desenvolvimento da relação com o mundo exterior, do simbolismo e das sublimações.

A ideia de que toda a ansiedade provém da repressão da libido conhecerá o mesmo destino. Na teoria ulterior, a ansiedade será o modo de reação afetiva do ego diante da atividade interna da pulsão de morte. Mas a ansiedade terá seu papel e sua importância reconhecidos de maneira ainda mais firme. Estas duas ideias são as únicas do sistema de 1923 que não serão reencontradas ulteriormente. É verdade que neste momento elas são fundamentais e que são elas que organizam o conjunto das outras hipóteses: a teoria de 1923 era uma teoria libidinal, e todo o resto tomava sentido em relação a esta ideia central que fornecia um princípio de unidade sistemática. Quando esta ideia é abandonada após a descoberta do sadismo arcaico e do primado das pulsões agressivas, os pontos de vista protokleinianos perdem seu caráter sistemático e correm o risco de se tornarem uma rapsódia de elementos teóricos e de noções clínicas sem unidade.

2. Algumas das ideias protokleinianas são mantidas às custas de uma revisão de seu elo recíproco e de uma transformação parcial de seu conteúdo. Na maioria dos casos, a transposição tem por objetivo colocar em acordo a hipótese antiga com a descoberta do primado do sadismo oral. Convém ordenar neste grupo:

• A teoria da inibição, que sofrerá transformações consideráveis: a inibição no sistema kleiniano definitivo suporá um investimento anterior mas não mais uma sublimação bem-sucedida. As condições da inibição serão encontradas num investimento de certas atividades pelas pulsões agressivas, geradoras da ansiedade do talião que acarreta o abandono da atividade perigosa. O elo entre a ansiedade e a inibição, núcleo da primeira hipótese kleiniana acerca da inibição, e isto já a partir de 1921, é mantido. Mas após 1928, a ansiedade deixa de ser proveniente da libido reprimida: apenas as pulsões agressivas são geradoras de ansiedade.

• A teoria da sublimação sofre modificações correlatas: a ideia da natureza libidinal da sublimação é mantida. Como a primazia é transferida da libido às pulsões agressivas, com a prioridade genética, a sublimação não é mais um processo primário, situado no prolongamento direto da construção da imagem do corpo e do mundo, mas um processo secundário em relação ao investimento agressivo. Com a introdução, a partir de 1927, da noção de mecanismo de reparação, a sublimação baseada na reparação é um caminho que se abre no mesmo ponto de bifurcação que a inibição: após um primeiro investimento agressivo do objeto ou da atividade do ego, ou então a ansiedade do talião provoca a inibição da função, ou então a libido, seguindo o caminho traçado pelas atividades agressivas, investe os mesmos objetos ou

O SISTEMA PROTOKLEINIANO 75

as mesmas atividades do ego e atenua a ansiedade do talião, dando reparação em fantasia aos objetos feridos pelo sadismo arcaico, e esta reconciliação com o objeto é o fundamento da sublimação: sublimação e inibição são, a partir de então, dois destinos divergentes e contemporâneos correspondendo a dois tipos de defesa contra a ansiedade, uma eficaz, a outra, mutilante.

• O esquema geral da gênese do simbolismo é integralmente conservado às custas de uma modificação de perspectiva, na verdade radical: o conjunto do processo é atribuído à atividade da pulsão de morte. Já em 1932 a pulsão de morte explica, simultaneamente, a origem da ansiedade e o processo de desenvolvimento do universo das relações: "o instinto de destruição é dirigido contra o próprio organismo e deve, portanto, ser sentido como um perigo pelo ego. Em minha opinião é este perigo que o indivíduo sente em forma de ansiedade"[50]. Nesta perspectiva, o conjunto do desenvolvimento aparece comandado pelas exigências da luta contra a ansiedade endógena: o mecanismo de defesa primitivo que é a deflexão da pulsão de morte para o exterior, ou seja, a projeção do perigo interno para os objetos que assim se tornam perseguidores imaginários, resulta num interesse precoce por estes objetos, que se tenta vigiar, a fim de se defender deles. A modificação de perspectiva é, portanto, radical. Assim sendo, importa sublinhar que, se o trem foi ligado a uma outra locomotiva, a ordem dos vagões permanece exatamente a mesma. A ordem na qual o instinto de morte investe os órgãos e as partes do corpo da mãe (e não mais do corpo próprio), este corpo como totalidade, depois com base no simbolismo e na "geografia do corpo da mãe" os objetos do mundo exterior, esta ordem permanece exatamente como é descrita nos textos de 1923.

• A teoria da fantasia esboçada em 1923 é ampliada e consideravelmente enriquecida pela descoberta das fantasias sádico-orais e sádico-anais a partir do ano de 1924. Nada de essencial é mudado, a não ser que as fantasias não mais serão ligadas apenas à libido, mas serão descritas fantasias sádicas e fantasias originadas do compromisso entre pulsões sádicas e pulsões libidinais. A função da fantasia relativamente à pulsão – seja ela libidinal ou sádica – é descrita com uma finura crescente e se faz objeto de uma teoria cada vez mais explícita, apesar de que a concepção kleiniana definitiva permanece na linha da teoria de 1923.

• A ideia de que todas as fantasias são fantasias masturbatórias elaboradas a partir da cena primitiva se atenuará em 1934[51] com a introdução da noção das posições psicóticas, mas permanece ainda em vigor num período ulterior e notadamente em 1932, na vasta síntese teórica da *Psicanálise da Criança*. Além disso, nunca será totalmente abandonada, pois se aplicará sempre às fantasias que acompanham o conflito edipiano.

• Os alvos pedagógicos ainda discerníveis aqui e ali nos textos de 1923 são abandonados. Mas a evolução da doutrina se fará no sentido das ideias já presentes no sistema protokleiniano e que levam a considerar o tratamento psicanalítico como uma verdadeira reeducação da capacidade de fantasiar, que pode ser de valia quando aplicada à criança muito pequena na pré-educação. Longe de ser abandonada, esta concepção será, ao contrário, acentuada. Mais ainda, as ideias psicopedagógicas do início reaparecerão em outro nível muito mais arcaico e as doutrinas de 1934 serão a

50. MELANIE KLEIN, *La Psychanalyse des enfants*, P.U.F., p. 140.

51. MELANIE KLEIN, "Contribution à l'étude de la psychogénèse des états maniaco-dépressifs" in *Essais de Psychanalyse*, Payot, pp.311 e ss.

76 MELANIE KLEIN I

base das concepções pediátricas[52] e de uma verdadeira teoria da materna-
gem e da primeira educação, na qual reaparecerá com intensidade a preocupação profilática dos primeiros escritos[53].

3. Algumas ideias relativamente secundárias no sistema protokleiniano tornam-se fundamentais na concepção kleiniana definitiva.

• A importância do brincar, enquanto primeira sublimação secundária
e fonte de todas as outras, que já era reconhecida em 1923, é consideravelmente incrementada pela intervenção, a partir da segunda metade do
ano, da técnica da psicanálise através do brincar, que se torna o fundamento
técnico de toda a psicanálise kleiniana.

• A precocidade do complexo de Édipo não mais aparece como um
fenômeno excepcional ou patológico, mas como um fato habitual: a teoria
do complexo de Édipo arcaico tornar-se-á a ideia essencial de Melanie
Klein até a descoberta, em 1934, da posição depressiva.

• A precocidade da ansiedade desencadeada pela repressão do complexo de Édipo, ideia que já está muito acentuada em 1923, prolongar-se-á
a partir de 1926 naquilo que será a segunda grande ideia da psicanálise
kleiniana: a teoria do superego arcaico.

• O mecanismo da clivagem, episodicamente mencionado já em
1921[54], mas apenas entrevisto, ainda que já nomeado, assumirá progressivamente a função de um verdadeiro organizador da vida psíquica, tornando-se uma noção central do sistema kleiniano definitivo. Entretanto, é
preciso notar que, inversamente ao que se passa nos três casos precedentes,
a teoria definitiva não se limita a acentuar e fornecer um lugar importante
na conceitualização às hipóteses já firmemente articuladas. No caso da
clivagem, a teoria definitiva dá uma amplitude não previsível nos primeiros trabalhos àquilo que, antes de 1923, era apenas uma intuição clínica.

Em contrapartida, a análise do brincar e os estágios arcaicos do Édipo
e do superego estão já largamente prefigurados no sistema protokleiniano.
Não figuram aí como teses fundamentais mas sim como hipóteses à espera
de verificação. Todavia, não poderíamos deixar de insistir no fato de que
estas hipóteses são rigorosamente dependentes dos princípios da teoria
libidinal de 1923, sem a qual certamente não poderiam ter sido descobertas. Se Melanie Klein confere ao brincar o valor de uma sublimação criadora de novas sublimações, é porque pôde conceitualizar sua intuição
clínica da posição estratégica do brincar no tratamento da ansiedade, numa
teoria que a liga firmemente às sublimações primárias e ao simbolismo.
Sem a contribuição do conceito, sua intuição permaneceria cega, mesmo
que o conceito devesse ser abandonado em seguida. Cabe efetuar o mesmo
reparo no que concerne ao Édipo e ao superego arcaico: apenas a confiança
ilimitada nas ideias freudianas – as quais devia superar subsequentemente – da transformação da libido em ansiedade sob o efeito da repressão
e da inexistência da repressão fora do complexo de castração – e, portanto,
do complexo de Édipo – pôde lhe permitir deduzir, por um raciocínio puramente teórico, que a ansiedade dos primeiros pavores noturnos já é produto da repressão e atesta, portanto, a existência prévia do conflito

52. Por exemplo as de Donald W. Winnicott.
53. MELANIE KLEIN, *On the Bringing up of Children*, Londres, Kegan Paul, 1935.
54. MELANIE KLEIN, *Essais de Psychanalyse*, Payot, p.76.

O SISTEMA PROTOKLEINIANO 77

edipiano. Podemos, então, afirmar que o sistema protokleiniano, longe de ser um trabalho inábil de uma autodidata iniciando-se na teoria, já contém três inspirações principais da obra kleiniana que antecipam diretamente as grandes descobertas do período de 1923-1926. Além disso, seis de seus elementos essenciais – teorias da inibição, sublimação, identificação, identificação primária entre as partes do corpo e com os objetos, concepção da ansiedade, concepção das fantasias de masturbação e de seu elo com a cena primitiva – serão parcialmente integrados no sistema de 1932 e substituirão, embora com novas transformações e limitações, até o último estado do pensamento kleiniano. Parece-nos possível descrever exatamente o mecanismo desta retomada na teoria ulterior se dissermos, na linguagem dos arquitetos, que estes elementos foram retomados a partir das próprias "fundações", como se faz com um edifício que se quer preservar, mas que ameaça ruir porque suas fundações são frágeis: escoram-no com uma plataforma provisória, suas fundações antigas são destruídas e substituídas por bases mais sólidas, que devem ser logo em seguida unidas exatamente às partes antigas da construção, de modo que elas possam vir a se apoiar aí de maneira estável. Após 1926, parece, para Melanie Klein, que sua teoria libidinal é frágil e não tem mais condições de fornecer, ao conjunto de suas concepções, a unidade, a coerência e a estabilidade de que necessitam. Renuncia, portanto, a essa teoria, porém substituindo-a por uma nova ideia, a do primado das pulsões de destruição, que vem sustentar o edifício antigo ao preço de algumas modificações de sua estrutura.

Quanto à teoria libidinal abandonada, ela pertence, a partir de então, a este vasto cemitério de hipóteses que é, segundo as palavras de Henri Poincaré, a história das ciências. Mas uma vez registrado seu óbito, não teríamos razão de esquecê-la nos cartórios de registros. Cientificamente ultrapassada, esta teoria não deixa de conservar um interesse histórico e epistemológico essencial. Assim como a física newtoniana tornou possível a invenção por Michelson e Morley da montagem experimental que deveria revelar os fatos que impuseram seu abandono, do mesmo modo a teoria libidinal de 1923, evidenciando o papel do brincar na construção das sublimações, permitiu a sua autora inventar, a partir do fim deste mesmo ano de 1923, a técnica da psicanálise através do brincar que devia trazer à luz fatos clínicos impensáveis numa metapsicologia dos exclusivos investimentos libidinais.

3. A Descoberta da Técnica do Brincar e suas Consequências

1. O NOVO ESTILO DA CRIATIVIDADE DE MELANIE KLEIN

As concepções protokleinianas desembocavam naturalmente na ideia de que uma análise encetada precocemente daria à criança a possibilidade de desenvolver-se harmoniosamente em seguida:

> É claro (mas este fato ainda requer verificação) que, se fosse possível empreender a análise da criança na fase do *pavor nocturnus* ou logo depois, e resolver essa ansiedade, a neurose não encontraria campo para se estender e as possibilidades de sublimação estariam largamente liberadas. Ora, minhas observações pessoais levaram-me a crer que a investigação psicanalítica não é impossível em crianças desta idade[1].

Já em meados do ano de 1923, Melanie Klein encontra a ocasião de verificar sua hipótese: pedem-lhe que psicanálise uma menininha de menos de três anos, que ela designa pelo nome de Rita. A análise compreende oitenta e três sessões, o que corresponde, levando em conta a periodicidade de uma sessão cotidiana, a qual a escola kleiniana defende até hoje, a duração de três a quatro meses. O tratamento foi interrompido antes do término pela mudança da família para o estrangeiro, mas estas poucas semanas foram suficientes para revelar a Melanie Klein o universo das fantasias as mais arcaicas, que jamais cessará de explorar a partir de então. Consideremos que esta análise marca a terceira etapa da "decolagem" kleiniana: está na origem da considerável obra clínica e teórica que floresce em seus escritos a partir de 1926. Sabemos que Karl Abraham não havia se

---

1. MELANIE KLEIN, *Essais de Psychanalyse*, Payot, p.115.

80 MELANIE KLEIN I

enganado a este respeito e anunciara a Freud o feito que sua protegida acabara de realizar: "Tenho uma bela coisa para lhe contar no plano científico. Em meu trabalho sobre a melancolia etc.[2] cujo manuscrito está com Rank, formulara a hipótese de uma contrariedade originária (*Urverstimmung*) na infância, que serviria de modelo à melancolia ulterior. A Senhora Klein acaba de levar a bom termo nestes últimos meses, com habilidade e sucesso terapêutico, a psicanálise de uma criança de três anos. Essa criança oferecia a imagem fiel da melancolia originária (*Urmelancholie*) cuja hipótese eu aventara e isto em estreita conexão com o erotismo oral. De maneira geral, este caso oferece sugestões espantosas sobre a vida pulsional infantil"[3]. Cabe notar, entretanto, que Abraham desconhece parcialmente a natureza dos ensinamentos que Melanie Klein tira desta experiência e tende a reduzir seu alcance a uma confirmação de suas concepções pessoais. No mais, é provável que, na época, ela mesma não tivesse uma opinião muito diferente e se considerasse, antes de mais nada, uma aluna de Abraham: esperava começar sua análise com ele, o que efetivamente ocorreu em fevereiro ou março de 1924. Em abril de 1924, ela lê no Congresso de Psicanálise de Salzburg uma comunicação, que permaneceu inédita, intitulada: "Sobre a Técnica da Análise das Crianças muito Pequenas". Conhecemos uma parte do conteúdo deste trabalho, que é provavelmente uma primeira versão do texto de 1926 sobre os "Princípios Psicológicos da Análise de Crianças Pequenas", como indica a própria Melanie Klein:

[...] em Salzburg, em 1924, mostrei que as descargas das fantasias de masturbação constituem um dos mecanismos fundamentais do brincar das crianças e de todas as sublimações ulteriores. Isto alicerça toda a atividade lúdica e estimula constantemente o brincar (compulsão para a repetição). As inibições com respeito ao brincar e ao estudo provêm de uma repressão exagerada destas fantasias e, com elas, de toda a imaginação. As experiências sexuais estão associadas às fantasias de masturbação e, com estas, encontram representação e ab-reação no brincar. Entre as experiências mimetizadas e desempenhadas, as representações da cena primitiva desempenham papel essencial e aparecem regularmente no primeiro plano na análise das crianças pequenas. Só após um longo período de análise, depois que a cena primitiva e o desenvolvimento genital foram parcialmente desvelados, é que chegamos às representações de experiências e fantasias pré-genitais[4].

Ela lembra ainda no texto de 1926: "No trabalho que apresentei ao Congresso de Salzburgo em abril de 1924, citei exemplos que mostram que as crianças concebem – e desejam – primeiro o coito como um ato oral"[5]. Após esta comunicação, Ernest Jones convida-a para proferir uma série de conferências sobre a psicanálise de crianças em Londres, para onde irá no verão de 1925. Ao longo do ano de 1924 realiza, segundo a técnica do brincar que acaba de ajustar, a análise de Trude (três anos e três meses), começa as de Ruth (quatro anos e três meses) e de Peter (três anos

---

2. KARL ABRAHAM, "Esquisse d'une histore de développement de la libido basée sur la psychanalyse des troubles mentaux" (1924), *in Oeuvres Complètes*, Payot, v.II, pp.255-313.

3. SIGMUND FREUD e KARL ABRAHAM, *Correspondance (1907-1926)*, Gallimard, pp. 344-345.

4. MELANIE KLEIN, *La Psychanalyse des enfants*, P.U.F., p. 174, nota 1.

5. MELANIE KLEIN, *Essais de Psychanalysie*, Payot, p. 167, nota 1.

A DESCOBERTA DA TÉCNICA DO BRINCAR... 81

e nove meses), que encerrará no decorrer de 1925, assim como a de Erna (seis anos), que durará até 1926. Faz algumas comunicações sobre alguns pontos específicos à Sociedade Berlinense de Psicanálise antes de ler, em 13 de dezembro de 1924, um artigo de mesmo nome que o texto publicado em 1926, *Princípios Psicológicos da Análise de Crianças Pequenas*, e que representa, sem dúvida, a transição entre a exposição de Salzburg e o texto definitivo. Em outubro de 1925, no decorrer de um encontro de psicanalistas alemães organizado em Würzburg por Karl Abraham, faz uma exposição sobre o caso de Erna, o qual o *International Journal of Psycho-Analysis* (1925, V, p. 100) resume nos seguintes termos: "Num artigo intitulado 'Estrato da Análise de uma Neurose Obsessiva numa Menina de Seis Anos', a Senhora Klein (Berlim) relacionou as manifestações patológicas à vida pulsional anormal da criança e forneceu esclarecimentos sobre sua técnica e sobre os resultados do tratamento". No curso da discussão que se travou sobre esta comunicação K. Abraham declara, para espanto de Melanie Klein, que ainda não tinha clara consciência da importância de suas descobertas: "O futuro da psicanálise acha-se na psicanálise de crianças". Entretanto, Melanie Klein só publicará o caso de Erna em 1932, na *Psicanálise da Criança*. Publica muito pouco neste período de elaboração das grandes teorias kleinianas e espera muito mais antes de publicar suas ideias, ao contrário do que costumava fazer no período anterior. Em 1924, aos 42 anos, sai de um período de crise, notadamente marcado pelo seu divórcio, e começa sua análise com Abraham. Durante esta crise da meia--idade[6], passa do tipo de criatividade juvenil descrita por Elliott Jaques a uma criatividade "esculpida". Em 1919, não esperara três meses para relatar à Sociedade de Budapeste e publicar parcialmente[7] a experiência de educação sexual que tentou realizar com seu filho, sem nem ao menos preocupar-se em dissimular a identidade da criança. Em 1921, dava informações sobre Erich colhidas no exata momento da redação de seu artigo. Em 1923 tratou, em artigos publicados, do caso de Félix, dois anos antes de ter concluído a análise deste adolescente. Publicou, no total, entre a idade de 37 e 41 anos, cinco artigos contendo ideias que formula no momento exato em que os redige. Pode-se aplicar, à sua forma de proceder então, a descrição que faz Elliott Jaques da maneira de trabalhar dos criadores em sua juventude: "a criatividade tem por característica ser ardente. É intensa, espontânea, o trabalho é súbito e definitivo. As efusões espontâneas de Mozart, Keats, Shelley e Rimbaud são o protótipo disto. A maior parte do trabalho parece se fazer inconscientemente. A produção consciente é rápida, sendo a velocidade da criação amiúde limitada apenas pela capacidade do artista de registrar materialmente as palavras ou a música que lhe servem de expressão" (*pp. cit.*, pp. 240-241). Após 1923, Melanie Klein é muito mais lenta e prudente. Publica, em três anos, apenas dois artigos. Um deles, o mais extenso, relaciona-se com o período anterior pelo seu conteúdo: expõe o caso de Félix[8] que, embora publicado em 1925, não contém nenhuma das novas ideias que, no entanto, já vem formulando

6. Cf. E. JAQUES, "Mort et crise de milieu de la vie", in ANZIEU e col., *Psychanalyse du génie créateur*, Dunod, 1974.

7. Em "O Romance Familial em Statu Nascendi", *Internationale Zeitschrift fur Psychoanalyse*, 1920.

8. MELANIE KLEIN, "Contribution à l'étude de la psychogénèse des tics", in *Essais de Psychanalyse*, Payot, pp. 142-165.

82 MELANIE KLEIN I

claramente há mais de um ano. O outro[9], que consiste em apenas dez páginas de extrema densidade, ficará guardado durante dois anos e, como já dissemos, conhecerá pelo menos três formas sucessivas antes de surgir em 1926. O florescimento dos artigos – todos curtos e densos – que se seguirão, retomará incansavelmente, até 1932, o estudo dos mesmos quatro ou cinco casos – Rita, Trude, Ruth, Peter e Erna –, aprofundando a cada vez a conceitualização, até a síntese na *Psicanálise da Criança*, que é o resultado de oito anos de trabalho. Ainda aqui a pertinência das ideias de Elliott Jaques é marcante:

> Por contraste, a criatividade ao redor dos quarenta anos é "esculpida". A inspiração pode ser ardente e intensa. O trabalho inconsciente não é menor do que o era anteriormente, mas uma grande distância separa o primeiro ímpeto de inspiração do produto pronto e criado. A própria inspiração pode vir mais lentamente. Mesmo que haja bruscos jorros de inspiração, este é apenas o começo do processo de criação da obra. A inspiração inicial deve primeiramente ser exteriorizada em estado bruto. Começa, então, um processo de formação e de moldagem do produto externo, através de modelagens e remodelagens sucessivas da matéria. Utilizo o termo "esculpido", pois a natureza do material do escultor – penso no escultor que trabalha a pedra – obriga o artista a manter este tipo de relação com o produto de sua imaginação criadora. Aqui aparece toda uma interação, entre, por um lado, o trabalho intuitivo, a inspiração, e, por outro, a percepção atenta do produto externo que está sendo criado e a reação a este [...]. Este processo de exteriorização de si é a própria essência do trabalho criador na idade da maturidade adulta (Jaques, *op. cit.*, p. 241).

Pode-se, de fato, aplicar cada uma destas frases à mudança que sobrevém na maneira de trabalhar de Melanie Klein após os quarenta anos de idade.

Pode-se, também, encontrar as características da "maturidade adulta" de Elliott Jaques no modo pelo qual Melanie Klein, duramente afetada pela interrupção de sua análise, seguida pela morte de Abraham em 1º de janeiro de 1926, reage a esta perda: dolorosamente enlutada, após muito refletir, toma a decisão de mudar-se para Londres, provisoriamente de início, para depois instalar-se aí definitivamente. Retoma sua atividade científica no outono de 1926, após um silêncio de quase um ano: "Resignada mas não vencida" (Jaques, *op. cit.*, p. 260), começa uma segunda etapa de sua vida, a da maturidade definitiva que fará dela uma verdadeira mestra de uma nova escola[10].

2. A PSICANÁLISE DE RITA

Segundo nossa concepção, a terceira etapa da "decolagem" kleiniana começa com a análise de Rita e a invenção quase que simultânea ou, ligeiramente posterior, da técnica do brincar. Quando foi pedido a Melanie Klein que psicanalisasse Rita, na primavera de 1923, a criança, que não tinha

9. MELANIE KLEIN, "Les pricipes psychologiques de l'analyse des jeunes enfants" (1926), in *Essais de Psychanalyse*, Payot, pp. 166-177.

10. No início dos anos trinta, o grupo de psicanalistas ingleses, ligados às concepções kleinianas – ou seja, nesta época, a quase totalidade dos membros da Sociedade Britânica, de Jones a Glober –, conhecida sob o nome de escola inglesa de psicanálise – em oposição à escola vienense, que sustentava as ideias de Freud e Anna Freud sobre a sexualidade feminina e os primórdios do desenvolvimento.

A DESCOBERTA DA TÉCNICA DO BRINCAR...   83

ainda três anos de idade, já sofria perturbações neuróticas graves há um ano. Embora parecesse forte e inteligente, apresentava uma inibição quase que completa do brincar. Era muito difícil de ser educada e seus pais estavam sempre desnorteados por suas oscilações entre uma prudência excessiva e uma maldade desenfreada. Sobre um pano de fundo de ansiedade, sofria de perturbações intermitentes de humor que evocavam, em todos os aspectos, os estados melancólicos do adulto – aspecto ao qual Karl Abraham fora muito sensível. Era incapaz de suportar as frustrações e reagia à mínima contrariedade com explosões de cólera ou com profundo abatimento. Chorava frequentemente sem razão aparente e sem dar nenhum motivo quando lhe perguntavam a respeito. Perseguia sua mãe com perguntas angustiadas: "Sou boazinha?", "Você gosta de mim?", porém logo em seguida podia assumir uma atitude de desafio à mais leve reprimenda. Era caprichosa, tinha dificuldades alimentares e faltava-lhe apetite frequentemente. A tudo isto, acrescentava-se um sintoma obsessivo característico e plenamente constituído, que consistia num ritual "do deitar", cujas exigências tornavam-se cada vez mais minuciosas e imperativas, já há vários meses.

O ponto principal – e inicial – desse ritual era o seguinte: exigia que a enrolassem estreitamente na coberta e que se fizesse a mesma coisa com a sua boneca. Senão – como ela dizia – um camundongo ou um *Bützen* (palavra que inventara e que designava os órgãos genitais) ia penetrar em seu quarto pela janela e lhe arrancar seu próprio *Bützen* com uma dentada[11].

A própria mãe de Rita sofria de uma neurose obsessiva grave e mostrava-se extremamente ambivalente em relação à sua filha. Havia amamentado a criança – que era primogênita – por alguns meses. As primeiras mamadeiras haviam sido muito mal aceitas e o mesmo se produzia na passagem aos alimentos sólidos. Foi preciso renunciar à supressão da última mamadeira vespertina que ainda tomava no momento em que começou sua análise, pois cada tentativa neste sentido provocava na criança uma ansiedade tal que apavorava seus pais. Rita estabeleceu o controle esfincteriano a partir do segundo ano de vida e sua mãe parece ter manifestado muita ansiedade, dada a energia com que se empenhara para levar a pequena a bons hábitos de asseio.

A criança mostrava uma nítida preferência por sua mãe em relação ao pai até o final do primeiro ano. Manifestou em seguida uma marcante preferência por seu pai e mostrava ter muito ciúme de sua mãe. Por volta da idade de quinzes meses, quando já falava o suficiente para se fazer entender, sentava-se frequentemente nos joelhos de seu pai e exprimia da maneira mais clara o desejo de que sua mãe abandonasse o cômodo e os deixasse sozinhos. Após seu nascimento e até a idade de dois anos, ficara no quarto de seus pais e assistira repetidas vezes a suas relações sexuais. Sua mãe engravidou quando Rita tinha quinze meses. Aos dezoito meses o comportamento da criança mudou completamente. Sua mãe ganhou novamente a preferência da filha, mas a relação de Rita com ela permaneceu extremamente ambivalente. A menina demonstrava-lhe amiúde um ódio violento, ao mesmo tempo em que se apegava a ela e não podia suportar não vê-la, ainda que fosse por um só instante. Quanto ao pai, este agora era objeto de franca aversão (*Idem*, pp. 401-402).

11. MELANIE KLEIN, *Essais de Psychanalyse*, Payot, p.405.

84   MELANIE KLEIN I

Na mesma época, teve intensos terrores noturnos e manifestou uma fobia por diferentes animais, em particular um medo de cães. Sua neurose foi desencadeada pelo nascimento de seu irmão, quando estava com dois anos. Nesta época suas brincadeiras retraíram-se, inibiram-se, tornaram-se estereotipadas e compulsivas. Passava horas a fio a vestir e despir sua boneca, sem nenhum elemento de imaginação. Paralelamente, o cerimonial do deitar apareceu e desenvolveu-se acompanhado de todas as dificuldades que já descrevemos.

Levando em conta a idade da pequena paciente e sua dificuldade em separar-se de sua mãe, Melanie Klein empreendeu a análise na casa dos pais, no quarto da criança, sob uma inquieta vigilância da família, que se perguntava como Rita iria conduzir-se uma vez sozinha com a psicanalista. A analista evocou, num texto tardio, o desenrolar da primeira sessão do tratamento de Rita:

Eu estava verdadeiramente em dúvida: como abordar este caso? A análise de uma criança tão pequena era uma experiência inteiramente nova. A primeira sessão pareceu confirmar minhas apreensões. Rita, ao ficar sozinha comigo em seu quarto, mostrou imediatamente sinais do que considerei uma transferência negativa; estava ansiosa e calada e logo depois pediu para sair para o jardim. Concordei e fui com ela – devo acrescentar, sob os olhares vigilantes da mãe e da tia, que tomaram o fato como sinal de insucesso. Ficaram muito surpresas ao constatar que Rita se mostrava bastante amistosa comigo quando regressamos ao seu quarto, uns dez ou quinze minutos depois. A explicação desta modificação estava em que, enquanto ficamos fora, eu interpretava sua transferência negativa (sendo isso também contra a prática habitual). Das poucas palavras que ela dissera, parecera menos atemorizada do que quando estivemos fora: daí concluíra que ela estava particularmente receosa de alguma coisa que eu poderia fazer-lhe quando estivesse sozinha comigo no quarto. Interpretei-lhe isto e, aproximando o fato com seus terrores noturnos, avizinhei sua suspeita em relação a mim, sentida como uma estranha hostil, com seu temor de que uma mulher má a atacasse quando estivesse sozinha à noite. Quando, alguns minutos depois desta interpretação, sugeri que voltássemos ao quarto, ela aceitou de bom grado[12].

No entanto, o "gelo" não estava definitivamente "quebrado". No início da análise, a criança tolerava a presença de Melanie Klein, mas não fazia nada além do que seria um prolongamento de suas atitudes habituais: brincadeira pobre e estereotipada da boneca, acompanhada, de tempos em tempos, do desmentido em que especificava que esta boneca não era seu bebê. A analista pôde explicar à criança que ela tinha medo de ser a mãe de sua boneca, porque temia roubar de sua mãe seu bebê real, o irmãozinho que havia nascido quando Rita contava dois anos. Um detalhe que era ocasionalmente acrescentado ao cerimonial do deitar pôde então ser interpretado. Rita exigia algumas vezes que um elefante de pelúcia fosse colocado ao lado de sua cama e ao lado de sua boneca. O elefante devia impedir a boneca de levantar-se durante a noite e ir ao quarto de seus pais para lhes fazer algum mal ou lhes roubar alguma coisa. Rita, às vezes, punia a boneca por ter também más intenções, de maneira que "a reação de raiva e de ansiedade, que se produzia quando a 'criança' era castigada no curso dessas brincadeiras, mostrava que, para si mesma, Rita estava desempenhando os dois papéis: o das autoridades que infligiam o castigo e o da criança que o

12. MELANIE KLEIN, "The Psycho-Analytic Play Tecnique", *New Directions in Psycho-Analysis*, Londres, Maresfield Reprints, pp.5-6.

A DESCOBERTA DA TÉCNICA DO BRINCAR... 85

sofria"[13]. Nesta brincadeira, o elefante representava o pai que impedia a sua pequena filha de aproximar-se dele, de suplantar a mãe e destruí-la. É o medo do pai real em sua função de interditor do incesto que permitia compreender, com a brincadeira do elefante, um episódio do qual a menina guardara a lembrança: quando tinha dois anos, desmanchara-se em lágrimas porque seu pai havia ameaçado, brincando, o urso de um livro de figuras. Rita identificara-se com este urso, cujo significado apareceria mais tarde. O conjunto deste material revelava o medo de Rita de ser cruelmente punida pelo desejo inconsciente que alimentara ao longo de toda gravidez da mãe de lhe roubar a criança que trazia em seu ventre, matar a mãe e substituí-la junto ao pai. Neste estágio da análise o brincar perdeu um pouco de sua estereotipia e de sua falta de ligação com a realidade. Porém, num segundo momento, resultava sempre em vantagem das personagens severas, vingadoras e punitivas: Rita mostrava no seu brincar "a tendência a reconhecer a realidade só na medida em que se relacionava com as frustrações que havia sofrido antes, mas que jamais havia ultrapassado" (*Idem*, p. 249). A pequena paciente manifestava ainda sua transferência negativa, falando de uma maneira deliberadamente incompreensível. Frequentemente queria deixar o cômodo, mas a repetição da interpretação dada no primeiro dia era, em geral, o suficiente para fazê-la mudar de ideia.

Quando o brincar começou a tornar-se mais flexível e livre, girava amiúde em torno do tema de uma viagem que Rita devia empreender com seu urso de pelúcia para ir visitar uma gentil senhora que haveria de lhes oferecer presentes. Este "jogo de viagem" ocupa desde então um papel central na análise, sob variadas formas. No início, a viagem terminava sempre mal. Uma mulher malvada vinha perturbá-la. Às vezes, Rita queria ela mesma dirigir o trem: ela se desfazia do maquinista, mas este voltava a ameaçá-la. Chegando ao destino, muitas vezes encontrava uma megera no lugar da amável senhora esperada. O maquinista apareceu, na análise, como ocupando o lugar do pai; o urso de pelúcia constituía amiúde na brincadeira um objeto de contestação entre a viajante e o maquinista: "ele representava aqui o pênis paterno, e a rivalidade de Rita com o pai se expressava nesta luta pela posse do pênis" (*Idem*, p. 249). Esta rivalidade tinha por origem o ódio pelo pai "interditor" dos desejos incestuosos, mas também o desejo de ter um pênis para poder satisfazer a mãe, desejo que aparecera na época dos terrores noturnos em consequência da repressão do complexo de Édipo. À medida que a análise explorava os significados inconscientes deste, o brincar de Rita evoluía, a "viagem" começava a poder realizar-se sem obstáculos e novas brincadeiras surgiram, aludindo claramente à cena primitiva.

Assim, certo dia, pegou uma peça de um jogo de construção, declarando que era uma "mulherzinha". Colocou-a ao lado da caixa de papelão que continha o jogo de construção, apanhou um outro elemento, mais alongado, que chamou de um martelinho com o qual bateu na caixa até furá-la, acompanhando estes gestos com o seguinte comentário: "Quando o martelo bateu com força, a mulherzinha ficou *tão* assustada" (*Idem*, p. 404). O martelo, declara Melanie Klein, representa o pênis do pai, a caixa, a mãe, a "mulherzinha", a própria Rita, "e a situação em seu conjunto reproduzia aquela em que a criança assistia à cena primitiva" (*Idem*, p. 404). Na fase final da análise, a ansiedade resultante da dupla rivalidade, com o

13. MELANIE KLEIN, *Essais de Psychanalyse*, Payot, p.245.

86 MELANIE KLEIN I

pai na posição masculina do complexo de Édipo invertido, com a mãe na posição feminina do complexo positivo, estava suficientemente atenuada para que o cerimonial fosse desfeito e para que os elementos nitidamente libidinais sobrepujassem e substituíssem os elementos agressivos. Rita mostrava, então, em suas brincadeiras, sentimentos verdadeiramente maternais para com seu urso ou sua boneca. Pouco antes da interrupção do tratamento, declarou um dia enquanto ninava e beijava seu urso: "Agora já não me sinto infeliz porque já tenho um nenezinho a quem muito quero" (*Idem*, p. 409). O urso perdera, então, seu significado de penhor de uma rivalidade com o pai. Rita retornara à sua posição edipiana feminina que não havia podido manter, com a idade de dezoito meses, devido ao seu terror de ser punida pela mãe. A análise permitira a superação desta ansiedade, manifestada nos pavores noturnos e em todo o comportamento da menina, e o retorno a uma situação edipiana normal anunciadora de um desenvolvimento menos perturbado.

A análise foi interrompida no começo do outono de 1923, após três ou quatro meses, por causa da ida dos pais para o exterior, onde a família se instalou. Mas Melanie Klein teve, durante muito tempo, notícias de Rita e pôde avaliar os resultados do tratamento a longo prazo. Os sintomas obsessivos não reapareceram. A ansiedade havia diminuído assim como os sintomas depressivos e a incapacidade em tolerar as frustrações. As relações com o pai e o irmão tornaram-se boas. A relação com a mãe, embora permanecesse ambivalente, melhorou o bastante para levar a uma mudança de atitude da própria mãe que se torna menos ambivalente em relação à sua filha. O tratamento tivera portanto resultados duradouros, mas parciais. Alguns anos mais tarde, escreve Melanie Klein:

> Tive ocasião de convencer-me pessoalmente da natureza duradoura dos resultados de sua análise [...] minha pequena paciente entrara no período de latência de maneira satisfatória, e sua inteligência bem como seu caráter se desenvolviam de maneira satisfatória. Entretanto, quando tornei a vê-la tive a impressão de que teria sido desejável que sua análise continuasse por mais algum tempo. De todo o seu ser, se desprendiam os sinais incontestáveis de uma disposição obsessiva[14].

Em 1930, ainda, sete anos após o fim do tratamento, Melanie Klein tem notícias de Rita através de sua mãe, "a qual me assegurou que ela estava evoluindo satisfatoriamente" (*Idem*, p. 16, n. 1).

A imagem que demos do tratamento de Rita é sem dúvida inexata em certos pontos e, certamente, muito incompleta e com lacunas. Nossas dúvidas versam sobretudo acerca da ordem cronológica de certos detalhes e mais ainda sobre sua relação com certos fatos que não mencionamos até agora. Uma das razões disto é o caráter disperso e fragmentário das passagens referentes a Rita na obra kleiniana. Mas a razão essencial de nossas dificuldades se deve à importância excepcional que o caso Rita assumiu para Melanie Klein. Durante os vinte anos que se seguiram a esta análise não cessou de se referir a ela em seus escritos, revelando certos detalhes, apenas para ilustrar noções que acabava de elaborar. São raras as concepções ulteriores, e mesmo tardias, de Melanie Klein, que não foram ilustradas ao menos uma vez pelo exemplo de Rita. Neste sentido, Rita, a primeira beneficiária de um tratamento psicanalítico kleiniano, é compa-

14. MELANIE KLEIN, *La Psychanalyse*, P.U.F., p.16, nota 1.

A DESCOBERTA DA TÉCNICA DO BRINCAR... 87

rável a Richard, que foi sem dúvida uma das últimas crianças que a própria Melanie Klein analisou, e sobre cujo tratamento – igualmente muito breve e interrompido – ela refletirá durante vinte anos, até sua morte[15]. É significativo que, quando decide, após ter elaborado sua concepção sobre a posição depressiva e a posição esquizoparanoide, discorrer sobre a questão do complexo de Édipo e conciliar suas descrições anteriores com as novas hipóteses, Melanie Klein escolha o caso de Richard para expor o desenvolvimento do menino e o de Rita para ilustrar o desenvolvimento da menina. Assim, a apresentação mais completa que temos da análise de Rita data de 1945 – vinte e dois anos após a interrupção do tratamento – e os dados fatuais acompanham-se de interpretações referentes aos mecanismos esquizoides, a reparação etc, que Melanie Klein não podia ter oferecido em 1923. É o que justifica nossa reserva e nosso embaraço diante de certos aspectos do material mencionados nos escritos posteriores de 1926 e, notadamente, diante dos elementos orais que tanto haviam chamado a atenção de Karl Abraham. Na sua carta a Freud de 7 de outubro de 1923, Abraham assinalava que a "melancolia originária" de Rita estava "em estreita conexão com o erotismo oral"[16]. Há, por certo, nas indicações dadas por Melanie Klein, muitos elementos que convergem neste sentido: Rita não fora privada de sua última mamadeira no início do tratamento e o peso do "trauma do desmame" é evidente na sua intolerância ulterior a qualquer frustração e notadamente à frustração, infligida pelo pai, de seus desejos edipianos. A análise de Rita está sem a menor dúvida na origem da tese sustentada por Melanie Klein em Salzburg em 1924 segundo a qual as crianças "desejam e concebem e desejam inicialmente o coito como um ato oral": não se vê bem, com efeito, de onde poderia vir esta ideia, a não ser do tratamento de Rita, já que Melanie Klein acabava de iniciar, nesta época, as análises de Trude, Ruth, Peter e Erna. Mas não faz nenhum comentário teórico sobre estas dificuldades do desmame antes de 1932, e é apenas em 1936 que resolve explicar em detalhes as circunstâncias do desmame de Rita em seu artigo "O Desmame"[17]. De outro lado, cabe sublinhar que, quando Abraham fala de erotismo oral, tem em vista um estágio de organização da libido, certamente ambivalente, no seu segundo momento (o estágio sádico-oral canibalístico), mas que comporta essencialmente uma relação de *amor parcial* com o objeto. Ora, quando Melanie Klein fala da oralidade de Rita, o faz sob a rubrica do sadismo oral provocado pelo desmame, do ódio e do terror da mãe, e em textos ainda mais tardios, da voracidade e da inveja. Nestas condições, devemos renunciar à esperança de determinar em que momento da análise o erotismo oral de Rita lhe fora interpretado, já que nem mesmo sabemos se isto fora feito. É perfeitamente possível que Melanie Klein tenha encontrado as interpretações relativas à oralidade apenas após o final do tratamento. Sabemos, por exemplo, através de suas próprias declarações, que ela se deu conta da importância do *sadismo oral* somente em 1924-25, no decorrer das análises de Ruth e de Peter, e veremos que a utilização imediata que faz, em 1926, do caso de Rita, na teoria, comporta uma insistência quase

15. Cf. *La Psychanalyse d'un enfant*, Tchou, trad. fr. de *Narrative of a Child Analysis* (1961) (póstumo e editado por Elliott Jaques, The Hogarth Press and the Institute of Psycho-Analysis).

16. SIGMUND FREUD e KARL ABRAHAM, *Correspondance*, N.R.F., p.345.

17. WEANING, in *On the Bringing up of Children*, Kegan Paul, 1936.

que exclusiva sobre a técnica do brincar e sobre a "precocidade" do complexo de Édipo e do superego. No que concerne à oralidade, o único ponto que permanece (altamente) provável é o seguinte: em 1924, Melanie Klein dispõe da teoria segundo a qual o complexo de Édipo é desencadeado pela frustração oral do desmame, o que acarreta uma permuta de objeto, uma conversão do seio materno em pênis paterno, com o objetivo de incorporação oral. Esta teoria é, sem dúvida nenhuma, inspirada pela análise de Rita. Porém, de modo geral, foram necessários vários anos para que Melanie Klein "esculpisse" as ideias que lhe surgiram graças à sua pequena paciente.

3. A DESCOBERTA DA TÉCNICA DO BRINCAR

A técnica do brincar, ela mesma, não foi aplicada em Rita de modo sistemático e harmonioso. Foi, de certa maneira, imposta pela criança e pelas circunstâncias. O tratamento desenrolava-se no quarto da menina, em meio a seus objetos familiares e brinquedos. Rita passava todas as sessões a brincar, em parte porque não podia verbalizar integralmente suas emoções e fantasias, sendo-lhe mais fácil, portanto, tendo em vista sua idade, atuá-las, e em parte porque o brincar permitia-lhe evitar um confronto muito direto com a psicanalista. Certamente, Melanie Klein não tinha nenhuma intenção de privilegiar o brincar em relação a um outro modo de expressão, mas sua experiência anterior com Erich a habituara a compreender o significado das atividades lúdicas, e as teses protokleinianas de 1923 haviam-na armado de uma concepção claramente formulada do papel do brincar na gênese das sublimações: deste modo, podia ter referenciais nas atividades lúdicas de sua pequena paciente e considerar as brincadeiras como equivalentes das associações do adulto. Porém, ao longo do tratamento de Rita, a analista permanece passiva neste domínio, limitando-se a aceitar as brincadeiras da menina e a interpretá-las. Poder-se-ia comparar – *mutatis mutandis* – os respectivos papéis assumidos na invenção da técnica do brincar, por Erich e em seguida por Rita, de um lado, e, de outro, por Melanie Klein, aos papéis assumidos na invenção da técnica psicanalítica, por Anna O. – Bertha Pappenheim e Emmy von N., de uma parte, de outra, Breuer e, mais tarde, Freud. Assim como Bertha Pappenheim impusera a um Breuer atento e benevolente seu "estado segundo de consciência" e sua hipermnésia auto hipnótica, Erich comunicara-se com sua mãe através de suas brincadeiras e fantasias atuadas por estas brincadeiras, sendo que Melanie Klein reproduzia as atitudes de simpatia aberta de Breuer. Mas a analogia não é total, pois Freud já havia transformado em uma técnica estruturada a *talking cure* de Bertha Pappenheim, quando Emmy von N. declarou-lhe, um belo dia, que Freud perturbava o curso de suas associações com suas perguntas incessantes e que deveria aceitar este fato sem discuti-lo. Ao inverso, Melanie Klein só fez da psicanálise através do brincar uma técnica sistemática – reproduzindo assim o passo que Freud realizara após ter recebido as confidencias de Breuer sobre Bertha Pappenheim – após Rita ter-lhe imposto um tratamento centrado exclusivamente no brincar.

A técnica do brincar sugerida por Rita só foi verdadeiramente inventada por Melanie Klein, quer dizer, utilizada deliberadamente por iniciativa da analista, após o final da análise de Rita ou, pelo menos, numa época em

A DESCOBERTA DA TÉCNICA DO BRINCAR... 89

que seu tratamento estava próximo do fim. Melanie Klein fez seu relato desta invenção em 1953, em "A Técnica Psicanalítica Através do Brinquedo". Em 1923, na segunda metade do ano, empreendera o tratamento de uma menina de sete anos que poderia ser considerada normal, a despeito de uma aversão acentuada pela escola. Instruída pela análise de Rita sobre as dificuldades de uma psicanálise feita na casa dos pais, Melanie Klein decidira doravante analisar as crianças em sua própria casa, em seu escritório. As primeiras sessões haviam sido apagadas e monótonas. A criança falava com dificuldade e comunicava apenas informações banais sobre sua vida escolar. Algumas interpretações haviam provocado a emergência de novos relatos, um pouco mais ricos que os precedentes. Em resumo, o processo psicanalítico não deslanchava. Sobre isto, escreve Melanie Klein[18]:

Eu tinha a impressão de que eu não obteria muito mais do que isso, continuando desta maneira. Em uma sessão em que a encontrei de novo indiferente e retraída, deixei-a, dizendo-lhe que regressaria num instante. Fui ao quarto de meus próprios filhos, recolhi alguns brinquedos, carros, pequenas figuras, alguns cubos de armar, e um trem, os coloquei em uma caixa e voltei para junto da paciente. A criança, que não aceitara desenhar ou outras atividades, se interessou pelos pequenos brinquedos e começou imediatamente a brincar. Dessa brincadeira deduzi que duas das personagens representavam ela mesma e um menino pequeno, um colega de escola de quem ela me havia falado antes. Parecia que havia algo secreto acerca do comportamento destas duas personagens e que as outras personagens-brinquedos eram sentidas como perturbadoras ou curiosas e que eram postas de lado. As atividades dos dois brinquedos conduziam a catástrofes: caíam e colidiam com os carros. Ela repetiu a brincadeira com sinais de crescente ansiedade. Nesse ponto, interpretei, com referência aos pormenores de sua brincadeira: houvera, parece, certa atividade sexual entre ela e seu amigo, ela tivera medo de ser descoberta e, por consequência, desconfiava de outras pessoas. Observei que, enquanto brincava, ela se tornara ansiosa e parecera prestes a interromper a brincadeira. Recordei-lhe que não gostava da escola e que isso podia muito bem estar relacionado com o medo de que o professor descobrisse sua relação com o colega de classe e a punisse. Acima de tudo, ela tinha medo e desconfiava da mãe, podendo acontecer que estivesse sentindo a mesma coisa em relação a mim. O efeito dessa interpretação sobre a criança foi impressionante: sua ansiedade e desconfiança aumentaram no início, mas logo depois deram lugar a um evidente alívio. A expressão de seu rosto mudou e, embora não haja admitido nem rejeitado a interpretação, mostrou subsequentemente sua concordância ao produzir novo material e ao tornar-se muito mais livre em seu brincar e em sua fala; sua atitude para comigo também passou a ser muito mais amistosa e menos suspeita.

Desde então, o processo psicanalítico estava engajado e a análise pôde desenrolar-se com sucesso, acarretando o desaparecimento das inibições e melhora das relações com a mãe. Esta análise foi, portanto, a primeira conduta deliberada segundo a técnica do brincar. Pensamos poder identificar esta menina com a pequena Inge, à qual Melanie Klein se refere em três ocasiões na *Psicanálise da Criança*. Em ambos os casos, trata-se de uma menina de sete anos, normal, a despeito de uma inibição escolar, cuja análise é mais profilática que terapêutica, existindo concordância de datas: "A análise de Inge, que abrangeu um total de 175 sessões, era um trabalho de natureza profilática. Sua principal dificuldade, uma inibição escolar [...] Há sete anos que seu tratamento terminou e desde então ela se desen-

---

18. "The Psycho-Analytic Play Technique", *New Directions in Psycho-Analysis*, Londres, Maresfield Reprints, pp.6-7.

90 MELANIE KLEIN I

volveu harmoniosamente, entrando com êxito no período da puberdade"[19].
Este texto foi escrito em 1931: a análise de Inge foi concluída, portanto,
em 1924, tendo a duração de, aproximadamente, oito meses (175 sessões,
à razão de cinco ou seis sessões por semana), e tudo nos leva a pensar que
é ao começo da análise de Inge que cumpre referir o relato, já citado, da
invenção da técnica do brincar.

4. UM PRECURSOR DA CONCEPÇÃO KLEINIANA DO BRINCAR: SIGMUND PFEIFER

Quando realiza, em 1923, sua invenção técnica primordial, Melanie
Klein não é nem a primeira, nem a única a utilizar o brincar a título de
técnica na psicanálise de criança. A despeito de sua pouca simpatia pela
personalidade e pelos métodos de Hermine von Hug-Hellmuth, sempre
.reconheceu a prioridade de sua antecessora, que havia começado a psicanalisar crianças já em 1917. Em contrapartida, nunca mencionou o trabalho de Sigmund Pfeifer, psicanalista de Budapeste que ela provavelmente
encontrara e que publicara em 1919 um artigo longo e documentado, baseado em observação de crianças feitas dentro de um espírito psicanalítico
(e não um material colhido ao longo de tratamentos de crianças, que o
autor, ao que parece, não praticava), intitulado; "Manifestações das Pulsões Eróticas Infantis nas Brincadeiras. Posições da Psicanálise em face
das Principais Teorias do Brincar"[20]. Seis anos após o texto puramente
descritivo e psicopatológico de Sandor Ferenczi sobre o pequeno Arpad[21],
este artigo, que não foi nem reeditado nem traduzido após 1919, constitui
pelo que sabemos o primeiro texto a comportar, além das descrições, uma
teoria completa do brincar da criança normal. Contém hipóteses do maior
interesse que antecipam diretamente certas posições kleinianas. Num primeiro momento, Sigmund Pfeifer estabelece a pertinência do brincar às
formações do inconsciente descritas por Freud, e lhe dá um papel na série
sonho-fantasia-ato falho-lembranças encobridoras-chistes-etc., questio-
nando a identidade dos procedimentos de elaboração do brincar com os
procedimentos do trabalho do sonho. No brincar, assim como no sonho,
o observador psicanalista reencontra a condensação, o deslocamento, a
simbolização. Assim como o sonho, o brincar está a serviço da realização
imaginária do desejo, que se expressa pela representação em atos simbólicos ao invés de recorrer à representação em atos simbólicos ao invés de
recorrer à representação por imagens. Pfeifer cita o exemplo de uma
criança normal cuja brincadeira favorita, entre a idade de quatro e seis
anos, era o jogo de "furar o porco". Ela tomara como o porco uma grande
peça de madeira sobre a qual sentava-se, grunhindo como este animal. A
morte do porco representava o assassinato do pai, enquanto que os gru-
nhidos emitidos pela criança exprimiam a identificação com o pai-porco
e o desejo de tomar seu lugar. Quanto a este segundo aspecto, o jogo estava
sobredeterminado: o pedaço de madeira no qual a criança havia fixado
uma cela de cavalo representava a mãe submetida ao coito sádico do pai,
com o qual o menino se identificava. Impressiona a analogia com as teses

19. MELANIE KLEIN, *La Psychanalyse des enfants*, P.U.F., p. 73.
20. *Imago*, v.V, pp. 243-282.
21. SANDOR FERENCZI, "Un petit homme-coq", in *Psychanalyse*, Payot, t.II.

A DESCOBERTA DA TÉCNICA DO BRINCAR... 91

futuras de Melanie Klein: liberação das fantasias subjacentes ao brincar, relação destas fantasias com a cena primitiva.

Segunda analogia surpreendente: S. Pfeifer descreve, sob o nome de clivagem-com-identificação ou dissociação-com-identificação (*Abspaltung mit Identifikation*), o mecanismo que julga característico do brincar e lhe consigna uma função de repartição da libido nas pessoas e de distribuição das identificações, repousando esta dupla função no valor simbólico das brincadeiras:

acrescentarei, escreve ele, que este mecanismo, cuja atividade me surgiu no brincar, assume neste um significado particular [...] permite à criança que brinca exteriorizar a posição que ocupa em relação aos complexos do incesto, do erotismo anal – para nos deter nos mais importantes – os quais, sabemos, têm valor prototípico para o desenvolvimento do caráter de todo indivíduo, abre o caminho de sua transferência e tipicamente daquela que se realiza nos companheiros de brincadeiras, nos irmãos e irmãs e mais tarde nos semelhantes, na sociedade, na lei e, enfim, em todas as formas de autoridade.

A clivagem e separação das diferentes posições – ativa e passiva – genital e pré-genital – da criança frente a seus complexos acarretam uma distribuição (*Verteilung, Idem*, p. 256) das identificações clivadas nos parceiros de brincadeiras. Com a condição de acrescentar às concepções de Pfeifer a ideia – própria de Melanie Klein – de que estas identificações clivadas são também distribuídas nas personificações da brincadeira onde a criança brinca sozinha – e vimos no exemplo do "jogo de furar o porco» que esta realidade não escapa ao senso clínico de Pfeifer, ainda que não faça uma teoria disto – temos exatamente as teses kleinianas de 1929[22]. Após ter passado em revista e criticado, sob um ponto de vista psicanalítico, as teorias "psicobiológicas" do brincar (Schiller, Spencer, Lazarus e Wundt), o artigo de Pfeifer finaliza com uma ideia original: o brincar é, na época do Édipo, expressão direta da sexualidade infantil; após a repressão do "complexo do incesto" e a entrada no período de latência, o brincar tornar-se nas crianças normais a única possibilidade de descarga motora das pulsões sexuais: "no momento do período de latência, a sexualidade da criança, que não desapareceu, só pode se manifestar através do brincar" (S. Pfeifer, *op. cit.*, p. 281). Esta citação contém a antecipação de uma outra ideia fundamental de Melanie Klein: o brincar serve para a descarga das fantasias masturbatórias. Atuação da cena primitiva, clivagem-com-identificação, distribuição das identificações clivadas nas personagens da brincadeira, descarga da sexualidade auto erótica: é quase toda a concepção kleiniana do brincar que está deste modo prefigurada. Mas Pfeifer permanece um observador da criança e nunca lhe surge a ideia de analisar crianças graças ao brincar. Sua teoria não resulta em nenhuma prática.

5. A UTILIZAÇÃO DO BRINCAR NO TRATAMENTO EDUCATIVO E CURATIVO DE H. VON HUG-HELLMUTH

22. MELANIE KLEIN, "La personification dans le jeu des enfants", in *Essais de Psychanalyse*, Payot, pp.242-253.

Com Hermine von Hug-Hellmuth, em contrapartida, temos que nos haver com uma prática sem teoria. Sua exposição no Congresso de Haia de 1920, que é sua contribuição principal e que Melanie Klein a ouvira ler, é um verdadeiro catálogo das razões pelas quais é impossível psicanalisar uma criança, e que justificam o emprego de um método de tratamento educativo e curativo de inspiração psicanalítica. A criança está numa situação muito diferente daquela do adulto que pede uma análise: "A criança não vai por iniciativa própria ao analista [...] a criança está em pleno meio das experiências reais que estão em vias de provocar sua neurose [...] A criança, diferentemente do adulto, não tem absolutamente o desejo de mudar nem de modificar sua atitude frente a seu meio"[23]. É, portanto, particularmente difícil fazer-lhe compreender o objetivo do testamento, e metade do artigo de H. von Hug-Hellmuth consiste na descrição dos procedimentos e das "artimanhas" destinados a "quebrar o gelo". Nesta perspectiva, é preciso analisar a criança em sua própria casa para que as coisas sejam mais fáceis para ela e, sobretudo, a fim de que não possa faltar à sessão de análise no caso de os pais se cansarem de acompanhá-la ao analista. As dificuldades são acompanhadas de verdadeiras manobras de sedução, justificadas pelo fato de que "a primeira hora do tratamento tem uma importância excepcional; ela propicia a ocasião de estabelecer um *rapport*[24] com a jovem criatura e 'quebrar o gelo' [...] Amiúde, no caso dos pacientes que se mantêm obstinadamente calados, a artimanha é de grande auxílio" (*Idem*, p. 293). Não resistiremos à tentação de citar o relato de uma destas artimanhas:

> Por exemplo, um menino de nove anos, que sofria de impulsos suicidas, não me prestou a menor atenção durante a primeira hora do tratamento. Contentara-se em pousar a cabeça sobre a mesa e não respondia a nenhuma das minhas observações. Quando uma mosca passou perto de seu rosto surgiu-me a ideia de dizer-lhe que eu tinha um cisco no olho. Imediatamente, a criança, que desejava ser prestativa, levantou-se de um salto e disse: "Por favor, deixe-me ver, eu vou retirá-lo, mas a senhora não deve esfregar a pálpebra". Assim, depois que veio em minha ajuda, o gelo foi quebrado, porque ele sentira que me fora útil. Depois deste fato, cada vez que uma forte resistência o fazia recolher-se em seu silêncio, bastava pedir-lhe ajuda ou conselho para que a análise voltasse a progredir favoravelmente (*Idem*, p. 294).

É sob esta rubrica dos procedimentos destinados a "quebrar o gelo" que H. von Hug-Hellmuth menciona a utilização do brincar: "Quando vai tratar de crianças de sete ou oito anos, o analista pode frequentemente preparar o terreno, participando das atividades lúdicas, que lhe fornecem um meio de reconhecer numerosos sintomas, hábitos característicos e traços de caráter; e no caso destes pacientes muito jovens, o brincar, muitas vezes, assume um importante papel do início ao final do tratamento" (*Idem*, p. 295). Mas o uso que ela faz do brincar e que recomenda não tem muita relação com o que Melanie Klein irá fazer. Hermine von Hug-Hellmuth imagina brincadeiras e relatos para despertar o interesse da criança pelo tratamento e para fazê-la reagir. Neste sentido, sua técnica não deixa de ter certa analogia com o psicodrama de Moreno, inventado por volta da mesma época, no qual Moreno decide acerca do cenário da cena em fun-

---

23. HERMINE VON HUG-HELLMUTH, "On the Technique of Child Analysis", *International Journal of Psycho-Analysis*, 1922, v.II, pp.287-288.

24. Em francês no texto original.

A DESCOBERTA DA TÉCNICA DO BRINCAR...   93

ção daquilo que sabe da personalidade dos atores benévolos e lhes prescreve sua atitude interior. Eis como Hermine von Hug-Hellmuth obtém a participação de uma outra criança, muda, da qual "desconfia" que ela tenha observado a vida sexual de seus pais:

No decorrer de uma das primeiras horas do tratamento, contei-lhe a estória de um garotinho que não queria dormir à noite e que fazia tanto barulho que seus pais não podiam dormir. Além disso, contei como o pequeno Rudi também fazia barulho à tarde, quando seu pai queria descansar; seu pai zangava-se e Rudi era açoitado (a reação do pequeno Hans[25] foi a de se precipitar sobre o aparador, onde apanhou um *krampus*[26], e me bater no braço, dizendo "você é má"). Na realidade, seu pai, um oficial de alta patente, estava em serviço desde o início da guerra e só retornava a Viena, para junto de sua família, em breves licenças [...] No dia seguinte, seus desejos de morte dirigidos contra o pai mostraram-se mais claramente. Brincava com um pequeno automóvel cujo motorista ele derrubava com frequência, o qual eu lhe dissera ser o pai de Rudi. Eu fingia telefonar ao menino para dar-lhe notícias de seu pai. Rudi devia, supunha-se, chorar amargamente com estas notícias, e eu dizia que Rudi, por mais que tivesse antes desejado despachar seu severo pai, sentia-se agora muito triste porque, apesar destes desejos, gostava, na verdade, muito do pai. A reação do pequeno Hans foi inteiramente característica: ele me ouvia deitado no chão e perguntava, impacientemente, sem cessar: O que fará Rudi agora?[27]

A brincadeira mantém neste exemplo a função de "quebrar o gelo". Mas desta vez não se trata mais de sedução. Ainda que uma dimensão de tranquilização não esteja ausente (afinal, Rudi é um bom menino), a brincadeira é essencialmente utilizada para provocar uma reação da criança, atingindo seu inconsciente. Convém salientar três particularidades da abordagem de Hermine von Hug-Hellmuth: 1º) ela entende perfeitamente que o jogo é, inconscientemente, até mesmo conscientemente, entendido pela criança, e que a reação do menino é provocada pelo "conteúdo latente" da brincadeira – a agressividade edipiana de Hans contra seu pai; 2º) utiliza o brincar com uma linguagem que ela própria não hesita em falar, como um modo de expressão figurado particularmente apropriado à comunicação com o inconsciente da criança; 3º) supõe que esta linguagem é suficiente, e é aqui que sua prática acaba por se correlacionar com uma conceitualização: a análise da criança deve contentar-se em tornar pré--conscientes os conteúdos inconscientes. Pode obter um remanejamento dos elementos patogênicos inconscientes sem que a passagem pela linguagem e pela consciência seja indispensável.

Enquanto que no caso da análise de uma adulto procuramos obter uma plena tomada de consciência dos impulsos e dos sentimentos inconscientes, no caso da criança esta espécie de confissão, expressa sem palavras, num ato simbólico, é amplamente suficiente. Aprendemos na verdade, através da análise da criança, que os acontecimentos psíquicos são acolhidos em organizações completamente diferentes das do adulto, cuja relação pode ser muito mais estreita ou muito mais dis-

25. É claro que este pequeno Hans, analisado entre 1917 e 1920, não tem nenhuma relação com seu célebre homônimo, cujo caso foi publicado por Freud em 1909.

26. Espécie de bibelô representando uma personagem do folclore vienense, comparável ao "père Fouettard". Esta estatueta servia tradicionalmente de suporte aos chicotes utilizados para punir as crianças.

27. HERMINE VON HUG-HELLMUTH, "On the Technique of Child Analysis", p.295.

94 MELANIE KLEIN I

tante, e que muitas impressões deixam traços claramente marcados na criança, ainda que nunca tenham transposto o limiar da consciência. A própria analista não deve tornar conscientes as lembranças fragmentárias das cenas primitivas; o relacionamento das novas impressões com as antigas faz-se, talvez, no pré-consciente, e transferiremos às experiências ulteriores, num estágio mais avançado do desenvolvimento, o cuidado de fazê-las ascender à consciência (*Idem*, p. 297).

Assim, a técnica de Hermine von Hug-Hellmuth não visa um efeito especificamente psicanalítico – o de um tratamento padrão – mas fundamenta-se sobre o princípio daquilo que, no domínio do xamanismo, o etnólogo Claude Lévi-Strauss denominará mais tarde de "eficácia simbólica"[28]. Neste sentido, sua técnica do brincar parece antecipar diretamente a técnica do psicodrama psicanalítico da criança, tal como foi descrito por Didier Anzieu[29], muito mais do que a técnica psicanalítica do brincar de Melanie Klein.

6. A ORIGINALIDADE DA INVENÇÃO KLEINIANA DA TÉCNICA DO BRINCAR

Enquanto Pfeifer se interessa pelo brincar como expressão do inconsciente sob um ponto de vista puramente científico, H. von Hug-Hellmuth vê nele um procedimento que permite nublar a consciência e colocá-la entre parênteses. A técnica kleiniana do brincar efetua a síntese destas duas concepções, porém lhes acrescentando a interpretação, a única apta a produzir efeitos especificamente psicanalíticos. No entanto, parece-nos quase certo que Melanie Klein pouco deve a estes dois antecessores. No que se refere a Pfeifer, devemos nos ater a conjecturas baseadas no que sabemos da personalidade e da atitude da criadora da psicanálise através do brincar: Melanie Klein, até 1926, não tem nenhuma pretensão à originalidade. Considera-se uma discípula de Freud, assim como uma aluna de Ferenczi e Abraham, de quem solicita conselhos. A cada vez que lhe é possível, relaciona suas próprias ideias às de antecessores e multiplica as referências em seus artigos publicados: Abraham, Alexander, Boehm, Mary Chadwick, Ferenczi, Anton von Freund, Groddeck, apropria H. von Hug-Hellmuth, Jones, van Ophuijsen, Rank, Reik, Róheim, Sadger, Sperber, Spielrein, Stárcke e Steckel, sem contar o próprio Freud, são todos evocados repetidas vezes nos cinco primeiros artigos e amiúde Melanie Klein serve-se da autoridade, real ou suposta, destes homens para escorar suas próprias hipóteses. Jamais encontraremos em Melanie Klein o equivalente à atitude ciosa e sobranceira de Freud no que se refere à paternidade de suas ideias, o que o conduziu por vezes a querelas de prioridade. Melanie Klein frequentemente entrará em polêmica, mas nunca para sustentar sua prioridade: e a cada vez que lhe é possível, procura um antecessor; deste modo, ela relacionará a ideia – que, no entanto, lhe pertence integralmente – da posição esquizoparanoide a uma sugestão de Fairbain, e a da inveja, a Karl Abraham que, no entanto, mal vislumbrou esta realidade clínica. No que concerne ao brincar, mencionará sempre, escrupulosamente, a prioridade de H. von Hug-Hellmuth. Formularíamos, portanto, de bom grado, a hipótese de que

28. C. LÉVI-STRAUSS, "L'efficacité symbolique", in *Antropologie structurale*, Pion, 1961.

29. DIDIER ANZIEU, *Le psychodrame analytique chez l'enfant*, P.U.F., 1957.

A DESCOBERTA DA TÉCNICA DO BRINCAR...   95

não foi influenciada conscientemente por Pfeifer, pois estamos quase certos de que, caso contrário, o teria citado dezenas de vezes: ora, ela nem mesmo menciona a existência de seu artigo. No entanto, parece-nos difícil pensar que ela pudesse ignorá-lo. Pensamos que leu o artigo na ocasião de seu surgimento, sem que este tenha lhe invocado muitas coisas: em 1919 mal começava a educação sexual de Erich e viria a tomar consciência da importância do brincar apenas no início de 1920. Redescobriu então, por si mesma, até 1923 – e mesmo até 1929, já que é somente nesta data que redescobre a ideia da clivagem-com-identificação de Pfeifer – a maior parte das ideias deste autor. Sabemos que tais fenômenos criptomnésicos sempre desempenharam certo papel na descoberta da psicanálise por Freud, assim como na invenção do psicodiagnóstico por Hermann Rorschach[30]. Mais próximo de Melanie Klein, Sandor Ferenczi fora incumbido, em 1900, de redigir uma crítica da *Interpretação dos Sonhos* de Freud e recusara-se a fazê-lo após tê-lo examinado rapidamente, considerando que isto não valia a pena. Foi o teste das associações de Jung que, alguns anos mais tarde, despertou seu interesse pela psicanálise e o levou a realmente ler os escritos de Freud. Parece-nos que, pelo que tudo leva a crer, um fenômeno semelhante esteve em jogo no caso de Melanie Klein: ela só pôde compreender as ideias de Pfeifer, reencontrando-as em sua experiência pessoal e esquecendo esta leitura antiga e sem dúvida apressada.

No que se refere a uma eventual influência de H. von Hug-Hellmuth, o caso é muito mais nítido e não hesitaremos em afirmar que a influência é mínima. O artigo da analista de crianças vienense foi lido no Congresso de 1920 e publicado em 1921. Ora, já vimos Melanie Klein utilizar, desde o início do ano de 1920, um procedimento de provocação da vida de fantasia perfeitamente comparável àquele que H. von Hug-Hellmuth descreve oito ou nove meses mais tarde: a segunda fase da educação sexual psicanalítica de Erich havia com efeito começado pelo episódio do bombom, o qual, no dizer de Melanie Klein, esperava a criança há muito tempo, e havia também uma estória cujo relato encantou Erich e desencadeou a liberação de suas fantasias e de seu brincar[31]. A partir desta época, utiliza o procedimento em seus três aspectos definidos por H. von Hug-Hellmuth: invenção do tema da brincadeira pelo "analista"; comunicação, através deste meio, com o inconsciente da criança; abstenção, a título de prudência, de qualquer interpretação e confiança num remanejamento inconsciente das fantasias, permitindo efetuar a economia da verbalização e da tomada de consciência. A atitude kleiniana nascerá precisamente, desde o início de 1920, da superação deste procedimento na "primeira análise" de Erich, na qual acreditamos ter podido discernir o segundo momento da "decolagem" de Melanie Klein. Desta mesma forma, tudo, em 1923, leva a uma separação da técnica psicanalítica do brincar do procedimento recomendado por H. von Hug-Hellmuth.

No "tratamento educativo e curativo" da psicanalista vienense, o brincar não passa de um dos múltiplos meios à disposição do terapeuta, e que permite "quebrar o gelo" e estabelecer o contato. A introdução do brincar no tratamento é o resultado de uma decisão do analista, dentro de uma perspectiva passavelmente manipulatória e tornada, no pior dos casos, necessária, em função da inadaptação da criança de sete ou oito anos ao

30. ANZIEU DIDIER, *Les méthodes projectives*, 4. ed., P.U.F., 1973, pp.40-44.

31. MELANIE KLEIN, *Essais de Psychanalyse*, Payot, p.63.

96 MELANIE KLEIN I

tratamento-padrão. Na lenta evolução da técnica kleiniana o brincar é, ao contrário, imposto pelas crianças, e Melanie Klein aceita-o sem ideias preconcebidas. Será necessário que Rita não faça mais do que brincar do começo ao fim do tratamento para que o procedimento espontâneo se torne, com Inge, uma técnica deliberada.

Hermine von Hug-Hellmuth não hesita em assumir uma atitude muito "ativa" e em tomar a direção da brincadeira, fixando seu tema, suas personagens e seu desenrolar. Melanie Klein é, ao contrário, de uma absoluta neutralidade: o brincar é uma linguagem que a criança fala, e não a psicanalista, cujo papel é o de compreender e interpretar verbalmente. Neste sentido, o brincar não é concebido como uma linguagem, na acepção própria do termo, que estaria à altura do fraco desenvolvimento intelectual da criança, e que conviria empregar, a fim de dialogar com ela, mas sim como uma tradução deformada de fantasias invertidas em atos simbólicos, assim como o sonho traduz em imagens, deformando-os, pensamentos latentes claros, ordenados e lógicos. Nos casos realmente patológicos a deformação é tal que impede toda a liberdade associativa; a "ressonância na vida de fantasia" não é dada, mas deve ser reestabelecida pela interpretação psicanalítica. A técnica kleiniana tem por objetivo restaurar, através de vias especificamente psicanalíticas, esta capacidade de compreensão simbólica que H. von Hug-Hellmuth dá por adquirida e sobre a qual funda um tipo de psicoterapia que permite efetuar a economia da comunicação verbal da interpretação feita ao pequeno paciente.

Esta divergência de ordem técnica remete, assim, a uma divergência teórica fundamental. Para Hermine von Hug-Hellmuth assim como, mais tarde, para Anna Freud, que lhe tomará emprestada a maior parte das ideias, a criança de sete ou oito anos é pouco capaz de ter sentimentos de culpa. Teme muito mais o castigo real infligido pelos pais do que sente uma ansiedade moral, sentimento correspondente a um conflito intersistêmico entre o Ego e o que ainda é chamado, em 1920, o Ideal do Ego. A relação de autoridade mal começa a ser interiorizada. Melanie Klein, pelo contrário, admite que os pavores noturnos já correspondem à repressão – e não à repressão exercida pelo meio – dos primeiros estágios do complexo de Édipo e constituem as primeiras manifestações da culpa. Ela considera, desde sempre, que a ansiedade é o resultado da repressão e que a deformação das brincadeiras deve ser posta na conta de uma culpabilidade esmagadora. Graças às suas concepções "protokleinianas" de 1921-1923, sabe que o brincar é a atuação imediata das sublimações primárias e que todas as crianças neuróticas sofrem uma inibição do brincar, perdendo a capacidade de ressonância na vida de fantasia em virtude de seus sentimentos de culpa.

Desde então, nenhum procedimento de reasseguramento poderia satisfazê-la. Quando o pequeno Hans de Hermine von Hug-Hellmuth ouve a terapeuta dizer que Rudi desejou a morte de seu pai mas que no fundo gosta muito dele, isto só pode tranquilizá-lo se ele próprio realmente gosta de seu pai, e com a condição de que o ame o suficiente para reprimir seus desejos de morte sem formar sintomas neuróticos: o que supõe que seu ódio é moderado e que a organização de sua personalidade está entrando na faixa de variações da linha normal ou, em todo caso, que não está gravemente neurotizado. Mas se Hans não ama absolutamente seu pai ou se ao mesmo tempo que o ama detesta-o intensamente, não poderá sentir-se compreendido por uma intervenção da psicoterapeuta que negue ou minimize a agressividade que o aterroriza interiormente. Somente a interpretação lhe trará

A DESCOBERTA DA TÉCNICA DO BRINCAR... 97

uma verdadeira tranquilização, pois somente ela mostrará que a psicanalista mediu a amplitude do ódio da criança e não se assustou com isso. Embora esta concepção do efeito da interpretação tenha sido elaborada apenas recentemente pelo psicanalista britânico Wilfred Bion, discípulo e continuador de Melanie Klein, que funda sua conceitualização no conceito kleiniano tardio de identificação-projetiva, vemos que ela está em ação, de fato, desde a análise de Rita e que é ela que subtende, ainda que permanecendo implícita, a primeira interpretação feita a Inge no quadro da técnica do brincar "inventada" há poucos instantes: o que produz o efeito marcante da interpretação é que a analista compreende e diz o que Inge queria esconder, e permanece perfeitamente neutra. Na concepção de H. von Hug-Hellmuth, ao contrário, a criança não é ainda "civilizada", suas pulsões não encontram nenhuma oposição interna. E uma tal atitude da analista correria o risco de ser entendida como uma permissão dada à "malvadeza" da criança, ou como a aceitação de uma cumplicidade perniciosa. "O tratamento educativo e curativo 'deve' inculcar na criança valores estéticos e morais"[32].

7. A ORIGINALIDADE DA TÉCNICA KLEINIANA DA INTERPRETAÇÃO

Para inventar a técnica psicanalítica do brincar cumpria ter analisado Rita. Mas, para analisar Rita, era necessário saber de antemão que a criança de três anos sofre de uma ansiedade de culpa esmagadora, o que supõe duas condições por parte da analista: 1º) uma hipersensibilidade à ansiedade e uma capacidade de *insight* neste domínio, que era sem dúvida um traço da personalidade de Melanie Klein e cujo efeito vinha ser intensificado ainda mais por uma capacidade de identificação com a criança, inicialmente baseada na projeção do narcisismo materno em Erich; presente desde o início de seu trabalho psicanalítico, esta capacidade de *insight* comanda sua atitude global e lhe fornece seu estilo característico; 2º) a posse de um sistema teórico coerente que permite integrar num aparelho nocional o fato da precocidade da ansiedade e da culpa: assim, podemos afirmar mais uma vez que não poderia existir a técnica do brincar sem a construção prévia do sistema que propusemos chamar protokleiniano. Esta atenção dedicada às manifestações da ansiedade está, portanto, situada no ponto de convergência de uma atitude profunda de Melanie Klein e de uma hipótese deduzida a partir da teoria. É ela, tanto quanto o procedimento do brincar, que define a técnica psicanalítica kleiniana.

Já insistimos no fato em um capítulo precedente (Cap. 1, pp. 32 e ss). Porém, convém agora comparar brevemente a técnica kleiniana, tal como aparece no final de 1923, à técnica psicanalítica geralmente utilizada com os adultos e com sua adaptação às crianças nas escolas de psicanálise infantil nascidas do ensinamento de H. von Hug-Hellmuth. Admite-se em geral, na psicanálise dos adultos, que a interpretação deve ser exata, oportuna, concisa, medida em sua frequência e repetitiva. A oportunidade inclui ao menos duas dimensões: aquilo que por vezes chamamos de regra de superficialidade, que manda proceder à interpretação dos elementos que afloram à consciência, para "penetrar" progressivamente nas camadas profundas do inconsciente; o respeito por uma certa unidade de "pertinência à rede de

32. HERMINE VON HUG-HELLMUTH, "On the Technique of Child Analysis", p.287.

98 MELANIE KLEIN I

fantasia" é uma regra de ordem e um corolário da precedente: num dado período da análise, não se interpreta tudo a um só tempo, mas unicamente elementos que tenham entre si uma conexão natural nas redes da vida de fantasia inconscientes; a regra que manda fazer a análise de um certo tipo de defesa dada antes de trazer a interpretação sobre a pulsão que é objeto desta defesa; enfim, visto que a transferência é simultaneamente uma resistência e o motor do tratamento, decorre da regra precedente que toda conduta de origem arcaica deve ser interpretada na transferência antes de ser relacionada a seus protótipos arcaicos. A concisão e a raridade das interpretações são de origem bastante recente ou, ao menos, são atualmente definidas de maneira muito mais estrita do que na época de Freud. A repetição, sob formas variadas, da interpretação, tem por objetivo ajudar a per labor ação.

No tratamento educativo e curativo, tal como o concebia Hermine von Hug-Hellmuth, a interpretação era apenas parcialmente exata e a ênfase era posta sobre a oportunidade nos dois únicos registros da regra de superficialidade e da vigilância em relação à pertinência à rede de fantasia. A concisão e a relativa raridade não eram mais cultivadas do que o eram, no geral, cultivadas na época em relação à análise dos adultos. No que concerne à exatidão da interpretação, sabemos que H. von Hug-Hellmuth contentava-se com uma exatidão parcial, já que julgava inoportuno tornar consciente o significado das manifestações do complexo de Édipo. A oportunidade era definida de maneira tão restritiva que, em certos casos, a abstenção de toda interpretação constituía a regra. Tal prudência evitava *correr o menor risco* de faltar à regra de não confusão dos registros da vida de fantasia, posto que se permanecia, deliberadamente, no superficial; não se podia tratar quase de interpretar as resistências, mas sim de superá-las através de procedimentos que trouxessem maior confiança. Quanto à transferência, sua interpretação desempenhava um papel menor. H. von Hug-Hellmuth, efetivamente, reconhecia a existência de *transferências* (no plural, como empregado comumente na época)[33], mas não de uma *neurose de transferência*, porquanto se admitia que "a criança ainda se encontra em meio a experiências reais, que provocam realmente sua doença" (H. von Hug-Hellmuth, *op. cit.*, p. 288). Entretanto, sua concepção era menos categórica e mais aberta do que o será, por exemplo, a de Anna Freud, seis anos mais tarde. De fato, parece não ter tido uma teoria nitidamente formulada a este respeito e, embora admitisse a existência de uma certa transferência, desaconselhava formalmente sua interpretação: "A discussão (com a criança) sobre este ponto exige uma prudência particular na escolha das palavras, mesmo quando ela (a transferência) é claramente reconhecida, porque, no fundo, a criança não tem nenhuma vontade de trocar seus pais por nenhuma pessoa estranha, mesmo quando tem as melhores razões para fazê-lo" (*Idem*, p. 300). Cabe, em suma, ao analista que pratica o "tratamento educativo e curativo", representar os pais, "inculcar na criança valores morais e estéticos", utilizando a transferência positiva sem, contudo, interpretá-las.

A técnica kleiniana de 1923 opõe-se simultaneamente àquela da psicoterapia educativa da escola vienense e à da psicanálise de adultos. Repousa sobre a interpretação do complexo de Édipo na transferência. Distingue-se, assim, da primeira, pela manutenção da exigência de exati-

---

33. Cf. SIGMUND FREUD, "L'homme aux rats," in *Cinq Psychanalyses*, P.U.F., 1974. p.65.

A DESCOBERTA DA TÉCNICA DO BRINCAR... 99

dão completa das interpretações e pelo reconhecimento da capacidade da criança de produzir uma transferência completa que deve ser interpretada. Apoia-se num método de interpretação da ansiedade profunda da criança e distingue-se assim da técnica clássica usada com os adultos. Em relação às normas usuais, a regra de superficialidade é, se não negligenciada, pelo menos modificada na maioria de seus aspectos: se a ansiedade é consequência da repressão da pulsão inconsciente, é lógico que a técnica kleiniana comece pela interpretação da ansiedade inconsciente, prolongue-se pela interpretação das defesas que a provocam e siga na ordem habitual. A primeira interpretação comunicada a Rita fornece-nos, a um só tempo, o primeiro exemplo e a ilustração das características da técnica kleiniana da época. Numa explicação, sem dúvida, bastante longa, Melanie Klein interpreta primeiro o medo que ela inspira a Rita: "ela estava particularmente receosa de alguma coisa que eu poderia fazer-lhe quando estava sozinha comigo no quarto". É portanto a ansiedade que foi, de início, nomeada. O segundo momento da interpretação sublinha o caráter transferencial desta ansiedade, relacionando-a a seu protótipo: "referindo-me a seus temores noturnos, eu ligava sua suspeita para comigo na qualidade de intrusa hostil com seu temor de que uma mulher má viesse atacá-la à noite quando estivesse inteiramente só[34]. É particularmente interessante notar que a ansiedade não está associada a um perigo real (punição ou castigo qualquer pelos pais reais), mas a uma fantasia e, ainda, que a interpretação é suficiente para aliviar a ansiedade de Rita, o que permite o prosseguimento da sessão em seu lugar normal. Estamos aqui frente a um procedimento característico: todos os exemplos do início de análise, dados posteriormente por Melanie Klein, obedecerão a este esquema. É a partir da primeira interpretação que se afirma a originalidade da técnica kleiniana, reduzida neste exemplo a seus dois elementos iniciais, porém principais – interpretação da *ansiedade* que se manifesta na *transferência negativa* – e que já são aquisições suas na metade do ano de 1923. No decorrer da análise de Rita, o terceiro aspecto característico será afirmado: interpretação completa da ansiedade através de sua ligação às pulsões hostis contra a mãe e o pai, provenientes das duas formas, positiva e negativa, do complexo de Édipo. Isto supõe um quarto elemento que já estava presente nas análises de Erich e Félix, mas que ainda permanece implícito: é a pulsão agressiva e não a libido, que dá origem à ansiedade. Já vimos esta relação revelada na análise de Erich, cuja ansiedade de castração estava diretamente associada a uma volta para a própria pessoa, da agressividade em relação ao pai, sem que seja mencionado o eventual papel das ameaças ou das reprimendas deste último. Reencontraremos esta relação no artigo de 1926, sempre num caso clínico. A formulação em termos gerais sobrevirá apenas em 1932, na *Psicanálise da Criança*. Devemos, entretanto, levar em conta a opinião de Melanie Klein, que declara ter sustentado tal ideia já em 1926: "No trabalho de onde surgiu este capítulo ("The Psychological Principle of Infant Analysis", 1926) já havia eu defendido o ponto de vista[35] de que as pulsões de ódio e agressão se encon-

---

34. MELANIE KLEIN, "The Psycho-Analytic Play Technique", *New Directions in Psycho-Analysis*, Londres, p.6.

35. Ela efetivamente comunica: "As brincadeiras das crianças permitem-nos chegar a certas conclusões particulares sobre a ansiedade e a culpa". Porém no prossegui-

100 MELANIE KLEIN I

tram na origem profunda do sentimento de culpa"[36]. Parece, portanto, legítimo admitir que os quatro elementos essenciais da técnica kleiniana – ênfase na ansiedade, interpretação da transferência, interpretação "profunda" remontando até o complexo de Édipo e às pulsões agressivas[37] que estão na origem da ansiedade – constituem aquisições a partir do final da análise de Rita, e são eles que darão lugar a uma reflexão teórica.

8. O SURGIMENTO DA TEORIA KLEINIANA DA TRANSFERÊNCIA

8.1. *A Polêmica com Anna Freud e a Questão da Neurose de Transferência*

No que concerne às posições de Melanie Klein relativas à transferência, é importante desfazer dois equívocos muito frequentes. O primeiro diz respeito às declarações da própria Melanie Klein: descreve regularmente sua técnica, insistindo no fato de que esta comporta a análise da transferência negativa e não apenas a da transferência positiva. Admite-se comumente que aí reside sua originalidade. Parece-nos necessário matizar este ponto. É verdade que a técnica kleiniana distingue-se, por este aspecto, da de Anna Freud, continuadora de Hermine von Hug-Hellmuth, pois Anna Freud sempre subestimou os fenômenos de transferência negativa; escrevendo em 1926, critica as concepções de Melanie Klein:

Ela julga que, quando a criança se comporta a seu respeito, desde o primeiro momento, de maneira hostil, rechaçando-a ou mesmo tentando bater nela, pode-se ver neste fato uma prova da atitude ambivalente da criança para com a própria mãe. O conteúdo hostil desta ambivalência é transferido para o analista. Não creio que o ponto de vista da Sr.ª Klein esteja de acordo com os fatos. Quanto mais a criança pequena é apegada à mãe, menos movimentos afetuosos terá em relação a pessoas estranhas[38].

Na concepção de Anna Freud, a hostilidade da criança frente à analista explica-se apenas pela sua indiferença em conformidade com as concepções de Freud, segundo as quais a primeira oposição ao amor não é o ódio, mas sim a completa indiferença. Indiferente ao analista, a criança reage agressivamente à frustração que sofre – a ausência da mãe. Ora, a primeira menção que Melanie Klein faz da exigência de se interpretar a transferência negativa acha-se num texto de 1927, que é uma resposta às críticas de Anna Freud. Anteriormente não insistira sobre este ponto, a respeito do qual havia apenas fornecido ilustrações. É que não havia, nesta matéria, divergência fundamental com H. von Hug-Hellmuth, que também interpretava a transferência negativa, julgando até mesmo que a análise desta era mais fácil que a da transferência positiva: "podemos encontrar um meio de explicar a transferência negativa que é, em geral, muito mais

mento de suas colocações dá exemplos da relação entre ansiedade e sadismo, sendo que as conclusões não são explicitamente formuladas.

36. *La Psychanalyse des enfants*, P.U.F., p. 17, nota 2.

37. Agressivas, e não sádicas, pois o sadismo será objeto da atenção de Melanie Kleine apenas em 1924.

38. ANNA FREUD, *Le traitement psychalaytique des enfants*, P.U.F., p.51.

A DESCOBERTA DA TÉCNICA DO BRINCAR... 101

facilmente aceita que a ideia da transferência positiva"[39]. Pensamos portanto que a insistência sobre a técnica de interpretar a transferência negativa não é elemento central da técnica kleiniana, enquanto tal. As múltiplas declarações de Melanie Klein sobre este ponto não têm outro valor que não o de uma enérgica defesa de um aspecto de seu método que apenas as críticas de Anna Freud põem em evidência.

A questão mais geral da teoria kleiniana da transferência é muito mais delicada. As dificuldades prendem-se aqui a duas origens: por um lado, a questão foi obscurecida pelas repetidas críticas de Anna Freud e seus discípulos; por outro, as concepções verdadeiras de Melanie Klein são de grande sutileza e associam-se a um ponto central e, em geral, mal compreendido, de suas ideias psicanalíticas: a noção de objeto interno. Admite-se, em geral, que a base do debate consiste no seguinte: os psicanalistas de crianças da escola de H. von Hug-Hellmuth e de Anna Freud admitem a existência de transferências limitadas, mas se opõem energicamente à ideia de que as crianças seriam capazes de desenvolver uma verdadeira neurose de transferência, ideia sustentada por Melanie Klein e seus discípulos. O exame da argumentação de Anna Freud leva a ressaltar os seguintes pontos: 1º) Ela contesta o valor das interpretações que Melanie Klein dá aos atos que a criança em análise "efetua com os objetos que encontra na sala ou com a própria pessoa do analista". 2º) Reconhece, entretanto, a existência de certas manifestações transferenciais: "este laço objetivo, esta transferência positiva – para empregar o termo psicanalítico – é o pré-requisito para qualquer trabalho posterior"; porém, só dá como exemplo de transferência fenômenos positivos, cujo caráter estritamente transferencial permanece, ao nosso ver, discutível:

Os senhores se lembram, penso, pelo que disse em minha primeira conferência, o quanto me esforcei para me ligar fortemente à criança e levá-la a um estado real de dependência para comigo. Eu não teria perseverado neste objetivo com tanta energia e com meios tão diversos se acreditasse possível levar a bom termo sua análise sem esta transferência (Anna Freud, *op. cit.*, p. 46).

3º) Mostra que a transferência não pode oferecer uma importância considerável por razões de ordem teórica:

A criança não está pronta, como o adulto, a empreender uma nova edição de suas relações amorosas porquanto, como se poderia dizer, a antiga edição não se encontra ainda esgotada. Os primeiros objetos de sua afeição, os pais, existem ainda para ela enquanto objetos de amor na realidade e não, como é caso no neurótico adulto, somente na imaginação (*Idem*, p. 50).

4º) Conclui:

Na verdade, a criança mantém, de fato, as mais vivas relações com o analista e externa assim uma grande quantidade de reações que adquiriu nas relações com os seus pais [...] mas não realiza nenhuma neurose de transferência (*Idem*, pp. 49-50).

Atacada com vigor, Melanie Klein responderá com um ardor apaixonado e poderá notar, vinte anos após, que Anna Freud foi se aproximando

39. H. VON HUG-HELLMUTH, "On the Technique of Child Analysis", pp.300-301.

102   MELANIE KLEIN I

progressivamente de suas concepções. Parece-nos, no entanto, que falta ao debate certa clareza. Melanie Klein contra-ataca num ponto efetivamente estranho das ideias de Anna Freud, mostrando que a dificuldade de referenciar a transferência na técnica vienense provém do papel educativo que assume a terapeuta, que renuncia assim à neutralidade psicanalítica. Melanie Klein estará com bons trunfos ao assinalar que, segundo as declarações de Anna Freud: "a criança sabe muito bem o que é desejado ou temido pelo analista, o que ele aprova e o que ele desaprova [...] uma personalidade tão claramente desenhada e sob tantos aspectos tão nova é infelizmente um mau objeto de transferência" (*Idem*, p. 52). Na técnica kleiniana, ao contrário, a analista permanece neutra e pode, deste modo, constatar a presença de uma autêntica capacidade de transferência na criança. Mas é claro que, para Melanie Klein, o debate não se dá entre, por um lado, o reconhecimento da transferência e a não existência da neurose de transferência e, por outro, o reconhecimento da transferência e da neurose de transferência. Para ela o debate é o seguinte: subestimação (Anna Freud) ou avaliação correta (ela própria) da capacidade de transferência da criança. Porém, não se dá ao trabalho de reformular explicitamente a discussão e contribui, desta forma, para obscurecê-la. Mais ainda, responde a Anna Freud, assumindo uma posição exatamente contrária às afirmações desta e, em vez de retificar certas inexatidões de sua crítica, defende teses que esta lhe atribuiu e que, no entanto, Melanie Klein jamais havia sustentado anteriormente. Escreve em 1927: "Devo, sem embargo, contestar as conclusões de Anna Freud, tanto quanto as suas premissas. Conforme minha experiência, uma neurose de transferência completa ocorre realmente nas crianças, de uma forma análoga à que se observa entre os adultos"[40]. Ora, trata-se aqui da única vez que emprega, em toda a sua obra, o termo "neurose de transferência". É impossível assinalá-lo em qualquer outra obra publicada, quer seja antes ou após 1927. Se não tivéssemos essa declaração explícita – porém única, e pronunciada no contexto de uma polêmica – teríamos motivos para pensar que a própria ideia de uma neurose de transferência é estranha às concepções kleinianas, pois a cada vez que esta expressão viria à pena de outro psicanalista, Melanie Klein – afora a exceção que representa este texto de 1927 – emprega, do início ao fim, a expressão "situação de transferência". É importante, portanto, clarificar o debate e em primeiro lugar situar a teoria kleiniana da transferência em relação às descrições clássicas.

Jean Laplanche e Jean-Bertrand Pontalis definem deste modo a transferência:

> Designa em psicanálise o processo pelo qual os desejos inconscientes se atualizam sobre determinados objetos no quadro de um certo tipo de relação estabelecida com eles e, nomeadamente, no quadro da relação analítica. Trata-se aqui de uma repetição de protótipos infantis vivida com um sentimento de atualidade acentuado.
>
> A maior parte das vezes é a transferência no tratamento que os psicanalistas chamam transferência, sem qualquer outro qualificativo[41].

Extrairemos do comentário que eles fazem desta definição os seguintes elementos: 1º) A transferência é frequentemente definida de maneira

---

40. MELANIE KLAIN, "Colloque sur l'Analyse des Enfants", in *Essais de Psychanalyse*, Payot, p. 192.

41. J. LAPLANCHE e L.B. PONTALIS, *op. cit.*, p. 492.

A DESCOBERTA DA TÉCNICA DO BRINCAR... 103

restrita no que concerne ao seu domínio de manifestação (não há transferência fora do tratamento psicanalítico), porém ampla no que se refere à sua própria natureza (tudo o que surge no tratamento é considerado transferencial). 2º) Opõem a concepção de Freud a esta concepção: existem fenômenos de transferência fora do tratamento, nem tudo que se manifesta no tratamento é transferencial, e citam uma frase retirada do caso Dora: "Que são as *transferências!* São impressões, cópias dos impulsos e das fantasias que devem ser despertadas e tornadas conscientes à medida dos progressos da análise; o que é característico de sua espécie é a substituição de uma pessoa anteriormente conhecida pela pessoa do médico". Comentam esta frase da seguinte maneira: "Destas transferências (note-se o plural), Freud indica que não são diferentes por natureza conforme se dirijam ao analista ou a qualquer outra pessoa, e, por outro lado, que não constituem aliados para o tratamento a não ser que sejam explicadas e 'destruídas' uma a uma". 3º) A evolução das concepções de Freud sobre a transferência resulta na noção de neurose de transferência:

Freud descobre como é a relação do indivíduo com as figuras parentais que é revivida na transferência [...]. Esta extensão da noção de transferência, que dela faz um processo estruturante do conjunto do tratamento a partir do protótipo dos conflitos infantis, resulta no depreendimento por Freud de um nova noção, a de neurose de transferência (*Idem*, pp. 494-495).

No que concerne à neurose de transferência, deixaremos de lado o seu sentido nosográfico do termo[42] para reter apenas aquele que se refere ao nosso problema. J. Laplanche e J.-B. Pontalis dão essa definição: "Na teoria do tratamento psicanalítico, neurose artificial em que tendem a organizar-se nas manifestações da transferência. Ela constitui-se em torno da relação com o analista; é uma nova edição da neurose clínica, a sua elucidação leva à descoberta da neurose infantil" (*Idem*, p. 280). Freud efetivamente escreve: "Desde que o paciente consinta em respeitar as condições de existência do tratamento, conseguimos regularmente conferir a todos os sintomas da doença um novo significado transferencial, substituir a sua neurose comum por uma neurose de transferência de que pode ser curado pelo trabalho terapêutico". Segundo J. Laplanche e J.-B. Pontalis: "a diferença entre as reações de transferência e a neurose de transferência propriamente dita se pode compreender do seguinte modo: na neurose de transferência todo o comportamento patológico do paciente acaba reencontrando-se em sua relação com o analista" e portanto: "Nesta perspectiva, podemos ter por modelo ideal do tratamento a seguinte sequência: a neurose clínica transforma-se em neurose de transferência cuja elucidação conduz à descoberta da neurose infantil (*Idem*, pp. 280-281).

É claro que estas definições fazem surgir a neurose de transferência como resultado de uma organização das "transferências" que vêm substituir a neurose clínica do adulto. Neurose clínica do adulto e neurose de transferência do adulto são duas "novas edições" da neurose infantil. Neste sentido, Anna Freud tem razão de assinalar que a criança não desenvolve neurose de transferência porque não está preparada para uma "nova edição" de suas relações com seus pais, e não vemos nenhum elemento nas

---

42. Designando essencialmente a histeria e a neurose obsessiva, distintas, no interior das psiconeuroses, das "neuroses narcísicas" (Melancolia).

104 MELANIE KLEIN I

concepções kleinianas que vá de encontro com este ponto *específico*. Julgamos até mesmo que, entre Melanie Klein e Anna Freud, é esta última quem está mais perto de encarar a possibilidade de uma neurose de transferência na criança, no sentido habitual: "há vias e meios, escreve ela, de levar a criança a uma neurose de transferência. Isto pode tornar-se necessário quando se der o caso de uma neurose grave num ambiente hostil em relação à análise ou em relação à criança. Num caso destes a criança deverá ser afastada da família e enviada a uma instituição adequada"[43]. Nessas condições, ela acha que a criança se desligaria de sua família, ligando-se ao psicanalista, e que "poderia ser então o caso de uma verdadeira neurose de transferência semelhante à dos adultos, e onde o analista seria o objeto da transferência" (*Idem*, p. 54).

Para Melanie Klein, este novo avatar da neurose não deveria ser isolado do conjunto das manifestações patológicas sob o nome de neurose de transferência, em primeiro lugar porque este apego da criança ao analista não seria uma transferência *stricto sensu*, também porque ela tem uma concepção radicalmente diferente da transferência. Quando a criança é trazida para a análise, sua relação com seus objetos reais (os pais) e com o analista é efetivamente da mesma natureza intrínseca tanto para Melanie Klein como para Anna Freud. Mas é aqui que reside a verdadeira divergência: para Anna Freud, a relação da criança com seus pais é uma relação "real", assim como o é a relação da criança com o analista que se limita a reproduzir a primeira, sendo não menos "real". É por isso que o tratamento deve ser, como dizia H. von Hug-Hellmuth, simultaneamente "educativo e curativo"; o analista enquanto objeto real é visado por atitudes afetivas e comportamentais que "compartilha" com os pais mas não os "substitui" (*Idem*, pp. 50-51). Optará, portanto, por compartilhar também sua atitude educativa.

8.2. *Transferência e Objetos Introjetados*

Para Melanie Klein, os fatos apresentam-se de forma bem diferente: as análises de Erich, mas sobretudo a de Rita, impuseram-lhe a ideia, já assinalada por Freud, de que a transferência não age apenas no tratamento, mas também nas relações de amizade, amorosas ou hostis, "reais" da vida cotidiana. Sua originalidade se assinala na extensão desta ideia às crianças pequenas: quando a criança inicia a análise, suas relações "reais" com seus objetos reais já são, num certo sentido, relações de transferência. Queremos dizer, com isso, que a atitude da criança de três anos frente a seus pais não é determinada pela realidade de sua atitude, mas sim por uma imago interna, uma representação imaginária e deformada dos pais. Erich já havia fornecido o primeiro ensejo de efetuar uma localização deste fenômeno: na época de sua fobia pela escola tinha medo de que uma feiticeira o envenenasse[44]. Um ano mais tarde, imagina que uma feiticeira poderia, no caminho da escola, esvaziar um pote de tinta sobre ele: esta feiticeira é "uma figura [...]que o menino obtivera pela clivagem da imago da mãe" e é esta clivagem que constitui a causa da aversão *real de* Erich por certas mulheres. Ao preço de um anacronismo, poderíamos dizer, numa terminologia kleiniana bem ulterior, que as relações com a mãe real e com as

---

43. ANNA FREUD, *Le traitement psychanalytique des enfants*, P.U.F., p. 53.
44. MELANIE KLEIN, *Essais de Psychanalyse*, Payot, p. 76.

A DESCOBERTA DA TÉCNICA DO BRINCAR... 105

mulheres reais detestadas são respectivamente comandadas pela clivagem e projeção da "boa" mãe e da "má". O que ainda permanece muito fugaz no caso de Erich torna-se, com a psicanálise de Rita, uma inspiração central da teoria kleiniana. Melanie Klein descobre que Rita mantém dois tipos de relações com seus pais, uma visando-os em sua realidade, outra visando, através destes, as imagos deformadas fantasticamente: quando Rita chorava porque seu pai havia ameaçado o urso de um livro de figuras, "a causa de sua identificação com o urso era o medo de ser repreendida por seu pai real". Sobre este tipo de temor, convém distinguir o seguinte:

> A análise demonstrou que ela *ousava* brincar de mãe porque o bebê de brinquedo representava, entre outras coisas, o irmãozinho que ela desejara roubar da mãe, mesmo durante a gravidez. Mas agora a proibição oposta ao desejo infantil já não emanava da mãe *real*, mas de uma mãe introjetada, cujo papel a menina desempenhava diante de mim e que exercia sobre ela uma autoridade mais dura e mais cruel do que a verdadeira mãe jamais exercera (*Idem*, p. 170).

Esta mãe introjetada tem, sem dúvida, por protótipo a mãe real, deformada pelas fantasias da criança, e ela própria é uma fantasia, mas o temor que inspira é – ainda que Melanie Klein não empregue a palavra – transferido para a mãe real, desde um estágio muito precoce do desenvolvimento. A transferência observada na psicanálise de crianças não é, portanto, um deslocamento da relação com os pais reais para a relação com o analista, mas sim uma aplicação a um novo objeto do mesmo tipo de relação mantida com os pais, a transferência para objetos reais de sentimentos dirigidos aos objetos introjetados. A partir daí bastam três reparos para compreender plenamente as declarações que Melanie Klein faz nesta época sobre a técnica psicanalítica aplicável às crianças.

1º) Como provaremos em seguida, é no domínio da interpretação da ansiedade que inicialmente reconheceu a existência e eficácia ansiógena dos objetos introjetados. É apenas em 1932 que reconhecerá, ao lado dos maus objetos introjetados, a existência da "boa" mãe.

2º) Na relação com os pais, as atitudes dirigidas aos pais "reais" e aquelas dirigidas aos objetos introjetados coexistem e se entremesclam incessantemente. As reprimendas da mãe real dão corpo à transferência para esta (mais tarde Melanie Klein irá falar de projeção, porém não utiliza ainda este conceito quando analisa Rita) de sentimentos de ódio e pavor suscitados pela imago da mãe má. Suas carícias e manifestações de amor têm o efeito inverso. A neurose da criança pequena comporta, portanto, elementos de transferência importantes, porém não constitui integralmente uma relação de transferência, porque as atitudes reais dos pais continuam a ser introjetadas e sobretudo porque os pais *reais* são os protótipos *reais* dos objetos introjetados, construídos por deformação de seu ser *real*. Na teoria kleiniana ulterior será este "interjogo" (*interplay*) entre pais reais e pais introjetados que permitirá a redução irreal dos objetos introjetados e seu ajustamento progressivo à realidade dos pais.

3º) A técnica de psicanálise da criança consiste precisamente na supressão deste interjogo, obtida pela neutralidade do analista, que responde aos dizeres e atos da criança apenas através das interpretações, não ordena nem interdita quase nada, não censura nem aprova nada. Nessas condições, a criança transfere para o analista seus objetos introjetados – nem mais nem menos do que faz com seus pais – e a ausência de resposta "real" do analista permite simplesmente a manifestação em estado puro da capacidade de transferir que ela tem em todos os momentos e domínios de sua existência. É dentro desta perspectiva que se deve compreender as declarações de Melanie Klein em 1927, sobre a presença de uma neurose de transferência completa na criança. A transferência está presente em toda parte, inclusive na "neurose clínica", mas é apenas a situação estritamente psicanalítica instituída pela técnica do brincar que lhe permite emergir e se manifestar na sua pureza, sob a forma do que Melanie Klein denomina, nesta época, "neurose de transferência", segundo a utilização clássica que as críticas de Anna Freud lhe sugerem.

Por outro lado, uma vez que em 1929 os objetos introjetados são essencialmente objetos maus, compreende-se por que Melanie Klein insiste tanto sobre a transferência negativa em seus exemplos clínicos e em sua polêmica com Anna Freud. Concebe a transferência como uma nova edição, com os objetos reais, dos sentimentos visando o objeto introjetado[45]. Já em 1927, ela concebe os objetos introjetados como mais ameaçadores, mais severos e mais ansiógenos que os objetos reais. Portanto, seu instrumental conceitual condena-a temporariamente a poder abordar a transferência, no domínio teórico, apenas sob a forma da transferência negativa. Porém, este instrumental permite-lhe conceber a transferência como a verdadeira alavanca do tratamento, pois a interpretação permite a rápida instituição de um novo tipo de interjogo entre os objetos introjetados e o analista na sua realidade de parceiro que interpreta as atividades lúdicas. O processo analítico tem, pois, como tarefa, reduzir os afetos patogênicos na e pela transferência e a criança desenvolve uma neurose de transferência plena e integral, no sentido em que Melanie Klein entende este termo, o que não coincide exatamente com aquele que lhe é dado classicamente.

9. OS ENSINAMENTOS TEÓRICOS DA ANÁLISE DE RITA. DA ANSIEDADE À CULPA EDIPIANA.

Ao mesmo tempo em que proporciona a Melanie Klein a ideia da técnica do brincar e que lhe inspira uma teoria desta técnica que direciona sua utilização, por referência a uma revisão da noção clássica da transferência, a análise de Rita impõe constatações que estão na origem da transformação profunda a que Melanie Klein submeterá o conjunto da concepção psicanalítica do psiquismo infantil e de seu desenvolvimento. É a partir do tratamento de Rita que se originaram as três mais importantes ideias que definem a teoria kleiniana de 1923 a 1927: precocidade dos estágios iniciais do complexo de Édipo, constituição precoce do superego

---

45. Isto explica também o total silêncio de Melanie Klein a respeito da noção de contratransferência. A contratransferência seria a transferência das imagos introjetadas do analista para seu paciente, transferência "invocada" pelas modalidades particulares da transferência do paciente. Mas, a partir de então, a menção feita pelo analista da natureza de sua contratransferência na narrativa de um caso equivaleria à publicação de sua autoanálise. É sem dúvida por esta razão que Melanie Klein menciona apenas duas vezes, em toda sua obra, a sua contratransferência (no caso Richard in *Psychanalyse d'un enfant*, pp. 20 e 308) e simplesmente para dizer que era positiva e forte. Quanto à teoria da contratransferência, Melanie Klein nunca abordou esta questão.

A DESCOBERTA DA TÉCNICA DO BRINCAR...   107

por introjeção de objetos parentais, infiltração dos primeiros estágios do Édipo e da formação do superego por um sadismo extremo.

Melanie Klein já havia formulado, antes da análise de Rita, a hipótese de que os pavores noturnos do terceiro ano de vida são uma manifestação de ansiedade liberada a partir da primeira repressão do complexo de Édipo. Tratava então apenas de uma hipótese a ser verificada. O exemplo de Rita proporciona a verificação esperada. Após ter mostrado preferência por sua mãe durante o primeiro ano de vida, apresentava, a partir da idade de quinze meses, todos os sinais de um complexo de Édipo já instalado: sua preferência pelo pai era nítida, seu ciúme e seu desejo de excluir a mãe eram igualmente acentuados, a tal ponto que os pais o haviam notado e advertido a analista sobre isto, antes mesmo do início do tratamento.

A análise de Rita havia também evidenciado o papel da frustração oral e sua incidência no surgimento do complexo de Édipo. O desmame da criança fora extremamente difícil, tivera grande dificuldade em acostumar-se à mamadeira e mais tarde aos alimentos sólidos. Não se conseguira privá-la jamais da última mamadeira e fazê-la tomar o leite numa xícara, à noite. Em 1923, Melanie Klein não tem ainda uma visão tão nítida do sadismo oral como se poderia pensar. A única alusão às pulsões canibalescas que encontramos nos escritos protokleiniamos refere-se a uma fantasia de desmembramento e devoração que ela encontra em ação na inibição de Erich diante da operação aritmética da divisão[46]. Sabemos igualmente que Abraham, anunciando a Freud a conclusão da análise de Rita, insiste no fato de que esta desvendou, segundo seu ponto de vista, o papel do erotismo oral e a existência da melancolia originária que ele havia postulado. Esta decepção originária liga-se ao desmame tão difícil de Rita. Portanto, sem nenhuma referência ao sadismo oral e a partir desta análise, Melanie Klein forja a ideia segundo a qual o voltar-se para o pai pelo qual começa o complexo de Édipo feminino, é uma consequência da frustração do desmame que afrouxou os elos com a mãe. O estágio inicial do complexo edipiano começa, portanto, desde o fim do primeiro ano de vida, para atingir seu apogeu por volta da metade do segundo ano.

A concepção da ansiedade é enriquecida por uma nova dimensão. Aparece, seguindo-se à análise de Rita, como marcado de imediato por um significado de culpa. Esta transformação é facilmente assinalável quando nos colocamos sob o ponto de vista de uma análise quantitativa do vocabulário dos primeiros escritos de Melanie Klein. A palavra ansiedade é empregada dezenas e dezenas de vezes nas 126 páginas ocupadas pelos textos anteriores a 1926 na edição inglesa dos *Essais de Psychanalyse*[47]. Em contrapartida, observamos apenas três utilizações da palavra "culpa", sendo que a mais significativa encontra-se numa discussão de um texto de Freud sobre a questão da legitimidade do emprego da expressão "sentimento inconsciente de culpa", discussão na qual Melanie Klein tem muito mais em vista a noção de ansiedade inconsciente do que de sentimento de culpa. Se nos voltarmos, agora, para as dez páginas dos *Princípios Psicológicos da Análise de Crianças Pequenas* publicados em 1926, encontraremos aí duas vezes a palavra pavor, cinco vezes a palavra ansiedade (das quais uma na expressão: "sua ansiedade e sua culpa") e onze

46. MELANIE KLEIN, *Essais de Psychanalyse*, Payot, pp. 101-102.
47. MELANIE KLEIN, *Contributions to Psycho-Analysis*, Hogarth Press Ltd., 1948.

108 MELANIE KLEIN I

vezes a palavra culpa. Esta inversão de tendência no plano da frequência lexical (a frequência da palavra culpa é bruscamente multiplicada por 46) traduz uma das consequências essenciais da análise de Rita: a ansiedade infantil é doravante compreendida em termos de culpa, no sentido pleno do termo, ou seja, a ansiedade não está mais associada a uma transformação direta da libido em um afeto desprazeroso, mas sim a uma tensão intrapsíquica entre o ego e uma instância *interna*, severa e ameaçadora. Os objetos introjetados, dos quais abordamos o estudo, examinando a teoria da técnica do brincar, constituem a primeira forma do superego que está, portanto, presente desde as primeiras fases do complexo de Édipo e será ele quem dará conta a partir de então de todas as manifestações da ansiedade e suas consequências, notadamente da inibição e da perturbação das sublimações. A partir de então, a ansiedade surge como independente da repressão (não mais representa o *quantum* de afeto da pulsão que sofreu a repressão), sem que seu elo respectivo seja ainda especificado: Melanie Klein abandona a primeira teoria freudiana da ansiedade no momento em que o próprio Freud a abandona. Mas, enquanto Freud logo substitui, em 1926, sua teoria anterior por aquela que distingue o sinal de ansiedade, instrumento e condição da repressão, da ansiedade automática, Melanie Klein limita-se a entrever, em algumas notações clínicas, sua teoria da ansiedade, que só virá a ser completamente formulada alguns anos mais tarde. O que já está nitidamente adquirido a partir da análise de Rita é que a ansiedade dos pavores noturnos é uma ansiedade do ego diante do superego, noção que Freud acaba de adiantar e que Melanie Klein adota quase em seguida[48].

Isto não impede que a relação, que será mais tarde um dos elementos centrais da teoria kleiniana, entre o superego e as pulsões hostis da criança, já esteja nitidamente indicada nas primeiras passagens referentes à análise de Rita. Se Rita não ousa ser a mãe da boneca no início de sua análise, isto ocorre em função da interdição emanante de "a mãe introjetada [...] que exercia sobre ela uma autoridade muito mais dura e cruel do que a verdadeira mãe jamais o fizera"[49]. Sem que o mecanismo que permite passar do ódio à culpa já seja claramente tematizado, a relação desta culpa com os desejos hostis da menina dirigidos contra sua mãe é firmemente indicada no estudo do caso clínico, enquanto que Melanie Klein assinala, sem torná-lo objeto de comentário especial, que ao longo de suas brincadeiras Rita assume "interiormente os dois papéis [...] o das autoridades que julgam e o da criança que é castigada" e que nos "jogos de viagem" a ameaça do pai introjetando manifesta-se sob a forma de um retorno ameaçador e de tentativas de vingança do maquinista do trem, cujo lugar Rita tomou.

Rita inspira ainda a primeira forma da descrição kleiniana da agressividade da criança contra a mãe e o protótipo das concepções relativas aos ataques sádicos contra o corpo materno. Se Rita não ousa brincar de ser a mãe de sua boneca é porque esta representa a criança que ela quis tirar de sua mãe durante a gravidez. A culpa acha-se, deste modo, associada, quando surge no campo conceitual da teoria kleiniana, a uma fantasia de desejo agressivo dirigida à criança que está para nascer, contida

48. 6.5.1924: Melanie Klein faz uma comunicação intitulada "Atividades do Superego no Quarto Ano de Vida de uma Criança".

49. MELANIE KLEIN, *Essais de Psychanalyse*, Payot, p. 170.

A DESCOBERTA DA TÉCNICA DO BRINCAR... 109

no corpo da mãe, que a menina deseja arrancar-lhe, destruindo-a. Este tipo de interpretação da hostilidade edipiana da menina aplicada, pela primeira vez, a Rita, abre o caminho para a descrição ulterior do sadismo e para as modificações da teoria do complexo de Édipo que se seguirão e que não versarão somente sobre a *data de aparecimento* e sobre a *causa do desencadeamento* do complexo, mas também sobre o próprio *conteúdo* dos desejos, das fantasias e das teorias sexuais que aí se organizam.

Se concedemos tanta importância à análise de Rita não é apenas porque ela tenha conduzido Melanie Klein para o caminho da descoberta da técnica analítica do brincar, da transferência "primária", dos estágios iniciais do complexo de Édipo e do superego e do sadismo da criança. Outros casos, além do de Rita, constituirão a oportunidade de descobertas não menos importantes. O "sadismo" de Rita não é ainda reconhecido como tal, é descrito em termos de agressividade. Será preciso esperar a análise de Trude em 1924, para que o sadismo anal e uretral seja reconhecido, e as de Ruth e Peter em 1924-1925, para que surja a noção do sadismo oral – após o início da análise com Karl Abraham, que certamente exerceu uma influência determinante neste ponto. Por outro lado, Erna, analisada de 1924 a 1926, trouxe um material ainda mais rico que o de Rita, a julgar pela amplitude das passagens que lhes são respectivamente consagradas. No entanto, o caso de Rita permanece privilegiado: após a publicação da *Psicanálise da Criança*, a obra kleiniana esgotou o conteúdo das lições dos tratamentos de Ruth, Peter, Trude e Erna e que só são mencionados em textos de caráter retrospectivo ou histórico. Rita continua no centro da conceitualização. Este privilégio nos parece dever-se ao fato de que sua análise, ao lado de coisas *importantes* mas que se nos apresentam, às vezes, de forma mais clara em outras análises – permite, melhor do que qualquer outra, salientar o *essencial*, isto é, o caráter central e exclusivo do complexo de Édipo na neurose e no desenvolvimento normal da criança.

Sabemos que vinte anos mais tarde aqueles que procurarão excluir Melanie Klein da Sociedade Britânica de Psicanálise a censurarão por ter aberto uma dissidência, destituindo o complexo de Édipo de seu papel de complexo nuclear da vida psíquica e atribuindo esse papel de organizador primordial à posição depressiva. Mas, entre 1923 e 1933, o primeiro "sistema kleiniano" teria, antes, suscitado a censura inversa, pois a orientação predominante desse período é a ligação de todas as manifestações pulsionais e de todas as formas de mecanismos de defesa a um complexo de Édipo completo, "total", ou "enriquecido", descrito de maneira muito mais detalhada e sob formas infinitamente mais variadas do que na concepção freudiana. Durante estes anos, 1923-1933, a psicanálise kleiniana não pode surgir como uma dissidência mas, ao contrário, se admitirmos que a psicanálise freudiana, na sua essência, se define pela interpretação do complexo de Édipo na e pela transferência, como um prolongamento das teorias freudianas, e se quisermos um "ultrafreudismo", no sentido em que se falava na França, na época da Restauração, dos ultrarrealistas que eram, segundo o dito célebre, "mais realistas do que o rei". Melanie Klein, neste sentido, é mais freudiana que o próprio Freud, durante o período que nos interessa[50]. É a análise de Rita que é a fonte deste mais que freudismo, e

50. Maurice Merleau-Ponty, que foi, ao que nos consta – ao mesmo tempo que Daniel Lagache – o primeiro tradutor francês de Melanie Klein (traduziu "As Origens

110 MELANIE KLEIN I

daí por que Rita será de novo evocada quando se tratará, em 1945, de articular o Édipo com as "posições psicóticas". Seguindo, agora, a evolução de 1923 a 1927, dos elementos importantes da primeira concepção kleiniana *stricto sensu*, não devemos perder de vista que cada um deles só assume seu sentido completo quando referido ao complexo de Édipo e que esta onipresença do Édipo se manifestou primeiro da maneira mais evidente, no caso de Rita.

10. A DESCOBERTA DAS FANTASIAS SÁDICAS PRÉ-GENITAIS

10.1. *Trude e o Sadismo Anal e Uretral*

Associada a uma fantasia de roubo do bebê que está para nascer, a hostilidade edipiana de Rita em relação à sua mãe era descrita exclusivamente em termos da rivalidade pelo amor do pai e reportando-se, portanto, a título de efeito secundário – ainda que importante – às pulsões genitais heterossexuais. A evolução da teoria durante os quatro anos seguintes, sem nunca dissociar esta agressividade do Édipo vai apurar a descrição e relacioná-la cada vez mais nitidamente às pulsões sádicas que se enredam com a libido genital, sem nunca confundir-se com ela, encontrando, deste modo, sua integração no complexo pulsional e de vida de fantasia do Édipo.

A primeira etapa desta evolução é marcada, em 1924, pela análise de uma menina de três anos e três meses, Trude, que permite localizar a ação do sadismo anal e uretral. É a própria Melanie Klein que nos relata:

> Um dos casos graças aos quais se tornou clara para mim a natureza sádico-anal e sádico-uretral dessas pulsões destrutivas foi o de Trude [...] Quando veio a mim para tratamento, padecia de diversos sintomas, tais como terrores noturnos e incontinência de urina e fezes. Desde logo em sua análise me pediu para fingir que eu estava na cama e adormecida. Ela dizia então que ia me atacar e procurar as fezes em meu traseiro; descobri que as fezes representavam também as crianças e que ela ia roubá-las de mim. Após tais ataques, ela se agachava num canto, brincando de estar na cama e, cobrindo-se de almofadas (destinadas a proteger seu corpo, mas que representavam também as crianças), ao mesmo tempo, ela se urinava de fato e manifestava claramente seu grande medo de que eu a atacasse[51].

A evidenciação do elemento anal e do elemento uretral está fundada na associação entre a agressividade e as manifestações de incontinência

da Transferência" na *Revue française de psychanalyse*, 1953, pp. 204-214) –, o primeiro na França a compreender a importância da obra kleiniana, fez uma comparação semelhante em seu curso sobre "Les relations avec autrui chez le jeune enfant" (Centre de Documentation Universitaire, p. 23): muito preocupado com questões políticas, utilizou a distinção clássica dos marxistas entre uma "esquerda" ultrarrevolucionária, um "centro" leninista e na época, stalinista, e uma "direita" dita oportunista, revisionista ou "termidoriana" para descrever a posição de Melanie Klein no movimento psicanalítico. Classificava-a numa extrema "esquerda", até mesmo extremista em relação ao "centro" (Freud) e à "direita" (Anna Freud), fundamentando-se essencialmente na concepção do Édipo arcaico.

51. MELANIE KLEIN, "La technique psychanalytique du jeu", *New Directions...*, p. 16.

A DESCOBERTA DA TÉCNICA DO BRINCAR...   111

da menina, assim como no claro aparecimento, na brincadeira que esta sugere, da teoria sexual infantil da criança anal. Esta associação entre agressividade e as teorias sexuais infantis, aqui num plano simplesmente clínico, vai rapidamente tornar-se um dos importantes pontos da teoria kleiniana do sadismo infantil.

Mais especificamente, o elo entre o estágio anal e a agressividade já era classicamente reconhecido na época, em psicanálise. Freud havia ligado o elemento do erotismo anal passivo à erogeneidade da mucosa anal e o elemento de atividade a uma "pulsão de dominação" cuja fonte, muscular, remete, primeiro, às pulsões do ego, sendo, inicialmente, independente da sexualidade "embora possa unir-se a ela numa fase precoce graças a uma anastomose próxima de seus pontos de origem"[52].

Esta pulsão de dominação do objeto de maneira ativa fornece o componente sádico do estágio sádico-anal: "a atividade é devida à pulsão de dominação em sentido lato, pulsão que especificamos sob o nome de sadismo quando a encontramos a serviço da pulsão sexual" (Ibidem).

Sabemos que Karl Abraham, no momento mesmo em que Melanie Klein analisava Trude, distinguia duas fases no estágio sádico-anal, cuja diferença se reencontra nas duas dimensões – erótica e sádica – deste estágio: "1º) O erotismo anal encobre dois modos de prazer diametralmente opostos. 2º) A mesma oposição existe no domínio das pulsões sádicas"[53]. No erotismo anal, o gozo está inicialmente na expulsão das fezes e, em seguida, na sua retenção. No sadismo, a oposição está entre destruir e conservar para dominar: "A pulsão parcial sádica da libido infantil mostra-nos também a oposição entre duas tendências para o prazer. Uma aspira à destruição e outra à dominação do objeto (ou do mundo dos objetos)" (Idem, p. 262). Estas duas oposições formam um bloco: "A análise dos neuróticos oferece-nos as múltiplas relações e os reforçamentos recíprocos das tendências conservadoras anais e sádicas – de retenção e de dominação –; o mesmo ocorre quanto às tendências destrutivas provenientes destas duas fontes, ou seja, das impulsões para afastar violentamente e para destruir o objeto" (Idem, p. 263). Entre estas duas configurações sádico-anais, Karl Abraham estabelece uma ordem genética e dinâmica. O impulso para a rejeição e para a expulsão precede o impulso para a retenção e a conservação, e esta "constituiu-se pela repressão da direção pulsional destrutiva" (Idem, p. 262). A distinção entre a primeira e a segunda etapa do estágio sádico-anal assume um lugar essencial na psicopatologia psicanalítica, pois a passagem de uma a outra marca também o início do amor objetal: "na fronteira destes dois estágios do desenvolvimento produz-se uma reviravolta decisiva da relação do indivíduo com o mundo objetal. Se tomarmos o sentido estrito da noção de amor objetal, poderemos dizer que ele começa precisamente nesta fronteira, pois doravante é a tendência à conservação do objeto que prevalecerá" (Idem, p. 265).

Melanie Klein integrará progressivamente esta concepção à sua teoria. Em 1924, sustenta o seguinte: a pulsão sádico-anal não visa apenas ao controle do objeto ou à aprimoração deste; visa, também, na sua fase mais arcaica, à destruição do objeto. A partir de então, vai associar, du-

---

52. FREUD, citado por J. LAPLANCHE e J.-B. PONTALIS, *Vocabulaire de la Psychanalyse*, P.U.F., p. 365.

53. KARL ABRAHAM, *Ouvres complètes*, Payot, t. II, p. 260.

112 MELANIE KLEIN I

rante alguns meses, a dimensão sádica da hostilidade edipiana e dos desejos da morte em relação ao rival, ao sadismo oral e uretral e, até o final de sua obra, ao sadismo em geral (inclusive o sadismo oral). Na rivalidade da criança com respeito ao progenitor do mesmo sexo o motivo dos desejos de morte é de fato fornecido pelo complexo de Édipo e, portanto, pelas pulsões genitais, mas o *conteúdo* das fantasias, através das quais se exprimem, é inspirado pelas pulsões sádico-anais e uretrais referidas na análise de Trude.

Esta junção entre o complexo de Édipo arcaico e o sadismo anal já foi descrita como um fenômeno que opera nas teorias sexuais infantis. Trude, exatamente como Rita, teve ciúmes de sua mãe grávida de uma irmãzinha, nascida quando Trude contava dois anos, e desejou ser a mãe desta filha de seu pai e assumir, ao lado deste último, o lugar de sua mãe. Mas este complexo de Édipo arcaico é contemporâneo do estágio sádico-anal: começando após o desmame, sob o efeito da transferência da libido oral do seio da mãe para o pênis do pai, é acompanhado, sucessivamente, pelo estágio anal de destruição sádica e de rejeição do objeto e pela etapa mais tardia de conservação e de dominação do objeto. É a imbricação das pulsões genitais nascentes com as pulsões sádico-anais que dão origem às teorias sádicas e anais do nascimento e da concepção das crianças. No caso de Trude, a teoria do nascimento é aquela da criança anal: o bebê que vai nascer é identificado com as fezes. Nos anos subsequentes, Melanie Klein desenvolverá uma ideia que parece não ter aplicado no momento, no caso de Trude: a agressividade anal não visará tanto às fezes enquanto objetos a serem expulsos, quanto aos objetos – em primeiro lugar, o corpo materno – que são atacados nestas fantasias através das fezes, identificadas com substâncias perigosas. Pode-se, entretanto, perguntar se esta ideia não foi antecipada em "Uma Contribuição à Psicogênese dos Tiques", texto que vinculamos ao período protokleiniano em função de seu conteúdo clínico e teórico dominante, mas cuja redação é posterior à análise de Rita e contemporânea à de Trude. Melanie Klein escreve neste texto, a respeito de Félix: "Evidenciou-se também que ele sentira o desejo reprimido de insultar o diretor (da escola que frequentava) em termos escatológicos e de borrá-lo de fezes. Fomos, de novo, reconduzidos à cena primitiva durante a qual o mesmo desejo surgira nele em relação ao pai e se exprimira num movimento que fez e nos gritos que soltou"[54]. Tratar-se-ia, assim, da retomada, numa nova perspectiva inspirada por Abraham, de um fato já notado por Freud, que insistira no caráter sexual da defecação como reação à cena primitiva, na qual se exprime a excitação sexual: esta reação "é o indício de uma excitação da zona anal (no sentido mais amplo da palavra). Em outros casos semelhantes, uma observação análoga das relações sexuais finaliza por uma emissão de urina; um homem adulto nas mesmas condições, teria uma ereção"[55]. Na nova perspectiva de Melanie Klein esta reação assume um valor agressivo: as fezes são os instrumentos, em fantasia, das pulsões sádico-anais visando à destruição do objeto.

---

54. MELANIE KLEIN, *Essais de Psychanalyse*, Payot, p. 150.
55. FREUD, *Cinq Psychanalyses*, P.U.F., p. 386.

A DESCOBERTA DA TÉCNICA DO BRINCAR... 113

10.2. *Ruth, Peter e o Sadismo Oral*

As pulsões sádicas uretrais unidas, no caso de Trude, às pulsões anais, são descobertas simultaneamente por Melanie Klein. Também, neste caso, a fonte é freudiana e a influência mais próxima é a de Abraham, que havia publicado em 1920 um artigo intitulado "A Valorização Narcísica dos Excrementos no Sonho e na Neurose"[56] no qual, retomando os pontos de vista freudianos, insistia na onipotência benfazeja *ou destrutiva* atribuída à urina e às fezes. A primeira vez em que essa ideia aparece na obra de Melanie Klein é no apêndice, redigido em 1925, de "Uma Contribuição à Psicogênese dos Tiques"; a propósito de uma criança, Werner, cuja análise acaba de começar, assinala a volta regular no curso das sessões, de "uma crise de raiva, acompanhada de descargas motoras agressivas e de uma representação de ataques anais e uretrais cujo objetivo é sujar – tudo isso dirigido contra os pais a realizar o ato sexual"[57].

Considera-se, em geral, com razão, que as teorias kleinianas se caracterizam pela insistência no sadismo oral. Entretanto, trata-se da forma de sadismo depreendida o mais tardiamente por Melanie Klein. Todos os elementos orais do material fornecido por Rita e Trude haviam sido vinculados, no momento em que apareciam, ao erotismo oral. São duas outras crianças, Ruth (quatro anos e três meses) e Peter (três anos e nove meses, o primeiro menino analisado pela técnica do brincar), as que vão propiciar a ocasião desta descoberta, segundo as indicações de "A Técnica Psicanalítica Através do Brincar":

Mas foi no curso de outras análises levadas a termo em 1924 e 1925, as de Ruth e de Peter, ambas descritas na *Psicanálise da Criança*, que expus o papel fundamental que as pulsões sádico-orais desempenham nas fantasias sádicas e nas ansiedades correspondentes: eu encontrava assim na análise de crianças pequenas a plena confirmação das descobertas de Abraham. Essas análises, que me abriram um vasto campo de observação para o futuro, porque haviam durado muito mais tempo que as de Rita e Trude, me conduziram a uma intuição mais completa do papel fundamental dos desejos e ansiedades orais no desenvolvimento psíquico, normal e anormal[58].

Melanie Klein especifica, numa nota: "Essa crescente convicção sobre a importância fundamental das descobertas de Abraham foi resultado também da análise pessoal que fiz com ele, em 1924, e que foi interrompida ao cabo de quatorze meses, pela doença e pela morte dele". Os fragmentos publicados da análise de Rita enfatizam essencialmente a frustração oral experimentada pela menina, e não comportam descrições detalhadas de fantasias sádico-orais. Ruth, em contrapartida, assim como Rita e Trude, desejara arrebatar à sua mãe grávida a criança que esta trazia, machucar a mãe e matá-la. Mas enquanto esses ataques estavam ligados ao ciúme genital no caso de Rita e ao sadismo anal no de Trude, estão agora associados ao sadismo oral, sendo a intensa frustração oral da menina compreendida como a consequência, dentro das fantasias do assassi-

---

56. KARL ABRAHAM, *Oeuvres complètes*, Payot, t. II, p. 96.

57. MELANIE KLEIN, *Essais de Psychanalyse*, Payot, p. 164.

58. MELANIE KLEIN, "The Psycho-Analytic Play Technique", *New Directions*, p. 16.

114 MELANIE KLEIN I

nato sádico-oral da mãe pela menina: "seus desejos de roubar e matar a mãe, fariam-na temer a possibilidade de ser abandonada para sempre ou ainda de nunca mais tornar a vê-la viva, ou então de encontrar, em lugar da mãe meiga e carinhosa que lhe dizia boa-noite, uma mãe má, cujos terríveis ataques noturnos haveria de sofrer"[59]. Parece que o conjunto de fantasias sádico-orais foi descoberto, em toda a sua riqueza, na análise de Peter. Sabe-se que Melanie Klein fez, em maio de 1925, uma comunicação que permaneceu inédita, sobre a analogia entre certos crimes e as fantasias das crianças. Num texto ulterior[60], forneceu especificações sobre o material que utilizava. Comentou duas pequenas notícias recentes, que haviam atiçado a crônica berlinense: a detenção de dois criminosos, um dos quais mantinha relações homossexuais com jovens que em seguida matava, decapitava e cortava em pedaços, que ele queimava, enquanto o outro matava suas vítimas e servia-se de seus corpos para fazer salsichas. Melanie Klein aproximara esses crimes das fantasias de uma criança, que diz ser Peter (*Idem*, p. 219). Peter havia efetivamente revelado uma fantasia na qual, após ter praticado uma masturbação mútua com seu pai e seu irmãozinho e representado isso através de uma brincadeira com bonecas, cortara a cabeça de uma das bonecas e vendera o corpo a um açougueiro imaginário, guardando no entanto a cabeça que, para ele, era o pedaço mais apetitoso. Parece realmente que, num dado momento de sua análise, Peter representou em suas brincadeiras inúmeras cenas de desmembramento e devoração ao mesmo tempo que fazia em pedaços um número considerável de figuras e bonecas. Tal fantasia impressionou muito Melanie Klein na medida em que se tratava de uma criança clinicamente normal, cuja análise era puramente profilática (os pais tinham consciência do número excessivo de pessoas fortemente neuróticas na família, e pensavam que uma análise precoce pouparia tal destino a Peter, adotando assim as concepções de Melanie Klein sobre a psicanálise como "pré-educação")[61] e cuja neurose infantil grave só deveria ser revelada pela análise. Além disso, os quatorze ou quinze meses desta análise foram, com uma margem de um ou dois meses, exatamente contemporâneos aos quatorze meses de sua própria análise com Abraham, que escrevia, nestes anos de 1924 a 1925, suas últimas obras, aquelas, precisamente, em que leva mais a fundo a análise do sadismo oral. O conjunto destas experiências conduzira Melanie Klein a partilhar totalmente das concepções de seu psicanalista e a inserir o conjunto de suas próprias descobertas no esquema do desenvolvimento da libido proposto por este último. Após o estágio oral pré-ambivalente, o sadismo acompanha o segundo estágio oral, as duas etapas do estágio sádico-anal e o estágio genital infantil, que são todos estágios ambivalentes onde a libido une-se às pulsões agressivas. Tal ambivalência é superada apenas no estágio adulto, pelo adolescente normal. Nesta perspectiva, o sadismo deve ser descrito em seus três registros fundamentais: oral, anal e uretral, enquanto que um elo estreito se institui entre o estilo de atividade das pulsões orais pré-ambivalentes, anobjetais porém livres de sadismo e as pulsões genitais pós-ambivalentes, objetais, mas também

59. MELANIE KLEIN, *La Psychanalyse des enfants*, P.U.F., pp. 40-41.

60. MELANIE KLEIN, "Les tendances criminelles chez les enfants normaux", in *Essais de Psychanalyse*, Payot, 1927, pp. 211-228.

61. Cf. *supra*, pp. 47-49 e ss.

A DESCOBERTA DA TÉCNICA DO BRINCAR... 115

destacadas das pulsões sádicas. Veremos qual influência esta ideia exerce na concepção do complexo de Édipo arcaico.

No que concerne ao sadismo, podemos pois concluir notando que bastaram menos de dois anos para que Melanie Klein pudesse depreender o conjunto das variantes do sadismo infantil, cuja elaboração teórica exigirá seis ou sete anos. Neste domínio, mais que em qualquer outro, a técnica do brincar, desde sua invenção, permite chegar a um material de uma riqueza extraordinária, cuja emergência é tanto mais espetacular quanto nada nas teorias protokleinianas permitia prevê-lo.

11. SADISMO E SUPEREGO ARCAICO

Ao mesmo tempo em que fornecem os elementos que irão permitir o acerto da descrição completa do sadismo, as análises de Ruth e de Peter permitem o aprofundamento correlato da teoria da ansiedade. Doravante, para Melanie Klein, a ansiedade, cuja significação de culpa a análise de Rita já havia mostrado, aparece já havia a cada vez como consequência direta do sadismo infantil. Reencontramos aqui uma ideia essencial das concepções kleinianas, segundo a qual a ansiedade é o produto do temor do talião. Essa ideia não é inspirada pelas primeiras análises que utilizam a técnica do brincar. Já a tínhamos encontrado na análise de Erich, cujo medo de ser morto em relação a este e não, como o quereria a concepção clássica, a uma ameaça de castração real ou fantasiada a partir de esquemas filogenéticos das fantasias originárias. A partir desta época, Melanie Klein é levada a pensar que o inconsciente é dominado pela fórmula "olho por olho, dente por dente". Se a criança teme a castração, não é em função de seus desejos de morte, mas sim porque quis castrar seu pai. Se formulou desejos de morte contra o pai, temerá ser morta por este. Segundo esta fórmula – que corresponde ao destino pulsional, descrito por Freud, do retorno sobre a própria pessoa – a cada fantasia sádica específica corresponde uma fantasia de ansiedade que lhe é idêntica em seus mínimos detalhes e na qual o sujeito sofre aquilo que, nas fantasias sádicas, submete a seus objetos. Assim, cada descoberta de uma nova fonte de agressividade sádica acarreta a descoberta de uma ansiedade típica correspondente, ou, mais precisamente, de uma fantasia ansiógena correspondente na qual está representado, sob a forma de *situação ansiógena*, o retorno para o sujeito da fantasia sádica correspondente. Portanto, a evolução da teoria das situações de ansiedade é exatamente paralela àquela da teoria do sadismo. Erich teme ser morto pelo pai, Rita teme que sua mãe destrua o interior de seu corpo, não ousando assumir o papel de mãe de sua boneca na brincadeira e fazendo-se envolver pelas cobertas para evitar ser atacada durante o sono pela mãe má introjetada. Trude receia que seu corpo seja esvaziado por sua mãe quando as fezes identificadas a bebês são retiradas. Ruth e Peter temem ser privados de alimentos, cortados em pedaços e devorados pelos pais.

Esta noção do *temor do talião* tem estreita ligação com a noção do objeto introjetado ou, na linguagem kleiniana ulterior, o do objeto interno, da qual já apresentamos o essencial no item 8 deste capítulo. O conceito de objeto introjetado é diretamente solidário ao do temor do Talião, porque este transforma, para o inconsciente, os objetos reais atacados em objetos vingadores. Em razão da crença infantil na onipotência dos pensamentos, precedida, segundo a teoria de Abraham[62], pela crença na onipotência dos excrementos utilizados como armas destrutivas nas fantasias sádicas, a criança vive sob um duplo registro: num deles, é capaz de testar a realidade e ter relações relativamente "realistas" com seus pais reais, mas no outro, – que permeia constantemente o primeiro – crê ter realmente destruído e ferido seus pais e teme então sua vingança. A relação objetal da criança pequena desenvolve-se, portanto, simultaneamente numa relação com os objetos reais e com os objetos imaginários, que a teoria kleiniana, entre 1923 e 1927, descreve, primeiro, como exclusivamente sádicos e vingadores. Esses objetos imaginários são o produto da *introjeção* dos pais reais que são, de início, visados pelas fantasias sádicas. Entre 1923 e 1927, ainda não é feita a descrição do mecanismo de introjeção – que será mais tarde vinculado à fantasia sádico-oral de incorporação canibalesca, na qual o sujeito incorpora, engole os objetos estragados pela devoração e, consequentemente, vingadores, que se tornam perseguidores internos. Tal descrição será elaborada a partir da análise de Erna, realizada em 1924-1926, porém somente após a conclusão desta análise. Melanie Klein constatou a existência dos objetos introjetados antes de poder compreender a própria introjeção. O conceito de objeto introjetado na gênese efetiva das concepções kleinianas, que se separa aqui da ordem lógica e coerente na qual serão apresentadas mais tarde, não provém do referenciamento dos processos de introjeção, mas sim da ideia do temor do talião. Neste sentido, parece, de fato, que o conceito de introjeção, nesta época, não tem ainda o significado kleiniano nem mesmo o significado freudiano. Poderíamos aproximar muito mais a utilização que ela faz então deste conceito da definição muito vaga que Ferenczi fornecera quando criara o termo[63]: associando-o estreitamente ao de transferência[64] e descrevendo sob este conceito processos que consideraríamos hoje como tipicamente projetivos. Ferenczi escreve: "ao passo que o paranoico projeta para o exterior as emoções que se tornaram para ele penosas, o neurótico procura incluir na sua esfera de interesses uma parte tão ampla quanto possível do mundo exterior, para torná-la objeto de fantasias conscientes ou inconscientes"[65]. A introjeção é definida por uma referência, que permanece vaga, à absorção corporal, como um meio de extensão dos interesses do sujeito pelo objeto através de sua integração nas fantasias deste. Parece, efetivamente, que por volta de 1926 o termo não tem um sentido muito mais preciso para Melanie Klein, que também descreve o objeto introjetado como um objeto cuja característica essencial é a de não corresponder à percepção, e isto ocorre em função de sua deformação consecutiva à sua integração num universo de fantasias que a criança mal distingue do real.

Estes objetos introjetados ameaçadores constituem o núcleo do superego. Entre 1923 e 1927, a descrição desta instância, de acordo com as preocupações predominantes de Melanie Klein, começa pelo relacionamento estreito com o sadismo e o complexo de Édipo. A teoria definitiva, que distinguira um "bom" e um "mau" superego, clivados, só surgirá em

---

62. KARL ABRAHAM, "La valorisation narcisique des excréments dans le rêve et la névrose", in *Oeuvres Complètes*, Payot, t. II, p. 96.

63. Em 1908, na "Introjection et transfert", in *Psychanalyse*, Payot, t. I.

64. Lembramos que também para Melanie Klein, entre 1923 e 1927, a noção de objeto introjetado é muito solidária de sua concepção de transferência, cf. item 8.

65. S. FERENCZI, *op. cit*, p. 100.

A DESCOBERTA DA TÉCNICA DO BRINCAR...   117

1927 quando os progressos da conceitualização da introjeção acarretarão a extensão do papel conferido a este mecanismo.

Assim como os objetos introjetados que são o seu núcleo, o superego da criança pequena é, primeiro, de uma severidade e crueldade extremas, sem qualquer relação direta com as exigências reais dos pais para com a criança:

> Citemos, como exemplo, o caso de um garotinho de quatro anos[66], que seus pais jamais haviam castigado ou ameaçado; mas eles eram ainda excepcionalmente ternos e amorosos. [...] Segundo a bem conhecida fórmula que prevalece no inconsciente, este menino esperava, por causa de suas tendências canibalescas e sádicas, punições como ser castrado, cortado em pedaços, devorado etc., e vivia em medo constante de sofrê-las. O contraste entre sua mãe terna e extremosa e o castigo que o superego ameaçava infligir ao menino era absolutamente grotesco, e ilustrava o seguinte: nós não devemos em nenhum caso identificar os verdadeiros objetos com aqueles que as crianças introjetam[67].

Esta crueldade do superego é a consequência direta da predominância do sadismo nas fases iniciais de sua formação, e sua descrição segue as mesmas etapas que as do sadismo: concebido inicialmente como produto do temor do talião suscitado pelos ataques contra a mãe que inspira em Rita seu ciúme edipiano, é mais tarde concebido como comportando também uma dimensão sádico-anal e sádico-uretral, e isto após a análise de Trude, e ainda uma dimensão fundamentalmente oral, após as análises de Ruth e de Peter. Deste fato decorre que o superego da criança pequena é concebido como mais severo que o do adulto, sendo tanto mais cruel quanto corresponde a uma fase mais antiga e arcaica do desenvolvimento.

Melanie Klein encontra-se, neste ponto, em completa contradição em relação às teorias psicanalíticas geralmente admitidas na época. Sabe-se que, de fato, Freud considerava o superego como o herdeiro do complexo de Édipo e, portanto, como uma instância constituída no período do declínio de um Édipo concebido como tardio. Inversamente, a teoria kleiniana afirma que o superego se constitui desde o início do complexo de Édipo, o qual ela descreve como muito mais precoce. A partir deste fato, reformula completamente as perspectivas abertas por Ferenczi e Abraham, nas quais, de início, ela se inspirara. Estes dois autores já haviam procurado definir precursores do superego e do sentimento de culpa. Ferenczi descrevera uma "moral esfincteriana" ligada ao aprendizado da higiene e que considera como um "precursor fisiológico do superego" no estágio anal. Karl Abraham consignara como origem da ansiedade o estágio canibalesco e julgara que o sentimento de culpa surgia no primeiro estágio sádico-anal. Tanto no caso de um como no de outro, só poderia tratar-se de formas ainda embrionárias das operações de uma instância que será constituída como tal apenas no decorrer do complexo de Édipo, cuja datação tardia eles mantêm segundo a cronologia freudiana. Ainda que inicialmente influenciada por eles, Melanie Klein não elabora, todavia, sua concepção ampliada do superego no prolongamento de uma pesquisa de seus precursores. Um tal passo teria com efeito suposto que ela tem deliberadamente como objeto de procura a reconstituição da gênese desta

---

66. Trata-se de Gerald, um dos primeiros pacientes londrinos.
67. MELANIE KLEIN, *Essais de Psychanalyse*, Payot, pp. 195-196.

instância. Ora, sabemos que ela procedeu de modo inverso: não tendo nenhuma intenção, no início, de aprofundar esta questão, encontra-se diante do material fornecido pelas primeiras psicanálises através do brincar, no qual a culpa ocupa um papel predominante. Numa perspectiva estritamente freudiana, que este material confirma em todos os pontos, vincula este superego ao complexo de Édipo, cujo momento de aparição ela antecipa, insistindo no fato de que as modificações que introduz se limitam ao seguinte: "Eis um resumo de minhas conclusões; antes de mais nada quero sublinhar que, na minha opinião, elas não contradizem as observações do Prof. Freud. Creio que o ponto essencial da questão é o seguinte: situo estes processos bem mais cedo e admito que suas diversas fases (sobretudo as dos estágios iniciais) fundem-se uma com a outra mais facilmente do que se acreditava até agora" (*Idem*, p. 241). A tese kleiniana da precocidade do superego é, portanto, imposta de início pela clínica; é totalmente independente, no começo, de uma problemática das origens ou dos precursores do superego: as interpretações comunicadas a Rita atestam realmente a existência deste momento em que o superego arcaico é ainda concebido como temor do talião, devido a uma agressividade referida à hostilidade edipiana. É apenas num segundo momento que o aprofundamento da descrição do sadismo acarreta a retomada e a refusão das hipóteses de Ferenczi e de Abraham, das quais a moral esfincteriana, a ansiedade sádico-oral e a culpa sádico-anal são naturalmente relacionadas à operação de um superego já presente. Associado, desde o início, ao conflito edipiano, este superego é introjetado sob o efeito das pulsões genitais que se iniciam e que dão conta, em última análise, de sua formação, ainda que seus conteúdos ansiógenos devam ser relacionados às pulsões sádico-orais e sádico-anais que permeiam as pulsões genitais nos estágios iniciais do complexo edipiano. Nesta perspectiva "ultrafreudiana" ou "ultraedipiana", os elementos sádico-orais e sádico-anais do superego poderiam ser os precursores do superego genital. Ainda que sejam iniciais, não são primários, porém, secundários, nem organizadores, mas sim organizados; não dão a intencionalidade mas apenas o estilo do superego arcaico. Melanie Klein irá mais adiante sobre este ponto e admitirá, ulteriormente, a existência de precursores orais do superego, e em seguida a existência de um superego oral; porém não é esta sua posição entre 1923 e 1927.

Esta teoria do superego exerce seus efeitos nas concepções técnicas, às quais fornece uma justificativa suplementar. É na controvérsia de 1927 com Anna Freud que Melanie Klein insiste com maior firmeza sobre a precocidade e severidade do superego, encontrando aí argumentos para responder às críticas emitidas por Anna Freud no *Tratamento Psicanalítico de Crianças*, em 1926. Esta última, de fato, interpretando as concepções freudianas num sentido muito restritivo – muito mais restritivo do que o próprio Freud o fizera ao comentar a análise do pequeno Hans –, considera que as crianças, em relação aos adultos, são muito mais dependentes de seus objetos reais e muito menos dependentes de um superego que é ainda embrionário ou tênue. A partir deste fato, o temor das sanções e da busca da aprovação proveniente dos pais, e eventualmente do psicanalista, pesaria muito mais do que o sentimento de culpa propriamente dito. A frequência das atuações na criança pequena é invocada como argumento em apoio desta tese, e interpretada como o sinal da fragilidade do superego. Tal concepção fornece a justificativa teórica dos preceitos técnicos que Anna Freud empresta de Hermine von Hug-Hellmuth: insuficiência de

A DESCOBERTA DA TÉCNICA DO BRINCAR...　119

uma atitude puramente psicanalística e interpretativa, prudência na análise do complexo de Édipo, necessidade de uma atitude pedagógica e de uma inculcação de normas e valores morais no decorrer do "tratamento educativo e curativo". Sua teoria exatamente inversa acerca do superego permite a Melanie Klein argumentar em defesa de sua técnica: o superego da criança não é mais frágil que o do adulto e as atuações não são o produto de um superego frágil, mas sim de um superego excessivo e esmagador, com o qual nenhum compromisso é possível.

O superego da criança, sádico e ameaçador, é idêntico em sua essência ao do adulto. A única diferença notável se deve ao estilo. O superego do adulto aparece menos cruel, mais evoluído que o dos primeiros anos de vida. Ainda aqui, se trata apenas de uma diferença muito superficial: no adulto, assim como na criança pequena, as camadas profundas do superego ameaçam de castração, desmembramento, devoração: estas ameaças estão simplesmente encobertas no adulto, por formações superficiais e tardias. Para além destas "aparências", a realidade é a mesma: "a análise das crianças me levou a crer, ao contrário de Anna Freud, que o superego delas é um produto muito resistente, inalterável no fundo e que não difere essencialmente dos adultos" (*Idem*, p. 196). O que explica a aparente ausência de culpa nas crianças é a imaturidade de seu ego, incapaz de se defender adequadamente contra as exigências excessivas e as ameaças terrificantes do superego: "A única diferença surge aqui do ego mais maduro dos adultos, melhor capacitado a compor-se com o seu superego" (*Idem*, 196). O material obtido na análise de criança deverá então ser interpretado como revelando uma estratégia defensiva inadequada do ego de encontro com as exigências do id mas também do superego. Devido a isto, a técnica de Anna Freud é completamente errônea: vindo em socorro ao ego, na sua luta contra o id, ela reforça um superego esmagador, cuja existência ignora, e que está na origem das dificuldades da criança. Deste modo, aumenta a ansiedade da criança em vez de diminuí-la e exerce um "rigor inútil" (*Idem*, p. 184), ativando a ansiedade e a culpa da criança sem dissipá-las, em seguida, pela interpretação.

Na perspectiva de Melanie Klein, o inimigo principal tanto do ego da criança quanto do analista não é o id, mas sim o superego, fonte da ansiedade, da culpa e das atuações. Os atos de violência e as fantasias sádicas das crianças não são emanação direta das pulsões, mas sim das respostas do ego às ameaças dos objetos introjetados que constituem o núcleo do superego. O sadismo da criança é certamente primário: é ele que impõe a deformação das imagens introjetadas. Mas uma vez que estes objetos introjetados exercem suas ameaças a partir do interior, a criança transfere para os objetos reais as ameaças provenientes do superego e defende-se delas pelo contra-ataque sádico dirigido aos objetos reais. Entra assim num círculo vicioso (*Idem*, p. 221), onde o próprio sadismo reforça o sadismo dos objetos introjetados e vice-versa. Quando o sadismo primário é constitucionalmente excessivo ou quando o ego é muito imaturo, a única defesa possível contra esses afetos terrificantes é a repressão das fantasias sádicas, o que é uma defesa inadequada já que interdita a ab-reação das pulsões sádicas por meios simbólicos nas fantasias e nas brincadeiras, deixando-as assim intactas e tornando inevitáveis os episódios maciços do retorno do reprimido. Mas a repressão atua também contra o próprio sentimento de

120 MELANIE KLEIN I

culpa[68] que igualmente retorna, pois, sob a forma da necessidade de ser punido. O "círculo vicioso" prossegue no inconsciente e inspira as atuações que assumem, deste modo, o triplo significado de uma satisfação do sadismo, de uma defesa inadequada do ego contra um superego cruel e, na medida em que estas acarretam medidas de repressão, assumem ainda o significado de uma satisfação da necessidade de punição proveniente do superego. As condutas "más" e antissociais da criança (mas também, como Freud havia constatado, do adulto) testemunhavam, portanto, uma derrota do ego diante do id, mas, sobretudo, diante do superego. Esta derrota é concebida em 1927 como resultado exclusivo da fraqueza do ego, incapaz, em condições economicamente desfavoráveis, de empregar uma estratégia defensiva eficaz que repouse na sublimação. Esta teoria será ulteriormente matizada mas o malogro do processo defensivo será sempre, na evolução ulterior das concepções kleinianas, remetido a este círculo vicioso ou "círculo mau", que se tornará um conceito importante do sistema kleiniano e ao qual virá mais tarde (em 1937) opor-lhe um "círculo bom" reparador. Paralelamente, aspectos "bons" e encorajadores do superego serão destacados. Sua força ou fraqueza serão fatores importantes de entrada no "bom" ou "mau" círculo. Porém, esta fase da teoria é precedida de um período durante o qual, como acabamos de apontar, as concepções acerca do superego evidenciam, essencialmente, os seguintes elementos: origem edipiana, surgimento precoce, crueldade extrema devida ao temor do Talião no tocante às fantasias sádicas, força esmagadora do superego em relação ao ego.

12. O COMPLEXO DE ÉDIPO ARCAICO DA MENINA

Paralelamente a esta primeira teoria do superego, a análise de Rita confirma, segundo uma progressão análoga do pensamento, o fato – já antecipado no sistema protokleiniano – do aparecimento precoce do complexo de Édipo, cujo elo com o sadismo, a ansiedade e o superego será ulteriormente precisado pelas análises de Trude, Ruth, Peter e Erna. A partir da análise de Rita, o esquema geral da evolução do Édipo manifesta-se claramente: seu desencadeamento pela frustração oral do desmame; primeira fase do complexo positivo na primeira metade do segundo ano; fase de repressão e de complexo negativo a partir da metade deste segundo ano; fase final de retorno do complexo positivo com o aumento quantitativo das pulsões genitais, no momento do complexo de Édipo "clássico" descrito por Freud, que coincide assim com a terceira e última etapa de uma longa evolução. As análises de Trude, Ruth e Erna permitirão precisar o impacto, sobre as formas iniciais do conflito edipiano, do sadismo oral e anal, enquanto que a de Peter permitirá fixar a concepção kleiniana do complexo de Édipo no menino. Uma das particularidades da descrição kleiniana do Édipo é, com efeito, inverter a perspectiva habitual que consiste em considerar o Édipo feminino como uma forma modificada e incompleta do Édipo do menino. O procedimento de Melanie Klein consistiu em descobrir, inicialmente, o Épido do arcaico nas análises de meninas pequenas antes de encontrá-lo na análise de meninos, e notada-

---

68. "O sentimento de culpa, também reprimido não é menos pesado" (1927, *Idem*, p. 221).

A DESCOBERTA DA TÉCNICA DO BRINCAR...   121

mente na de Peter. Existe aqui, em parte, um acaso devido ao fato de que a técnica do brincar foi aplicada, primeiro, a três meninas antes de sê-lo a Peter. Pode-se, não obstante, pensar que este acaso, cujo papel é inegável, converge para uma necessidade inerente à natureza do Édipo arcaico, cujas fases iniciais são mais facilmente notadas no caso da menina do que no do menino. A descrição kleiniana do Édipo arcaico acarreta, além do reconhecimento de sua aparição precoce, a revisão completa da teoria freudiana da sexualidade feminina, a reinterpretação das manifestações da inveja do pênis e o reconhecimento de um complexo de feminilidade do menino, simétrico ao complexo de masculinidade da menina. O conjunto destes fatores converge para que seja feita a descrição kleiniana do complexo de Édipo masculino, aplicando-se ao caso do menino um esquema genético forjado, primeiro, na análise do complexo de Édipo arcaico feminino.

12.1. Desmame e Primeira Fase Feminina

O primeiro estágio do complexo de Édipo feminino inicia-se a partir do desmame. Esta ideia, imposta pela análise de Rita, foi afirmada por Melanie Klein a partir de 1924 em Salzburg e permanecerá uma das conquistas permanentes de sua doutrina: "Considero a privação do seio como a causa mais fundamental do voltar-se para o pai"[69]. A frustração oral provoca o abandono da mãe enquanto objeto privilegiado da libido da menina. Entre 1923 e 1927, os seguintes elementos são acrescidos a este fato fundamental, a título de fatores adicionais.

1. As frustrações anais sofridas ao longo da educação da higiene contribuem para aumentar o ódio pela mãe e para precipitar o voltar-se para o pai.

2. Sob a influência de Helene Deutsch, Melanie Klein admite que "o desenvolvimento genital da mulher se completa pelo deslocamento bem-sucedido da libido oral à genital" (*Idem*, p. 235). Mas, contrariamente à psicanalista vienense, considera que este deslocamento é extremamente precoce, que ele está em jogo desde a emergência das primeiras pulsões genitais e que fornece o *quantum* de energia libidinal indispensável para que se dê o voltar-se para o pai e para o desencadeamento do Édipo. Deste modo, sucede imediatamente ao desmame.

3. As pulsões genitais surgem a partir da segunda metade do primeiro ano de vida. Seu reforço pela libido oral após o desmame é facilitado por seu caráter feminino e receptivo: a libido da menina pequena não é, de início, masculina ou fálica, como pensava Freud, ela é dotada, de pronto, de um alvo especificamente feminino e receptivo: esta proximidade do alvo da libido oral e o da libido genital facilita a transferência de energia libidinal de um para outro alvo.

4. Desde o começo, as pulsões genitais femininas são acompanhadas de um "conhecimento inconsciente da vagina" e de sua função "oral" e receptiva (*Idem*, p. 235). Este conhecimento é acompanhado de sensações neste órgão que dão lugar a formas tipicamente femininas de masturbação

69. MELANIE KLEIN, *Essais de Psychanalyse*, p. 237.

122 MELANIE KLEIN I

(*Idem*, p. 236). Esta libido receptiva, completada por pulsões orais, irá portanto voltar-se para um objeto a ser incorporado.

5. O pênis do pai é este objeto que sucede ao seio da mãe. Tal conclusão, que procede diretamente da análise de Rita, já havia sido apresentada por Melanie Klein no Congresso de Salzburg em 1924. As crianças concebem e desejam, primeiro, o coito como ato oral e o alvo receptivo comum à vagina e à boca, ao mesmo tempo em que favorece o "deslocamento da libido oral para genital", dá às primeiras pulsões edipianas um caráter simultaneamente oral e vaginal.

6. O caráter pulsional misto – oral e genital – dá um colorido especial à primeira posição de rivalidade edipiana com a mãe: "a inveja e o ódio inspirados pela mãe que possui o pênis do pai parecem constituir, no momento em que surgem as primeiras tendências edipianas, um motivo a mais para que a menina se volte para o pai" (*Idem*, p. 236).

Esta ideia é uma das contribuições da análise de Ruth e comporta dois aspectos, logicamente distintos, descobertos simultaneamente por Melanie Klein. O primeiro é o papel desempenhado pelas teorias sexuais infantis enquanto organizadoras do desejo edipiano, papel já vislumbrado na comunicação apresentada em Salzburg. É em virtude da teoria do coito como ato oral que a mãe é invejada e alvo de ciúmes, pois ela é fantasiada como incorporando o objeto, o pênis do pai, para o qual está voltado agora o desejo da maneira. Este primeiro ponto parece ter sido alcançado a partir da conclusão do tratamento de Rita, de acordo com a concepção da rivalidade que fora depreendida deste: a hostilidade da menina contra sua mãe aparecia como uma consequência do desejo incestuoso visando o pai. Num segundo momento, Melanie Klein mostra que esta hostilidade se expressa nas fantasias sádicas pré-genitais que são organizadas pelas teorias sexuais, nas quais se revelam as tendências edipianas que se iniciam, enquanto que lhes dão em troca sua coloração sádico-anal e oral. Sabemos que esta evidenciação do sadismo anal, em seguida oral, é produto das análises realizadas em 1924 e 1925.

7. Num domínio muito próximo, a mesma relação está em jogo entre a identificação edipiana com a mãe e o sadismo pré-genital: "a identificação da menina com a mãe provém diretamente das tendências edipianas" Esta identificação é acompanhada de sentimentos de rivalidade e hostilidade que se unem às pulsões sádico-orais e sádico-anais: "esta identificação coincide com as tendências sádico-anais de roubar e destruir a mãe" (*Idem*, p. 236). A primeira posição de rivalidade com a mãe é marcada, deste modo, por um conjunto de fantasias sádicas de extraordinária violência, cuja intensidade pode acabar por mascarar as tendências edipianas genitais a serviço das quais estão, entretanto, as pulsões sádicas: "Os estágios iniciais do conflito edipiano acham-se tão fortemente dominados pelas fases pré-genitais que a fase genital, quando entra em atividade, permanece, de início, dissimulada sob um véu espesso; só mais tarde, entre os três e os cinco anos, torna-se mais claramente reconhecível" (*Idem*, p. 241). A teoria kleiniana comporta, portanto, ao mesmo tempo a afirmação de um primado das pulsões genitais na fase inicial do complexo de Édipo e a explicação do fato de que esta supremacia continua sendo de difícil referenciamento.

A DESCOBERTA DA TÉCNICA DO BRINCAR... 123

A segunda fase do complexo de Édipo feminino, marcada pelo abandono do pai e o retorno à mãe, é igualmente provocada pela convergência de vários fatores. Todos comportam a mesma característica: têm origem, pelo menos parcialmente, na primeira posição edipiana e seu desenvolvimento, resultante desta, leva, no entanto, à sua inversão.

O primeiro destes fatores está ligado ao recobrimento progressivo das tendências genitais pelas pulsões sádicas. A emergência das pulsões edipianas era contemporânea ao surgimento das pulsões sádicas que atingem seu apogeu, segundo as descrições de Abraham às quais Melanie Klein adere cada vez mais ao longo dos anos 1924 e 1925, na época do estágio sádico-oral. Neste momento, a relação das forças é favorável às pulsões sádico-orais e sádico-anais que submergem a libido genital. O excesso do sadismo leva à introjeção de objetos fantasticamente deformados pela onipotência que confere um valor de realidade aos ataques imaginários dos quais são vítimas o que acarreta o temor do talião. A menina que deseja destruir sua mãe, cortá-la em pedaços, devorá-la, roubar-lhe o pênis do pai e seus bebês – reais ou imaginários – introjeta uma mãe ferida da qual teme cada vez mais ataques vingativos e da qual se defende através de contra-ataques em fantasia cada vez mais sádicos: entra, deste modo, no círculo "mau" sob a influência de um superego sádico-oral e sádico-anal cruel e tirânico que ameaça devorá-la, cortá-la em pedaços etc. O terror pela mãe introjetada, que impede Rita de assumir o papel de mãe de sua boneca, identificada ao bebê que quis roubar de sua mãe real, é a situação de ansiedade específica da menina que está na raiz de sua culpa edipiana: "Por causa das tendências destrutivas que alimentava contra o corpo da mãe (ou certos órgãos dentro dele) e contra os filhos que se encontravam no ventre materno a menina espera ser punida pela destruição de suas próprias aptidões para a maternidade, de seus próprios órgãos genitais e seus próprios filhos" (*Idem*, p. 238). Esta ansiedade, que impõe o abandono da primeira posição feminina por volta dos quinze ou dezoito meses, é comparável à ansiedade de castração do menino. "A intensa ansiedade da menina a respeito de sua feminilidade é análoga, poder-se-ia dizer, ao medo da castração do menino, já que ela desempenha, certamente, um papel na repressão de suas tendências edipianas" (*Idem*, p. 238).

O segundo grupo de fatores que conduzem ao abandono da primeira posição edípica provém da relação com o pai. O fator precipitante é a frustração dos desejos orais e genitais sofrida nesta relação. Enquanto que as carícias do pai "têm agora um efeito de sedução e são sentidas como ‹atração do sexo oposto›" (*Idem*, p. 236), a ausência de satisfação oral e genital direta na relação heterossexual conduz a uma decepção mais ou menos fácil de tolerar para a menina. A aptidão em suportar esta nova frustração depende, de fato, da maneira como a frustração oral do desmame foi recebida. Assim, a primeira relação pré-edipiana com a mãe pesa muito na relação edipiana arcaica com o pai. Após um período mais ou menos longo – cuja duração depende da capacidade da menina em tolerar a frustração, e portanto da qualidade de sua relação anterior com a mãe – a decepção de seus desejos incestuosos acarretará seu abandono, assim como a frustração do desmame havia acarretado alguns meses antes a rejeição da mãe enquanto objeto. A relação com o pai é também influenciada de um outro modo pela atitude frente à mãe. Pulsões genitais e ódio pela mãe concorrem, na primeira posição edipiana, para consolidar o apego ao pai. Se a dosagem destes elementos deixa aparecer uma predominância do ódio

124 MELANIE KLEIN I

pela mãe, enquanto motivo da escolha incestuosa dirigida ao pai, sobre as tendências genitais receptivas, esta relação heterossexual será tanto mais vulnerável aos ataques do superego materno e tanto mais frágil. Não apenas o pai será abandonado enquanto objeto de amor, conforme as ameaças e as exigências da mãe introjetada, mas ele será por sua vez odiado enquanto frustrador. É a este estágio que é necessário relacionar o ódio pelo homem, que está na origem da homossexualidade feminina em algumas de suas formas.

12.2. A Fase Fálica

No ponto de confluência destes dois processos – terror crescente pela mãe introjetada e decepção com o pai – a menina inverte a posição inicial e entra na segunda fase de seu desenvolvimento edipiano. Distancia-se do pai, aproxima-se da mãe e considera, a partir de então, seu pai como um rival. É uma fase que Freud observou e descreveu sob o nome de fase fálica e que ele considerou como marcando a entrada da menina no Édipo. Num certo sentido, Melanie Klein confirma as concepções de Freud: existe, de fato, uma fase masculina, anterior à entrada no complexo de Édipo, na menina. Admite também que esta fase é caracterizada pela inveja do pênis, pelo desejo da menina de possuir o órgão genital masculino, teoria que, no entanto, foi contestada na época pela maioria das mulheres psicanalistas. Sabe-se quais são os elementos essenciais da caracterização freudiana da fase fálica, que J. Laplanche e J.-B. Pontalis resumem deste modo: "a criança, de sexo masculino ou feminino, só conhece nesta fase um órgão genital, o órgão masculino, e a oposição dos sexos é equivalente à oposição fálico-castrada. A fase fálica corresponde ao momento culminante e ao declínio do complexo de Édipo; o complexo de castração é aqui predominante"[70]. No que concerne à menina, descrevem a forma particular que assume seu complexo de castração: "Na menina, a ausência do pênis é sentida como um dano sofrido que ela procura negar, compensar ou reparar" (*Idem*, p. 74), e definem a inveja do pênis da seguinte forma:

> Elemento fundamental da sexualidade feminina e mola real da sua dialética. A inveja do pênis nasce da descoberta da diferença anatômica entre os sexos: a criança de sexo feminino sente-se lesada relativamente ao rapaz e deseja possuir um pênis como ele (complexo de castração); depois, esta inveja do pênis assume, no decorrer do Édipo, duas formas derivadas: desejo de adquirir um pênis dentro de si (principalmente sob a forma de desejo de ter um filho) e desejo de fruir do pênis no coito (*Idem*, p. 136).

A partir do surgimento das primeiras ideias propriamente kleinianas, os dados empíricos descritos por Freud ainda são mantidos, e a divergência se dá na interpretação da maior parte deles. Para Melanie Klein, a criança no estágio fálico não ignora a diferença dos sexos e a existência da vagina, mas as desconhece. A ignorância é apenas consciente, o conhecimento da vagina é inconsciente e reprimido no decorrer da fase fálica. O estágio fálico

---

70. *Vocabulaire de la Psychanalyse*, p. 458.

A DESCOBERTA DA TÉCNICA DO BRINCAR...		125

não corresponde, na menina, ao apogeu e ao declínio do Édipo, mas sim ao declínio da primeira posição feminina. Embora o complexo de castração e a inveja do pênis sejam aí, de fato, prevalentes, eles não podem ser descritos como "elemento fundamental da sexualidade feminina e mola real de sua dialética": qualquer perspectiva dialética está excluída. A fase fálica não é o momento de negação indispensável ao desenvolvimento do processo edipiano, mas um fato irredutível a qualquer desenvolvimento da ideia entendida no sentido filosófico do termo, pois a fase fálica é tão pouco dedutível do complexo de Édipo quanto este é engendrável, dialeticamente, a partir da fase fálica. O conjunto do processo da fase fálica explica-se a partir do encontro de duas linhas de desenvolvimento que se entrecruzam, embora provenientes de fontes diferentes. O desenvolvimento edipiano propriamente dito decorre das pulsões genitais. Os elementos negativos do complexo devem ser vinculados a fontes pulsionais diferentes: às pulsões sádico-orais e sádico-anais, que o complexo edipiano organiza antes de ser por elas submerso. A inveja do pênis não nasce das descobertas da diferença anatômica dos sexos: segundo Melanie Klein, esta já é objeto de um reconhecimento inconsciente a partir da emergência das pulsões genitais, fazendo parte, portanto, da primeira fase edipiana. Podemos, pois, resumir as posições kleinianas de 1927 da seguinte maneira: vindo após a primeira posição feminina, a fase fálica da menina não é a manifestação das tendências genitais infantis mas, ao contrário, revela a sua primeira repressão; a fonte pulsional deste primeiro período do Édipo negativo deve ser buscada nas tendências sádicas que presidem a formação do superego arcaico.

A entrada da menina na fase fálica supõe, com efeito, uma derrota de seu erotismo genital infantil. A intensidade e a duração desta fase dependem da gravidade desta derrota. As pulsões genitais do primeiro estágio edipiano são enfraquecidas pelas frustrações que sofrem: o pênis do pai não pode substituir o seio da mãe enquanto fonte de satisfações reais; as tendências maternais não podem ser satisfeitas. O erotismo genital é portanto decepcionante e seu fracasso renova a frustração originária do desmame. Ao mesmo tempo as tendências sádico-orais e sádico-anais atingem seu ponto máximo e, em virtude do temor do talião, o medo da vingança da mãe introjetada torna-se terrificante. Ele conduz, portanto, ao abandono da primeira posição edipiana, segundo um processo que nada deve a um desenvolvimento lógico da situação, mas que testemunha a influência de forças intrapsíquicas perturbadoras – as pulsões sádicas. A partir de então, a menina afasta-se do pai que lhe recusa o coito e a maternidade, e o detesta enquanto frustrador, assim como detestou a mãe frustradora do desmame e da educação da higiene.

Volta-se para a mãe para apaziguá-la, ou melhor, liga-se à mãe real para apaziguar a cruel mãe introjetada. Nesta perspectiva, a entrada da fase fálica não é acompanhada, de forma alguma, pelo desprezo ou desvalorização da mãe, e a supremacia do pênis é apenas um derivado da reaproximação com a mãe. Nesta nova posição a menina, que detesta o pai em função da frustração sofrida, considera-o como um rival em relação à sua mãe. A fantasia de ter um pênis possui uma dupla raiz: revela a permanência do desejo primitivo (roubar os conteúdos do corpo da mãe: fezes = bebês = pênis) sob uma forma deslocada (roubar o pênis do pai) e, portanto, menos ansiógena, visto que, neste estágio, o pai até então amado não é introjetado como um perseguidor sádico e parece pouco perigoso; essa fantasia exprime também o desejo de supercompensar o ódio culposo e

126 MELANIE KLEIN I

ansiógeno pela mãe através de fantasias em que a menina, graças ao pênis roubado do pai, preenche sexualmente a mãe e lhe dá bebês. Isto corresponde à supercompensação do desejo inicial de roubar-lhe os filhos. Nesta supercompensação invocada em 1927, convém notar o antepassado da noção de reparação[71]. A inveja do pênis aparece deste modo como acompanhamento em fantasia de um rebento deformado – por deslocamento e inversão – do complexo de Édipo inicial. É, portanto, o produto de um trabalho defensivo: "A identificação com o pai está menos carregada de ansiedade que a identificação com a mãe; além disso, o sentimento de culpa para com ela impele a uma supercompensação por meio de uma nova relação amorosa com ela" (*Idem*, 237). A fase fálica, no seu apogeu, caracteriza-se portanto por um complexo de Édipo negativo ou invertido: a menina adota imaginariamente uma posição masculina, deseja ser menino, sonha dar filhos à sua mãe, roubar o pênis do pai, afastá-lo e excluí-lo. Esta fase fálica puramente defensiva não tem nenhum poder de desencadear o surgimento do complexo de Édipo clássico, a não ser pelo seu malogro. Como Freud havia observado, é preciso que a menina renuncie à sua posição masculina para alcançar o Édipo. Mas este fator não é único e determinante. Particularmente, o ódio pela mãe, que fornece um motivo poderoso para o abandono da posição masculina, não se origina do complexo de castração: o prejuízo imaginário da ausência do pênis só pode desencadear este ódio reativando a hostilidade primitiva contra a mãe que a fase fálica havia deslocado para o pai. Se a fase fálica desaparece é porque "o complexo de castração, que dificulta uma atitude masculina, e também o ódio contra ela, que tem sua origem nas posições anteriores, atuam ambos contra esta nova relação. O ódio e a rivalidade com a mãe conduzem entretanto a criança a abandonar novamente a identificação com o pai e a voltar-se para ele como o objeto que se deseja amar e pelo qual se deseja ser amada" (*Idem*, p. 237). Mas esta nova transformação só é em definitivo possível porque o decréscimo das pulsões sádicas inverte a relação das forças em favor das pulsões genitais. O medo da mãe introjetada se enfraquece então, porque os ataques em fantasia que a visam são menos permeados pela agressividade oral e anal, e mais exclusivamente associados à rivalidade edipiana propriamente dita, baseada nas pulsões genitais: "se a relação com a mãe é mais positiva, se ela é construída sobre a posição genital, não só estará a mulher mais livre de todo sentimento de culpa em sua relação com seus filhos, como também o seu amor pelo seu esposo será fortemente reforçado" (*Idem*, p. 237). Embora esta ideia não seja anunciada explicitamente, tudo se passa como se Melanie Klein admitisse, em 1927, que a rivalidade edipiana tardia com a mãe não dá lugar à introjeção de um superego ameaçador, mas sim de um ideal a ser imitado no qual a dimensão destrutiva passa para um segundo plano. A partir de então, o superego comporta três níveis sucessivos correspondentes às três etapas do Édipo:

Da identificação arcaica com a mãe, na qual o plano sádico-anal é tão preponderante, desenvolvem-se na menina pequena ciúmes e ódio e se constitui um

---

71. As palavras "desejo de reparar" sublinhadas por Melanie Klein aparecem em 1927 (*Essais de Psychanalyse*, Payot, p. 238) nas: *Early Stages of the Oedipus Complex.* A noção de reparação será explicitamente tematizada em 1929 nas: "Les situations d'angoisse de l'enfant et leur reflet dans une oeuvre d'art et dans l'élan créateur" (*Essais de Psychanalyse*, Payot, pp. 254-262).

A DESCOBERTA DA TÉCNICA DO BRINCAR... 127

superego cruel, segundo a *imago* materna. O superego que se forma nesta etapa a partir de uma identificação com o pai pode ser também ameaçador e causar ansiedade, mas nunca parece igualar-se neste domínio àquele que provém da identificação com a mãe. Quanto mais a identificação com a mãe se estabelece numa base genital, tanto mais se caracterizará pela devoção e bondade de uma mãe ideal e generosa. Esta atividade afetiva positiva depende, portanto, da proporção dos traços pré-genitais e genitais que o ideal da mãe maternal comporta (*Idem*, p. 239).

Permaneceríamos, sem dúvida, mais perto da inspiração kleiniana dizendo que, na rivalidade com a mãe do primeiro estágio edipiano, a filha e a mãe introjetadas rivalizam em ataques sádicos recíprocos, enquanto que, na posição edipiana definitiva, rivalizam em ternura e amor pelo pai. Melanie Klein sofre aqui a influência de Karl Abraham, porém vai mais longe que ele: a libido genital está, em si mesma, livre de ambivalência, e isto é assinalável desde o estágio genital infantil. Nesta perspectiva, Melanie Klein vinculará todos os elementos hostis do complexo tardio a sobrevivências e atenuações dos elementos sádicos herdados das duas formas anteriores. Com esta diferença, adere, quanto ao essencial, à descrição freudiana no que concerne ao apogeu e declínio do complexo de Édipo pós-fálico na menina. A única divergência a notar tem relação com a ideia de que o complexo feminino, longe de estender-se progressiva e incompletamente, é reprimido como o do menino sob o efeito de uma ansiedade feminina homóloga à ansiedade de castração. Porém, não se trata aqui senão de uma repetição atenuada – não chegando até a adoção de uma posição masculina e se limitando ao abandono da escolha do objeto incestuoso – do abandono do primeiro amor incestuoso pelo pai, sob o efeito do medo da vingança da mãe introjetada.

13. O COMPLEXO DE ÉDIPO ARCAICO DO MENINO

Já mencionamos que a descrição kleiniana do Édipo masculino está em segundo plano em relação à do Édipo feminino. Tendo encarado as manifestações edipianas de Rita, Trude e Ruth sem estar obscurecida pela preocupação de remetê-las ao esquema construído para o menino, Melanie Klein pôde considerar o Édipo feminino como um processo autônomo que não pode ser derivado da simples modificação do esquema masculino. Melanie Klein salientara um paralelismo mais completo do que Freud admitia entre as formas masculinas e femininas do complexo: mesma origem, em ambos os casos, nas pulsões genitais próprias a cada sexo; mesma causa de repressão numa ansiedade característica de cada sexo – ansiedade de castração para o menino e, no caso da menina, medo de ser interiormente devastada, esvaziada e esterilizada pela mãe introjetada. Quando a análise de Peter lhe permite, em 1924-25, estudar os estágios iniciais do complexo masculino, Melanie Klein inverte o encaminhamento freudiano e concebe o desenvolvimento do menino segundo o modelo elaborado para a menina. Isto não ocorre sem dificuldades: geneticamente, a ordem de sucessão dos estágios aparece como idêntica nos dois sexos, mas seu significado é diferente. Assim como a menina, o menino passa por uma primeira fase *feminina* de rivalidade sádico-oral e sádico-anal com a mãe. Assim como a menina, é levado pelo temor da mãe introjetada a adotar uma posição masculina em função da repressão de seu complexo feminino.

128 MELANIE KLEIN I

Mas estando esta posição de acordo com sua orientação genital, será mantida no momento do Édipo clássico, cujo início assinala. A partir de então o paralelismo é incompleto: falta a terceira fase no desenvolvimento do menino. Ter-se-ia o seguinte quadro:

	1ª fase	2ª fase	3ª fase
menina	♂	♂	♂
menino	♂	♂ →	♂

É sem dúvida para manter um paralelismo estreito que Melanie Klein é levada a aventar a hipótese de uma primeira fase edipiana positiva no menino, precedendo a posição feminina. Mas, neste sentido, as exigências da simetria e as da cronologia são difíceis de serem conciliadas, pois a posição feminina do menino é contemporânea à da menina. Melanie Klein deve portanto admitir um acavalamento importante nos estágios primitivos do complexo de Édipo. A prioridade da posição masculina do menino é afirmada: expondo que "as tendências são liberadas em consequência da frustração que a criança sofre com o desmame" e que "são reforçadas pelas frustrações anais sofridas durante o aprendizado dos hábitos higiênicos". Melanie Klein especifica quanto à fase seguinte: "O menino, ao sentir-se obrigado a abandonar as posições oral e anal pela posição genital, toma como *objetivo* a *penetração* associada à posse do pênis. Assim, modifica não apenas sua posição libidinal, mas também seu objetivo, e isto lhe permite reter o seu primeiro objeto de amor" (*Idem*, p. 237). Este texto parece sugerir de fato que ela admite, em 1927, a existência de uma primeira posição masculina diretamente baseada nas pulsões genitais e anterior à fase de feminilidade comum aos dois sexos. Mas cabe notar que nenhum texto kleiniano descreverá esta primeira fase masculina, episodicamente evocada, a não ser através de sua superposição com a fase de feminilidade do menino, à qual dá as características que permitem diferenciá-la por certas nuanças da posição correspondente da menina. Uma certa ambiguidade, já presente em 1926[72], permanecerá até o fim: expondo as concepções kleinianas, uma comentarista tão prudente e autorizada quanto Hanna Segal escreverá em 1964:

> Tanto para o bebê masculino quanto para o feminino, o primeiro objeto do desejo é o seio da mãe, sendo o pai percebido de início como rival. [...] O pênis do pai se torna rapidamente, tanto para o menino quanto para a menina, um objeto alternativo de desejo oral, para o qual se pode voltar, afastando-se do seio [...]. Para o menino, este movimento em direção ao pênis do pai como uma alternativa para o seio da mãe é antes de tudo um movimento para a homossexualidade passiva, ao mesmo tempo, porém a incorporação do pênis do pai ajuda-o a identificar--se com este e, assim, fortalece a heterossexualidade[73].

No último estado das ideias kleinianas, parece que a posição inicial do menino é uma posição feminina e que o modelo construído em 1924 para a menina é aplicável ao menino. Nesse sentido, o esquema da pá-

---

72. MELANIE KLEIN, "Les principes psychologiques de l'analyse des jeunes enfants", in *Essais de Psychanalyse*, pp. 166-171. Os exemplos referem-se sempre às meninas.

73. HANNA SEGAL, *Introduction a l'oeuvre de Melanie Klein*, P.U.F., p. 88.

gina 128 reflete de fato o pensamento final de Melanie Klein. Isto não impede que ele não permita integrar esta primeira posição heterossexual, que o texto de 1927 postula, tanto para o menino quanto para a menina. Se quisermos analisar, com exatidão, as concepções de 1927, será preciso admitir uma disjunção de ordem genética ou, mais exatamente, dinâmico-genética, e de ordem cronológica. Haveria assim contemporaneidade das fases femininas dos dois sexos, sendo que a fase feminina do menino seria, se não cronologicamente posterior, ao menos secundária, no plano causal, em relação a uma posição edipiana positiva primária, porém não anterior: é o que expressaria a insistência de Melanie Klein acerca do acavalamento e da confusão dos estágios iniciais do complexo edipiano, cuja sucessão, no entanto, é tão clara no caso da menina. Seria preciso, portanto, admitir o seguinte esquema, no qual os estágios situados numa mesma linha horizontal são contemporâneos mas não homólogos, estando sua homologia dinâmica e genética (definida em relação ao caráter primitivo ou invertido da posição edipiana) deslocada em relação à sua correspondência cronológica e indicada pelas linhas oblíquas:

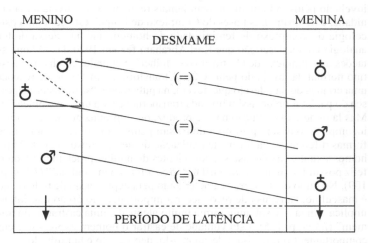

Mas quaisquer que sejam as dificuldades teóricas suscitadas pela questão da simetria das formas masculinas e femininas do Édipo, a fase feminina do menino permanece como a contribuição essencial do período de 1923-1927 para a concepção kleiniana do complexo de Édipo masculino. Consiste numa posição de rivalidade com a mãe, exatamente idêntica, em seu conteúdo, à da menina, e permeada pelas mesmas fantasias sádico-orais e sádico-anais. "As tendências para roubar e destruir com referências aos órgãos da concepção, da gravidez e do parto, que o menino suspeita existirem na mãe, bem como à vagina e aos seios, estes como fontes de leite, que são cobiçados enquanto órgãos de receptividade e de generosidade desde a época em que a posição libidinal era puramente oral"[74]. Ainda que a fase de feminilidade não seja reconhecida em 1927 como absolutamente primeira, lhe é concedido um lugar essencial no desenvolvimento do menino, cujo primeiro estágio edipiano completamente

---

74. MELANIE KLEIN, *Essais de Psychanalyse*, Payot, p. 233.

130 MELANIE KLEIN I

desenvolvido (o estágio heterossexual mais arcaico permanecendo antes o objeto de um postulado teórico do que uma descrição clínica) é deste modo marcado por "uma indentificação muito precoce com a mãe (*Idem*, p. 282), ao longo da qual o menino deseja dar à luz uma criança (*to bear a child*)[75]. Nesta posição feminina o menino sofre uma frustração irremediável de seu desejo feminino de maternidade, frustração que está na origem do "complexo de feminilidade dos homens" (*Idem*, p. 264). Este complexo de feminilidade é de certa maneira o equivalente da vontade feminina de ter um pênis: esses dois desejos estão condenados a serem frustrados e estão na origem de um sofrimento que jamais é verdadeiramente apaziguado pelas satisfações substitutivas simbólicas ulteriores. É este sofrimento comum aos dois sexos que Melanie Klein associará, trinta anos mais tarde, à inveja primária do seio, sendo significativo que dos três aos quatro primeiros empregos que ela faz em sua obra da palavra inveja, liguem-se respectivamente, a partir do artigo de 1927 que comentamos, à inveja masculina da maternidade (*Idem*, 234) e à inveja do pênis[76].

Assim como a mulher que jamais renuncia, no seu inconsciente, à inveja do pênis, o homem também jamais renuncia à sua inveja à maternidade, e as "Primeiras Fases do Complexo de Édipo" esboçam uma psicologia do complexo de feminilidade do homem que não deixa de ter analogia com a descrição que Karl Abraham fez em 1920 das "Manifestações do Complexo de Castração da Mulher". Segundo Abraham, o destino normal da inveja do pênis é de se transformar em desejo de receber uma criança do pai, desejo que deverá, na puberdade, "se destacar da pessoa do pai". "A libido assim liberada transporta-se para um novo objeto"[77]. Mas lá onde esta evolução não se produz, ou se produz apenas de forma incompleta, o desejo primitivo de ter um pênis sobrevive. Assume duas formas diferentes. Na forma de realização do desejo, ilustrada pelo "tipo homossexual", "as fantasias inconscientes da mulher proclamam: 'sou o feliz possuidor de um órgão viril e exerço a função masculina'" (*Idem*, p. 109). No "tipo de desforra" caracterizado pela depreciação de tudo o que é masculino, "a recusa de reconhecer a importância do órgão masculino implica, ainda que sob uma forma muito atenuada, uma castração do homem" (*Idem*, p. 115). Esta vontade de castrar o homem expressa-se em comportamentos que visam desapontá-lo, depreciá-lo e humilhá-lo.

Encontramos em Melanie Klein, nos destinos do complexo de feminilidade do homem, tipos comparáveis. No caso normal, a inveja da maternidade acha uma expressão sublimada na paternidade e nas relações amorosas: "de um lado, a relação de um homem com mulheres apresentará caráter positivo e, de outro, o desejo de ter um filho e a componente feminina, de sua personalidade que desempenha papel tão essencial na ativi-

---

75. *Idem*, p. 234 – e na versão inglesa (*Contributions to Psycho-Analysis*, Hogarth Press), p. 206. O texto alemão fala de *Kinderwunsch*, desejo de crianças (*I.Z.P.*, 1928, p. 69).

76. *Idem*, p. 239. É notável que a quarta utilização da palavra "inveja" neste artigo é aplicada à "inveja e o ódio (pela menina) da mãe possuidora do pênis do pai" (*Idem*, p. 236). Este termo não aparece em nenhum texto kleiniano anterior, a despeito das indicações contrárias – justas quanto ao sentido, errôneas quanto à terminologia, do índice onomástico do *Essais de Psychanalyse*.

77. KARL ABRAHAM, "Manifestations du Complexe de féminité de la femme", in *Oeuvres Complètes*, Payot, tomo II, p. 101.

A DESCOBERTA DA TÉCNICA DO BRINCAR... 131

dade masculina, encontrarão oportunidades bem mais favoráveis de realização"[78]. O equivalente do tipo de desforra de Abraham encontra-se nos homens que ostentam agressividade e desprezo em relação às mulheres. Nestes, ao lado da recusa do papel feminino devido à ansiedade de castração, encontra-se, mais profundamente, o temor da mãe introjetada e a desforra contra o superego materno.

Esta excessiva agressividade une-se ao prazer de atacar, que provém da posição edipiana propriamente genital. Ora, ela representa o elemento da situação que é de longe o fator mais antissocial na formação do caráter. Eis por que a rivalidade do homem com as mulheres será sempre muito mais antissocial que a sua rivalidade com os próprios homens, que está largamente incitada pela posição genital (*Idem*, p. 234).

Como seus homólogos femininos, estes homens desprezam, depreciam e desvalorizam o sexo oposto.

O tipo de realização do desejo não é reencontrado tal qual no complexo de feminilidade do homem. Assume uma forma deslocada e, devido a este fato, mais próxima da sublimação e, portanto, de uma evolução normal, do que um traço de caráter neurótico. Melanie Klein descreve dois desenlaces do complexo de feminilidade que podem ser associados a este tipo. Num deles "o sentimento de sua desvantagem fica então mascarado e supercompensado pelo sentimento de superioridade que ele extrai de possuir o pênis". O processo viril é exacerbado e, em formas extremas, aproxima-se do tipo de desforra. É, entretanto, um outro desenlace para a inveja da maternidade: graças a um "deslocamento ao plano intelectual" de sua rivalidade com as mulheres, o homem encontra uma *supercompensação* (*Überkompensation*) no sentimento de sua superioridade intelectual e, nos casos mais favoráveis, reencontra um equivalente simbólico da fecundidade materna na criatividade intelectual, científica ou artística.

Mas, nos casos mais frequentes, o deslocamento da inveja da maternidade para o desejo de paternidade é acompanhado também de uma supervalorização do papel viril, baseada na superestimação do pênis, fenômeno normal, mas que traz a marca da supercompensação do desejo feminino de ter filhos. Esta atitude tem origem na fase do declínio da posição feminina sádico-anal do menino, acompanhada do ingresso no estágio fálico. Nesta fase, o menino pode superar o desejo de roubar os bebês de sua mãe graças à mudança da relação das forças pulsionais provocada pelo decréscimo do sadismo pré-genital e pelo reforço das pulsões genitais. A superestimação narcísica do pênis, característica do estágio fálico, exprime, além deste fenômeno pulsional, simultaneamente o deslocamento e a negação da inveja da maternidade, frutos do temor das represálias da mãe introjetada. Porém, diferentemente da menina, o menino encontra, ao longo desta fase, simultaneamente satisfações libidinais auto eróticas e narcísicas poderosas na posse de um pênis, enquanto que a presença real – e facilmente verificável – deste órgão permite apaziguar os temores de destruição pela mãe introjetada, e depois, à medida que a nova posição masculina se afirma, os temores de castração pelo pai introjetado. Conforme seu sexo biológico e a orientação de suas pulsões, fonte de satisfação e de tranquilização contra a ansiedade, a fase fálica permite ao menino

78. MELANIE KLEIN, *Essais de Psychanalyse*, Payot, pp. 234-235.

obter um equilíbrio satisfatório no qual manterá até o período de latência: a descrição kleiniana encontra aqui a descrição clássica de Freud.

A concepção do Édipo, segundo Melanie Klein, caracteriza-se, portanto, essencialmente, por um alargamento considerável do campo de fenômenos associados a este complexo. O complexo de Édipo, longe de ser reduzido a uma manifestação contemporânea da fase fálica, a uma crise relativamente breve e intensa, torna-se um processo complicado porém ordenado, que dura muitos anos e engloba a totalidade do desenvolvimento da criança entre o desmame e o período de latência. Sua riqueza e suas inúmeras variantes, seu papel de organizador das pulsões pré-genitais permitem agora associar-lhe quase todos os processos da vida psíquica da criança pequena. A evolução do superego, em particular, tem estreita ligação com a do complexo de Édipo, e a descrição de sua interação permanece como o resultado de maior importância das ideias kleinianas do período 1923-1927, que continuarão até o fim, com algumas pequenas modificações, como um elemento essencial do "sistema kleiniano". Estas duas contribuições teóricas acham-se também estreitamente ligadas com a invenção da técnica do brincar psicanalítico, verdadeira fonte da psicanálise kleiniana, e com a reflexão sobre os princípios do tratamento psicanalítico de crianças. A partir de 1927, o núcleo do sistema kleiniano está constituído. Será enriquecido, mas diferentemente do sistema kleiniano de 1923, não sofrerá doravante modificações dê maior importância e quando a descoberta da posição depressiva limitar o papel conferido, no desenvolvimento, ao complexo de Édipo, nada de fundamental irá mudar na descrição da organização interna deste complexo, assim como a passagem do modelo geocêntrico ao modelo heliocêntrico em astronomia não conduziu a uma modificação da descrição da revolução da Lua em torno da Terra. Integrado num sistema mais vasto do qual não é mais o centro, o sistema kleiniano de 1923-27 *permanecerá, no entanto, um elemento constante na psicanálise kleiniana.*

4. Do Apogeu do Sadismo aos Mecanismos de Reparação

1. OS PRIMEIROS ANOS LONDRINOS DE MELANIE KLEIN

Os primeiros anos londrinos de Melanie Klein são os anos da preparação e redação da vasta síntese que constitui a *Psicanálise da Criança*[1], publicada em 1932. São também os anos da constituição, ao redor dela, de uma corrente de interesse, simpatia e colaboração. Este movimento é bastante geral na Sociedade Britânica de Psicanálise, que passa a ser algumas vezes mencionada, a partir desta época, como a "Escola Britânica de Psicanálise" e tende a distinguir-se das escolas continentais. Uma passagem de Ernest Jones parece dar conta do clima que reinava em torno da criadora da análise através do brincar desde a época de sua chegada a Londres:

Em setembro (1927), Freud enviou-me uma longa carta protestando energicamente contra a campanha pública que eu supostamente conduzia, na Inglaterra, contra sua filha Anna Freud e talvez, por consequência, contra o próprio Freud. A única base sobre a qual se fundamentava este escândalo era o fato de que eu havia publicado no *International Journal* um longo relato referente à psicanálise de crianças[2]. Era um assunto pelo qual nossa sociedade, que incluía tantas mulheres

---

1. Esta é a tradução literal do título do original alemão *Die Psychoanalyse des Kindes*. *La Psychanalyse des enfants* é a tradução francesa da tradução inglesa por Alix Strachey intitulada *The Psycho-Analysis of Children*.

2. ERNEST JONES, *La vie et l'oeuvre de Freud*, P.U.F. v.III, p.156. Esta passagem indica também que Freud, a partir desta época, desaprovava as inovações técnicas e teóricas de Melanie Klein. Depois que Jones lhe forneceu explicações e esclarecimentos "ele permaneceu cético a respeito dos métodos e das conclusões de Melanie Klein em relação à qual conservou provavelmente algum preconceito. Tive com ele, mais tarde, várias conversas a respeito das análises precoces, mas não obtive nada mais do

134 MELANIE KLEIN I

analistas, se interessava já há anos, interesse que ainda fora estimulado pela fixação de residência, na Inglaterra, no ano anterior, de Melanie Klein.

A simpatia de Jones era particularmente ativa: foi ele quem convidou a criadora da técnica do brincar a proferir em Londres, durante o verão de 1925, a série de conferências sobre a análise de crianças, cujo texto será o ponto de partida da obra de 1932; foi ele quem pediu a Melanie Klein que se instalasse na capital britânica após a morte de Abraham, tendo para isso razões pessoais assim como científicas[3]. Joan Riviere, uma das mais próximas discípulas britânicas de Freud, por quem fora analisada em 1922[4] e com quem se correspondia frequentemente[5], foi uma das primeiras a se interessar pelos trabalhos de Melanie Klein, bem como Susan Isaacs, Ella Sharpe e Alix Strachey, a futura tradutor a da *Psicanálise da Criança*. Nina Searl começou a analisar crianças antes que Melanie Klein se instalasse na Inglaterra. De início hesitante frente à técnica e às ideias desta última, acabou por ligar-se a ela rapidamente, sendo deste modo a segunda a praticar a análise através do brincar. Entre 1927 e 1932, a influência kleiniana se estende a toda a Sociedade Britânica de Psicanálise, sem encontrar ali as reticências e oposições declaradas que surgirão mais tarde, após 1934: Melanie Klein, a partir de então, não é mais a única a ser kleiniana, porém não se torna uma "chefe de escola" seguida passivamente por discípulos aos quais imporia o produto de suas especulações pessoais. Bem cedo, seus colegas ingleses reagem às suas ideias, refletem e escrevem sobre fatos descobertos ou postos em primeiro plano pela psicanálise das crianças pequenas: origem dos sentimentos de culpa, formação do superego, desenvolvimento arcaico da menina. Às vezes, irão evidenciar fatos cuja existência ela admitirá, porém é excepcional que, nesta época, ideias autenticamente kleinianas e destinadas a persistirem sejam aprofundadas pela primeira vez por outros que não Melanie Klein. É que seus amigos se preocupam, antes de mais nada, em produzir argumentos próprios para apoiar suas convicções e, às vezes, para reduzir as reticências relativas às novas ideias. Procuram confrontar as descobertas kleinianas com a metapsicologia freudiana, e elaborar sínteses conciliatórias. Porém, enquanto se interessam pelas teses de 1927 e pelos problemas que estas suscitam, Melanie Klein diversifica sua experiência, aprofunda sua reflexão e, em breve, faz novas descobertas.

Três delas prevalecem sobre as outras: descoberta e exploração, sob o nome de "fase do apogeu do sadismo", do núcleo do que se pode chamar, depois de Wilfred Bion, a "parte psicótica da personalidade"; descrição e interpretação da psicose infantil em termos de perturbações da formação dos símbolos; reconhecimento dos mecanismos de reparação. Estas três descobertas, juntamente com a maior parte das inovações de menor impor-

que fazer com que admitisse que não dispunha de uma experiência pessoal neste domínio sobre a qual pudesse apoiar-se".

3. Segundo Winnicott, Jones pediu a Melanie Klein que analisasse um de seus parentes, provavelmente uma criança. "Strachey me afirmou: 'Se ao sr. aplica a teoria psicanalítica nas crianças deveria encontrar-se com Melanie Klein'. É Jones que a faz vir para a Inglaterra para analisar uma pessoa à qual está particularmente ligado" (D. WINNICOTT, "Vues personnelles sur l'apport de Melanie Klein", in *Processus de maturation chez l'enfant*, Payot, p. 141.

4. E. JONES, *op. cit.*, v.III, p.429.

5. *Idem*, v.III, p.X.

DO APOGEU DO SADISMO AOS MECANISMOS DE REPARAÇÃO 135

tância que as acompanham, parecem ter origem inicialmente na aplicação da psicanálise através do brincar em crianças esquizoides e, mais tarde, em crianças realmente psicóticas. As três novas ideias mais importantes surgem em 1929, em três artigos publicados um após o outro, no intervalo de alguns meses: "A Formação de Papéis nos Jogos das Crianças" (traduzido amiúde por: "A Personificação nos Jogos das Crianças"[6]), "Situações de Ansiedade Arcaicas no Espelho das Representações Artísticas" (mais conhecido sob o título: "Situação de Ansiedade Infantil Refletida numa Obra de Arte e no Impulso Criador"[7]) e "A Importância da Formação de Símbolos no Desenvolvimento do Ego"[8]. Três anos mais tarde, a *Psicanálise da Criança* fará a síntese destes novos elementos e dos resultados já conquistados em 1927. É esta evolução que iremos agora retraçar. No entanto, convém, de antemão, precisar um ponto que não deixa de ser importante.

Durante este período, o vocabulário e o estilo de Melanie Klein consolidam-se rapidamente. Adquirem alguns traços típicos que permitem identificar, desde as primeiras linhas, um texto da criadora da técnica do brincar. Após apresentar, em 1926 e 1927, descobertas fatuais ou técnicas, mas sempre extremamente concretas, empreende um esforço de elaboração teórica. Este fato exigirá de nossa parte um exame atento da evolução de seu léxico, espelho da formação de seus conceitos. Mas a tarefa será algumas vezes penosa: nesta fase dos primeiros anos londrinos, pensa e escreve ainda em alemão. Certamente, logo publicará artigos redigidos diretamente em inglês e dos quais, algumas vezes, não temos a versão alemã: "Tendências Criminosas em Crianças Normais" e seu relato, no simpósio de maio de 1927, sobre a análise de crianças, são exemplos deste fato[9]. Porém, vale notar que os textos mais importantes e mais inovadores são redigidos em alemão. É o caso dos três textos de 1929. É principalmente o caso da *Psicanálise da Criança*, traduzida por Alix Strachey a partir de um manuscrito correspondente a um texto no qual a autora fará em seguida acréscimos bastante numerosos, de tal modo que a edição inglesa esteve por muito tempo amputada, faltando-lhe passagens acessíveis apenas em língua alemã.

Mas era tal o hábito de considerar Melanie Klein como autora inglesa que as traduções francesas foram feitas, essencialmente – com algumas correções – a partir de versões inglesas. No mais, cabe notar que a própria Melanie Klein não viu nisso nenhum inconveniente no que concerne à *Psicanálise da Criança*, a única de suas obras traduzida para o francês enquanto viva. Estas traduções são claras e precisas quando comparadas com o texto inglês. Mas, com frequência, este último afasta-se sensivelmente do alemão e, por isso, os textos dos quais dispomos em língua francesa revelam-se amiúde difíceis de serem utilizados no quadro de um exame rigoroso do aparelho nocional de Melanie Klein, na medida em que este é sustentado por um vocabulário geralmente preciso e carregado, em

6. "Die Rollenbildung im Kinderspiel", *Internationale Zeitschrift für Psychoanalyse*, XV, 1929, pp.171 e ss.

7. "Frühe Angstsituationen im Spiegel, künstlerischer Darstellungen", *op.cit.*, XVII, pp.497 e ss.

8. "Die Bedeutungder Symbolbildung fur die Ichentwicklung", *op.cit.*, XVI, pp.57 e ss.

9. É também o caso, em 1927, das "Remarques sur l'intérêt médico-légal d'un rêve", comunicação de Douglas Bryan; em 1930, *La psychothérapie des psychoses*; em 1931, "Contribution à la théorie de l'inhibition intellectuelle".

136 MELANIE KLEIN I

alemão, de múltiplas conotações que se desvanecem na melhor das traduções. Em função da própria natureza de nossa empreitada, será, pois, frequentemente necessário propor, quanto aos fragmentos que citaremos, uma versão que diferirá muitas vezes de forma notável das traduções publicadas[10]. Estas diferenças se devem ao fato de que, detendo-nos o mais das vezes em breves passagens, podemos jogar pela amurada qualquer preocupação com a elegância e legibilidade, para nos apegarmos, palavra por palavra, a uma tradução tão literal quanto possível, tradução esta destinada a ilustrar nossa argumentação ou ser retomada por nossos comentários. É assim que, resignando-nos a muitas formulações pesadas, esperamos fornecer os meios de insistir no "interjogo" entre as instâncias da clínica, a emergência de um sistema de conceitos próprios para responder a tais instâncias e a constituição de uma linguagem técnica que desempenha neste processo papéis variados: ora puramente instrumental, ora guia da conceitualização, às vezes também fonte de confusões e até mesmo de impasses teóricos (cf. *adiante*, pp. 188 e s.).

2. A TEORIA DO DESENVOLVIMENTO

2.1. *A Teoria da Fase do Apogeu do Sadismo*

Entre 1927 e 1932, a essência dos esforços de Melanie Klein no domínio da teoria das pulsões converge para a elaboração de sua teoria de uma fase onde o sadismo alcança seu ponto máximo. Esta teoria apresenta, para Melanie Klein, um interesse particular, na medida em que permite, ao mesmo tempo, analisar a severidade do superego introjetado nas fases arcaicas do complexo de Édipo, proporcionando assim um fundamento teórico mais sólido para as descobertas anteriores e explicando a natureza dos mecanismos psicóticos que funcionam ao longo desta fase, o que permitirá uma verdadeira renovação da psicopatologia infantil. Neste sentido, não é exagero dizer que é a teoria de uma fase do apogeu das pulsões sádicas que, vinculando as descobertas de 1927 às dos anos 1929-1931, dá unidade profunda ao sistema kleiniano de 1932 do qual é, verdadeiramente, o elemento organizador.

A ideia de um desencadeamento do sadismo no decorrer dos estágios iniciais do conflito edipiano estava certamente presente desde 1926 nos "Princípios Psicológicos da Análise de Crianças Pequenas", mas a noção explícita de uma fase do apogeu do sadismo só será elaborada mais tarde, provavelmente em 1928, ao longo da análise de uma criança psicótica, Egon. Em todo caso, é em 1929 que Melanie Klein introduz explicitamente este conceito nas "Situação de Ansiedade Infantil Refletida numa Obra de Arte e no Impulso Criador"[11]. Nomeia-o, alguns meses mais tarde em, "A Importância da Formação dos Símbolos no Desenvolvimento do Ego" (*Idem*, p. 263). Trata-se da *Höchste Blüste des Sadismus* logo abreviada na expressão *Hochsteblüte des Sadismus*: esta expressão em desuso, que parece estranhamente antiquada para a consciência linguística alemã contemporânea, não é fácil de ser traduzida exatamente; no sentido figurado, significa a "mais alta prosperidade do sadismo"; no sentido próprio significa literalmente "a

10. Neste caso a referência à tradução será acompanhada de uma segunda referência remetendo ao texto alemão.

11. MELANIE KLEIN, *Essais de Psychoanalyse*, p.256.

DO APOGEU DO SADISMO AOS MECANISMOS DE REPARAÇÃO 137

mais alta flor do sadismo". A fase denotada por este termo técnico é realmente a "mais alta" manifestação do sadismo, visto que se caracteriza pela conjunção e acúmulo de três fatores de intensificação (*Steigerung*) da agressividade. Um deles se refere aos alvos pulsionais sádicos que, em função da superposição dos estágios pré-genitais, adicionam-se e até mesmo se potencializam pouquíssimo tempo após o início da etapa canibalesca. A maioria dos leitores de Melanie Klein terão notado a frequência, em sua obra, da expressão "com todos os meios do sadismo", que revela exatamente este fenômeno e que está longe de ser, como se poderia crer, uma simples regra de estilo. Os alvos pulsionais das pulsões sádicas (morder, sujar com excrementos, despedaçar, queimar etc.) tornam-se, efetivamente, os meios da vida de fantasia de uma relação de objeto que visa o aniquilamento deste. Tal intensificação do sadismo pela multiplicação de seus meios constitui o aspecto mais evidente e conhecido do apogeu do sadismo. Porém, não foi suficientemente notado que a intensificação do sadismo refere-se também aos *motivos* da agressão (e muito especialmente suas bases pulsionais) e ao seu *objeto*. Com isto, queremos dizer que, para Melanie Klein, só ocorre realmente o apogeu do sadismo quando *todas* as pulsões concorrem com as pulsões sádicas propriamente ditas para produzir ataques em fantasia contra o objeto ou, mais exatamente, contra os objetos, pois o apogeu do sadismo supõe também que todos os objetos sejam atacados através daquele que os representa. Ora, no que concerne à descrição destes dois fatores, a originalidade e a profundidade do pensamento kleiniano, assim como sua riqueza clínica, não deixam nada a desejar às descrições que se expressam no inventário de "todos os meios do sadismo".

As pulsões que se acumulam para produzir a intensificação do sadismo não compreendem apenas as pulsões sádicas propriamente ditas. A oralidade da sucção também traz, para este contexto, sua contribuição, na medida em que é a frustração do desmame que desencadeia, do ponto de vista de Melanie Klein, os inícios simultâneos do sadismo e do complexo de Édipo. As pulsões genitais precoces complementam a agressividade contra o rival. Porém, nem as pulsões de sucção nem as pulsões genitais podem incrementar realmente o sadismo. Esta função de incrementação do sadismo é atribuída à *pulsão do saber*, que estabelece com as pulsões sádicas os elos mais precoces e estreitos. No que se refere ao objeto do sadismo máximo, este será constituído pela imagem compósita dos dois genitores, de tal maneira que a má relação com um dos dois não possa ser compensada pela boa relação estabelecida com o outro. É a fantasia dos *pais combinados* que constitui o objeto monstruoso capaz de assegurar o terceiro tipo de intensificação do sadismo.

Podemos, deste modo, propor uma definição do *apogeu do sadismo* que analisa exatamente o uso que Melanie Klein faz desta noção entre 1927 e 1934. Ocorre um apogeu do sadismo quando a criança é levada pelas pulsões sádico-orais, sádico-anais, sádico-uretrais e pela pulsão do saber, a aniquilar, por todos os meios do sadismo, os pais combinados. A fim de tornar esta definição completamente inteligível, convém especificar o que significa, na teoria kleiniana, a pulsão do saber e os pais combinados.

2.2. *A Pulsão do Saber e o Apogeu do Sadismo*

A noção da pulsão do saber aparece na obra de Melanie Klein desde a primeira formulação das teses de 1926 a 1927. Sabemos, de resto, que

138 MELANIE KLEIN I

a insistência no desejo e nas sublimações intelectuais foi sempre característica de sua abordagem. Seu primeiro projeto psicanalítico fora o de liberar seu filho das inibições comuns, dando-lhe esclarecimentos sobre a sexualidade na idade do complexo de Édipo. A teoria das sublimações e das inibições era o próprio centro do sistema protokleiniano, que tornou possível a descoberta da técnica do brincar. Para designar este desejo do saber, fundamentado, em última análise, na curiosidade sexual da fase edipiana, Melanie Klein não teve necessidade de recorrer a um conceito especial, e quando lhe ocorre empregar o termo, corrente em alemão, de pulsão do saber (*Wissenstrieb*), o faz sem lhe conceder nenhum *status* especial, nem uma posição de realce dentre as manifestações da curiosidade sexual[12]. Certas ideias, entretanto, já presentes na época protokleiniana, serão mantidas através das transformações da teoria: é o caso daquela ideia que funda todas as sublimações no núcleo das fantasias masturbatórias, ou seja, na vida de fantasia da cena primitiva; é também o caso daquela outra, adquirida desde a análise de Fritz-Erich e que diz respeito a uma equivalência simbólica completa entre o corpo da mãe e o mundo exterior. Em contrapartida, Melanie Klein abandona o termo prazer de ver (*Schaulust*, que significa, simultaneamente, prazer e desejo de ver), ligado à temática da cena primitiva e usado com relativa frequência em passagens clínicas anteriores a 1926. Este termo desapareceu por volta desta época e as realidades que designava viram-se, então, remetidas à pulsão do saber. Poder-se-ia, pois, pensar que só há aqui uma mudança de vocabulário, testemunha de um remanejamento sem maior importância de uma noção já antiga no pensamento kleiniano.

Parece, além do mais, que Melanie Klein sofreu, neste ponto, a influência da psicanalista britânica Mary Chadwick, que publicou em 1925 um artigo dedicado à "Raiz do Desejo do Saber"[13]. Melanie Klein cita, efetivamente, este artigo repetidas vezes. Quando introduz, em 1927, a noção de *Wissenstrieb*, retoma a tese segundo a qual a superestimação masculina do pênis e das capacidades intelectuais viris é atribuída "à frustração do desejo masculino de ter um filho e ao deslocamento deste desejo ao plano intelectual"[14]. Insistirá de novo neste ponto, sempre citando Mary Chadwick, em 1932: a pulsão do saber é em parte associada com a rivalidade e a inveja que o homem tem em relação à mulher. De fato, este elo encontra-se no texto de 1925: Mary Chadwick parte, curiosamente, de duas questões que são, na época, atuais da Grã-Bretanha: o acesso das mulheres ao ensino superior e a censura de várias obras difundindo os métodos contraceptivos. Postula um liame inconsciente entre estes dois temas[15]. Recorrendo às hipóteses evolucionistas, muito aceitas na época, ela lembra que os primitivos proíbem às mulheres o conhecimento de certos segredos especialmente reservados aos homens, negando, além disso,

---

12. O termo alemão *Wissenstrieb* pertence à linguagem coloquial; a forma abreviada *Wisstrieb*, utilizada por Freud, mais tarde por Melanie Klein, pertence ao mesmo registro. Poder-se-ia traduzir, respeitando este nível de linguagem, "instinto de saber" ou "necessidade de saber". A tradução habitual "pulsão epistemofílica", calcada num neologismo inglês, parece-nos desaconselhável.

13. *Internationale Zeitschrift für Psychoanalyse*, 1925, pp.54-68.

14. MELANIE KLEIN, *Essais de Psychanalyse*, p.234.

15. "Die Wurzel der Wissbegierde", p.58. Este artigo, publicado em alemão, curiosamente não foi traduzido para o inglês, pelo que nos consta.

DO APOGEU DO SADISMO AOS MECANISMOS DE REPARAÇÃO 139

em suas crenças a possibilidade de a mulher saber como engravidou[16]. A partir daí o problema da curiosidade e do desejo do saber está colocado, e o artigo empreende a descrição da ontogênese deste desejo, conforme as ideias mais frequentemente admitidas na Psicanálise: exploração oral, tátil, visual e auditiva do corpo próprio e das suas zonas erógenas, até o momento em que "a pulsão de pesquisa (*Forschungstrieb*), segundo a lei do desenvolvimento das pulsões sexuais, volta-se para outras pessoas; assim, surge seu papel de satisfação erótica no quadro da sexualidade infantil, ou seja, independentemente da primazia dos órgãos genitais" (*Idem*, p. 58). É claro que este desenvolvimento pulsional é contrariado pelas interdições que a educação opõe à pulsão, e quando Mary Chadwick tenta avaliar o impacto destas limitações à pulsão, coloca dois princípios que parecem predestinados a se integrarem naturalmente nas teorias kleinianas da pulsão do saber. O primeiro princípio: para a criança, conhecer é possuir "há uma estreita relação entre o conhecimento de uma coisa e tomam posse dela. Nas concepções das crianças, os dois são amiúde identificados, de tal modo que o conhecimento adquire o total valor psíquico da satisfação"[17]. Segundo princípio: devido a este fato, frustrar o conhecimento equivale a privar da posse real de uma coisa; as frustrações sofridas no domínio da curiosidade não são menos dolorosas do que as outras: "É justamente por isso que a frustração em matéria de saber é tão grave. É como se o objeto de satisfação fosse tomado da mão ou da boca da criança" (*Idem*, p. 58). A partir de então, num andamento de feitio muito kleiniano, a curiosidade sexual será, segundo seu destino – manutenção, repressão e sublimação –, a origem tanto dos sintomas neuróticos quanto das sublimações bem-sucedidas, dentre as quais figura em lugar nada apagado a pulsão do saber. Esta curiosidade sexual, ainda segundo Mary Chadwick, versa essencialmente sobre a questão da origem das crianças, e sua frustração é experimentada com amargura: "As crianças sentem-se chocadas e humilhadas pela privação de um saber tão ardentemente cobiçado e sofrem uma ferida narcísica. Sentem sua ignorância como inferioridade e em relação aos adultos, cujos conhecimentos miram – por formação reativa contra a inveja reprimida – como se se tratasse de onisciência". Este sentimento de inferiorização narcísica "liga-se com este outro, que lhe é aparentado pelo conteúdo e que se refere à falta de alguma coisa que os adultos possuem – ou seja, com o complexo de castração" (*Idem*, p. 59).

Mary Chadwick empreende, em seguida, o estudo das formas particulares que a pulsão do saber assume nos dois sexos. Considera que no menino esta tendência é reforçada pelo destino normal do complexo de feminilidade, cuja teoria toma emprestado de Otto Rank. Quando um menino renuncia a seu desejo homossexual passivo de receber um filho do pai, transforma por deslocamento seu desejo de ter em desejo de saber "de tal maneira que esta pulsão do saber permanece como único vestígio palpável do desejo original e prova, ao mesmo tempo, que o esforço para conhecer o objeto substituiu o esforço para possuir o objeto" (*Idem*, p. 60). Deste modo, acha-se colocado o fundamento das sublimações futuras, pois a pulsão do saber "deslocada para outros objetos, volta-se para formações substitutivas sublimadas do desejo de ter uma criança". Mas esta frustra-

16. Trata-se de uma alusão aos famosos arandas da Austrália, que parecem ignorar a relação entre o ato sexual e a gravidez.

17. *Idem*, p. 58.

140 MELANIE KLEIN I

ção inicial, ainda que supercompensada, deixa um vestígio: a inveja pelos poderes de maternidade da mulher conduzirá o homem a recusar à mulher o acesso ao saber ou ao conhecimento, em virtude de um ódio invejoso que se dirige, inicialmente, em cada criança, à mãe, e cuja gênese nos é assim descrita:

I. Ódio pela mãe em função das interdições que dela emanam e se opõem à satisfação da avidez do saber no sentido dos estágios de organização oral arcaica, auto erótica, sádico-anal, narcísica e fálica. II. Ódio pela mãe em função de seu saber maior e de sua recusa em comunicá-lo. III. Deslocamento final, para a pulsão do saber, do desejo original de receber um bebê quando este desejo se mostrou irrealizável. IV. Esforço para proibir à mulher a satisfação substitutiva, visto que ela continua sendo a rival que permaneceu no devido terreno (*Idem*, p. 65).

Tais análises não poderiam deixar de ecoar em Melanie Klein. Ela estudara fenômenos comparáveis na análise de Erna, encontrara talvez Mary Chadwick em Berlim, no ano de 1932, época na qual esta parece ter se hospedado nesta cidade (participando de reuniões da Sociedade Alemã de Psicanálise) e que recorre, como Melanie Klein, a um tipo de interpretação influenciada por Abraham. Em todo caso, Melanie Klein afirma, já em 1927, no Congresso de Innsbrück, a existência de uma pulsão do saber, tendo asseverado desde logo o seu liame com a inveja e a rivalidade, o seu destino infeliz por natureza e o seu papel essencial no desenvolvimento. Mas, de conformidade com a descoberta que faz dos estágios arcaicos do Édipo, não se trata da curiosidade tardia da criança próxima do período de latência, mas sim de uma forma arcaica da pulsão do saber que Mary Chadwick não havia cogitado: "A curiosidade que se manifesta claramente mais tarde, sobretudo no quarto ou quinto ano de vida, não indica o começo, porém o ponto culminante e o término deste período do complexo de Édipo em geral"[18]. Esta forma arcaica da pulsão do saber é vivida numa atmosfera de dor e frustração extremas e se define por uma relação infeliz com a linguagem, cujo valor de comunicação é sentido pela criança na idade pré-verbal, mas da qual se sente excluída, pois não pode compreendê-la ainda. O conjunto da descrição de Melanie Klein sugere a ideia de uma verdadeira situação traumática: um ego despreparado assaltado por numerosas fortes tensões, das quais não pode se defender de modo eficaz: "O fato seguinte se mostra carregado de consequências; o início das pulsões edipianas e o aparecimento, a elas ligado, do desejo de saber, assaltam o ego numa fase muito arcaica. Devido a este fato o ego – que ainda não está completamente desenvolvido – se vê submetido a um assalto de problemas e questões"[19]. O ego malogra completamente ao enfrentar esta "cobiça do saber", pois lhe falta a linguagem, que seria a única a lhe permitir, inicialmente, a recognição consciente destas questões e, mais tarde, a formulação em palavras e sua comunicação. Sendo assim, a curiosidade sexual arcaica está necessariamente votada à insatisfação: "Atrás das queixas que se exprimem, encontramos também no inconsciente esta última, que é muito intensa, estas numerosas interrogações esmagadoras que são aparentemente só em parte conscientes e, quando conscientes, não podem ser expressas em palavras, permanecem sem resposta" (*Idem*, p. 231).

18. "Stades archaïques", in *Essais de Psychanalyse*, Payot, p.231.
19. *Idem*, p.231.

DO APOGEU DO SADISMO AOS MECANISMOS DE REPARAÇÃO   141

Quanto à dimensão traumática desta situação, estamos no nível do desamparo primário, a *Hilflosigkeit* de Freud, mas, quanto à dimensão que introduz a relação com a linguagem, encontramo-nos já totalmente na dimensão relacionai da frustração (*Versagung* – recusa da satisfação) e do rancor: "Uma outra censura vem unir-se estreitamente à anterior: é que a criança não podia compreender as palavras, a língua; as primeiras interrogações remontam então a uma época anterior ao começo de sua compreensão da linguagem"[20]. Daí resulta um sentimento de prostração por não saber, tanto mais insuportável quanto baseado na realidade, pois a criança nada sabe de preciso sobre os processos sexuais. Este sentimento de frustração específica fornecerá mais tarde, e nos dois sexos, o complemento de um componente particularmente amargo do complexo de castração. Ainda que o termo *inveja* não figure nesta passagem, todas as condições estão reunidas para que a decepção do desejo de saber desemboque neste sentimento: "estes dois agravos fazem surgir na análise uma quantidade extraordinária de ódio" (*Idem*, p. 231).

Levando em conta a importância quantitativa e a precocidade reconhecidas por Melanie Klein quanto a esta tendência, cabe indagar sobre a natureza verdadeira desta "pulsão do saber". Sem dúvida o termo alemão *Trieb* é muito menos técnico do que o francês *pulsion* ("pulsão"), mas sua utilização, na escrita de uma psicanalista, implica que a realidade considerada vê reconhecida uma certa semelhança sua com o que Freud havia descrito na terceira edição (1915) dos *Três Ensaios sobre a Sexualidade*, sob o mesmo nome de "pulsão do saber"[21]. Esta tendência, para Freud, não é uma autêntica pulsão, porém um produto compósito; ela dá, entretanto, uma satisfação a uma pulsão parcial, o prazer – desejo de ver (*Schaulust*): "A pulsão de saber não pode ser contada entre os componentes pulsionais elementares, nem é possível fazê-la depender exclusivamente da sexualidade. Sua atividade corresponde, de um lado, à sublimação da necessidade de domínio e, de outro, utiliza como energia o desejo de ver"[21a]. Mary Chadwick adiantara uma concepção diferente: aparecendo antes das tendências edipianas, mas não permanecendo auto erótica, a pulsão do saber é por si – em contradição com a ideia expressa por Freud – uma dessas *pulsões parciais* definidas pelo fundamento da psicanálise em 1905, cuja característica é de encontrar precocemente o caminho do objeto, enquanto que todas as outras pulsões permanecem auto eroticamente centradas em suas zonas erógenas e, portanto, de ser bem anterior ao início do Édipo. Melanie Klein, fazendo recuar o surgimento do conflito edipiano para o segundo semestre do primeiro ano de vida, não pode mais quase empregar o conceito de pulsão parcial e designa claramente a pulsão do saber como uma tendência edipiana: sua entrada em cena, diz ela, está "associada" à das pulsões edipianas e seu começo é mais arcaico do que se crê em geral, "como o tenho sustentado a respeito do conflito edipiano em geral"[22]. Mas o que faz o interesse desta pulsão, edipiana em sua origem, é que ela é desviada precocemente do seu alvo pelo sadismo e entra muito cedo no âmbito das pulsões agressivas. Ela se vê, assim, dotada de um estatuto ambíguo de intermediária entre o Édipo e o sadismo. De sua

20. *Idem*, p.231.
21. S. FREUD, *Trois Essais*, N.R.F., Col. Idées, p.90.
21a *Idem*.
22. MELANIE KLEIN, *Essais de Psychanalyse*, pp.231-232.

origem edipiana, mantém seu alvo "voyeurista" de contemplação, e seu objeto, o ventre da mãe: "A pulsão, do saber ativada pelo surgimento das tendências edipianas, se volta desde o início principalmente para o ventre da mãe, enquanto palco de todos os processos e todos os acontecimentos sexuais" (*Idem*, pp. 231-232). Mas o sadismo, sem lhe impor mudança de objeto, impõe-lhe uma mudança de alvo, conforme as exigências que são as suas no estágio anal: "a situação sádico-anal dominante impele entretanto ao desejo de apoderar-se igualmente do conteúdo da mãe". Sendo assim, a pulsão do saber segue o destino comum a todas as pulsões na época dos inícios do Édipo: infiltrada pelo sadismo, dirigida para um alvo que inicialmente não era o seu, é controlada durante um certo tempo pelas pulsões agressivas e segue o destino destas, que é o de despertar as defesas mais enérgicas do ego. Ferida narcísica devida ao caráter traumático da irrupção das primeiras questões num ego desprovido de linguagem e sentimentos de culpa procedentes do "laço primitivo de pulsão do saber com o sadismo" (*Idem*, pp. 231-232), correm o risco de fornecer motivos para a repressão desta pulsão e deixam entrever a possibilidade de uma nova explicação da inibição intelectual.

Mas no que se refere às etapas do desenvolvimento da relação de objeto, a pulsão do saber recebe um papel importante, ainda que não exclusivo, nos processos que resultam no apogeu do sadismo. Ela contribui, efetivamente, para desencadear o início da fase de identificação com a mãe, postulada por Melanie Klein em 1927. Certamente, as expressões que se pode levantar carecem de precisão e não detalham suficientemente o peso respectivo dos diferentes fatores que codeterminam a entrada nesta fase. A eficácia causal é imputada sem distinção ao "vínculo primitivamente mais estreito" que "pulsão de saber e apropriação sádica estabeleceram entre si", mas também, "com o sentimento de culpa proveniente do conflito edipiano". Ora, "este laço importantíssimo introduz, em ambos os sexos, uma fase de desenvolvimento de importância vital, até agora não suficientemente observada. Ela consiste numa identificação muito precoce com a mãe" (*Idem*, p. 232). Parece possível tentar, pelo menos a título de hipótese, destacar o que cabe a cada um dos três fatores em causa. Lembremos que a fase da feminilidade é precedida – no menino, pelo menos – por uma fase edipiana ativa, contemporânea do estágio sádico-anal e cujos elementos genitais são, neste ponto, recobertos por elementos sádicos, de maneira que o significado global desta fase pareça mais sádica que libidinal *stricto sensu*. Estas fixações sádicas acarretam a introjeção de um superego cruel e terrificante, o que provoca, com relativa rapidez, o abandono da atividade, pois, quanto mais o superego é cruel, mais o pai é temido enquanto castrador. A ansiedade do talião conduz, portanto, ao abandono da primeira posição masculina do menino (lembremos que esta primeira posição masculina, invocada nos textos de 1927, não mais figura na evolução ulterior do pensamento kleiniano). O papel desempenhado pelo sadismo anal também é claro: a fase de feminilidade "encontra sua base na fase sádico-anal", mas lhe dá um novo conteúdo, que é o de apoderar-se das fezes identificadas com os bebês. Reconhece-se aí uma variação do segundo alvo da pulsão do saber, precisamente aquele que lhe foi acrescentado sob a influência do sadismo anal. Mas, assim sendo, qual é a contribuição própria da pulsão do saber enquanto tal? Parece-nos ser a de manter o ventre da mãe e seus conteúdos na posição de objeto. Neste sentido, Melanie Klein permanece muito próxima de Mary Chadwick, que

DO APOGEU DO SADISMO AOS MECANISMOS DE REPARAÇÃO 143

definia a pulsão do saber como pulsão parcial, visto que a característica
das pulsões parciais é que seu elo com o objeto é mais forte e mais precoce
que o das outras pulsões[23]. Em vez de voltar-se para o pai como tal e de
desejar receber um bebê deste, a criança permanece fixada no interior do
corpo da mãe e é ali que ela deseja roubar as fezes, os bebês, o pênis do
pai etc. A manutenção deste liame objetal parece não poder ser atribuído
nem às pulsões sádico-anais, nem ao sentimento de culpa; em contrapartida, parece lógico atribuí-lo a uma pulsão cujo objeto primitivo é o ventre
da mãe e da qual apenas o alvo sofreu a influência do sadismo.

A teoria da pulsão do saber permanece, deste modo, mais sugestiva
do que precisa. A questão de sua natureza instintual profunda permanece
obscura: no começo, não é sádica; desde muito cedo une-se às pulsões edipianas, mas não é genital. Engloba o prazer-desejo de ver e, ainda que as
indicações sejam nebulosas, parece ter uma fonte independente da libido
propriamente dita, assim como da agressividade, com as quais se une rapidamente. A função mais evidente preenchida na teoria kleiniana desta época
é a de conotar uma frustração de um gênero muito particular, na qual a dimensão da vida de fantasia prevalece amplamente sobre a dimensão da
realidade; pois, se a frustração oral comporta uma parte irredutível da realidade circunstancial, a frustração da pulsão do saber é um fenômeno puramente interno, para o qual o objeto real não contribui em nada, pois que
a demanda do saber só é frustrada porque não tem os meios instrumentais
de anunciar-se e, portanto, de manifestar-se. Esta frustração puramente interna provoca uma raiva e uma agressividade cuja dimensão projetiva,
embora não explicitamente tematizada, parece particularmente clara. Representa um fator puramente interior, largamente independente do meio
ambiente, no momento da intensificação do sadismo que se prepara para
atingir o "auge do florescimento". É certamente o primeiro exemplo na
obra de Melanie Klein destas relações com objetos precoces independentes
da atividade das zonas erógenas, nas quais Fairbairn, Guntrip, Willy Baranger viram como o essencial da contribuição de Melanie Klein.

2.3. *Todos os Meios do Sadismo em seu Apogeu*

A fase do apogeu do sadismo é o estágio canibalesco. A fase começa
no princípio deste estágio e dura até o fim do primeiro estágio anal. A hesitação entre estas duas proposições, sucessivamente desenvolvidas em dois
artigos distintos do mesmo ano de 1929, marca uma certa confusão de Melanie Klein, que se poderia estar tentado a relacionar com alguma dificuldade em utilizar o esquema de Abraham. Mas em qualquer ortodoxia
abrahamiana, as duas proposições são ambas admissíveis, pois cada uma
destas duas transições – do canibalismo total ao canibalismo parcial, da
ejeção à retenção – traduz um aumento da tendência em preservar o objeto.
Por isso nos parece mais satisfatório considerar que esta hesitação sobre a
época do apogeu do sadismo corresponde a uma hesitação mais profundamente fundada na dificuldade em sustentar em conjunto duas realidades
clínicas, cada uma das quais, considerada isoladamente, militaria em favor
de uma ou de outra conclusão. Pois em um certo sentido o sadismo máximo
é aquele do estágio canibalesco que é o mais brutal e o mais radicalmente

23. S. FREUD, *Trois Essais...*, N.R.F., pp.87-90.

144 MELANIE KLEIN I

destruidor; mas, num outro sentido, o sadismo máximo é aquele do primeiro estágio anal, no qual os ataques orais estão longe de terem desaparecido e se veem redobrados por ataques anais e uretrais que vêm enriquecer o tom fundamental de todo um conjunto de harmônicos sinistros. Melanie Klein destrinchará rapidamente a questão do tempo genético do apogeu do sadismo: "a fase do desenvolvimento, durante a qual o sadismo se acha em seu apogeu, começa, em minha opinião, com o aparecimento das pulsões sádico-orais e finaliza com o declínio do primeiro estágio anal"[24]. Esta concepção permanecerá na *Psicanálise da Criança*, onde será cada vez mais solidária com a insistência sobre o significado "desenvolvimental" e psicopatológico da fronteira entre as duas etapas anais. Porém, quanto à definição do sadismo em termos de brutalidade ou em termos de variedade de ataques, a incerteza permanecerá por mais tempo.

Se o sadismo máximo é o dos ataques diretos, uma fonte pulsional será tanto mais sádica quanto geneticamente mais próxima do estágio oral. Se o sadismo máximo é aquele que manifesta todos os seus diversos meios, uma dada pulsão será tão mais sádica quanto mais entremesclar suas manifestações com as de outras formas de agressividade. Correndo o risco de às vezes se contradizer no detalhe, Melanie Klein tende a manter simultaneamente estes dois pressupostos dificilmente compatíveis entre si.

A teoria das pulsões uretrais fornece o exemplo mais patente desta relativa indiferença da autora da *Psicanálise da Criança* com as exigências da coerência sistemática. Ela reconheceu a ação precoce destas pulsões a partir da análise de Trude, em 1924. Mas, as análises de Peter e de Ruth impuseram, alguns meses mais tarde, a constatação do papel predominante do sadismo oral. É apenas em 1929 que é retomada a descrição e a intepretação das pulsões uretrais ainda pouco discerníveis das pulsões anais: "os ataques contra o corpo materno atribuem um papel considerável ao sadismo uretral e anal que se soma desde muito cedo ao sadismo oral e muscular. Nas fantasias, os excrementos são transformados em armas perigosas: urinar equivale a cortar, apunhalar, queimar e afogar"[25]. Na *Psicanálise da Criança* o sadismo uretral adquire um estatuto particular: ele é, de todas as formas do sadismo, "o mais estreitamente ligado ao sadismo oral"[26]. Melanie Klein anuncia sua intenção de "sublinhar o importante papel, até agora pouquíssimo reconhecido, do sadismo uretral no desenvolvimento da criança" (*Idem*, pp. 142-143). As fantasias de destruição, onde a urina é representada como uma substância que queima, dissolve, corrói etc, são, efetivamente, guiadas pela equivalência simbólica leite = urina. Estas fantasias são uma "reação sádica à privação do alimento líquido infligida pela mãe e são finalmente dirigidas contra o seio materno" (*Idem*, p. 142), segundo um mecanismo tanto mais interessante quanto possui o valor de paradigma para a formação das fantasias sádicas em geral: este mecanismo consiste na transformação do prazer que proporciona ao objeto, em seu oposto, com a adjunção de elementos destruidores.

24. MELANIE KLEIN, "Contribution à la théorie de l'inhibition intellectuelle", *op.cit.*, p.286.
25. MELANIE KLEIN, "Formation du symbole", in *Essais de Psychanalyse*, p.264.
26. MELANIE KLEIN, *Psychanalyse de l'enfant*, pp.142-143.

DO APOGEU DO SADISMO AOS MECANISMOS DE REPARAÇÃO 145

Para se vingar por não conseguir bastante leite da mãe, produzirá, em imaginação, uma quantidade excessiva de urina e destruirá assim o seio por inundação ou liquefação; e, para se vingar por não receber dela leite *bom*, produzirá um líquido nocivo com o qual queimará e envenenará o seio e o leite que este contém (*Idem*, p. 227).

Além deste aspecto diretamente sádico, as pulsões uretrais têm ainda um papel importante no desenvolvimento. Contribuem com uma parte nada desprezível para favorecer a passagem do interesse libidinal do seio da mãe para o pênis do pai: a partir do desejo oral pelo pênis identificado com o mamilo, desenvolve-se um interesse mais especificamente uretral pelo pênis, em razão de suas capacidades urinárias mais aparentes do que as do órgão feminino de micção. Este interesse, que se traduz segundo Melanie Klein na incontinência da urina, adquire rapidamente o significado de uma posição masculina nos dois sexos. Deste modo, quer se trate da evolução do sadismo quer da libido, os investimentos uretrais são imediatamente sucessivos aos investimentos orais. Mas, ao mesmo tempo, e sempre com a mesma preocupação de evidenciar a importância das manifestações do sadismo uretral, a *Psicanálise da Criança* apresentará a noção sem futuro de um estágio uretral, estágio sádico que seria intermediário entre o estágio sádico-oral e o anal[27]. Assim, o sadismo uretral conquista uma certa autonomia relativamente ao sadismo oral, e isto no quadro de uma tentativa evidente de explicar a intensificação do sadismo pela ativação simultânea de todos os seus meios. Mas, nestas condições, a noção de uma relação privilegiada entre o oral e o uretral é difícil de ser mantida e o uretral reaproxima-se novamente do anal, vindo ambos a acrescentar seus "meios" específicos aos meios orais: "Os dados, que me forneceu a análise das crianças pequenas, revelam que entre os estágios sádico-orais e sádico-anais existe outro estágio em que se fazem sentir tendências sádico-uretrais; estes dados provam que as tendências anais e uretrais são o prolongamento direto das tendências sádico-orais, no que se refere ao fim específico e ao objeto do ataque" (*Idem*, p. 302). De fato, parece que a noção de estágio está aqui praticamente esvaziada de qualquer conteúdo, que a interposição de um estágio uretral entre o estágio oral e o anal tem, mais do que um sentido genético, um sentido que, na falta de uma expressão mais apropriada, chamaremos de estrutural: querendo assinalar com isso que a derivação da frustração oral é muito menos imediata no sadismo anal do que no sadismo uretral. A partir daí, os três "estágios" sádicos se acavalam a tal ponto que tendem a ser simultâneos no próprio momento do apogeu, de forma que nas abordagens, por volta de 1934, vê-se perfilar a noção de um tipo de período pan-sádico cujo esquema organizador não é mais enunciado em termos de alvos pulsionais mas sim em termos deliberadamente objetais: "a criança entra numa fase em que utiliza cada instrumento de seu sadismo para o único propósito de destruir o corpo da mãe e tudo o que ele contém" (*Idem*, p. 302). Mas é claro que uma tal "fase", onde os alvos (*aims*) das pulsões sádicas não são mais do que *instrumentos* que se colocam simultaneamente a serviço de um projeto (*purpose*) de destruição do objeto, antecipa diretamente a posição paranoide, que não é fácil de conciliar nem com a tese de um estágio sádico-uretral bem diferenciado, nem com aquela de um tipo de primazia dos ataques canibalescos.

---

27. MELANIE KLEIN, "Le développement précoce de la conscience...", in *Essais de Psychanalyse*, p.302.

146 MELANIE KLEIN I

Pode-se dizer que em 1933 Melanie Klein obstina-se em falar a linguagem segundo o ponto de vista genético, quando esta já se tornara uma constrição para ela? Tal tese talvez seja sustentável no que se refere à teoria clássica dos estágios, mas a preocupação kleiniana de manter a ideia de uma sequência fixa parece-nos que corresponde a uma exigência bem precisa: ao lado da sucessão das zonas e dos alvos, e em parte em correspondência com esta, a autora da "Formação de Símbolos" distingue, no interior da fase de apogeu do sadismo, dois momentos nitidamente contrastantes em função do caráter direto ou insidioso dos ataques fantasiosos. O primeiro momento é o do sadismo brutal, sem disfarces e sem máscaras; parece que, aos olhos de Melanie Klein, os ataques canibalescos provêm todos deste tipo de sadismo. O segundo momento é aquele de um sadismo simultaneamente refinado e insidioso, até mesmo hipócrita; é portanto marcado por procedimentos mais afastados da realização imaginária da destruição do objeto. Mas seria um engano crer que este sadismo, essencialmente anal e uretral, seja menor do que o canibalesco. A teoria kleiniana é desde esta época suficientemente livre de qualquer influência estranha às suas próprias exigências, para poder esquecer completamente a tese de Abraham segundo a qual o estágio sádico--oral centrado na incorporação canibalesca total é mais destruidor do que o estágio seguinte. Por isso a *Psicanálise da Criança* desenvolverá a ideia de que os ataques sádicos do segundo tipo remetem a um sadismo superior àquele dos ataques brutais, escorando explicitamente esta afirmação em considerações metapsicológicas que não deixam nenhuma dúvida sobre sua avaliação dos fenômenos. "Além do *aumento quantitativo* que ativa todas as regiões-fontes (sic: *Quellgebiete*)", constata-se "igualmente um novo aumento do *sadismo* no sentido de uma *transformação qualitativa*"[28]. Neste nexo é permitido dizer que o sadismo só se acha verdadeiramente em seu apogeu quando está de posse de todos os seus meios e, portanto, quando os elementos uretrais e anais vêm fornecer sua contribuição aos cenários cuja "variedade e riqueza podem ser descritas como inexauríveis"[29]. É portanto essencial para a teoria do apogeu do sadismo, subsistente no sistema de 1932, a ideia de uma sequência genética fixa que permite fundamentar a distinção das duas formas de sadismo na sucessão cronológica de seus pontos de fixação. E se a teoria do sadismo insidioso é tão importante para Melanie Klein, é porque se trata de uma descoberta cuja importância clínica, na qual insistirá durante os trinta anos seguintes, lhe parece, de imediato, capital.

O sadismo brutal utiliza sobretudo os dentes e os maxilares para os ataques imaginários que consistem em devorar, despedaçar e cortar. Quando põe em cena as fezes ou a urina, é para sujar ou queimar o objeto. O sadismo insidioso ou refinado utiliza tais matérias como substâncias explosivas, venenos, agentes de destruição mágica e misteriosa: "Enquanto que na primeira parte desta fase predominam os ataques de violência, os excrementos são fantasiados como instrumentos ofensivos de violência, tomam o significado de armas explosivas ou venenos no decurso do estágio caracterizado pelos ataques secretos (*Idem*, p. 147). A revelação desta vida de fantasia mostra-se essencial para a compreensão da paranoia e dos fenômenos persecutórios; a desconfiança paranoica será explicável pela projeção sobre o objeto do sadismo insidioso do indivíduo, que teme de

28. MELANIE KLEIN, *Psychanalyse de l'enfant*, p. 146. As palavras em grifo estão grifadas no texto em alemão (Klindler Verlag, p. 168).
29. *Idem*.

DO APOGEU DO SADISMO AOS MECANISMOS DE REPARAÇÃO 147

parte de seu perseguidor aquilo que ele o faz sofrer em suas fantasias inconscientes. Graças a esta descoberta, torna-se possível assinalar os pontos de fixação precisos nos dois grupos de psicoses que deixam transparecer mais claramente os elementos persecutórios:

Considerei a primeira secção da fase do apogeu sadismo, a que comporta ataques de caráter violento, como o ponto de fixação de demência precoce; a segunda parte que comporta ataques por meio do veneno e que se apresenta sob a dominação dos movimentos pulsionais sádicos uretrais e sádicos anais, como é o ponto de fixação da paranoia[30].

São as análises de John e Dick que permitiram aprofundar a descrição e a interpretação desta ordem de fatos, cuja conceitualização será retomada mais uma vez pela teoria kleiniana tardia, sob a rubrica da identificação projetiva. As fantasias de John, vítima de uma inibição intelectual importante, colocam em cena animais perigosos contra os quais ele tem de lutar sem descanso, no temor de que destruam o mundo inteiro. Esses animais representam as fezes do próprio filho, que ele introduz imaginariamente no corpo de sua mãe, a fim de feri-la, envenená-la e destruir, através dos mesmos meios, os conteúdos de seu corpo. Temendo o talião, a criança assusta-se com a suposta presença, no interior de seu próprio corpo, desses excrementos envenenados que o objeto atacado poderia introduzir mágica e secretamente nos orifícios de seu corpo: teme, deste modo, não apenas seus próprios excrementos, mas os ataques que o objeto introjetado poderia realizar no interior de seu corpo. Este fato permite verificar e reinterpretar a teoria da paranoia, tal como Karl Abraham a retomara a partir de Stärcke e Van Ophuijsen. Não se compreendia, dentro desta concepção, por que razão a massa fecal deveria ser sentida, pelo paranoico, como o pênis do perseguidor. A descoberta do sadismo insidioso permite esclarecer o ponto: aquele que fantasiou haver introduzido magicamente seus próprios excrementos envenenados no ânus da mãe, receia a presença de excrementos perigosos em seu intestino; aquele que fantasiou haver destruído o objeto por semelhante arrombamento, sente a introdução anal como um arrombamento destruidor. Compreende-se melhor por que o paranoico não pode nem expulsar o perseguidor interno, nem retê-lo: cada vez que evacua violentamente tem o seu retorno, tanto mais perigoso quanto mais violentamente evacuou.

2.4. *A Fantasia dos Pais Combinados e o Apogeu do Sadismo*

A teoria dos meios do sadismo familiarizou-nos com a ideia de que o apogeu do sadismo não coincide exatamente com a mais arcaica de suas fases. O exame da natureza do objeto das pulsões sádicas vem confirmar esta tese. Entre 1927 e 1932 o sadismo máximo não visa, segundo a concepção kleiniana, nem o seio da mãe, nem a própria mãe, mas sim o casal dos pais unidos no coito. Mais precisamente dois temas, de início independentes, fundem-se em 1929 para dar lugar à descoberta da imagem unificada ou combinada dos pais, que se encontra a partir de então designada por um termo especial (*Vereinigten Eltern* e, mais tarde, nos textos

30. MELANIE KLEIN, "L'importance de la formation du symbole...", *Essais de Psychanalyse*, p. 277.

148   MELANIE KLEIN I

escritos diretamente em inglês, *Combined Parents*). O primeiro refere-se ao desenvolvimento da agressividade contra a mãe, à descrição dos ataques sádico-orais contra o seio, mais tarde contra a mãe ou o interior de seu corpo. O segundo consiste no arrolamento, cada vez mais detalhado à medida que se acumula o material recolhido através da técnica do brincar, das variantes da concepção sádica do coito e também na interpretação cada vez mais firme do aspecto cruel do conjunto de fantasias da cena primitiva em termos da realização do desejo.

A ideia de que a agressividade da criança visa o seio antes de visar a mãe como objeto completo não é típica das primeiras ideias kleinianas. Encontra-se sem dúvida por volta de 1927 a ideia de que o estágio canibalesco implica na mordedura do seio[31], mas se trata mais de uma alusão às ideias de Abraham do que do desenvolvimento espontâneo de um tema pessoal. É apenas em 1932 que surge nitidamente afirmada a ideia de que o primeiro objeto não é a mãe como pessoa, mas sim o seio[32]. Antes porém que esta ideia realmente emergisse, a concepção kleiniana das primeiras relações objetais já havia conhecido uma evolução nada desprezível. Tal evolução não fora de modo algum notada até então, e é fácil adivinhar a razão do fato: é que existe nos textos deste período, sem que seja explicitamente assinalado por Melanie Klein, uma diferença apreciável entre a evolução do sadismo e a da libido. Ora, o seio é, em harmonia com a concepção unânime e reconhecida em psicanálise, desde 1924, o primeiro objeto da *libido*, sendo que a originalidade da criadora da técnica do jogo se exprime pela tese segundo a qual a frustração do desmame desvia a criança do seio e provoca seu direcionamento para o pênis do pai, tese que acarreta como corolário a ideia de que a primeira posição edipiana é feminina nos dois sexos[33] e fundada em uma transferência direta das pulsões de sucção para as nascentes pulsões genitais. No que concerne ao objeto, a libido passa portanto do *seio* ao *pênis* antes de se voltar para a *pessoa* do genitor do sexo oposto. Mas a sucessão dos objetos da agressividade é bem diferente: nada indica que Melanie Klein haja pensado, antes de 1929, que o seio frustrador seja o objeto de ataques sádicos da parte do lactente na época do desmame[34]. A agressividade é explorada apenas no quadro da rivalidade edipiana e através dos conteúdos das fantasias ansiógenas que a configuram em forma especular. Esta agressividade contra o ou a rival dos primeiros estágios edipianos é inicialmente descrita em termos de castração pela mordedura, de roubo ou destruição dos filhos contidos no ventre da mãe, de extirpação violenta das fezes contidas em seu intestino. Nos primeiros textos que apresentam a técnica do brincar, os ataques são ainda descritos em termos muito realistas e visam o corpo da mãe concebido como pessoa

31. MELANIE KLEIN, "Criminal Tendencies...", in *Essais de Psychanalyse*, p. 210. É notável a raridade de tais afirmações antes de 1934.

32. Antes de 1932, nos estágios precoces, os objetos são "representados por seus órgãos" entre os quais existem equivalências simbólicas múltiplas mas nenhuma passagem designa explicitamente o seio como objeto primário do sadismo.

33. É somente no texto de 1927 ("Frühstadien des Ödipuskonflikt") que figura a efêmera teoria de um primeiro estágio masculino no desenvolvimento edipiano do menino. Cf. Cap. 3, item 13, p.127.

34. Trata-se ainda, em 1929, da mãe e não do seio. Cf. *Essais de Psychanalyse*, p. 259. "A frustração oral que converte a 'mãe boa' indulgente em 'mãe malvada' estimula seu sadismo" ("Les situations d'angoisse...").

DO APOGEU DO SADISMO AOS MECANISMOS DE REPARAÇÃO 149

completa e como rival da filha que teme, ela mesma, ataques muito precisos contra o seu próprio corpo: Rita receia que um rato ou um *Bützen* (órgão genital) entre pela janela para tirar seu próprio *Bützen* com uma dentada; Trude bate durante uma sessão no ventre de sua analista, declarando claramente sua intenção de abri-lo para tirar dali os excrementos. O caráter interno ou introjetado do objeto vítima dos ataques, e cuja vingança é temida, está muito perto de ser tida como uma ilusão defensiva, como um disfarce que o progresso da análise permite superar:

> Chega [...] um momento em que as crianças começam a distinguir entre a mãe pertencente ao domínio do "faz de conta" e a mãe verdadeira, e entre a boneca de madeira e o irmãozinho vivo. Começam então a afirmar com ênfase que pretendiam fazer mal somente ao brinquedo; o bebê de verdade, declaram, eles o amam, não há dúvida. Cumpre vencer as resistências tenazes e profundas para que as crianças compreendam que seus atos agressivos eram dirigidos aos objetos *reais*[35].

É somente no último dos textos de 1927 que aparece a ideia de que o sadismo tem por primeiro objeto a mãe enquanto objeto libidinal e o interior de seu corpo enquanto representação em fantasia. Mesmo então estas duas ideias não são relacionadas. A primeira delas é introduzida apenas para responder à questão de saber por que o superego das crianças de quatro anos coincide com uma "imagem irreal, imaginária de pais que devoram, cortam e castram": é porque a criança de um ano deseja "destruir o objeto libidinoso, mordendo-o, cortando-o e devorando-o"[36]. Quanto à importante descoberta de que é o interior do corpo da mãe que o sadismo ataca, esta se efetua apenas no movimento de descrição e de definição da pulsão do saber[37]. Estas duas afirmações concordam no sentido de que o objeto atacado não coincide com o objeto real da percepção, mas sim com uma *imagem* irreal ou *suposta*, cujo caráter interior é, desta vez, claramente afirmado: trata-se da mãe enquanto "bolsa de pele" que envolve e contém os objetos parciais, do "[...] ventre materno enquanto teatro suposto de todos os processos e de todos os desenvolvimentos sexuais"[38]. Cumpre distinguir bem aqui duas noções que a evolução ulterior do pensamento kleiniano levará a confundir-se, mas que permanecerão, antes de 1934, bem diferenciadas: o objeto primário do sadismo, que lhe é de alguma forma sugerido pela pulsão do saber, é o interior do ventre materno, e o que é visado são antes os conteúdos do que o continente enquanto tal. Além disso, este "objeto" é, evidentemente, uma imagem fantasticamente deformada, um objeto da imaginação, não da percepção – é o que Melanie Klein chama de um objeto interior. Mas, se entre o emprego da palavra "interior" na expressão "objeto interior" e aquele que é feito desta palavra na expressão "interior do corpo-ventre materno", existe homonímia, não há ainda sinonímia. Existe apenas esta relação que decorre de uma simples constatação de bom senso: é precisamente porque é interior que o conteúdo do ventre materno não é visível, é representado por fantasias e não por percepção, e é particularmente próprio para tornar-se, num outro sentido do adjetivo, um objeto interno.

35. "Die psychologische Grundlagen...", in *I.Z.P.*, p.175.
36. "Frühstadien des Ödipuskonfliktes", in *I.Z.P.*, p.230.
37. *Idem*, p.231.
38. *Ibidem*.

150 MELANIE KLEIN I

Na medida em que Melanie Klein aprende a conhecer melhor o universo das fantasias arcaicas, reconhece cada vez mais neste interior do ventre materno, objeto primário da pulsão do saber e do sadismo, o valor de um protótipo da realidade exterior. Os conteúdos imaginários do ventre materno são exatamente o protótipo de todos os objetos externos, sendo que o próprio corpo materno, enquanto continente, é o protótipo do mundo: "as fantasias sádicas concernentes ao interior do ventre materno produzem a relação primeira e básica com o mundo exterior e com a realidade"[39]. Alguns meses mais tarde, a primeira passagem em que o seio reaparece, desta vez como objeto primário, especifica: "segundo a primeira realidade da criança, o mundo é um seio e um ventre cheio de objetos perigosos, perigosos devido à própria tendência da criança a atacá-los"[40]. Existe, portanto, se ficarmos no desenvolvimento da relação objetal sádica enquanto guiada pela pulsão do saber, um aumento do sadismo que se relaciona com a própria evolução de seu objeto: se o sadismo, tal como o apresentam os textos de 1929, se apega de imediato a um objeto que vale como totalidade do mundo existente, compreende-se que o sadismo, já definido como máximo no plano de suas energias pulsionais assim como no de seus meios, o seja também em razão das características de seu objeto primário.

Paralelamente à evolução que acaba de ser descrita, a teoria da cena primitiva transforma-se lentamente. Sabe-se que já lhe era dada uma importância capital no sistema protokleiniano, já que era aí designada como o núcleo destas fantasias masturbatórias cuja atividade sublimada dava lugar a todos os talentos, interesses, jogos etc. Mas então ainda se tratava apenas de descrever, na linha da tradição freudiana da mais clássica, a concepção sádica do coito como um erro de interpretação da criança, e a agressividade suscitada por este espetáculo no menino como dirigindo-se, antes de mais nada, para o pai enquanto rival. Uma primeira transformação afeta este esquema – mas é ainda um caso isolado, e sem que seja afirmada a generalidade do fato observado – quando Melanie Klein descobre que, aos olhos de Erna, as manifestações de ternura entre seus pais não têm outro objetivo que o de persegui-la, tornando-a invejosa: uma tal referência implica que os pais são sentidos, então, pela criança, como aliados contra ela, o que, segundo a lógica das concepções kleinianas, pressupõe que foram primitivamente atacados em conjunto nas fantasias da criança – posto que todo o temor é o reflexo em espelho de uma fantasia de agressão. Mas isto não é dito explicitamente. Uma modificação mais fácil de ser relacionada com a cronologia das descobertas de Melanie Klein aparece em 1927: a cena primitiva é concebida como sádica sob a influência do sadismo dominante da criança. Mas a relação estabelecida é ainda concebida em termos vagos e se situa sempre no esquema freudiano do erro de interpretação: a criança, cuja libido está estreitamente ligada à agressividade e que deseja o coito sob uma forma canibalesca ou anal, imagina que os pais o praticam sob estas formas, as únicas que é capaz de imaginar:

Sabemos, graças a Freud, que a criança recebe, aparentemente de maneira filogenética, um certo saber inconsciente. O conhecimento das relações sexuais entre os pais, do nascimento das crianças, etc, faz parte deste saber; mas é de caráter bastante vago e confuso. De acordo com a natureza do estágio, sádico-oral

39. "Importance de la formation du symbole...", in *Essais de Psychanalyse*, p.265.
40. "La Psychothérapie des psychoses", *Essais de Psychanalyse*, p.279.

DO APOGEU DO SADISMO AOS MECANISMOS DE REPARAÇÃO   151

ou sádico-anal, que a criança está atravessando, o coito chega a significar para ela um ato que consiste essencialmente em comer, cozinhar, trocar de fezes e executar atos sádicos de toda espécie (morder, cortar etc.)[41].

Deste modo, poder-se-ia dizer que se trata de projeção, não no sentido psicanalítico do termo, mas no sentido em que "em psicologia, fala-se de projeção para conotar" processos tais como este:

O sujeito capta o meio ambiente e responde-lhe em função de seus próprios interesses, aptidões, hábitos, estados afetivos duradouros ou momentâneos, expectativas, desejos etc.[...] determinado homem de negócios considerará todos os objetos do ponto de vista do que se pode comprar ou vender (deformação profissional); o homem bem humorado está inclinado a ver a "vida cor-de-rosa" etc.[42]

Schaulust, o desejo-prazer de ver, dirigia-se à cena primitiva. Quando a pulsão do saber sucede a esta componente "voyeurista", refere-se a "acontecimentos e processos sexuais" que têm lugar, supostamente, no interior do corpo da mãe. Sem dúvida, isto vale para a cena primitiva, mas sem que o seja dito explicitamente. É preciso esperar por 1927 para encontrar menção da fantasia segundo a qual a criança espera achar, no interior do corpo materno, o pênis do pai incorporado no decorrer do coito[43]. A partir daí está tudo pronto para que seja tematizada a imagem unificada dos pais, o que será feito em 1929[44]. O sadismo visa a destruição ou roubo, no interior do corpo da mãe, não somente das fezes e dos bebês, mas também do pênis do pai. Assim, nenhum dos objetos investidos até então pela criança no decorrer de seu desenvolvimento é poupado pelas pulsões agressivas. Os objetos parciais da libido oral, seio e pênis, assim como os objetos mais ou menos totais ("representados por seus órgãos") dos primeiros estágios edipianos, são simultaneamente tomados por um sadismo do qual, doravante, nada escapa – isto tanto menos quanto o corpo da mãe é posto em equivalência com o mundo no seu todo. O sadismo está, deste modo, "no auge de sua floração", no ponto em que a relação com o objeto se torna mais antiedipiana do que edipiana propriamente dita. De fato, seja no complexo direto ou na sua forma invertida, os ataques sádicos contra um dos pais são acompanhados de amor e de ternura para com o objeto das pulsões incestuosas. A criança conserva deste modo uma relação positiva, encorajadora e tranquilizante com um dos pais, aquele cujo amor lhe importa mais num dado momento. Possui um recurso e uma proteção contra os ataques imaginários do rival. O ataque dos pais combinados suprime quase totalmente este recurso. A criança está sozinha contra eles, não pode apoiar-se em um dos objetos reais, mas apenas na imagem interna dos "bons" pais protetores cuja presença, neste contexto dominado pelo sadismo, permanece, no mínimo, duvidosa. Segundo a lógica do temor do talião, a criança que ataca simultaneamente todos os seus objetos, em contrapartida os teme todos, ao mesmo tempo, como o jovem

41. MELANIE KLEIN, "Tendances criminelles...", in *Essais de Psychanalyse*, p.217.
42. J. LAPLANCHE & J.-B. PONTALIS, *Vocabulaire de Psychanalyse*, P.U.F., p.344.
43. "Stades archaiques du conflit oedipien", in *Essais de Psychanalyse*, p.233.
44. "Les situations ansiogènes de l'enfant...", in *Essais de Psychanalyse*, p.257.

herói de *L'Enfant et les sortilèges*. Ao sadismo mais intenso corresponde a situação ansiógena mais terrificante e mais paralisante, aquela que quebra ou deforma o ego da criança psicótica. O aprofundamento da teoria das pulsões revela-se correlata de uma das descobertas capitais de Melanie Klein, a dos traços específicos das psicoses infantis.

A descoberta do apogeu do sadismo e sua tríplice gênese no registro de suas fontes, de seus meios e de seus objetos é de fato a contribuição mais decisiva do pensamento kleiniano no que se refere às teorias das pulsões. Isto se manifesta ainda mais claramente, por contraste, ao se considerar sua indiferença e sua concisão quando trata, em geral ocasionalmente, dos estágios ulteriores. Deste modo fica patente que não existe teoria kleiniana do segundo estágio anal enquanto fase do desenvolvimento libidinal e da agressividade. Não é jamais descrito a não ser como um período de decréscimo do sadismo; é situado fora do círculo do apogeu paroxístico das pulsões destrutivas, e o único relevo que lhe é dado refere-se à sua oposição aos estágios anteriores mais do que à sua natureza e sua atividade libidinal própria. Neste particular, Melanie Klein permanece discípula de Abraham e vai ainda mais longe do que seu mestre na insistência sobre o antagonismo entre os dois estágios anais. Esta atitude é levada a tal ponto que se procuraria em vão, em toda obra kleiniana, um único elemento pulsional primário – erótico ou agressivo – que possa ser atribuído a esta fase, uma única frase sobre o alvo sexual de retenção ou sobre a pulsão de dominação. O que todos os outros autores consideraram como pulsões anais tardias, ela considera, em geral, sob a rubrica das estratégias de supercompensação ou das formações reativas destinadas a contrariar e a suplantar o sadismo brutal ou insidioso do primeiro estágio anal. A segunda etapa anal é, portanto, apenas um estágio reativo. É investido sob a pressão da ansiedade que não pôde ser dissipada, no estágio precedente, pela utilização do mecanismo de ejeção. É caracterizado por uma importante transformação dos objetos ansiógenos, no sentido de uma diminuição de seu caráter terrificante. É marcado pelo desenvolvimento das formações reativas: repugnância, ordem, higiene, em função da procura de amor e da aprovação dos objetos reais. Enfim, como se sabe, assinala a entrada, no universo psicológico, da neurose; e aquela que aí enraíza seu ponto de fixação é a neurose obsessiva, que será precisamente descrita como reativa a uma psicose subjacente, que ela tem por função sujeitar e dominar.

Sobre os estágios tardios do Édipo, Melanie Klein diz muito pouco ou pelo menos só os menciona para assumir uma posição a respeito do que outros autores adiantaram. Assim, Karen Horney propusera, já em 1923, distinguir duas fontes da inveja do pênis. Uma delas, muito precoce, corresponderia a investimentos voyeuristas e exibicionistas, ou seja, em termos freudianos, a uma dessas pulsões parciais que só se unem tardiamente à corrente principal da sexualidade. A outra fonte, mais tardia, seria reativa à decepção edipiana[45]. Segundo Ernest Jones, que retomou ideias comparáveis a estas, "é a privação que resulta da decepção permanente de nunca poder, no coito, compartilhar o pênis com a mãe e obter assim um bebê, que reativa o desejo primitivo da menina de possuir um pênis só

45. KAREN HORNEY, "Zur Genese des weiblichen Kastrationskomplexes" (Contribuição ao Estudo da Gênese do Complexo de Castração Feminino), *I.Z.P.*, 1923.

DO APOGEU DO SADISMO AOS MECANISMOS DE REPARAÇÃO   153

dela"[46]. A fase "deuterofálica" seria portanto uma regressão a uma fase "protofálica"; entre as duas inscrever-se-ia um momento edipiano direto. Frente a tais especulações, a atitude de Melanie Klein permanece imprecisa, pelo menos ao nível das declarações explícitas. A intenção subjacente que é a de se opor à tese freudiana de um Édipo desencadeado, na menina, pela inveja do pênis, só pode receber sua adesão. Mas as formas nas quais se exprime esta tentativa não coincidem absolutamente com a experiência adquirida na psicanálise de crianças e sugerem um modelo genético difícil de ser conciliado com aquele que a criadora da técnica do brincar constituiu para si. Com efeito, não se percebe bem onde deva ser localizada, na sequência descrita por Melanie Klein (Édipo arcaico, inveja do pênis, estágios ulteriores do Édipo), a sucessão invocada por Horney e Jones: fase fálica precoce, Édipo direto, segunda fase fálica. É por isso, sem dúvida, que a *Psicanálise da Criança* contenta-se em citar estes autores, sem assumir, nitidamente, uma posição a respeito de suas hipóteses, acantonando-se na constatação de uma comunidade de preocupações. Tudo isso está muito longe daquilo que realmente importa para Melanie Klein.

3. A PSICOSE INFANTIL

A concepção genética de Karl Abraham não tinha apenas o valor de uma teoria do desenvolvimento da criança normal, era também o fundamento de uma teoria psicopatológica dos pontos de fixação das neuroses e das psicoses, na medida em que cada fase isolada pela teoria corresponde ao ponto de fixação de uma afecção psicopatológica bem determinada. Pode-se distinguir entre a intenção global de Abraham e as modalidades concretas de sua realização em detalhe. A ideia diretriz de sua tentativa de sistematização é a preocupação de resolver o problema da "escolha da neurose" através de considerações exclusivamente genéticas, consignando, em cada fase do desenvolvimento normal, o ponto de fixação de uma doença e de uma única doença. O detalhe do estabelecimento de correspondência entre determinado estágio e determinada afecção não será mais aceito integralmente por Melanie Klein: deste modo, em particular, seu total desinteresse, até 1934, pela depressão e melancolia que não se encontra quase na clínica infantil, a despeito das suposições iniciais de seu mestre[47], faz com que ela jamais mencione as perturbações desta série. Preocupa-se, em compensação, em indicar o ponto de fixação da esquizofrenia, afastando-se de Abraham a este respeito: ao invés de remetê-la, em sua sequência, a uma fixação oral de sucção (o que Abraham havia sugerido para analisar o ensimesmamento psicótico em termos de autoerotismo), ela a fundará numa fixação canibalesca, colocando-a deste modo na posição que Abraham atribuíra à psicose maníaco-depressiva. À exceção deste fato, ela se mostra, até 1932, em matéria de psicopatologia, uma discípula fiel do teórico berlinense.

No entanto, não adere inicialmente ao esquema psicopatológico de Abraham: reencontra-o ao final de um caminho que lhe é pessoal, o qual passa por descobertas clínicas provenientes da prática da psicanálise de crianças, e

46. E. JONES, "Le développement précoce de la sexualité feminina", in *Théorie et pratique de la psychanalyse*, Paris, Payot, p.405.

47. Cf. carta do dia 7.10.1923, FREUD-ABRAHAM, *Correspondance*, Gallimard, p. 345.

154 MELANIE KLEIN I

que a obra de Abraham não permitia prever. É, efetivamente, a experiência clínica da criadora da técnica do brincar que comanda sua atitude frente às teorias de seus precursores. Se raramente discute e utiliza as contribuições de Abraham à psicopatologia é porque, antes de 1929, trata das crianças neuróticas ou encaradas como tais. As perturbações de que sofrem remontam aos estágios arcaicos do conflito edipiano, o qual, até 1934, considera como o núcleo da neurose. As concepções de Karl Abraham não eram em absoluto de molde a sustentar esta abordagem, pois associam as neuroses aos estágios relativamente tardios, ao passo que a técnica do brincar permite revelar as raízes orais. É somente quando se defrontar, na sua prática, com os problemas técnicos e teóricos da psicose infantil, que Melanie Klein será obrigada a sair em busca de instrumentos conceituais próprios que permitam a sua compreensão. Achará alguns destes instrumentos em Abraham e se referirá cada vez mais a suas descobertas. Mas será forçada a inventar sozinha um grande número deles. As contribuições mais originais de Melanie Klein para a teoria psicanalítica, entre 1927 e 1932, também procedem direta ou indiretamente do encontro com a psicose infantil, o que é verdade em primeiro lugar, no tocante à fase do apogeu do sadismo. Os fatos que descobre então, e que é a primeira a descrevê-los não somente na história da psicanálise, mas também na da psiquiatria, – a classificação e as teorias explicativas que propõe tornaram possíveis e anteciparam amplamente todos os progressos efetuados em psicopatologia infantil desenvolvidos no meio século seguinte. As resistências dos psiquiatras infantis em relação à psicanálise, as reticências de muitos psicanalistas diante do que acolheram como um sistema kleiniano arbitrário e especulativo, mascar aram este fato histórico. As controvérsias de 1943 mantiveram os kleinianos fechados, durante muito tempo, numa espécie de gueto e a atitude adotada em relação às suas contribuições assumiu por vezes o ar de uma verdadeira conspiração do silêncio. Compreende-se melhor, desde há alguns anos, o alcance psicopatológico da obra de Melanie Klein[48]. Propomo-nos a estabelecer agora que ela havia formulado nitidamente em 1932 quase todas as ideias que transformaram a psicopatologia da criança a partir de 1945, inclusive as que se impuseram mais recentemente.

É em 1929 que, pela primeira vez, a questão da psicose é abordada em um de seus escritos. Cabe relacionar este fato com as análises de Egon e de Dick, que lhe prepararam um acesso progressivo à compreensão do universo psicótico. Num primeiro momento, o tratamento de Egon o colocou diante de um caso onde as inibições no brincar e nas associações livres impedem a produção de material suficiente para que seja possível interpretar, embora o contato se mantenha frio e distante, de maneira que nada, nem figuração simbólica, nem manifestação afetiva permitam uma intervenção da analista. Num segundo momento, o caso de Dick, criança de quatro anos e muda retardada, permite a aplicação, num caso extremo, das soluções que haviam dado certo com Egon, e confirma seu valor. Egon era uma criança de aproximadamente dez anos, aluno brilhante e cujas perturbações não eram manifestas antes da idade de cinco anos: pudera, assim, fazer aquisições que facilitariam, sem nenhuma dúvida, seu tratamento. Embora apresentando um núcleo esquizofrênico, mostrava-o sob uma forma e em condições favoráveis à sua elucidação. Sua análise, lenta e difícil, cujo curso desconcertou Melanie Klein num primeiro momento,

---

48. Cf. PETER L. GIOVACCHINI, *Tactics and Techniques in Psycho-Analytic Therapy*, Londres, Hogarth Press, 1972.

DO APOGEU DO SADISMO AOS MECANISMOS DE REPARAÇÃO   155

durou cerca de dois anos e comportou aproximadamente 425 sessões. Ocorreu entre 1927 e 1928[49], apenas alguns meses após a interrupção do tratamento de Erna, que permitira, entre 1924 e 1926, a exploração do núcleo paranoico subjacente a uma sintomatologia de aparência francamente obsessiva. Rememorando, um quarto de século mais tarde, a época de suas primeiras descobertas, a criadora da técnica do brincar fará remontar sua primeira descoberta da psicose, à análise de Erna. Esta criança era, "sem dúvida, paranoica"; e ela nos diz:

O caso de Erna me ajudou muito a preparar o terreno para uma série de conclusões que apresentei no X Congresso Internacional de Psicanálise, em 1927, em particular a ideia de que o superego arcaico, constituído quando das pulsões e fantasias sádico-orais estão no auge, subtendem a psicose – uma ideia que desenvolvi dois anos depois ao salientar a importância do sadismo oral na esquizofrenia[50].

É claro que Melanie Klein cede, aqui, a uma ilusão retrospectiva, pois as "Primeiras Fases do Complexo de Édipo" não abordam, de modo algum, os problemas da psicose, mas é preciso levar em conta a continuidade estabelecida por esta passagem entre a análise de Erna e as descobertas de 1929. Pensamos que esta passagem gradual foi facilitada pelo tratamento de Egon, que permitiu confirmar o saber adquirido na análise de Erna e, além disso, adaptar a técnica às particularidades do contato psicótico, o que era uma experiência nova para Melanie Klein em 1927. Explica-se, deste modo, o fato de que seja capaz, quando Dick lhe é encaminhado, de encontrar rapidamente a atitude apropriada no plano técnico, e de elaborar, em algumas semanas, os conceitos fundamentais de sua teoria da psicose infantil. Bastará reunir as intuições suscitadas pelas experiências dos cinco anos anteriores e organizá-las para que esta descoberta tome forma, sem dúvida a mais importante da história recente da psicopatologia infantil e que diz respeito à descoberta da existência na criança pequena de formas de psicose irredutíveis àquelas observadas no adulto, cujo determinismo deve ser procurado no malogro do ego em dominar o sadismo no seu apogeu por meio de mecanismos de defesa eficazes, cuja frequência é considerável e que facilmente assumem a máscara de retardo. A partir de 1929, Melanie Klein enuncia as sete teses seguintes:

3.1. "A Esquizofrenia é muito mais Frequente nas Crianças do que Comumente se Admite"[51]

O que explica que a percepção deste fato seja tão difícil é um conjunto de fatores convergentes. O primeiro dentre eles, sem dúvida o mais importante, é que não se julga a criança e o adulto da mesma maneira. O peso das normas sociais é diferente – menor sobre a criança e maior sobre o adulto. Na clínica infantil, as perturbações profundas da adaptação são difíceis de se diferenciar das perturbações episódicas sem significado patológico. Muitas manifestações de natureza psicótica serão atribuídas à malvadeza ou,

49. Cf. *Psychanalyse de l'enfant*, p.83.

50. "The Psycho-Analytic Play Technique", in *New Directions in Psycho-Analysis*, Maresfield Reprints, p. 17.

51. "L'importance de la formation du symbole...", in *Essais de Psychanalyse*, p.214.

156 MELANIE KLEIN I

pelo contrário, à docilidade da criança. Deste modo George, um pequeno paciente de Melanie Klein, de seis anos de idade, permanecia absorto no decorrer das sessões de análise, em uma brincadeira repetida incessantemente: era o chefe de um grupo de caçadores e de animais selvagens em combate perpétuo contra inimigos também ajudados por animais ferozes. Vitorioso, matava os inimigos, comia seus animais, porém novos inimigos surgiam inevitavelmente e, sem cessar, a batalha devia ser retomada e o jogo recomeçado. Esta criança, segundo sua analista, não sofria somente de uma neurose grave, mas apresentava traços paranoides. Escudada em suas fantasias, estava completamente fora da realidade: acreditava estar sempre rodeada de mágicos, feiticeiras etc. Neste sentido, era bem psicótica. Mas aos olhos de seu meio tal comportamento, se apresenta alguma bizarria, não será o mais das vezes considerado como patológico: seria necessário, para tanto, que os pais fossem providos de maior informação e maior intuição, coisas que não são habituais neles. Acrescentemos que George, como Erna e como um grande número de crianças, não facilitavam o diagnóstico: consciente do caráter estranho e pouco acreditável de seus motivos de ansiedade, manteve-os num total silêncio, sem jamais expô-los a seu meio. Enfim, em 1929, a tendência em consultar espontaneamente o psiquiatra ou psicólogo era ainda menos frequente do que é agora. Deste modo, como é possível constatar com frequência em pacientes adultos, anteriormente crianças psicóticas, psicoses autênticas puderam ser vivenciadas por crianças sem que as pessoas à sua volta pensassem, por um instante sequer, em consultar um profissional, e isto mesmo fora dos meios mais desfavorecidos. Assim, tudo leva a desconhecer a frequência das psicoses infantis: a tolerância do meio para com a patologia que muitas vezes ele suscita ao menos parcialmente, a falta de informação psicológica da maioria das pessoas a acumular-se com a falta de *insight* dos pais de crianças psicóticas.

3.2. O *Quadro Clínico da Psicose Infantil* é Sui Generis

É irredutível ao das psicoses do adulto. Caracteriza-se pelo aspecto nebuloso e multiforme da sintomatologia. Como diz Melanie Klein: "os traços diagnósticos da psicose infantil diferem em geral essencialmente daqueles da psicose clássica"[52]. Isto se deve à própria natureza da criança, um ser em desenvolvimento, e ao funcionamento de seu aparelho psíquico, no qual a fantasia e o brincar ocupam um lugar preponderante: é, por conseguinte, a partir de critérios "de desenvolvimento" e lúdicos que o diagnóstico será feito de maneira mais segura: fixação nos temas das brincadeiras e das atividades num estágio que deveria, normalmente, ser superado ("Por exemplo, eu diria que o traço mais inquietante que se pode encontrar numa criança de quatro anos é a atividade de certos sistemas de fantasia característicos de uma criança de um ano") (*Idem*, p. 280), sinais clínicos de retardo, fechar-se para a realidade, absorção completa no brincar e na fantasia, caráter extremo e "irreal" da ferocidade e da bondade das personagens das brincadeiras simbólicas, caráter estereotipado e repetitivo destas e, às vezes, ausência total de qualquer brincadeira e de qualquer atividade. Mas tudo isto escapa comumente à observação do adulto, e somente o analista de crianças pode

52. MELANIE KLEIN, "La Psychothérapie des psychoses", in *Essais de Psychanalyse*, p. 280.

DO APOGEU DO SADISMO AOS MECANISMOS DE REPARAÇÃO   157

realmente estabelecer o diagnóstico da psicose graças à técnica do brincar: os sinais mais característicos da psicose infantil são de tal natureza que só se manifestam plenamente na sala de brinquedo.

Sem dúvida os traços gerais da estrutura psicótica são os mesmos no adulto e na criança, mas, nesta última, sua manifestação exterior é muito mais difícil de ser identificada do que o é no adulto. Ideias persecutórias e medos hipocondríacos assumem facilmente a aparência de simples condutas de repugnância ou de pequenos mal-estares. A inibição intelectual ou escolar se disfarça em preguiça, "a incapacidade em concentrar-se, a estupidez, a tagarelice incoerente, não chamam a nossa atenção quando se trata de uma criança" (*Ibidem*). A obediência catatônica ou o negativismo passam despercebidos ou são combatidos por meios educativos inapropriados. Hiperquinesia, estereotipias e maneirismos permanecem difíceis de serem distinguidos da exuberância, das pequenas compulsões provenientes da variação da normalidade e das atitudes lúdicas. Deste modo, na medida em que a psiquiatria clássica descreve as psicoses em termos de perda da relação com a realidade, é necessário rever suas definições quando se trata de clínica infantil: a relação da criança com a realidade é totalmente diferente daquela do adulto, na medida em que a criança vive num universo muito mais infiltrado pelas fantasias, num mundo físico desprovido de regularidades necessárias, num mundo humano deformado pelas projeções. "Os fundamentos dos modos de relação com a realidade na primeira infância são de caráter completamente diferente", a criança normal apresenta condutas que, no adulto, assinalariam psicose. Tendo isto em mente, é impossível diagnosticar a psicose da criança sem um exame do modo de estruturação das atividades de fantasia: conteúdo das situações ansiógenas, tipo de defesas mobilizadas contra elas. "Na mais recuada realidade da criança o mundo é um seio e um ventre cheio de objetos perigosos, perigosos pela tendência da própria criança em atacá-los [...] para o psicótico, o mundo ainda é um ventre povoado de objetos perigosos" (*Idem*, pp. 279-280).

3.3. *A Classificação das Psicoses Infantis Deve Ter como Critério a Natureza dos Mecanismos de Defesa Atuantes*

Melanie Klein não pensou em mergulhar todas as formas diferentes de psicose infantil na vaguidão de um quadro geral definido de modo demasiado impreciso. Insistindo na existência de traços comuns às psicoses infantis, e que permitem opô-las às psicoses no adulto, nem por isso deixam de manter uma distinção nítida entre as formas que denomina paranoicas e aquelas que designa pelos termos esquizofrenia, demência precoce e parafrenia. A relação com a realidade, que apresenta apenas um interesse limitado quando se quer convertê-la, a partir de uma perspectiva "adultocêntrica", no critério de um diagnóstico diferencial entre psicose infantil e neurose ou normalidade, é passível de uma outra utilização. Pode-se tentar fazer uma avaliação com base nas formas de atividades próprias da criança. Existe uma boa série de fatores intermediários entre a criança esquizofrênica ou "parafrênica"[53], que no entanto não é capaz de brincar, no sentido preciso do termo, e a criança

---

53. Termo ambíguo do qual não se pode determinar se designa, para Melanie Klein, apenas a esquizofrenia, ou o grupo formado por esta afecção e a paranoia. Cf. J. LAPLANCHE & J.-B. PONTALIS, *Vocabulaire de Psychanalyse*, p.301.

158 MELANIE KLEIN I

normal, que apresenta uma capacidade relativamente grande de multiplicar os cenários de suas brincadeiras e de trocar de identificação, embora permanecendo relativamente próxima do real, ou seja, realista na escolha dos temas. Certas crianças paranoicas só reconhecem o real no quadro de sua vivência persecutória; outras, pelo contrário, negam a realidade em benefício da representação exclusiva de realizações de desejos, enquanto que a criança neurótica só pode reconhecer no real aquilo que se opõe a seus desejos. Nesta perspectiva, a aptidão para reconhecer toda ou parte da realidade externa, o valor afetivo (exclusivamente frustrador, exclusivamente persecutório ou mais diversificado) do que é reconhecido, são os indivíduos pelos quais revela, não uma ancoragem inexplicável no real sólido e reassegurador, mas o tipo de estratégia defensiva utilizada pela criança contra seus sentimentos de ansiedade. De fato, Melanie Klein constata que a situação de perigo é quase a mesma, salvo a intensidade, na maior parte das crianças neuróticas ou psicóticas e, entre estas últimas, "esquizofrênicas" ou "paranoicas". Apenas os mecanismos utilizados para enfrentar o medo provocado por este conjunto de fantasias comuns e o grau de elaboração e de disfarce dos conteúdos mais arcaicos é que diferem. O problema da "escolha da doença" coloca-se, portanto, em termos tais que será necessário, para resolvê-lo, evocar seja fatores quantitativos, seja fatores de procedimentos de defesa utilizados, sem que estas duas soluções sejam incompatíveis.

Sem excluir as considerações econômicas, Melanie Klein dá preferência, em 1929, ao segundo caminho. Por ocasião da apresentação do caso de Dick, afirma uma tese que será, doravante, central em suas concepções: a qualidade da relação do sujeito com a realidade exterior depende da qualidade de sua relação com os objetos introjetados. E como a natureza mais ou menos inquietante destes objetos depende das projeções do próprio sujeito e do caráter mais ou menos sádico daqueles, a relação de um sujeito com a realidade externa exprime, no fim de contas, sua relação com as suas próprias pulsões sádicas. Se Dick, no início de sua análise, não pode brincar, é porque "a defesa prematura e excessiva do ego contra o sadismo impede a produção da relação com a realidade e a construção das atividades da fantasia"[54]. Contra o "medo do que poderia sofrer (especialmente por parte do pênis do pai) quando houvesse penetrado no corpo da mãe" (*Idem*, p. 268), só podia recorrer a uma defesa extrema que consiste em bloquear qualquer ato de agressividade de sua parte, e cessar qualquer elaboração simbólica de seu sadismo. Por consequência, não pode interessar-se pelo real, por receio de destruí-lo e de ser destruído em retorno: daí o autismo de suas brincadeiras e de sua relação de objeto. Se Erna concede ao real uma atenção constante, mas totalmente deturpada, pela desconfiança, é porque, conforme as modalidades dos ataques sádicos da primeira etapa anal, teme ser, por sua vez, vítima de ataques anais e uretrais insidiosos – urina corrosiva, fezes explosivas, gases tóxicos introduzidos magicamente, e em segredo, nos orifícios corporais – que dirigiu contra o corpo da mãe. Deve portanto vigiar permanentemente um real sempre tido como ameaçador e tanto mais inquietante quanto pareça inofensivo. Deste modo a psicose infantil relativamente tardia é assimilável à paranoia. Ela remete, exatamente como Karl Abraham o havia estabelecido, a uma fixação predominante no primeiro estágio anal, reinterpretada em termos do estágio dos ataques sádicos insidiosos. A "esquizofrenia" de Dick refere-se a uma fixação mais precoce, no estágio canibalesco – contrariamente às conclusões

---

54. "L'importance de la formation du symbole…", in *Essais de Psychanalyse*, p.277

DO APOGEU DO SADISMO AOS MECANISMOS DE REPARAÇÃO   159

de Abraham que pensava discernir aí fixações predominantes da fase de sucção, e situava no nível sádico oral a melancolia, cujo estudo era o ponto de partida de seu sistema genético. Mas, enquanto este último se mostrava preocupado, antes de mais nada, em estabelecer uma correspondência entre uma atividade nosológica e a atividade de um grupo pulsional preciso, Melanie Klein preocupava-se, sobretudo, em distinguir estratégias defensivas. A insistência nas operações de defesa é o correlato da insistência nas superposições dos estágios e no intrincamento de "todos os meios do sadismo". Se nada de fundamental diferencia os ataques sádicos das fantasias de Dick das de Erna ou de Rita, é para o lado do ego e de suas defesas que se deve procurar o princípio de diferenciação entre as organizações psicopatológicas. Assim, por este desvio inesperado, Melanie Klein, que se decidira a prosseguir, graças à técnica do brincar, na exploração das camadas mais profundas do inconsciente, numa época em que a maior parte dos psicanalistas voltava-se para a psicologia do ego e de seus mecanismos de defesa, acabou reencontrando o caminho do estudo do processo defensivo. Por um paradoxo que nada tem de misterioso, é ela quem, em definitivo, terá a maior contribuição, após Freud, para a teoria dos mecanismos de defesa: projeção, reparação, clivagem etc. No que concerne à psicopatologia das psicoses infantis, a aplicação deste princípio permite fundamentar a distinção das duas principais formas depreendidas: as psicoses em que predomina uma relação projetiva com o real são de natureza paranoica; aquelas que são acompanhadas de um fechamento num universo de fantasia e lúdico, de uma fuga da realidade e até mesmo do bloqueio de qualquer interesse pelo mundo exterior, são de natureza esquizofrênica. É no desenvolvimento desta última ideia que Melanie Klein apresenta uma de suas descobertas mais decisivas, sob a forma da tese que se segue, sendo a primeira e por muito tempo a única, juntamente com seus discípulos britânicos, a sustentá-la.

3.4. *A Psicose Infantil Assume Frequentemente o Disfarce de Retardamento*

A existência de relações entre a psicose e o déficit intelectual foi sem dúvida muitas vezes notada antes de Melanie Klein. Mas o fato era visto no quadro da psicopatologia do adulto, e o elo era considerado como terminal e fatal: a demência precoce resultava, inevitavelmente, para Kraepelin, num estado deficitário. Aqui a relação se inverte: o elo é inicial e é a ansiedade psicótica que é a primeira e que bloqueia em sua própria origem o desenvolvimento da relação afetiva e cognitiva com a realidade. Além disso, no domínio da psicopatologia infantil, até então ninguém pensava que os estados de retardamento podiam ter outra etiologia além da orgânica. Neste aspecto em particular, Melanie Klein inova, pois, de maneira radical, precedendo em cerca de vinte anos as perspectivas que apareceram para muitos no quadro da discussão do trabalho de Kanner.

3.5. *As Psicoses Deficitárias Procedem de uma Perturbação do Pensamento Simbólico*

Também a este respeito, o alcance da contribuição kleiniana é decisivo, e talvez seja o ponto em que Melanie Klein inova de forma mais

160 MELANIE KLEIN I

radical. Atualmente estamos de tal modo saturados, no que se refere a este assunto, de "discursos" sobre "a ordem simbólica", a função simbólica, a lógica simbólica, etc, que temos dificuldades de conceber que houve um tempo em que este termo não era de uso muito corrente. No entanto, o *Dictionnaire* de Littré só conhecia os sentidos religioso, retórico, iconográfico e químico do símbolo. Convém lembrar que os trabalhos que difundiram o emprego de tais noções de símbolo e de simbolismo provêm de três fontes principais, todas as três posteriores às reflexões de Melanie Klein. A primeira fonte é o trabalho do filósofo Ernst Cassirer, dedicado à *Filosofia das Formas Simbólicas*, cujos três volumes são exatamente contemporâneos das contribuições de Melanie Klein: o primeiro dentre eles, sobre *A Língua*, foi publicado em 1923, ano do aparecimento de dois artigos protokleinianos que expõem as primeiríssimas concepções do simbolismo que tornaram possível a descoberta da técnica do brincar; o terceiro, intitulado *Fenomenologia do Conhecimento*, surge em 1929, mesmo ano do artigo "A Importância da Formação do Símbolo no Desenvolvimento do Ego". É neste terceiro volume, do qual Melanie Klein não podia ter tido conhecimento, que se encontram as páginas, tão conhecidas, dedicadas à "patologia da consciência simbólica". Mas lembremos que tais desenvolvimentos concernem apenas a uma patologia deficitária e que Cassirer se interessa pela perda do poder da evocação e de relacionamento do símbolo: veremos que a descoberta kleiniana é de sentido exatamente oposto. Segunda fonte: a linguística oriunda indiretamente do ensinamento de Ferdinand de Saussure. Mas, ainda aqui, é necessário especificar que a definição saussuriana do *signo* linguístico – e não do símbolo – passou completamente despercebida durante a vida deste autor. Em 1929, apenas alguns discípulos genebrinos e os pesquisadores do Círculo Linguístico de Praga, ainda totalmente desconhecidos, conhecem o *Cours de linguistique générale* e a ele se referem. Seus trabalhos não têm repercussão fora do público especializado antes que Claude Lévi-Strauss os dê a conhecer a um público culto, erigindo o seu método em modelo para as ciências humanas em geral. No mais, o emprego da noção de símbolo parece mais característica dos autores que se inspiram na linguística do que dos próprios linguistas. Terceira fonte: os trabalhos de Jean Piaget sobre a função simbólica. Mas *A Formação do Símbolo na Criança* data de 1945, e o interesse pelas atividades simbólicas nos domínios da psicologia genética e da psicologia comparada, se remontarmos apenas até o ano de 1930, parece amplamente inspirado na obra de Cassirer. Sem dúvida, Piaget se interessou desde muito cedo pelo simbolismo; mas trata-se da época em que pertencia à Sociedade Suíça de Psicanálise e que participava de congressos de psicanálise; o simbolismo de que falava então era aquele que Freud descobriu e descreveu[55]. Deste modo, no domínio da antropologia dos símbolos, assim como nos diversos domínios da psicologia, Freud foi o primeiro a nomear, descrever e chamar a atenção para uma ordem de realidade bastante negligenciada antes dele. Podemos afirmar que, quando Melanie Klein relaciona as particularidades da psicose infantil deficitária com uma perturbação do simbolismo, não se contenta em fazer uma descoberta clínica fundamental, mas constitui, ao mesmo tempo, a noção moderna do símbolo, acrescentando uma conotação cognitiva ao conceito

---

55. JEAN PIAGET, "La pensée symbolique et la pensée de l'enfant", *Archives de psychologie*, v.XVIII, p.273.

DO APOGEU DO SADISMO AOS MECANISMOS DE REPARAÇÃO   161

que Freud chama. Melanie Klein não conhecia, de fato, outra definição do simbolismo que não a de Freud: nomenclatura de imagens típicas, constituindo um código disponível de imediato para o inconsciente, cuja origem filogenética era geralmente admitida. Ferenczi, Jones e ela mesma haviam tentado, seis anos antes, descrever sua ontogênese. Mas a ideia de uma relação do simbolismo do inconsciente com as línguas faladas permanece vaga, marginal e, por vezes, fantasiosa (especulações de Sperber, considerações de Freud sobre "A Significação Antitética das Palavras Primitivas») e, de qualquer forma, puramente especulativa. A originalidade de Melanie Klein reside no fato de ela relacionar a inaptidão de Dick em produzir um jogo simbólico com sua inaptidão em conservar e manejar corretamente os símbolos verbais, sendo que uma e outra perturbação remetem a uma distorção mais fundamental de uma função de representação simbólica, sobre cuja natureza cumpre então interrogar-se. Ela o faz tanto mais de bom grado quanto esta questão não constitui, para ela, uma novidade.

Cabe lembrar que, na teoria protokleiniana, o simbolismo era entendido como um processo essencialmente libidinal e constitutivo de todo investimento do real exterior e das operações subjetivas que a ele se referem: movimentos afetivos assim como operações cognitivas. Quando Melanie Klein retoma, em 1929, a questão da formação do símbolo, propõe-se a atualizar suas teorias anteriores para analisar suas descobertas relativas à ansiedade do sadismo. Concebe esta modificação de modo cumulativo: não se trata de renunciar a algo das concepções de 1923, mas sim de acrescentar a estes novos dados: "Posso ampliar agora minhas teses de então, e da seguinte maneira: ao lado do interesse libidinal, a ansiedade que surge na frase descrita[56] é que põe em funcionamento o mecanismo de identificação"[57]. Tal apresentação da transformação que efetua pressupõe a compatibilidade lógica da teoria de 1923 com a de 1929. Parece-nos impossível aderir a esta ideia. Nas concepções de 1923, a teoria libidinal da formação do símbolo permitia responder à seguinte questão: como a libido anobjetal do bebê acaba por reportar-se aos objetos? Mas, afora a tese de um estágio anobjetal inicial, a teoria libidinal de 1923 não apresenta mais nenhum interesse. O problema que ela se propõe a resolver, não tem mais, efetivamente, significado. Passar de uma concepção que faz da libido o fator motor para aquela que reconhece este papel na ansiedade, significa, de fato, renunciar implicitamente à tese de um narcisismo primário, de um estado anobjetal inicial. Com efeito, no pensamento de Melanie Klein – e já no de Abraham que faz aparecer este afeto na etapa sádico-oral – a ansiedade é por definição indicativa de uma relação de objeto[58] e, mais precisamente, de um ataque sádico. Fazer da ansiedade um fator da formação do símbolo é, portanto, fazer este processo iniciar-se em um momento em que a relação com objetos já está estabelecida. Ao mesmo tempo, é o significado do conjunto da concepção kleiniana da formação do símbolo que se vê modificada. Ela não tem mais por função analisar o investimento pulsional do não-ego em geral, a partir de um estado em que apenas o ego é investido (tomando-se aqui o ego não no sentido de uma instância especial, mas no sentido de personalidade global). Ela deve agora explicar como o investimento

---

56. Trata-se da fase do apogeu do sadismo.

57. Trata-se aqui não da identificação de um indivíduo com um "objeto" libidinal, mas da identificação no sentido de "equacionar" duas coisas, tornando-as como idênticas.

58. Com uma importante exceção à qual retornaremos, p.176.

162 MELANIE KLEIN I

pulsional é transferido de certos objetos primordiais para outros objetos. Não se trata mais do problema tão geral, e de natureza amplamente especulativa, do investimento pulsional do real exterior, mas sim da questão muito mais limitada do investimento de certos aspectos do real que não possuem, inicialmente, valor biológico ou afetivo:

> Os desejos de destruição dos órgãos – pênis, vagina, seio – que representam os objetos desencadeiam o temor em relação a estes últimos. A ansiedade contribui para o estabelecimento da equivalência (*Gleichsetzung*) dos referidos órgãos com outras coisas. Ela se desvia, destas coisas transformadas em objetos ansiógenos, para outros equacionamentos sempre novos. Estes formam a base de um interesse relativo a estas coisas e do simbolismo[59].

A formação do símbolo é, portanto, indiscutivelmente posterior ao estabelecimento da relação de objeto. A manutenção da teoria libidinal só pode ser retórica.

Mas se, por um lado, é fácil discernir a natureza do problema pelo qual Melanie Klein se interessa em 1929, por outro, é menos simples compreender a solução proposta. A principal fonte de obscuridade é a confusão permanentemente entre duas realidades diferentes, que ela tende, no entanto, a distinguir em seu vocabulário, que são a *equivalência* (*Gleichsetzung*) e o *símbolo* propriamente dito. Hanna Segal distinguiu claramente estas duas noções: a *equação simbólica é* uma forma arcaica de ligação entre duas representações; acompanha-a a sua confusão pura e simples, não há nenhuma distância possível entre os dois termos equacionados; no símbolo propriamente dito, em contrapartida, duas representações são simultaneamente relacionadas de tal forma que uma possa ter o valor da outra, sendo nitidamente separadas, claramente reconhecidas como distintas. Graças à significação simbólica dos objetos, eles podem servir para sublimações: deste modo, um sujeito normal pode sublimar fantasias e tendências masturbatórias, tocando violino com virtuosismo, encontrando nesta atividade uma grande satisfação. Mas o psicótico não pode fazer outro tanto, pois corresponderia, para ele, a masturbar-se em público: ele não é capaz de manejar símbolos, mas permanece atolado nas equivalências ou equações simbólicas[60]. Preservando-nos de qualquer anacronismo – foi em 1957 que Hanna Segal efetuou esta distinção tão elucidativa – parece-nos, no entanto, possível mostrar que Melanie Klein já tinha em vista, desde 1929, uma hipótese muito próxima da de sua discípula. O texto de *A Formação de Símbolos...* é, de fato, incompreensível sem esta interpretação. Mas, antes de fornecer a prova direta disto, deixemo-nos guiar pelo exame das dificuldades do raciocínio apresentado neste texto. Dois pontos parecem particularmente espinhosos: como e por que o medo de objetos parciais contribui para o estabelecimento da equivalência destes com outras coisas? E, se é verdade que o estabelecimento desta equivalência é a "base do simbolismo" como se dá a passagem da primeira proposição para a segunda? Em 1932, a *Psicanálise da Criança* desenvolve a seguinte proposição:

---

59. "L'importance de la formation du symbole...", in *Essais de Psychanalyse*, p.265.

60. HANNA SEGAL, "Note on Symbol-Formation", *I.J.P.*, 1957, v. XXXVIII, trad. *Revue française de psychanalyse*, 1970, 34, nº 4.

DO APOGEU DO SADISMO AOS MECANISMOS DE REPARAÇÃO   163

A meu ver, o medo ao objeto introjetado seria uma incitação para projetar este medo sobre o mundo exterior. Assim, os órgãos, os objetos, as fezes, as coisas e, além do mais, o objeto internalizado, são equacionados com o objeto externo. Ao mesmo tempo, o medo do objeto externo é distribuído por um grande número de objetos, graças ao estabelecimento da equivalência entre objetos externos[61].

Tal texto leva a distinguir três momentos sucessivos da identificação simbólica, remontando do mais tardio ao mais primitivo:

• Equivalência entre os objetos físicos: o texto de 1952 parece sugerir que a equivalência se estabelece diretamente de um objeto físico para outro. É provável, entretanto, que Melanie Klein haja concebido esta aproximação como secundária em relação a uma aproximação de cada um dos objetos físicos considerados com objeto libidinal ou ansiógeno. É esta modalidade do processo de ontogênese do símbolo que Ferenczi e Jones haviam considerado, tendo Melanie Klein se unido a eles neste particular em 1923. Assim, estabelecendo-se o processo analítico, Dick torna-se capaz para o jogo simbólico, e o investimento de um objeto conduz rapidamente a tentativas de destruí-lo ou estragá-lo; ele passa então a ser inquietante, e vê-se abandonado em relação a outras coisas com as quais o mesmo processo se reproduz. Aparentemente não existe relação direta entre estes objetos – armário, lavatório, aquecedor elétrico –, mas apenas uma relação simultânea de cada um deles com o corpo da mãe, com o qual eles são, cada qual por sua vez, identificados. Deste modo, as equivalências "horizontais" de coisa para coisa estão em estreita dependência de sua equivalência comum com um objeto interior. É preciso, portanto, considerar esta forma prévia de identificação.

• Equivalências entre objetos libidinais ou ansiógenos e objetos físicos. A única ideia que Melanie Klein desenvolve a este respeito é a seguinte: é pela projeção que se efetua este equacionamento motivado pelo medo do objeto introjetado. Este mecanismo lhe parece, sem dúvida, demasiado comumente descrito para merecer um desenvolvimento especial neste contexto: é ele, entre outros, que pode ser encontrado na origem das fobias arcaicas (e notadamente das zoofobias do primeiro estágio anal). Tem por precursor a expulsão anal. Sua função é a de atenuar a ansiedade, substituindo o receio de um "objeto temido, inevitável, já que foi introjetado", pelo de um outro objeto "exterior e, além disso, menos temido". Neste sentido, o pensamento kleiniano não faz mais do que radicalizar a teoria freudiana da fobia; é mais fácil evitar o animal fóbico que o pai, "que aparece onde quer e quando quer" (*Idem*, p. 172); de forma semelhante, é mais fácil evitar o pai real do que o pai introjetado, e o mecanismo de projeção funciona, portanto, segundo Melanie Klein, entre o objeto interno e o objeto externo, exatamente da mesma maneira como, segundo Freud, o deslocamento funciona entre o pai (real e exterior) e seu substituto fóbico.

• Equivalências simbólicas entre os objetos parciais. Nada é invocado que seja de natureza a explicar a formação das equivalências entre os objetos parciais: fezes, pênis, seio etc. Descritos pelo próprio Freud, universalmente constatados no sonho, no mito, no folclore, são dados antes de qualquer projeção. Todos os órgãos, todos os produtos corporais são equivalentes imediatos para o inconsciente. A equivalência é primária, não há

61. *Psychanalyse de l'enfant*, p. 160.

164 MELANIE KLEIN I

nada nela a ser explicado, pelo menos aos olhos de Melanie Klein. Deste modo, a teoria kleiniana de 1929 pretende descrever as etapas da extensão das equivalências simbólicas e indicar o sentido psicológico, ou seja, a finalidade econômica deste processo: dominar a ansiedade, fragmentando-a em pequenas quantidades, graças à sua distribuição em numerosos objetos. Mas nada pretende nos ensinar sobre a constituição das próprias equivalências.

A razão disto é simples. É que, no íntimo, Melanie Klein não considera a equivalência como um fato positivo, resultando de uma atividade do ego ou do aparelho psíquico em geral, porém como um fato puramente negativo. Se os objetos libidinais ou ansiógenos são "representados por seus órgãos", se seio, pênis, fezes, bebês, permutam sem cessar seus significados e seus investimentos, não se deve ver aqui um fato semiótico resultante de um ato mental de síntese, mas sim o resultado de uma inaptidão para a discriminação. Não estamos aqui diante do registro do simbolismo propriamente dito, que supõe o processo secundário (se o tomarmos na acepção de Hanna Segal, a qual pretendemos mostrar que é, implicitamente, a de Melanie Klein), mas sim diante da confusão e, utilizando a linguagem da época, de uma "lógica afetiva" que ignora o princípio da identidade e da não-identidade. O verbo *gleichsetzen* e o substantivo *Gleichsetzung*, através dos quais Melanie Klein designa o que traduzimos por "equacionar" ou *pôr em equivalência*, significam: colocar no mesmo plano, igualar. São estes termos que encontramos, por exemplo, na seguinte passagem:

[...] durante a fase canibal, todo o alimento é posto em equivalência com o objeto representado por um órgão. O alimento toma o significado do pênis paterno e do seio materno, e é amado, odiado e temido. Os alimentos líquidos são equacionados ao leite, à urina e ao esperma, e os sólidos às fezes etc. (*Idem*, p. 171; ed. alemã, p. 196).

Parece claro que um tal sistema de remessas recíprocas na indiferenciação está aquém do processo de simbolização. No mais, Melanie Klein, sempre atenta em distinguir, em cada ordem de realidade, os simples precursores dos autênticos estágios arcaicos (*Frühstadien*) da realidade considerada, limita-se a considerar a equivalência como a *base* do simbolismo e do interesse pelos objetos exteriores. Mas, entre a base do simbolismo e o próprio simbolismo, permanece uma distância, e em nenhum lugar esta distância é mais manifesta do que na clínica da psicose.

De fato, Melanie Klein opõe nitidamente, no artigo de 1929, duas formas do elo semiótico entre duas realidades: mas esta oposição não recobre inicialmente a distinção teórica entre a equivalência e o símbolo; remete-se à distinção prática entre os elos semióticos – equivalência ou símbolo – que inibem a atividade da vida de fantasia e aqueles que a facilitam. Ora, ainda que o ponto de partida e a intenção não sejam os mesmos, conforme o interesse esteja voltado para uma ou para outra destas oposições, elas parecem coincidir amplamente.

Tal conclusão não pode deixar de impor-se a quem leia atentamente o relato da análise de Dick. Quando Melanie Klein empreende a psicaná-

DO APOGEU DO SADISMO AOS MECANISMOS DE REPARAÇÃO 165

lise desta criança, defronta-se com um "obstáculo fundamental"[62], que descreve em termos de falta: não há relação simbólica com as coisas, e estas não têm valor afetivo para ele, e, portanto, quando manipula objetos, isto não quer dizer estritamente nada, não se pode considerar sua brincadeira ou sua atividade como uma figuração simbólica, subtendida por fantasias. É o caso do conjunto do desenvolvimento da criança que foi entravado, de tal modo que apresenta uma sintomatologia deficitária:

Depois de um débil começo, a formação de símbolos se detivera. As tentativas da primeira infância sobreviviam num único interesse que, isolado e sem relação com a realidade, não podia servir de base a novas sublimações. Tratava-se de um interesse pelos trens e estações ferroviárias, pelas maçanetas de portas, pelas portas e pelo movimento de abri-las e fechá-las. O interesse por estes objetos e ações representava a penetração do pênis no corpo materno. A formação do símbolo fora sustada por causa do medo do que teria de sofrer [...] por ter penetrado no corpo da mãe (*Idem*, p. 268).

Admitamos, por enquanto, que este interesse, cujo significado libidinal e sádico permanece inconsciente, é também o único a manter-se (supondo-se que houve outros) e é considerado por Melanie Klein como um verdadeiro símbolo, a despeito do fato de que não serviu de "base" para as sublimações ulteriores.

Ao passo que é capaz de se interessar pelas maçanetas de portas, Dick é incapaz de segurar uma faca, tesoura ou qualquer outra ferramenta. Esta conduta fora precedida, ao longo de toda a primeira infância, pela recusa de mastigar os alimentos. A interpretação de Melanie Klein ressalta simultaneamente a equivalência entre as ações inibidas e um ataque sádico-oral, e o caráter paralisante desta equivalência: "O desenvolvimento de Dick fora perturbado porque o menino não pudera viver nas fantasias a relação sádica com o corpo da mãe" (*Idem*, p. 269). Mas o que se impõe aqui é a ideia de que as incapacidades de Dick não se referem a uma ausência de significado ou de investimento da realidade, mas, ao contrário, a um excesso de significado: se a atividade da vida de fantasia é suspensa, não é por culpa de uma certa relação simbólica entre despedaçar com os dentes e cortar com uma faca, relação que deveria, normalmente, permitir a descarga sublimada das pulsões agressivas; é, ao contrário, porque esta relação é demasiado pesada: cortar com uma faca é, para o inconsciente, a tal ponto confundido com "atacar os seios com os dentes" que Dick não pode se permitir a isto, assim como o doente do exemplo de Hanna Segal não pode permitir-se a tocar violino em público. O "símbolo" é tão pouco distinguido da coisa simbolizada que não lhe é possível escapar da inibição que atinge esta última. Assim, a pretensa falta de capacidade simbólica se traduz não por uma ausência de significação dos objetos ou das atividades a eles relacionadas, mas pela proliferação incontrolável de seus significados. Se Dick "apresenta uma falta de relação afetiva com os objetos", isto não ocorre porque, encerrado num estado anobjetal, não lhes conferiria nenhum sentido – caso que seria semelhante aos afásicos descritos por Cassirer na mesma ocasião e que, efetivamente, carecem de capacidade simbólica. É, ao contrário, porque, para ele "o mundo é ainda um ventre

62. "L'Importance de la formation du symbole...", in *Essais de Psychanalyse*, p. 242.

166 MELANIE KLEIN I

povoado de objetos perigosos"[63] que é necessário evitar a todo custo. O que falta na psicose, e se trata de algo cuja falta é normal ao longo das primeiríssimas etapas do Édipo, não é a relação entre os termos equivalentes, mas sim sua discriminação, é a capacidade de distinguir entre símbolo e objeto simbolizado.

Sem o reconhecimento, pelo menos implícito, deste fato, não se poderia compreender a atitude de Melanie Klein no início da análise de Dick. Sabe-se, com efeito, que ela recorreu, no caso desta criança, a um procedimento bastante próximo daqueles que Hermine von Hug-Hellmuth preconizava em 1920: visto que a criança não apresenta brincadeira ou atividade espontânea, Melanie Klein utiliza a noção, tendo por referência o contexto da criança, do interesse estereotipado pelos trens e põe à sua disposição dois trens de brinquedo, de tamanhos diferentes, expressando verbalmente o significado que a criança lhes confere (o pequeno trem é o "trem de Dick", e o grande é o "trem do papai"); tão logo a criança esboça um gesto e pronuncia uma palavra, ela interpreta. Ora, contrariamente àquilo que se imagina amiúde, ela não tinha o hábito de utilizar procedimentos tão "selvagens": "no caso de Dick, escreve ela, modifiquei minha técnica habitual. Em geral, não interpreto os dados obtidos até que estes se hajam expressado através de várias representações diferentes. Mas, neste caso, em que inexiste quase inteiramente a capacidade de representar este material, fui obrigada a interpretar, baseando-me em meus conhecimentos gerais, pois na conduta de Dick as representações eram bastante vagas"[64]. Mas se falta, realmente, a Dick a capacidade de representação simbólica, como se explica que sua psicanalista pôde estabelecer o contato com ele, fundamentando-se em seu conhecimento geral do simbolismo? Visa à atitude ativa adotada a ensinar a crianças significados simbólicos que ela desconhece? Não se trataria antes de um ato que pressupõe que os "conhecimentos gerais", sobre os quais é preciso de fato fundamentar-se, aplicam-se também a Dick, ou seja, que ele possui igualmente a capacidade de compreender as equivalências simbólicas?

De fato, a incidência da interpretação repetida poderá ser assinalada no surgimento de uma nova aptidão para formar símbolos e utilizá-los. Mas esta aquisição não consiste na formação de novos elos semióticos; é a tomada de consciência das equivalências inconscientemente experimentadas. Esta tomada de consciência facilita a discriminação dos termos equivalentes. Quando os objetos reais são diferenciados dos internos, cessam de suscitar uma ansiedade desmesurada, e a criança pode, pois, interessar-se por eles de uma maneira ativa, compará-los, reconhecê-los, nomeá-los (*Idem*, p. 273). Todavia, é claro que tal processo não se refere à *formação* de símbolos, mas à sua utilização. O processo pelo qual se dá a passagem da *equivalência simbólica* ao *símbolo* propriamente dito não é descrito neste contexto. Cabe limitar-se a lembrar o que Melanie Klein dizia anteriormente, em 1923 (existe símbolo quando a repressão rejeitou a representação da coisa simbolizada para o inconsciente, deixando subsistir no preconsciente a imagem simbolizante)[65], e assinalar o que ela pensará, vinte e cinco anos após, constatando a importância do simbolismo no jogo:

63. "Psychothérapie des psychoses", in *Essais de Psychanalyse*, p. 279.
64. "L'importance de la formation du symbole...", *Essais de Psychanalyse*, p. 273.
65. "L'analyse de jeunes enfants", *Essais de Psychanalyse*, p.119.

DO APOGEU DO SADISMO AOS MECANISMOS DE REPARAÇÃO   167

Peter [...] me salientou, quando interpretei o fato de ele danificar um brinquedo como sendo a figuração de ataques ao irmão, que ele não teria feito isso a seu irmão verdadeiro (real), apenas o faria ao irmão de *brinquedo*. Em consequência de minha interpretação, certamente, tornou-se evidente para ele que era realmente o irmão que ele desejava atacar; mas o exemplo mostra que somente por meios simbólicos ele era capaz de expressar suas tendências destrutivas na análise[66].

Ainda aqui, trinta anos após o sistema protokleiniano, a necessidade de expressão simbólica é relacionada a alguma coisa da ordem da repressão. Temos, portanto, base para supor que tal era já a opinião de Melanie Klein em 1929, mas cumpre sublinhar a fragilidade dos indícios de que dispomos.

O que convém valorizar definitivamente é o fato paradoxal de que o caminho kleiniano de 1929 a 1932, que nos faz penetrar em uma concepção do elo simbólico onde temos constantemente a impressão de que as distinções de Hanna Segal já funcionam sem serem explicitamente formuladas, não nos dá, no entanto, nenhuma teoria articulada da natureza deste elo. O único ponto que suscita o interesse de Melanie Klein é o aspecto prático de seu funcionamento. Nesse sentido, a descrição da relação simbólica é muito menos importante para ela do que a definição das condições econômicas e a identificação dos mecanismos que permitem o degelo das sublimações e das realizações simbólicas de desejos pulsionais observados quando a análise de uma criança psicótica progride. Havendo localizado no nível da atividade simbólica a perturbação mais importante da psicose deficitária da criança, ela negligencia deliberadamente a elaboração da teoria da função normal a partir de sua perturbação, e volta-se para a descrição dos mecanismos da cura: distribuição das identificações, partilha da ansiedade resultando em sua *dosagem*. Daí por que, na época da *Psicanálise da Criança*, não existe teoria deste simbolismo a que todas as sublimações são associadas, mas sim uma teoria detalhada da projeção, da clivagem e da reparação, que permitem utilizar os símbolos no sentido da sublimação. Mas antes de chegar ao exame da conceitualização destes mecanismos, cumpre rematar nosso estudo da teoria da psicose infantil.

3.5. *A Perturbação da Atividade Simbólica na Psicose Deficitária Provém, em Última Análise, do Conflito Defensivo*

Ainda que Melanie Klein descreva a perturbação da atividade simbólica de Dick em termos de uma falta, não pensa em considerá-la como um déficit que poderia ser invocado como fator primário das perturbações psicóticas, capaz de dar conta, por exemplo, da fraqueza do ego e de sua incapacidade em elaborar estratégias defensivas menos mutilantes. Pelo contrário, considera que é de um excesso de desenvolvimento do ego que sofre, se não a criança psicótica em geral, ao menos Dick. O que paralisa e bloqueia seu desenvolvimento não é um sadismo mais excessivo do que o de outras crianças, mas sim o fato, apresentado por Melanie Klein como fortuito e o qual, em todo caso, não procura analisar, do surgimento "muito precoce e muito importante" de um processo em si mesmo positivo, cuja base pulsional é genital e, portanto, livre de sadismo, a saber, "a identificação com o objeto atacado". Em função desta identificação, não pode

---

66. "The Psycho-Analytic Play Technique", in *New Directions...*, p. 20.

168   MELANIE KLEIN I

suportar sua própria agressividade, pois a formação reativa da compaixão
vem interditar qualquer manifestação sádica no momento em que o sadismo
está, normalmente, em seu apogeu e deve encontrar meio de expressar-se.
Para contrariar o sadismo, é necessário inibir qualquer atividade prática
bem como a vida de fantasia. Assim, é de certo modo um excesso da força
do ego que está na origem primeira desta parada do desenvolvimento que
é a psicose deficitária de Dick. "O deslanchamento precoce das relações
provenientes do estado genital provinha de um desenvolvimento prematuro
do ego, limitava-se apenas a frear o seu desenvolvimento ulterior"[67].

3.6. *A Psicose Infantil Comporta uma Ansiedade Dissimulada porém Esmagadora*

A este respeito Melanie Klein vai além, desde seu primeiro encontro
com a psicose, da opinião comum dos psiquiatras e da maior parte dos
psicanalistas do seu tempo. Certamente, não deixa de ressaltar que os psicóticos parecem inafetivos. O quadro clínico de Dick comporta notadamente: "ausência quase que total de afeto e ansiedade [...], afastamento
significativo da realidade e inacessibilidade [...], falta de contato emocional [...], indiferença à dor". Tendo em vista o diagnóstico de "demência
precoce" estabelecido pelo psiquiatra e psicanalista londrino Douglas For-
syth, Melanie Klein lhe concede, de fato, valor clínico, e a primeira sessão
com Dick dará provas efetivas da exatidão da observação médica. Mas
sabemos que, se Dick foi no fim de contas, analisado, foi justamente porque a criadora da técnica do brincar soube considerar esta inafetividade
aparente como a máscara para uma ansiedade inexprimível, e não hesitou
em recorrer a um método de abordagem visando fomentar – na verdade,
provocar – a vida de fantasia. À medida que as sessões se sucedem, o peso
da ansiedade torna-se mais evidente, as interpretações fazem-na vir à luz,
o que permite superá-la após tê-la vivenciado. Chega-se, deste modo, a
tornar "a ansiedade manifesta, atenuando-se sua forma latente" (*Idem*, pp.
274-275). Isto significa dizer que a ausência da ansiedade no psicótico –
criança ou adulto – dissimula uma ansiedade escondida, porém esmagadora. Este fato parecerá, doravante, aos olhos de Melanie Klein, com um
dado estabelecido a tal ponto que não sentirá mais necessidade de adiantar
um argumento em apoio à sua tese quando mencionar, quase casualmente,
em 1932, que "sabemos que o psicótico sofre de uma quantidade muito
maior de ansiedade que o neurótico"[68].

3.7. *A Neurose Infantil é um Conjunto de Defesas contra um Núcleo Psicótico Subjacente*

Corolários: esta tese é especialmente verdadeira no caso da neurose
obsessiva; a neurose infantil apresenta, frequentemente, traços obsessivos
pronunciados.

A teoria da neurose infantil, domínio original da aplicação das primeiras descobertas de Melanie Klein, sofre, a partir de 1929, o choque provo-

---

67. "L'importance de la formation du symbole...", *Essais de Psychanalyse*, p.272.
68. *Psychanalyse de l'enfant*, p. 156.

DO APOGEU DO SADISMO AOS MECANISMOS DE REPARAÇÃO 169

cado pela descoberta da fase do apogeu do sadismo e das ansiedades psicóticas correspondentes. A contribuição da *Psicanálise da Criança* neste aspecto não consiste na renovação da descrição de um afeto conhecido, reside essencialmente na descoberta da precocidade de certas formas de neurose obsessiva autênticas (pelo menos no plano da sintomatologia) e na interpretação desenvolvida a partir desta. É conveniente ainda ressaltar que a existência muito precoce destas formas não era desconhecida pela criadora da análise através do brincar, já que Rita apresentava a este respeito, justamente, um exemplo típico. Mas o que caracteriza, doravante, a abordagem kleiniana das neuroses, além do interesse exclusivo pela neurose obsessiva, – parece que a histeria não aparece nem por uma vez em questão na obra kleiniana, entre 1927 e 1934, a não ser numa citação de Freud – é a sua teoria original e elegante, cuja fecundidade clínica foi amiúde ressaltada, que permite explicar simultaneamente o núcleo edipiano desta afecção e de sua estreita relação com a paranoia. O essencial desta concepção consiste no seguinte: inteiramente suscitada pelas exigências da luta contra as ansiedades arcaicas, típicas dos primeiros estágios do Édipo, os mecanismos obsessivos tentam reduzi-las, acionando procedimentos mais evoluídos, menos sádicos e menos violentos que as defesas próprias aos primeiros estágios do desenvolvimento. Se estes mecanismos malogram, eles se congelam e se consolidam numa neurose estruturada, cuja formação traduz a intensidade das ansiedades arcaicas e, portanto, do sadismo primário. Se são bem-sucedidos, são progressivamente abandonados ou transformados em mecanismos adaptativos, correspondentes ao nível genital e, portanto, à ligação definitiva do sadismo com as tendências libidinais.

Assim, a concepção desenvolvida na *Psicanálise da Criança* permite compreender três fatos da experiência corrente:

a) A extrema frequência de mecanismos obsessivos na neurose infantil, e mesmo, poder-se-ia acrescentar, na vida corrente da criança normal, incluindo-se até mesmo os períodos de crise. Ela se limita a manifestar a atividade de um grupo de processos pulsionais e defensivos cuja intervenção é indispensável para que sejam sobrepujadas as tendências canibalescas e sádico-anais: anulação, supercompensação, reparação.

b) O caráter inquietante do prognóstico de uma neurose obsessiva muito precoce. A manter-se a concepção freudiana clássica, compreende-se mal o motivo pelo qual a fixação deveria ser mais nociva do que a regressão. A concepção kleiniana de 1932 permite compreender a formação precoce da neurose, associando-a ao bloqueio do processo do desenvolvimento normal sob o efeito das ansiedades psicóticas subjacentes. A neurose obsessiva é, deste modo, um compromisso entre o que W. Bion denominará, muito mais tarde, a "parte psicótica da personalidade" e a parte não psicótica. Neste sentido, a neurose obsessiva estruturada da criança pequena seria, mais do que um estado autenticamente neurótico e correspondente à neurose obsessiva do adulto, um estado limite no sentido em que Jean Bergeret entende este termo, não comportando a possibilidade de abordar francamente e elaborar completamente um Édipo clássico. Esta concepção comporta, além do mais, a vantagem de explicar mais completamente o rigor do superego da neurose da criança mais velha ou do adulto; "o severo superego que a caracteriza não é outro senão o superego aterrorizante e inalterado dos primeiros estágios do desenvolvimento da criança" (*Idem*, p. 179). Os principais aspectos da sintomatologia obsessiva e com-

170 MELANIE KLEIN I

pulsiva podem ser facilmente reinterpretados a partir desta perspectiva: as dificuldades tão frequentes dos obsessivos com as posses, a compulsão em acumular objetos e deles se desfazer, a compulsão em pegar e devolver, remetem à imago da mãe terrificante da educação esfincteriana e dos hábitos de higiene, que exige "a devolução das fezes e dos bebês que lhe foram roubados" (*Idem*, p. 179). A repugnância pela sujeira, o prazer da limpeza, remontam ao temor que o indivíduo tem de seus próprios excrementos, identificados, no inconsciente, com substâncias tóxicas, desde a fase do sadismo insidioso. A necessidade de submeter o meio circundante a seu controle corresponde à necessidade de controlar os objetos internos perigosos: id e superego projetados nos objetos reais, mais fáceis de serem dominados do que os objetos internos.

c) A proximidade entre psicose e neurose obsessiva é tal que nos casos mais graves as duas afecções podem se suceder pura e simplesmente. É o que ocorre na evolução de certas crianças muito perturbadas que atravessam, ao longo do primeiro estágio anal, crises paranoides rudimentares, porém reais (*Idem*, p. 181), que serão suplantadas no estágio seguinte pela instalação de uma neurose obsessiva. Este elo precoce entre estado paranoide e estado obsessivo constitui como que um ponto de fixação para uma eventual regressão. Deste modo, os casos mais graves de neurose obsessiva – especificamente aqueles em que esta afecção se segue a um estado paranoide – comportam sempre o risco de evoluir para psicose: "o malogro dos mecanismos obsessivos abre caminho para manifestações paranoides subjacentes e até mesmo para uma franca psicose paranoica" (*Idem.* p. 181).

4. PROJEÇÃO, CLIVAGEM, INTROJEÇÃO

4.1. A Projeção

A noção de projeção, destinada a desempenhar um papel central nas teorias de Melanie Klein, aparece, no entanto, somente mais tarde. É em 1929 que começa a utilizar o termo e a ideia. São necessários, portanto, seis anos completos de prática de análise através do brincar, para que seu interesse se volte para os movimentos projetivos. O caráter surpreendente deste fato é redobrado se lembrarmos que, desde 1926, ela utiliza abundantemente conceitos de objeto introjetado e de introjeção. Se a criadora da técnica do brincar abstém-se de qualquer uso do conceito de projeção, certamente não é por ignorância: trata-se aqui de uma noção inteiramente clássica em psicanálise e presente desde o início nos escritos de Freud. Além disso, a própria Melanie Klein servira-se, pelo menos duas vezes, da palavra, já em 1921 e, fato digno de nota, o emprego que fizera então deste termo prefigurava diretamente aquele que se imporá após 1929. Descrevendo e interpretando um acesso de medo de Fritz-Erich, comenta-o deste modo: "o medo revelou-se como projeção de seus próprios desejos inconscientes". Algumas páginas além escreve: "projetava sobre o pai a sua própria agressividade contra este"[69]. Encontramos, portanto, nestes textos precoces, não só uma utilização perfeitamente segura de uma noção freudiana, mas também já uma nuança pessoal na insistência sobre o temor do talião ao qual a noção de projeção vem precisamente conotar tal como

69. "Le développement d'un enfant", *Essais de Psychanalyse*, pp.72 e 78.

DO APOGEU DO SADISMO AOS MECANISMOS DE REPARAÇÃO 171

o fará nas concepções kleinianas definitivas. Como compreender, por conseguinte, que Melanie Klein possa ter passado tanto tempo sem utilizar tal noção tão condizente com suas necessidades? A resposta é simples: durante vários anos, dá atenção ao que para ela parece ser mais urgente, ou seja, à evidenciação do fato clínico sobre o qual se funda uma das teses de 1926, o fato de que as ansiedades "precoces" são a ansiedade do talião, tendo como conteúdo o medo de sofrer em si aquilo que infligiu ao objeto nos ataques imaginários, sendo que estas ansiedades devem ser consideradas como sentimentos de culpa liberados pela primeira repressão do Édipo, devido à entrada em cena do superego precoce. Mostramos, estudando as teses de 1927, que a descoberta do significado dos pavores noturnos provavelmente está na origem do reconhecimento simultâneo do Édipo inicial e do superego que o acompanha. Ora, a noção de superego era, em 1926, e ainda mais em 1923, uma noção inventada bem recentemente, formulada por Freud em 1923, no mesmo momento em que Melanie Klein descobria a técnica do brincar. A maneira pela qual os textos freudianos de 1922 e 1923 apresentam a formação do ideal do ego e, mais tarde, do superego, abre um largo espaço para a identificação, que é repetidas vezes considerada em termos de introjeção[70]. Quando Melanie Klein tiver descrito a constituição de uma instância interditora interna, falará, portanto, naturalmente, a linguagem da introjeção, a exemplo de Freud. Mas o emprego de tal conceito pressupõe a natureza incorporativa ou, mais exatamente, centrípeta da formação da instância interna a partir de um modelo externo: posição perfeitamente compatível com a concepção freudiana, mas que se tornará cada vez mais difícil de ser conciliada com a clínica da psicanálise de crianças, que rapidamente impõe a constatação da distância considerável entre as figuras interditoras internas e os pais reais que supostamente forneceram o modelo destas. De qualquer forma, Melanie Klein sustentará por muito tempo a ideia de que a instância do superego, produto de um identificação, é um objeto introjetado. E, na medida em que este objeto introjetado é deformado em fantasia sob o efeito do temor do talião, ela tentará durante muito tempo relacionar esta deformação ao próprio processo da introjeção. Assim procedendo, operará de fato com um conceito muito mais próximo daquele definido em 1909, por Ferenczi, do que com aquele que seus próprios escritos, posteriores a 1934, irão definir nitidamente. E, como na linha de seu primeiro analista, Melanie Klein considera, como dependendo da introjeção (entendida num sentido bastante vago como inclusão no ego por uma espécie de assimilação), processos que dependem, de fato, da projeção, e notadamente, tendo em vista o estado definitivo de seu pensamento, do temor do talião, torna-se, por conseguinte, inevitável que ela renuncie ao uso desta noção. Não é, pois, exagero dizer que o desenvolvimento espontâneo da teoria da projeção, iniciado a partir de 1921 no contexto da problemática do temor do talião, viu-se perturbado pela intervenção de uma teoria da introjeção sugerida por Freud, mas, na realidade, proveniente de Ferenczi. Convém, além disso, sublinhar que esta primeira teoria kleiniana da introjeção possui a particularidade, surpreendente para quem está familiarizado com os textos mais tardios de Melanie Klein, de não funcionar em "interjogo" com a projeção. Por ocasião de seu ressurgimento, a projeção encontra-se associada a um meca-

70. S. FREUD, "Psychologie collective et analyse du moi e moi et ça", in *Essais de Psychanalyse*, Payot, pp. 157 e ss. e 196 ss.

172 MELANIE KLEIN I

nismo, que parece legítimo considerar como uma forma, a primeira a ser destacada e descrita, do que se denominará mais tarde de clivagem, sendo que, de 1929 até a *Psicanálise da Criança*, assistiremos a uma vinculação crescente entre estes dois conjuntos, de início muito independentes: por um lado, suposto precursor da clivagem e projeção e, por outro, introjeção, incorporação e interiorização.

4.2. *Os Dois Mecanismos Formadores dos Papéis no Brincar*

De acordo com o índice Alfabético redigido em 1945 pela secretária e amiga de Melanie Klein, Lola Brook, para a primeira edição das *Contributions to Psycho-Analysis*, a clivagem aparece na obra kleiniana em 1929, em "A Formação de Papéis nos Jogos das Crianças". De fato, trata--se do *splitting-up* no texto inglês deste artigo, o qual, numa posposição (*splitting-up* ao invés de *splitting-off*), é efetivamente o termo ao qual se prenderá mais tarde, no vocabulário inglês de Melanie Klein, a noção que conhecemos em francês sob o nome de *clivage* [em português, clivagem]. Mas importa notar que, nesta época, a criadora da técnica do brincar pensa e escreve em alemão. Ora, encontramo-nos frente a um fato surpreendente: enquanto o termo *splitting* figura em duas passagens diferentes deste artigo, seu equivalente alemão *Spaltung* não é encontrado aí. Quando Melanie Klein cita um artigo de Rado, que havia descrito em 1927 uma forma particular da clivagem da imago materna[71], fala da separação (*Trennung*, o que é tanto mais paradoxal, quanto Rado por seu turno havia utilizado o termo *Spaltung*). Quando Melanie Klein fala, em seu próprio nome, do mecanismo sobre o qual pretende chamar atenção, emprega o termo *Zerlegung*[72]. Será este termo o equivalente ao da clivagem? Parece difícil resolver esta questão. *Zerlegen* é uma palavra extremamente frequente que significa, em lógica e em química, decompor ou analisar e, em mecânica, desmontar. Implica a noção de uma desarticulação não destrutiva do todo, que se efetua segundo as linhas naturais de separação das partes, deixando a possibilidade de reconstituir o conjunto – por recomposição, síntese ou remontagem. Podemos notar, a partir deste momento, que este termo possui uma parte de seu campo semântico em comum, e uma outra em complementaridade com o termo *Wiederherstellung* que aparecerá pouco depois para designar o processo de restauração. Permanece também verdadeiro que a função desta episódica noção de *Zerlegung* é a de designar um dos processos que serão mais tarde pensados em termos de clivagem. É um dos constituintes elementares do mecanismo de formação de papéis (*Rollenbildung*, em inglês: *personification*) que também aparece de maneira efêmera no artigo que leva este título. A formação de papéis, observada no brincar da criança que imagina personagens, assumindo-as ela própria alternadamente ou delegando-as aos seus companheiros de brincadeira (ou a seu analista), é descrita como um mecanismo de desimpedimento, no sentido de Daniel Lagache, mais do que como um mecanismo de defesa. Ainda que Melanie Klein não utilize a este respeito o termo sublimação, a formação de papel tem todas as características desta, a co-

71. S. RADO, "Das Problem der Melancholie", *I.Z.P.*, XIII, 1927.

72. "Die Rollenbildung im Kinderspiel", *I.Z.P.*, XV, 1929, p.176; trad. fr. in *Essais de Psychanalyse*, p.248.

DO APOGEU DO SADISMO AOS MECANISMOS DE REPARAÇÃO   173

meçar pela de produzir prazer. A função deste mecanismo lúdico é a de lutar contra o superego arcaico de uma maneira simultaneamente radical, econômica e elegante. O superego da criança pequena é ao mesmo tempo excessivo, heterogêneo e instável. Constitui uma árdua tarefa para o ego levar a bom termo a síntese de uma instância única a partir de um conglomerado tão caótico de identificações tão variadas. A eficácia da formação de papel depende da sua maneira de operar: longe de se esgotar no trabalho de manter a síntese impossível, o ego suspende seu esforço e decompõe (*zerlegt*) as identificações contraditórias (ou permite que estas se decomponham por si mesmas).

Tais identificações são *projetadas* sobre as personagens da brincadeira. Assim distribuídas ou repartidas (por um mecanismo chamado *Teilung* ou *Verteilung*), elas podem ser enfrentadas, uma a uma, por um ego tanto mais forte quanto não mais despende sua energia na manutenção da síntese. Além disso, e como gratificação, o ego vê-se reforçado pelas novas possibilidades de enfrentar a ansiedade, que lhe são oferecidas pela distribuição das imagos projetadas sobre as personagens lúdicas: graças a este mecanismo, não é o terrível superego que deve ser enfrentado em bloco, mas sim esta ou aquela das identificações que o compõem e que são mais fáceis de serem combatidas, de tal forma que o ego alcança vitórias que o encorajam, aumentam sua confiança em suas próprias possibilidades e, portanto, o fortalecem. Graças ao emprego da decomposição e da projeção.

[...] a síntese do superego, que só pode ser mantida ao custo de um maior ou menor esforço, pode ser abandonada provisoriamente: isto diminui a tensão proveniente da explicação entre o superego tomado como um todo e o id; assim o conflito intrapsíquico é diminuído e deslocado para o mundo exterior. O ganho de prazer assim obtido é aumentado como segue: as possibilidades que resultam para o ego do deslocamento para o mundo externo lhe fornece múltiplas provas de que pode haver, no caso, uma saída favorável para os processos psíquicos investidos pela ansiedade e pelo sentimento de culpa, e que por esta via é possível obter uma diminuição radical da ansiedade (*Idem*, p. 251).

A decomposição está, portanto, no ponto de partida de uma sequência de processos psíquicos que vão resultar na distribuição da ansiedade. É este último resultado que importa, e os textos ulteriores que retomarão este fenômeno não mais mencionarão a decomposição.

O que ocorre é que o interesse próprio da projeção revela-se, com bastante rapidez, superior ao da formação de papéis, para a qual a projeção contribui. Cabe pensar que a tematização sem futuro deste mecanismo de formação de papéis é apenas o signo de um esforço ainda tateante para reintroduzir a projeção no âmago do sistema teórico de Melanie Klein. De fato, ao mecanismo de formação de papéis é conferida uma das funções que, mais tarde, serão as da projeção, a de produzir a transferência. Este ponto nos parece ainda mais significativo na medida em que a concepção kleiniana da transferência na forma em que a assume na polêmica iniciada com Anna Freud em 1927 está estreitamente ligada à noção de objeto introjetado. O que a criança transfere para o analista não é sua relação com os pais reais, é sua relação com os pais introjetados. Se, em 1929, Melanie Klein valoriza a formação de papéis é porque esta lhe fornece a possibilidade, até então inacessível para ela, em vista da sua opinião preconcebida a respeito da introjeção, de pensar sobre o que existe de projetivo na trans-

174 MELANIE KLEIN I

ferência: "Eu gostaria agora de assinalar a importância deste mecanismo na vida psíquica dos adultos. Cheguei à conclusão de que ele forma a base de um fenômeno de alcance considerável e universal, e um fenômeno essencial para a análise tanto das crianças quanto dos adultos: estou me referindo à transferência" (*Idem*, p. 251). Convém lembrar que Melanie Klein insiste permanentemente no caráter essencialmente móvel da transferência, nas oscilações rápidas da transferência positiva para a negativa, da transferência paterna para a materna, que se produzem várias vezes no decorrer de uma mesma sessão. A noção de formação de papéis possuía a vantagem de permitir a evidenciação deste fato na medida em que a criança, ao longo da análise através do brincar, faz com que o analista desempenhe papéis muito diferentes numa sucessão rapidíssima: "Se a atividade da vida de fantasia da criança for suficientemente livre, ela atribuirá ao analista, durante as sessões de análise, os papéis mais variados e contraditórios. Por exemplo, ela me fará desempenhar o papel do id; sob esta forma projetada, suas fantasias encontrarão uma descarga sem inspirar tanta ansiedade" (*Idem*, p. 251). Assim, este mecanismo não é válido apenas para o superego, mas também para o id, seu antagonista: graças a este procedimento, o ego pode variar suas identificações e as posições que assume no quadro de estratégias e aliança com o superego contra o id, ou inversamente, com o id contra o superego. Na medida em que um aspecto interno do sujeito se vê personificado na brincadeira, este último conduz por sua própria natureza à vivência de uma relação intersubjetiva com base no modelo de uma relação intersubjetiva ou, o que é o mesmo fenômeno considerado sob um outro ângulo, a dissociar e repartir dois aspectos da personalidade entre os dois parceiros da brincadeira – eu e o outro. O aspecto adaptativo deste processo é evidente no quadro da técnica psicanalítica do brincar: "o enfraquecimento do conflito e o seu deslocamento para o mundo externo, por meio do mecanismo da decomposição (*Zerlegung*) e da projeção, é pois um dos principais incentivos para a transferência e uma força propulsora no trabalho analítico" (*Idem*, p. 251). O que, a nosso ver, é importante assinalar na descrição desta conduta lúdica é que o retorno à noção de projeção não é o resultado de um procedimento teórico, de uma eventual tomada de consciência das ambiguidades da noção de objeto introjetado ou da dificuldade de explicar o temor do talião em termos puramente introjetivos: este retorno é comandado pela necessidade de liberar as molas da eficácia terapêutica inerente ao próprio brincar, independentemente da utilização combinada das atividades lúdicas como veículo de uma comunicação psicanalítica, e com o objetivo de aprender a tirar um melhor proveito destas condutas espontâneas. De início, a teoria da projeção não tem portanto absolutamente nenhuma relação com a noção de introjeção. Em contrapartida, está estreitamente associada ao mecanismo que parece, de fato, representar a primeira forma de clivagem destacada por Melanie Klein, ou seja, a decomposição. E se a citação subsequente testemunha, sem dúvida, mais uma impropriedade de expressão do que uma ponderação meticulosa dos termos nos quais é enunciada, nem por isso afirma menos desde o primeiro uso desses conceitos a conaturalidade profunda e a identidade de orientação dos dois processos: "A decomposição das identificações originárias introjetadas em diferentes fases do desenvolvimento revelou-se, a meus olhos, como um mecanismo idêntico à projeção e estreitamente ligado a esta"[73].

---

73. "Foundements psychologiques...", in *Essais de Psychanalyse*, p. 171.

DO APOGEU DO SADISMO AOS MECANISMOS DE REPARAÇÃO 175

Mas, doravante, sem que a projeção jamais perca esta propriedade fundamental de atuar sobre aspectos decompostos da própria pessoa ou de suas imagos internas, a ênfase será posta mais no movimento projetivo do que na decomposição do superego cuja tematização será retomada apenas mais tarde, e sob outra nomenclatura.

4.3. *Projeção, Deflexão e Ejeção*

Uma vez reintroduzida, a noção de projeção permanece bastante vaga durante algum tempo. Designa essencialmente um movimento de exteriorização que Melanie Klein não procurara denotar através de um termo técnico, na ocasião em que percebera, pela primeira vez, três anos antes de descrevê-lo mais completamente, o processo lúdico do qual acabamos de falar. Projetar é "afastar de novo para fora de si mesmo" objetos que a criança "na elaboração do complexo de Édipo[74], absorveu em si mesma"; e este afastamento "contribuiu de maneira essencial para o sentimento de prazer proporcionado pelo brincar"[75]. O fato de lançar fisicamente um objeto para longe de mim parece fornecer um modelo concreto mais fecundo do mecanismo de projeção: assim, quando Dick põe de lado um carrinho de brinquedo na ocasião de uma sessão precedente "exprimia desta forma a expulsão, tanto do objeto danificado quanto de seu próprio sadismo (ou dos recursos por este utilizados), que assim era projetado ao mundo exterior"[76]. Em 1931, a junção entre introjeção e projeção é realizada, mas ocorre numa passagem em que é abordada apenas de forma alusiva, sendo que a insistência na dimensão da rejeição para fora de si mesmo transparece na tentativa de revisar a terminologia e de falar de *extrojeção*[77]. É apenas em 1932, na *Psicanálise da Criança*, que encontraremos uma teoria claramente articulada da projeção, de suas funções e de seus precursores.

Doravante, o termo projeção não mais se aplicará a todo processo "extrojetor". Sua utilização vê-se limitada pela determinação nítida do valor dos termos vizinhos: deflexão (*Abdrängung*), deslocamento (*Verschiebung* ou *Verlegung*), ejeção (*Ausstossung*). Em resumo, a deflexão é o precursor ontogenético da projeção. A projeção tem como base pulsional e, como protótipo corporal, a ejeção das fezes, processo dominante no primeiro estágio anal. O resultado da projeção é o deslocamento do alvo ou do objeto, ou de ambos, assim como da fonte de perigo. Se a deflexão é a precursora da projeção, ela ainda permanece distinta, não constituindo uma forma arcaica desta: sabe-se a importância, para Melanie Klein, desta distinção entre os simples precursores e os *Frühstadien*. A teoria da deflexão é o primeiro – e um dos raros – exemplos na obra kleiniana da afirmação de um fenômeno psíquico cuja constatação direta ou indireta não é possível na análise através do brincar. Trata-se, de fato, de um processo absolutamente inicial, cuja noção é emprestada de Freud, fazendo parte da teoria da pulsão de morte. Uma das grandes inovações teóricas de 1932 é, com efeito, a adesão de Melanie Klein à concepção freudiana do *Além*

74. *Idem.*
75. *Idem.*
76. "Contribution à la Théorie de l'inhibition intellectuelle", *Essais de Psychanalyse*, p. 292.
77. "Importance de la formation du symbole...", in *Essais de Psychanalyse*, p. 271.

176   MELANIE KLEIN I

do Princípio do Prazer, adesão esta por vezes considerada como superficial ou fundada num engano. Já foi mencionado especificamente que, sob o nome dos instintos de morte, Melanie Klein trata, de fato, das pulsões agressivas, desconhecendo, assim, o caráter mais profundo da noção freudiana da pulsão de morte: a compulsão à repetição, a tendência à autodestruição. Embora, sobre estes dois pontos, referindo-se diretamente à teoria de Freud, ela a enriqueça consideravelmente, dando-lhe a dimensão clínica que lhe faltava, sem que para tanto precisasse abandonar o que, de fato, é essencial na especulação freudiana: o retorno indefinido da pulsão de morte do masoquismo primário. Prolongando o raciocínio de Freud, relativo ao trabalho da pulsão de morte contra o próprio organismo e, por outro lado, prolongando suas descobertas clínicas, segundo as quais a ansiedade procede particularmente da agressividade, Melanie Klein chega, no ponto de encontro destes dois caminhos, à seguinte tese: "a pulsão de morte é dirigida contra o organismo. Ela deve ser experimentada pelo ego como um perigo. Em minha opinião, é este perigo que se faz sentir na qualidade de ansiedade. E essa ansiedade proviria da agressividade"[78]. Assim, o que permaneceria, em Freud, como um processo hipotético e abstrato, carrega-se de realidade concreta e torna-se, ao mesmo tempo, apto a ser pensado no quadro geral da teoria psicanalítica dos processos de defesa. Quando Freud, de fato, situa, no princípio da vida psíquica, o conflito entre Eros e Tânatos, quando supõe uma luta entre a pulsão de morte e a libido narcísica, é muito difícil considerar este confronto originário como um conflito defensivo decorrente da lei comum a esta ordem de processo: aumento de tensão intrapsíquica, ansiedade automática, defesa contra a pulsão. Com efeito, Freud não se preocupa, em nenhum momento, em estabelecer uma relação entre as etapas discerníveis através de uma análise do processo abstrato que descreve e as manifestações concretas observáveis. A luta entre pulsão de morte e libido narcísica resolve-se num compromisso: uma parte da pulsão de morte é afastada, desviada ou *defletida* para o exterior, o que lhe proporciona um outro objeto além da própria pessoa e uma possibilidade de descarga compatível com as exigências da libido narcísica. As pulsões de morte defletidas para o exterior tornam-se pulsões agressivas propriamente ditas e as pulsões de morte que permanecem "no interior" conservam sua orientação masoquista. Ainda que Freud não o tenha lembrado explicitamente em 1919, é provável que esta deflexão da pulsão de morte entre para o quadro do comportamento de expulsão daquilo que é mau ou desprazeroso, característica do "ego-prazer-purificado" do início da existência, descrito em 1915[79], e também no quadro do comportamento de rejeição e de expulsão oral que está na base da denegação[80].

Melanie Klein faz sua a teoria freudiana, em sua totalidade, assinalando dois pontos que lhe parecem constituir o essencial:

1. A deflexão das pulsões de morte está na origem do sadismo e não apenas na da agressividade. Melanie Klein foi, por vezes, censurada por utilizar o termo sadismo num sentido insípido, e até mesmo em contrassenso, esquecendo que o sadismo não é apenas agressividade, ainda que

78. *Psychanalyse de l'enfant*, P.U.F., p. 140.
79. S. FREUD, "Pulsions et destins des pulsions", in *Métapsychologie*, N.R.F., col. Idées, p.37.
80. S. FREUD, "Die Verneinung", in *Le coq-Héron*, nº 52, pp. 12-14.

DO APOGEU DO SADISMO AOS MECANISMOS DE REPARAÇÃO   177

extrema, mas sim a união da agressividade com a sexualidade. A censura não é, certamente, desprovida de qualquer fundamento, mas convém notar que a deflexão da pulsão de morte realiza a primeira interação entre Eros e Tânatos: se o crescimento e o alvo pulsional do sadismo representam a contribuição a este misto pulsional da pulsão de morte, seu objeto lhe é designado pelas pulsões de vida. Além disso, quando Freud trata do processo paralelo, o destino das pulsões de morte conservaram como objeto a própria pessoa, não sendo nem mais nem menos ligadas pelas pulsões de vida do que aquelas que foram defletidas, não hesita em considerá-las como as formas iniciais do masoquismo. Nenhuma objeção válida contra Melanie Klein poderia poupar Freud e, se é admitida a noção freudiana de masoquismo primário, deve-se admitir também a perfeita legitimidade da explicação kleiniana da origem do sadismo.

2. Esta pulsão de morte defletida institui a primeira relação de objeto. No conflito originário entre pulsão de vida e pulsão de morte, a libido é narcísica na exata medida em que a pulsão de morte é masoquista. O primeiro estado das pulsões é, portanto, para Melanie Klein em 1932, assim como para Freud, anobjetal. A via de interesse para o objeto se abre para o sadismo – o que deixava prever desde 1929 o texto dedicado à *L'Enfant et les sortilèges* e as descobertas clínicas resultantes das análises de Egon e de Dick. Esta prioridade do investimento sádico para o exterior é o resultado da ação da libido narcísica mobilizada pela ansiedade suscitada pelo perigo de autodestruição. Daí decorre uma tendência, permanente na obra kleiniana a partir de 1932, a considerar que na constituição da relação de objeto e, de forma geral, da relação com a realidade (exterior), o elemento motor é fornecido pelo sadismo, sendo que o investimento libidinal limita-se sempre apenas a seguir e contrabalançar os investimentos de Tânatos.

3. O processo de deflexão estabelece os fundamentos da projeção. Não se confunde com ela. É um processo, enquanto a projeção é frequentemente definida como um mecanismo. A este respeito, Melanie Klein se remete a Freud: "Ele considera este processo como fundamental para a relação sádica com o objeto e para o mecanismo de projeção"[81].

4. O ego já está presente desde o começo da existência. Sobre a natureza e o grau de organização deste primeiro ego, nada nos é dito afora o seguinte: é ele que, alimentado pela energia da libido narcísica e, portanto, das pulsões de vida, opera a deflexão de uma parte das pulsões de morte.

5. Este ego dispõe, desde o início, de um segundo meio de defesa contra as pulsões de destruição, que consiste em mobilizar uma parte delas contra as outras. Se a primeira operação do ego é a instituição, através da deflexão, dos precursores da relação de objeto e da projeção, sua segunda ação consiste em organizar o campo pulsional interno, introduzindo ali um corte que é o prelúdio, a forma inicial (e não o precursor) de sua organização tópica em instâncias distintas:

Parece-me agora que o ego dispõe ainda de outro meio para dominar partes da pulsão destrutiva que permanece no organismo: ele mobiliza uma parte das moções pulsionais tendo em vista a defesa contra a outra parte. Chega assim a uma clivagem (*Spaltung im Es*) no id, que me parece ser o primeiro passo para o desenvolvimento das inibições pulsionais e para o processo de formação do superego, e que poderia coincidir com a repressão primária (*Idem*, p. 148).

81. MELANIE KLEIN, *Psychanalyse de l'enfant*, p. 141; ed. alemã, p. 161.

178 MELANIE KLEIN I

6. A clivagem no id tornou-se possível pela incorporação do objeto. Sem especificar, Melanie Klein considera que a presença do objeto incorporado (*einverleibt*, e não introjetado nem interiorizado) torna mais fácil a introdução da discórdia no id pela interposição deste segundo processo. O objeto incorporado "é o agente de defesa contra as moções pulsionais", o que conduz a admitir a simultaneidade do processo de incorporação do objeto e o de clivagem do id: "eis o que torna possível esta clivagem: neste entretempo o objeto incorporado torna-se o agente de defesa contra as moções pulsionais (e, na verdade, desde que o processo de incorporação começou)" (*Idem*, p. 141). Tal passagem suscita duas questões. Em primeiro lugar, subsiste uma ambiguidade no que concerne à sucessão cronológica e, ainda mais, no tocante à ordem causal entre as operações que ela descreve: a incorporação do objeto e sua ação enquanto elemento defensivo são simultâneas, como também o são, ao que parece, à clivagem no id. Mas o que ocorre com relação à deflexão? Cumpre admitir uma estrita contemporaneidade entre a incorporação, precursora da introjeção, e a deflexão, precursora da projeção ou, como parece ocorrer, deveríamos admitir uma prioridade da projeção? Aliás, nesta passagem, é o objeto incorporado que é o agente da defesa. Mas o mesmo texto imputa a iniciativa desta mesma defesa ao ego. Pode-se dizer que o ego e o objeto incorporado confundem-se pura e simplesmente, o ego como instância distinta, formando-se apenas através e na sua identificação com o objeto incorporado? Cabe considerar, ao contrário, que o ego é o mestre-de-obra de um processo cujo objeto incorporado não é senão agência executiva, e admitir a partir deste fato um ego preexistente a qualquer relação de objeto, que seria, responsável pela deflexão, pela incorporação do objeto e pela atividade a serviço da defesa de objeto incorporado, surgindo apenas num segundo momento para produzir um processo – a clivagem no id – que seria, por essência, secundário. Parece que estas duas questões, no mais puramente especulativas, devem permanecer sem resposta no quadro do sistema kleiniano de 1932.

Qualquer que seja o destino desta complicada questão, é importante, para chegar a uma conclusão sobre este ponto, assinalar com firmeza que a deflexão dá origem, simultaneamente, ao sadismo, à projeção, às relações de objeto, o que estabelece uma relação fundamental e uma espécie de conaturalidade entre estas três ordens de fenômenos a cujo respeito os textos clínicos desta época da produção kleiniana nos fornecem de fato novas ilustrações incessantemente renovadas após 1929 – até mesmo, desde 1926, porém apenas de maneira implícita. Explica-se assim o tom, surpreendente quando comparado aos textos anteriores de Melanie Klein, desta passagem puramente teórica, fundamentada no exclusivo raciocínio e comentário dos textos freudianos. É que, efetuando este passo, ela encontra um meio, não de se proteger contra as críticas que lhe censuravam a heterodoxia, multiplicando as manifestações de fidelidade a Freud e levando esta fidelidade muito além do necessário, mas sim de explicar e de fundamentar no plano metapsicológico uma relação cuja descoberta a clínica impôs, entre projetar impulsos hostis, odiar, ter medo, interessar-se pelas pessoas e pelas coisas, a fim de descrever em tempo suas eventuais veleidades agressivas para poder defender-se delas. Este ponto deve ser tanto mais nitidamente sublinhado quanto as especulações kleinianas sobre o instinto de morte não têm boa acolhida na comunidade psicanalítica internacional. Sem nos determos na rejeição pura e simples que a maioria

DO APOGEU DO SADISMO AOS MECANISMOS DE REPARAÇÃO 179

lhe reserva, notaremos que Jones[82], durante tanto tempo tão achegado a Melanie Klein, jamais a seguirá neste particular e – essencialmente mais do que reservado quanto à teoria de *Além do Princípio do Prazer* – mostrará, em 1957, que apenas três psicanalistas aderem ainda a esta concepção: Karl Menninger, Hermann Nurnberg e Melanie Klein. Até mesmo um comentador tão benevolente quanto Willy Baranger, psicanalista argentino autor da tradução francesa de *Développements de la psychanalyse* e de um estudo sobre as concepções de Melanie Klein[83], considera a teoria pulsional de 1932 como um elemento acrescido que mascara e desnatura, segundo ele, o essencial da descoberta kleiniana. Isto significa dizer que a "especulação instintivista" (Baranger) representa, seja uma sobrevivência – resto de adesão não criticada nas teorias freudianas, mas seria preciso então explicar por que esta parte da teoria será mantida até o fim –, seja um esforço artificial para dissimular a extensão das divergências com Freud sob a aparência de uma fidelidade obstinadamente proclamada – mas cumpriria esclarecer por que, justamente neste ponto, Melanie Klein optou por permanecer fiel ao ensinamento freudiano, quando os fiadores mais autorizados de uma eventual ortodoxia renunciaram a este desde há muito. Parece-nos mais elucidativo admitir que uma tal tenacidade na defesa de ideias tão pouco populares não pode deixar de corresponder a instâncias profundas da clínica psicanalítica e da conceitualização através da qual Melanie Klein procura analisá-la. A não ser que seja essencial, aos olhos da analista de Dick, proporcionar os meios conceituais para compreender a conjunção regular do sadismo, da projeção e do interesse pela realidade externa, não vemos outro motivo que justifique a permanência, nas sucessivas formas das concepções kleinianas, de uma teoria da deflexão do instinto de morte.

Convém, portanto, trazer à luz os elos que unem, segundo Melanie Klein, a deflexão e a projeção. A passagem de um a outro destes fenômenos supõe que estejam envolvidos dois processos intermediários: interiorização do objeto e ejeção sádico-anal do objeto. O primeiro resultado da deflexão das pulsões de destruição é a constituição do objeto como tal e enquanto objeto perigoso. Se é verdade que a libido limita-se sempre apenas a seguir caminhos inicialmente abertos pelas pulsões de morte e que, segundo as palavras de Freud, o ódio é mais antigo que o amor[84], é inevitável que o primeiro objeto incorporado seja um objeto atacado e, portanto, um objeto perigoso. Por conseguinte, o efeito benéfico da deflexão vê-se em parte anulado, já que a *fonte do perigo* encontra-se novamente instalada "no interior". A operação de expulsão deve, portanto, ser repetida, em condições diferentes, tendo por base uma história anterior (deflexão, constituição de uma fonte de perigo externo e interiorização desta) por um ego mais desenvolvido, provido de pulsões mais diferenciadas e de esquemas motores, perceptivos, de fantasia e verbais mais elaborados. Melanie Klein situa este momento, em que a interiorização dos objetos perigosos torna-se realmente ansiógena ao longo da fase do apogeu do sadismo, enquanto se acavalam as manifestações canibalescas do segundo estágio oral e as manifestações de expulsão do primeiro estágio anal. Sob o império das pulsões anais, que nesta etapa têm um objetivo essencialmente voltado

82. JONES, *La vie e l'oeuvre de Sigmund Freud*, v.III, p.317.
83. W. BARANGER, *Posición y objecto en la obra de Melanie Klein*, Buenos Aires.
84. Citado na *Psychanalyse de l'enfant*, p. 149.

180 MELANIE KLEIN I

para o exterior, centrífugo, o processo de exteriorização vai assumir a forma da ejeção (*Ausstossung*) sádico-anal cujo protótipo – pelo menos na teoria de Abraham – é a defecação. A aplicação deste processo anal ao objeto incorporado é tão mais compreensível na medida em que este é um objeto parcial. Enquanto tal, ele entra no jogo das equivalências simbólicas descritas por Freud. Segundo a ideia dominante que resulta da convergência dos textos de Melanie Klein para este ponto, tal objeto parcial é, quer um seio, quer um pênis, quer mais verossimilmente uma imago ambígua e compósita que não é um nem outro, embora sendo os dois, de conformidade com a indiferenciação típica dos termos postos em equivalência simbólica e não ainda simbolizada no sentido preciso desta palavra. Seja como for, há "equivalência, do objeto introjetado com o excremento"[85]. É esta aplicação, típica do primeiro estágio anal do processo de ejeção em um objeto parcial "mau" interiorizado, que constitui a primeira forma da projeção. O primeiro mecanismo a merecer este nome é, portanto, fundamentado no primeiro estágio anal, sendo anterior à fronteira entre os pontos de fixação das psicoses e os das neuroses, sendo o protótipo normal da projeção delirante. Para aparecer, necessita de uma fonte de perigo *interno*, fonte de perigo localizada num objeto *parcial*, o protótipo corporal da evacuação das fezes.

4.4. *A Projeção e os Mecanismos Produtores da Simbolização: Distribuição e Dosagem da Ansiedade*

É ao longo do primeiro estágio anal que estas condições são simultaneamente preenchidas e num grau elevado. Portanto, não é surpreendente que neste momento: "os mecanismos de projeção funcionem com o máximo de suas possibilidades" (*Idem*, pp. 159-160; ed. al., p. 184). De fato, em virtude da intensidade do sadismo é preciso absolutamente expulsar para fora de si mesmo os objetos parciais terrificantes. Mas este processo, cuja intenção é estritamente defensiva e determinada pela urgência do medo diante dos objetos internos, tem como resultado a diferenciação e o enriquecimento da relação de objeto. Neste sentido, não pertence apenas à psicologia da afetividade, mas também à psicologia do desenvolvimento cognitivo, pois está na origem das condutas de inspeção e exploração do mundo externo:

A angústia diante dos objetos introjetados seria, a meu ver, uma incitação à projeção desta ansiedade para o mundo exterior. Por este processo, os órgãos, os objetos, fezes, e coisas, enfim, o objeto interiorizado, são equacionados com o objeto externo e, similarmente, a ansiedade diante do objeto externo é distribuída entre um grande número de objetos, pelo equacionamento dos objetos exteriores uns com os outros (*Idem*, pp. 160-161; ed. al., p. 184).

Por conseguinte, são os objetos externos que são ansiógenos, e é preciso vigiá-los, a fim de se proteger deles. O sujeito que funciona deste modo terá, talvez, uma percepção da realidade deformada por suas projeções; em todo caso, terá um contato com ela, ultrapassando o estágio do autismo. Comandada pelo medo das introjeções terrificantes da fase do

---

85. *Psychanalyse de l'enfant*, p. 159, ed. al., Kindler, p. 183.

DO APOGEU DO SADISMO AOS MECANISMOS DE REPARAÇÃO   181

apogeu do sadismo, a projeção transforma-se em uma verdadeira conduta adaptativa, graças ao encontro de um fator pulsional – a natureza insidiosa dos ataques anais que necessita uma constante vigilância das fontes de perigo – e do mecanismo de partilha ou distribuição (*Verteilung*). Por um estranho retorno das coisas, o temor de talião contribui para a observação atenta do real: "O caráter pérfido e oculto dos ataques temidos conduz a uma atenção reforçada, desafiadora, em face do mundo exterior e, por esta via, a uma relação reforçada com a realidade, mesmo se esta for unilate-ralmente deslocada" (*Idem*, p. 160). Por este fato, "a ansiedade perante o objeto introjetado funciona como uma incitação permanente à projeção" (*Idem*, p. 160). Quanto à distribuição, trata-se do mecanismo que já vimos atuando na formação dos papéis. Tem um significado essencialmente eco-nômico: é graças a ele que a ansiedade é fracionada em pequenas quanti-dades que o ego pode enfrentar sem muitos riscos, o que lhe permite obter "provas do fato de que os processos investidos de ansiedade e de senti-mentos de culpa podem ter uma saída favorável". Mas sabemos que este aspecto quantitativo é necessariamente acompanhado de um aspecto qua-litativo altamente positivo no que se refere às sublimações, já que é ele que permite compreender, em última análise, o motivo pelo qual a criança se interessa por objetos externos, de início totalmente indiferentes para ela. Para que um objeto ou uma atividade exterior adquiram certo interesse, é preciso que sejam perigosos. Mas não devem sê-lo em demasia, pois, se assim fosse, a criança se desviaria do mundo exterior. É necessário, por-tanto, um certo *optimum* de perigo e de ansiedade para garantir o desen-volvimento dos interesses e das atividades tendo por base o simbolismo. A função da distribuição é precisamente a de assegurar esta *dosagem* (*Do-sierung*) da ansiedade. Deste modo, a teoria da formação de papéis é ul-trapassada, mas seu essencial é mantido, englobado numa concepção mais vasta. O processo que comporta decomposição do superego, projeção e distribuição, não se reduz à formação de personagens lúdicas nem mesmo à produção da transferência, mas possui um significado muito mais vasto, aplicando-se, de fato, ao conjunto das relações com a realidade exterior. Ao mesmo tempo em que seu alcance é reconhecido, suas bases pulsionais são mais nitidamente delimitadas.

Quanto à noção de decomposição (*Zerlegung*), esta se oblitera ao longo do caminho. Poder-se-ia certamente considerar que esta obliteração é ape-nas aparente: não há necessidade de um mecanismo ativo destinado a dis-sociar o superego quando ele não está ainda verdadeiramente composto e organizado de modo coerente. Além disso, a distribuição parece herdar de fato as principais funções da decomposição. Mas a questão que nos parece importante é a de saber se a decomposição de 1929 constitui, na obra de Melanie Klein, um outro nome do processo que, mais tarde, será chamado de clivagem, ou se se trata de um mecanismo distinto. Ora, quer estes dois mecanismos difiram enquanto *Zerlegung* e *Spaltung*, quer sejam duas mo-dalidades do *splitting*, parece-nos essencial assinalar com nitidez que o movimento descrito como decomposição-distribuição-dosagem (*Zerlegung Verteilung-Dosierung*) conota, antes de mais nada, aquilo que se poderia chamar de aspecto de dispersão, fragmentação em uma multiplicidade de objetos, que se afigura inerente, aos olhos de Melanie Klein, à projeção. De fato, não parece constituir um mecanismo verdadeiramente distinto da projeção. Daí, por que a terminologia que o designa permanece instável e pouco consistente e, daí por que dá ensejo a afirmações aparentemente

182 MELANIE KLEIN I

enigmáticas, mas a cujo respeito deve-se convir que, se nossa hipótese é correta, são perfeitamente fundadas: a decomposição é um processo "análogo à projeção intimamente ligado a ela" (*Idem*, p. 248).

Ora, sem que seja preciso subestimar os múltiplos elos entre a projeção e a clivagem, não se pode considerá-la como "análogas". A clivagem (*Spaltung*), que aparece sob este nome na obra de Melanie Klein apenas em 1932, na *Psicanálise da Criança*, é uma operação distinta da projeção que lhe sucede e que só se produz se a projeção, de alguma forma, lhe preparou o terreno. Mas a diferença mais importante entre a decomposição, como simples modalidade do funcionamento da projeção, e a clivagem se deve, sem dúvida, à sua natureza pulsional e a seu nível genético: a primeira é, por excelência, o meio da perlaboração do sadismo em seu apogeu; a segunda só se desenvolve plenamente quando a primeira preencheu sua tarefa e o sadismo é dominado.

4.5. A *Clivagem na Teoria de 1932*

A clivagem das imagos é apresentada na *Psicanálise da Criança* como um mecanismo característico do segundo estágio anal. É, portanto, relativamente tardio e, em particular, é contemporâneo à repressão. Cumpre, pois, desde o início, evitar confundi-lo com esta arcaica *clivagem no id* que encontramos sob a rubrica das primeiras operações defensivas ligadas à incorporação do objeto (cf. *supra*, p. 178) "e que pode talvez confundir-se com a repressão primária". A clivagem no id é um processo hipotético invocado no quadro de uma reconstrução especulativa das etapas mais arcaicas do processo defensivo, e clivagem das imagos é um processo clinicamente observável. O emprego da mesma palavra – que é, aliás, corrente em alemão e não somente no vocabulário psicológico – para denotar estas duas realidades traduz, sem dúvida, simplesmente, que Melanie Klein, que está em vias de forjar o conceito de clivagem das imagos, não tomou ainda a atitude de reservar uma designação exclusiva ao termo cômodo e corrente empregado tanto para dizer que uma parede está rachando, como para dizer que alguém está se "desmanchando em sutilezas" (*Haare spalten*). Correlativamente, fala ainda, em tal passagem, em divisão (*Teilung*) ou separação (*Trennung*) das imagos, lá onde se trata, como tudo indica, da clivagem propriamente dita (*Psicanálise da Criança*, p. 235). Mas, se o vocabulário é ainda incerto, o conceito já adquiriu uma consistência tal que pode ser identificado sem nenhum risco de engano.

Mecanismo típico do estágio em que o sadismo não está mais em seu apogeu, a clivagem será acompanhada de uma tomada de consciência do temor do talião. Este aparente paradoxo explica-se com facilidade: no estágio do apogeu do sadismo, o medo de sofrer as represálias do objeto atacado era demasiado esmagador para poder ter acesso à consciência: era negado principalmente pela ejeção-projeção. Quando estes processos conseguiram efetuar uma certa elaboração do sadismo e da ansiedade e, principalmente, quando as pulsões libidinais começam a prevalecer sobre as pulsões sádicas, o ego pode tomar consciência de seu medo das represálias provindas do objeto. Por conseguinte, levando em conta a evolução das pulsões em que a tendência para a conversão do objeto predomina sobre a tendência à destruição, o ego se submete "a um superego severo e às suas interdições" (*Idem*, 167), em vez de tentar ejetar-aniquilar a este pelo

DO APOGEU DO SADISMO AOS MECANISMOS DE REPARAÇÃO 183

processo do primeiro estágio anal. Além disso, como se sabe que as relações intersubjetivas são modeladas pelas relações intersubjetivas, deve-se esperar que esta modificação da atitude em relação ao superego e aos objetos interiorizados seja acompanhada de uma transformação correspondente na relação de objeto: o ego, submetido ao poder do superego, "reconhece no mesmo lance o poder do objeto" Deste modo, "no segundo estágio anal [...] o ego se defende contra a ansiedade sobretudo procurando conciliar os objetos do mundo externo ao mesmo tempo que os interiorizados". Sabe-se que este método permitirá ao ego encontrar no amor e na aprovação de seus objetos exteriores o desmentido de seus temores relativos aos perigos de que é ameaçado pelos objetos introjetados. Nestas condições, a relação de objeto e a relação com a realidade permitem ao ego fortalecer-se progressivamente frente ao superego. Ora, esta instauração de "boas" relações de objeto só é possível através do acionamento do mecanismo da clivagem, que permite estabelecer com um "bom" objeto uma relação não dominada pelo sadismo:

esse processo da relação de objeto resulta de uma clivagem da imago materna em mãe "boa" e "má". A ambivalência para com o objeto, que é um novo passo no desenvolvimento da relação de objeto, serve simultaneamente como meio de dominar a ansiedade em face do superego. Esta ansiedade é distribuída pelo objeto exterior e, por deslocamento, por diferentes objetos exteriores. Algumas pessoas assumem agora o significado do objeto atacado e, por consequência, perigoso e ameaçador, ao passo que outros – notadamente a mãe – a do objeto benevolente, protetor (*Idem*, p. 167; ed. al., p. 192).

Percebe-se qual é o lugar da clivagem nas ideias kleinianas de 1932. É exatamente correlata aos mecanismos de reparações e, como eles, permite escapar ao "círculo mau". Devido a este fato, a ambivalência muda completamente de sentido; em Freud e Abraham, ela recebe um sinal negativo: para este último é característica da etapa intermediária do desenvolvimento da relação de objeto; inicia-se com o estágio canibalesco e só termina no estágio genital adulto, desdobra-se longamente entre uma fase oral da sucção pré-ambivalente, porque anobjetal, e uma fase pós-ambivalente, plenamente objetal, que permite superá-la. Para Melanie Klein, ao contrário, tem uma conotação positiva, pois permite a triagem, a separação do amor e do ódio. Ocorre que ela não é nem definida, nem concebida de modo idêntico por Melanie Klein e seus predecessores: para eles, corresponde à união do amor e do ódio na relação com o mesmo objeto, e noções tais como a do sadismo, ou do conflito da ambivalência lhe são intimamente associadas; como escrevem Jean Laplanche e Jean-Bertrand Pontalis, a ambivalência "pode sobretudo ser evidenciada em certas afecções (psicoses, neurose obsessiva) e em certos estados (ciúme, luto). Ela caracteriza certas fases da evolução libidinal em que coexistem amor e destruição do objeto (fases oral-sádica e anal-sádica)"[86]. Tem, portanto, uma conotação nitidamente patológica. Mas, para Melanie Klein, a própria ideia de que uma relação de objeto possa não comportar ambivalência parece pouco concebível, no sentido de que todo movimento libidinal rumo ao objeto é sempre secundário em relação a um movimento agressivo que, na melhor das hipóteses, visa reparar (cf. *infra* pp. 201 e ss.). Por conse-

86. J. LAPLANCHE & J.-B. PONTALIS, *Vocabulaire de la Psychanalyse*, p.20.

184 MELANIE KLEIN I

guinte, o que Freud e Abraham chamaram de ambivalência entra, a seu ver, no quadro de um segundo momento, no qual a agressividade já não é mais dominante e pode ser enfrentada pelo ego. Encarada numa perspectiva de conjunto tão diferente da de Freud ou Abraham, a ambivalência vai receber uma outra definição: o que Melanie Klein nomeia desta forma – sem ter o trabalho de assinalá-lo explicitamente – é sempre a ambivalência já articulada pela clivagem das imagos. Isto quer dizer que, quando o sadismo não está mais em seu apogeu, o ódio é *suavizado* pelo amor (*mildern*, nos textos ingleses ulteriores dirão: *mitigate*)[87] e a ambivalência aparece na relação com o *objeto introjetado*. Mas tão logo a ambivalência surge, também aparecem a tendência em conservar o objeto introjetado, que prevalece sobre a de aniquilá-lo pela ejeção, e a *clivagem*, que permite a separação do amor e do ódio e sua repartição por diferentes objetos. Em suma, desde que surge a ambivalência em relação ao objeto interno, ela desaparece da vivência consciente, já que a clivagem logo entra em jogo. Neste sentido e a despeito das diferenças que assinalamos, a clivagem retoma, na teoria de 1932, uma das funções anteriormente destinadas à decomposição: a de pôr ordem nas relações de objeto, classificá-las, diversificá-las, resultando assim na dosagem da ansiedade.

A partir disto, revela-se imediatamente apta a enformar o complexo edipiano clássico ou tardio e a estimular as reparações e sublimações de todos os tipos, que constituem o seu cortejo:

> Em função da divisão (*Teilung*) entre a "boa" mãe e a "má" mãe, entre o "bom" pai e o "mau" pai, o ódio, dirigido em última análise contra o id e o superego, atua contra o "mau" objeto e leva a desviar-se deste, enquanto que a "boa" mãe e o "bom" pai tornam-se objeto das tendências restauradoras, sendo bem-sucedida a reparação do que for infligido às imagos parentais nas fantasias sádicas[88].

A dissociação dos objetos introjetados em "bom" e "mau" é, portanto, o precursor imediato e, ao mesmo tempo, o fator precipitador da oposição edipiana tardia entre o rival e o objeto do amor incestuoso, nitidamente diferenciados. Nesse sentido, a clivagem mais essencial de 1932 não é, certamente, a da imago materna, como será o caso após 1934. O verdadeiro ponto de impacto da clivagem em 1932 é a terrificante imago dos pais combinados sobre a qual se concentram, no estágio do apogeu do sadismo, todos os meios do sadismo e, portanto, todos os temores. O momento decisivo do decréscimo do sadismo é aquele em que esta imago paralisante pode ser desfeita. Então...

> [...] se realiza uma separação (*Trennung*) melhor da imago dos pais combinados. A mãe converte-se, então, principalmente no objeto das pulsões libidinais, ao passo que o ódio e a ansiedade se voltam principalmente para o pai real e seu pênis, ou consequência do deslocamento a um outro objeto (fobias de animais). Com a separação da imago dos pais combinados, as imagos isoladas dos pais se especificam e a importância dos objetos reais aumenta. Isto suscita a fase durante a qual as pulsões edipianas e a ansiedade de castração relativa ao pai real se manifestam com toda a clareza (*Idem*, p. 257; ed. al., p. 299).

---

87. Cf. p.ex., *Developments in Psycho-Analysis*, p.214, trad, fr., p.202.
88. *Psychanalyse de l'enfant*, P.U.F., p.235, ed. al., p. 271.

DO APOGEU DO SADISMO AOS MECANISMOS DE REPARAÇÃO 185

Deste modo a clivagem aparece, cada vez que se lhe faz alusão na *Psicanálise da Criança*, como o mecanismo típico das fases tardias do complexo de Édipo descrito por Freud, de sua elaboração e de sua constituição progressiva. É a clivagem que torna possível as brincadeiras sexuais entre as crianças, às quais Melanie Klein atribui, em geral, um valor positivo e altamente adaptativo:

estas atividades, além de satisfazer a libido, oferecem um desmentido aos temores ligados ao ato sexual. Observei com frequência a feliz influência que sofrem as relações objetais da menina e sua evolução sexual, quando seus primeiros parceiros assumem figura de objetos protetores [...] Suas relações sexuais com o irmão demonstram à garotinha que existe realmente um "bom" pênis, reforçando sua fé no "bom" pênis introjetado e diminuindo seu medo dos "maus" objetos introjetados (*Idem*, pp. 235-236; ed. al., pp. 272-273).

É a clivagem que torna possível o ordenamento do complexo de ambivalência frente ao rival no sentido de Melanie Klein, ou seja, fazendo desaparecer as manifestações aparentes da ambivalência: na adolescência,

[...] a edificação de novos princípios e imagos paternas idealizados bem como o aumento das exigências em relação a si mesmo ajudam a apartar-se dos objetos originais. O laço positivo original com o pai pode ser restabelecido e reforçado e o perigo de um choque com ele diminuído. Este processo corresponde a uma clivagem (*Spaltung*) da imago paterna. O pai superestimado e admirado pode ser agora amado e respeitado ao passo que o "mau" pai, que é muitas vezes o pai real ou um substituto (professor), atrai sobre si as pulsões de ódio extremamente fortes neste período do desenvolvimento (*Idem*, p. 204; ed. al., pp. 233-234).

É, portanto, através da ambivalência (no sentido kleiniano de coexistência de duas relações de objeto clivadas) que pode ser superado o conflito de ambivalência, no sentido de Abraham, de um conflito entre o amor e o ódio:

Graças a esta clivagem da imagem do pai, sua agressividade dirige-se contra outros objetos. Se relacionarmos as grandes quantidades de ódio e desprezo que desvelamos no curso do trabalho analítico, e cujos objetos são professores, parentes próximos; etc, com a admiração supercompensadora por outros objetos, encontraremos a via que conduz à análise completa dos afetos e do complexo edipiano entre os adolescentes (*Idem*, p. 94).

Mecanismo apropriado para tornar compatíveis o amor e o ódio, distribuindo-os ou repartindo-os (*Teilen, Verteilen*) por diferentes objetos, a clivagem é, por este fato, um dos mecanismos determinantes do acesso a uma relação de objeto sólida. É ela que torna possível o investimento genital definitivo do objeto edipiano e a identificação com o rival em seus aspectos idealizados. É ela que permite aproximar-se do real e, a partir de uma certa etapa do desenvolvimento, projetar, sobre objetos reais, figuras internas benevolentes e protetoras. Convém, portanto, sublinhar os elos que unem particularmente a clivagem e os mecanismos de reparação. "Devido à clivagem", escreve Melanie Klein, "certas pessoas recebem projeções das imagos más, e outras recebem a projeção das imagos boas: deste modo, fazem o papel de personagens favoráveis e protetoras". Sendo as-

186 MELANIE KLEIN I

sim, a criança encontra na realidade objetos "bons" que pode introjetar e com os quais pode se identificar:

A superação é tanto melhor sucedida quanto os métodos do superego sofram mudanças de caráter com o desenvolvimento progressivo em direção à etapa genital e à introjeção correspondente de imagos mais favoráveis [...]. A reparação feita ao objeto, a formação reativa da compaixão, tornam-se o meio de apaziguar o superego (*Idem*, pp. 167-168; ed. al., p. 192).

Assim, somos levados a descrever nestes termos o processo que conduz ao acionamento dos mecanismos de reparação e da compaixão: clivagem, projeção, introjeção. Mas de que introjeção trata-se aqui?

4.6. O Conceito de Objeto Interno e as Dificuldades da Noção de Introjeção

Sabe-se, com efeito, que todos os textos anteriores à *Psicanálise da Criança* estabelecem uma relação entre a introjeção e a presença, no "interior", de objetos maus, atacados primariamente pelo sadismo e cuja vingança é temida. O fato de existirem imagos internas "boas" simétricas às imagos "más" é reconhecido em 1929[89], sem ser realmente integrado à teoria. É somente no livro de 1932 que aparecem passagens mencionando a existência de processo de introjeção de bons objetos. Tais passagens são acompanhadas de numerosas descrições das imagos internas em termos que evocam o sadismo e a ansiedade, dando um quadro inquietante do "mundo interior". Este conjunto de fatos nos parece só poder ser corretamente avaliado à luz das duas ideias seguintes:

– A despeito das aparências, não existe teoria da introjeção para Melanie Klein antes de 1932 e, em todo caso, não antes de 1931.

– A teoria apresentada em 1932 é ainda pouco coerente e não completamente desenvolvida; ela o será apenas em 1934.

Expliquemo-nos primeiro sobre a primeira destas afirmações, que corre o risco de ser tomada por um paradoxo. É verdade que os textos publicados por Melanie Klein a partir de 1926 comportam numerosas utilizações dos termos "objeto introjetado" e "introjeção". Devido a isto e pelo fato de que, aliás, todo o mundo sabe que na obra kleiniana após 1934 se acha plenamente desenvolvida uma teoria da introjeção, de suas relações com a projeção, a clivagem etc., é natural imaginar uma perfeita continuidade entre os empregos sucessivos da palavra. Mas esta continuidade não existe, e parece haver de fato pouca continuidade entre a verdadeira introjeção e o que é designado por este vocábulo por volta de 1927. Já ressaltamos que a noção de introjeção serve para conotar os fenômenos do temor do talião num de seus efeitos mais notáveis, que é a "deformação fantástica" das imagos dos objetos reais a partir de sua percepção exata. Quando o termo introjeção surge em 1926, a ênfase não é posta absolutamente no mecanismo, mas sim no resultado, na presença de um objeto introjetado. No que concerne ao sentido deste termo, ele aparece nitidamente como o antônimo do termo "objeto real". Designa figuras interditoras imaginárias

89. "La formation de rôles dans le jeu de l'enfant", *Essais de Psychanalyse*, Payot, p.246.

DO APOGEU DO SADISMO AOS MECANISMOS DE REPARAÇÃO   187

reveladas na análise da culpa precoce das crianças pequenas. O seu protótipo é a mãe introjetada cujas ameaças impedem Rita de brincar com a boneca: "a proibição do desejo infantil já não emanava da mãe *real* mas, ao contrário, de uma mãe introjetada, cujo papel a menina desempenhava para mim de várias maneiras e que exercia sobre ela uma influência muito mais dura e cruel que a verdadeira mãe"[90]. O primeiro sentido da noção de objeto introjetado é o de designar o que Melanie Klein logo chamará também de imago, ou seja, uma imagem não verista dos objetos e, em primeiro lugar, dos pais. Mas a deformação sofrida pelas imagos dos objetos não comporta nenhum mistério: corresponde simplesmente ao temor do talião. Neste sentido convém, sem dúvida, estabelecer uma relação entre esta confusão da criança entre interdições provenientes dos pais reais e interdições provenientes dos pais introjetados, e a distinção que as crianças em análise fazem transitoriamente, segundo o mesmo texto de 1926, entre a mãe imaginária da brincadeira (literalmente a "mãe de mentira") e a mãe real. Esta distinção surge ao longo da elaboração das interpretações que se referem, segundo o contexto, aos desejos de ataques sádicos e ao temor do talião daí resultante, e ela apresenta um significado defensivo. Esta distinção é invocada no quadro de uma conduta de denegação: "Por exemplo, a criança começa então a distinguir entre a 'mãe de mentira' e a mãe verdadeira, ou entre o irmãozinho de madeira e o irmãozinho vivo, e afirma firmemente o seguinte: ela quis fazer isto ou aquilo somente ao irmãozinho de madeira, – o verdadeiro irmão, por certo, ela o ama, ao que diz" (*Idem*, p. 175; ed. al., pp. 374-375). Mas este é apenas um estágio inicial da elaboração das interpretações. Quando as resistências são finalmente vencidas, a criança toma consciência "de que sua agressividade se dirige a objetos reais" (*Idem*, p. 175; ed. al., pp. 374-375).

Mais tarde ainda, perto do fim das análises, as crianças tornam-se, por vezes, capazes de evocar com humor o fato inacreditável de que queriam realmente devorar a mãe ou despedaçá-la (*Idem*, p. 176; ed. al., p. 375). Tais textos sugerem que a fronteira entre objetos reais e objetos "introjetados" ou "de mentira" é extremamente móvel e depende amplamente do peso dos mecanismos de defesa; uma agressividade muito "recalcada" só poderá atuar nas brincadeiras ou nestas personagens imaginárias do jogo que parecem ser, de fato, a primeira forma sob a qual se manifesta a existência dos objetos introjetados. Uma agressividade melhor integrada pode dispensar estes disfarces. Deste modo, o que Melanie Klein procura tematizar em termos de oposição entre objeto introjetado e objeto real é, além do caráter irreal das figuras interiores – ou seja, repitamo-lo, pura e simplesmente imagos que a criança faz de seus objetos – a tendência da criança em não reconhecer ou negar a identidade entre a mãe de mentira e a mãe real. Mas este mecanismo é familiar a Melanie Klein desde 1921 e, já nessa época, o nomeou, pelo menos por uma vez, de clivagem (*Abspaltung*), remetendo-o à ambivalência[91]. A partir de 1926, escreve infatigavelmente a distância incomensurável que há entre as figuras internas terrificantes e os pais reais, a coexistência de duas relações de objetos que se desenvolvem paralelamente em dois planos diferentes, com poucas interferências: estas descrições enfatizam um estado de isolamento de dois

90. "Les fondements psychologiques de l'analyse des jeunes enfants", *Essais de Psychanalyse*, Payot, p. 170; ed. al. *Imago*, XII, 1926, p.370.
91. "Le développement d'un enfant", *Essais de Psychanalyse*, p.76.

188 MELANIE KLEIN I

registros simultâneos do vivido que é, talvez, pelo menos parcialmente, imputável à ação de uma operação defensiva, mas não propõe um termo especial para designar este não estabelecimento de relação entre a imago e o objeto real comumente descrito como bom. Ora, pelo que nos consta, a realidade clínica de que se trata parece, de fato, coincidir com aquela que irá denotar, a partir de 1946, o conceito de *clivagem esquizoide*, que acreditamos não poder ser confundido com a clivagem cujo surgimento descrevemos na teoria kleiniana de 1932, e que será aplicado, em 1934, à posição depressiva. Deste modo, qualquer que seja sua denotação mais central, a noção kleiniana de objeto introjetado conota, em 1927, e pelo que parece até 1932, um desconhecimento da identidade profunda entre imago "irreal" e seu protótipo real, no que a teoria kleiniana ulterior perceberá uma forma de clivagem; esta conotação é tanto mais fecunda quanto as descrições kleinianas desta época tendem, no conjunto, a opor os maus objetos introjetados aos bons objetos, sendo que, além disso, a denotação introjetiva do conceito de objeto introjetado permanece es fumada durante muito tempo.

Na teoria kleiniana definitiva, o temor do talião receberá uma explicação em termos de projeção; sabe-se que a projeção comporta necessariamente uma certa dissociação acompanhada de desconhecimento, o que, em 1929, a noção de decomposição exprime. Já em 1926 algumas passagens clínicas e notadamente a que acabamos de citar parecem implicar em uma interpretação deste tipo: é porque lhes despraz a reconhecer que sua agressividade está dirigida para objetos reais, que as crianças são levadas a distinguir a mãe de mentira da mãe real; é porque quis roubar o bebê de sua mãe grávida que Rita teme as ameaças da mãe introjetada. Porém, mais precisamente, é em termos introjetivos que Melanie Klein descreve este fenômeno entre 1926 e 1932, e sabemos que o faz provavelmente porque representa, a seu ver, o começo da formação do superego, que é representado essencialmente como um processo introjetivo. Resulta daí que a noção de introjeção, tal como ela a expressa por escrito, torna-se completamente exangue, como testemunha a seguinte passagem, na qual o seu aparecimento nada acrescenta ao sentido, contribuindo antes para obscurecê-los: se "o desejo de destruir o objeto, mordendo-o, cortando-o e devorando-o, leva [...] ao medo de sofrer uma punição de forma correspondente", isto se daria "justamente porque tal objeto se transformou em punidor[92] em consequência da introjeção do objeto que se instala com as tendências edipianas". Pode-se dizer que um objeto atacado, mas não introjetado, não seria temido ou não "se tornaria punidor"? Tal tese suporia admitir que é a própria introjeção que é provida de poder deformador. Deste modo, o objeto introjetado não seria punidor porque foi atacado nas fantasias, porque suas represálias foram temidas e porque foi introjetado, mas teria se tornado perigoso e punidor mercê ao próprio fato da introjeção. Uma das consequências mais marcantes desta deformação a que Melanie Klein submeteu o conceito de introjeção é que ele se torna inadequado à descrição exata dos fatos que se revelam na análise através do brincar: durante muitos anos, por equacionar objeto introjetado e objeto deformado por força do temor do talião, ela terá a maior dificuldade em dar conta da existência de objetos introjetados benevolentes e protetores. Trata-se aqui, certamente, de uma dificuldade de alguma forma secundária, que provém

92. "Stades archaïques...", in *Essais de Psychanalyse*, p. 230.

DO APOGEU DO SADISMO AOS MECANISMOS DE REPARAÇÃO 189

da dificuldade que Melanie Klein tem em delimitar exatamente o domínio da extensão de um dos fatos que descobriu ao longo das primeiras análises através do brincar: o superego severo dos primeiros estágios não é uma imagem exata dos pais e de suas exigências, é uma caricatura destes. Nesta perspectiva sempre central para Melanie Klein, que é a da análise da ansiedade e do sentimento de culpa, a oposição pertinente entre pais introjetados e pais reais reduz-se à oposição entre pais fantásticos e irrealmente cruéis e pais reais bons ou quase bons. A severidade das imagos internas e do superego primitivo não deriva – salvo em caso gravemente patológico[93] – da severidade dos pais reais, que está sempre aquém da de suas cópias. Assim, manifesta-se certa tendência amiúde salientada na obra kleiniana, e muitas vezes criticada[94], de "inocentar" os pais e relegar a responsabilidade do sadismo à criança. Mas é fácil compreender que a atitude kleiniana não obedece a algum obscuro móvel tendencioso e sim que responde à exigência de pôr em evidência a dimensão de fantasia na formação do superego e o caráter irreal das primeiras imagos. É que se tratava, então, de opor-se a concepções como a de Anna Freud que, tomando o superego como a interiorização tardia das exigências parentais reais, são incapazes de dar conta da severidade desta instância, severidade que, de resto, elas desconhecem bastante amplamente. Deste modo, tudo concorre para a fecundidade deste esquema simples: o objeto introjetado é feroz, o objeto real é bom e tranquilizador. Compreendem-se, assim, as razões do embaraço de Melanie Klein quando acontece que um paciente – Gerald, George – a coloque em presença de imagos benevolentes que apresentam um grau de irrealidade igual ao das imagos vingadoras. Assim, Gerald põe em cena, ao lado de personagens malvadas e perigosas, uma "mamãe-fada" idealmente boa, que sua analista considera como mais próxima da realidade do que o são as imagos cruéis, e que ela apresenta da seguinte forma: "Descobri nele identificações que correspondiam melhor a seus pais reais, embora estivessem longe de se lhes parecer totalmente"[95].

Esta imago mais realista não impedia que a criança desejasse matar seu pai, castrá-lo e comer seu pênis. Reencontra-se certa perplexidade dois anos mais tarde, tratando-se de George, cujos tipos de personificação são comparados aos de Erna. As fantasias e as brincadeiras de George colocam em cena, além do ego e do superego severos, um superego protetor. Revelam, portanto, um sadismo menos intenso que o de Erna, cujos cenários preveem apenas dois papéis, o do perseguidor e o do perseguido, razão pela qual seria de esperar que seu caso fosse considerado sob uma luz mais favorável; ora, Melanie Klein não raciocina assim: "Seu ego se identifica mais completamente com o id e era menos propenso a compor-se com o superego. Tratava-se de uma exclusão inteiramente visível da realidade que desviava a ansiedade. A realização do desejo predominava claramente sobre o reconhecimento da realidade, o que é, para Freud, um dos critérios da psicose"[96]. Cabe notar que tal afirmação é quase que contraditória nestes termos. Em boa lógica kleiniana, a avaliação do sadismo, menos intenso que o de Erna, levava a esperar um diagnóstico menos pessimista. Tudo

93. "Les tendances criminelles...", *Essais de Psychanalyse*, p.225.
94. Cf. p.ex., GEORGES DEVEREUX, "Les pulsions cannibaliques de parents", in *Essais d'ethnopsychiatrie générale*, N.R.F., pp.143 e ss.
95. "Colloque...", in *Essais de Psychanalyse*, p. 198.
96. "La formation de rôles...", in *Essais de Psychanalyse*, p.245.

190 MELANIE KLEIN I

parece indicar que, em 1929, Melanie Klein considera estas imagos totalmente boas como simples réplicas invertidas das imagos terríveis, desprovidas de consistência e de estabilidade reais. Ressaltará, no mesmo artigo:
"a ação excessivamente forte exercida por estes tipos extremos de imagos,
a intensidade da necessidade de criar personagens benevolentes opostas às
ameaçadoras, a rapidez com que estas se transformam em inimigos" (*Idem*,
p. 248). Sem dúvida tais considerações são elucidativas e antecipam diretamente as concepções ulteriores que farão do objeto "ideal" da posição
esquizoide de 1946 um correlato do objeto "persecutório". Mas, em 1929,
a ideia figura apenas nesta passagem; será retomada após muito tempo e
não parece, em absoluto, ter outra função senão a de ajudar a minimizar o
alcance da existência de imagos protetoras. Embora sendo fecunda e ante-
cipadora, seu embaraço parece bem real. Ele a levou a esboçar uma nova
oposição que separaria não mais objetos irreais = maus e objetos reais =
bons, mas sim, objetos irreais (bons ou maus) e objetos reais:

> Fui levada a constatar que tais *imagos* fantásticas extremas, sejam elas boas
> ou más, operam tanto no adulto quanto nas crianças, tratando-se no caso de um
> mecanismo universal. Essas personagens representam as etapas intermediárias en-
> tre o superego terrível e ameaçador, totalmente separado da realidade, e as identi-
> ficações que se aproximam da realidade.

Assim, a fecundidade da equivalência entre objeto real e objeto bom
é tal que este texto, que começa propondo uma oposição neutra quanto ao
critério bom/mau, prossegue do seguinte modo: "A transformação progressiva destas personagens intermediárias em pai e mãe protetores mais perto
da realidade pode ser constantemente observada na análise do brincar"
(*Idem*, p. 247). Será preciso esperar 1932, e a publicação da *Psicanálise da
Criança* para que Melanie Klein comece a encarar a possibilidade de um
processo de introjeção de bons objetos. Será ainda muito frequente a tendência permanente em confundir os objetos internos bons e os objetos reais:
"A fé na existência de personagens benevolentes e protetoras, crença que
se deve à ação eficaz da libido, permite que os objetos reais se imponham
com crescente pujança e que as imagens fantásticas retrocedam ao segundo
plano"[97]. Ou ainda: "a introjeção [...] de objetos reais, que estão efetivamente bem dispostos para com a criança, [...] atenua a violência do medo
que lhe inspiram as imagos terrificantes". Deste modo, a introjeção pode
referir-se a objetos bons na medida em que são reais, mas nada indica que
seja encarada a possibilidade de uma transformação ou deformação internas, no sentido da realização do desejo, que construiria objetos irrealmente
bons a partir de objetos neutros, ou moderadamente "bons". Certamente é
possível considerar uma suavização das imagos internas terríveis graças a
um processo deste gênero; assim, quando a criança aproxima-se do estágio
genital, "suas imagos adquirem benevolência" (*Ibidem*). Mas trata-se ainda
aqui apenas de um destino do objeto introjetado *mau*. É possível perceber,
na teoria kleiniana de 1932, a existência de "bons" objetos introjetados,
distintos dos bons objetos reais e que seriam tão reais quanto os "maus"
sem ser simples réplicas invertidas destes? É possível pensar na possibilidade de uma introjeção deformadora produtora de "bons" objetos?

97. *Psychanalyse de l'enfant*, p. 162.

DO APOGEU DO SADISMO AOS MECANISMOS DE REPARAÇÃO   191

Enquanto o conjunto da orientação de Melanie Klein até 1932 parece permitir prever uma resposta negativa, há, no entanto, dois argumentos que permitem estabelecer a possibilidade de tal introjeção, de alguma forma *in extremis*, no sistema de 1932. Um deles provém da descrição de uma identificação com o objeto atacado, inicialmente descrita no caso de Dick, no qual desempenhava um papel perturbador, tendo pouca relação com a avaliação que a *Psicanálise da Criança* fará a este respeito. O outro argumento provém de uma nota de rodapé que comporta esta afirmação única e isolada em todo o livro: "No capítulo 8 vimos como o 'bom' seio se converte em 'mau' em consequência dos ataques imaginários que a criança efetua contra ele [...] de sorte que a introjeção primária tanto de uma boa quanto de uma má imago materna se verifica antes da formação de qualquer outra imago"[98]. Tal passagem comporta, no seu primeiro momento, uma inexatidão: em nenhuma outra parte Melanie Klein afirmou a transformação do "bom" seio em "mau" como consequência dos ataques lançados contra ele, nem afirmou a anterioridade de uma relação com o "bom" seio sobre aquela com o "mau". Apenas um artigo de 1929 mencionava que a frustração oral transforma "a indulgente 'mãe boa' em 'mãe má'"[99]. Porém, tratava-se da mãe, não do seio, e de uma passagem ambígua que interpreta uma obra literária (o libreto de *L'Enfant et les sortilèges*). Esta nota permanece como exemplo único, nos escritos publicados até 1932, de uma tal afirmação: parece-nos testemunhar o fato de que está sendo preparado, e precisamente no domínio da teoria da introjeção, um movimento que levará Melanie Klein a descobrir, em 1934, a posição depressiva.

4.7. *A Introjeção e a Incorporação Oral e seu Relacionamento Tardio*

Quando se propuser a explicar o processo de introjeção, Melanie Klein lhe consignará como fundamento e protótipo pulsional a incorporação oral e é por aí, segundo parece, que a noção de introjeção vai enfim adquirir uma certa consistência. Cumpre, todavia, precisar que esta evolução é relativamente tardia e, principalmente, que é posterior à reintrodução, em 1929, da noção de projeção. Deste modo, em 1932, a introjeção perdeu a supremacia aparente que os textos anteriores lhe conferiam. Devido a isto, a introjeção adquire uma nitidez de contorno que estava longe de ter anteriormente, mas a condição desta clarificação é uma certa subordinação da teoria da introjeção à da projeção. Os diferentes momentos da interiorização irão, agora, corresponder a momentos significativos da história do desenvolvimento dos processos projetivos. A despeito deste paralelismo, os termos que designam os processos introjetivos permanecem mais numerosos e com uma utilização menos precisa do que os correspondentes ao campo semântico da projeção. Se é relativamente fácil destacar o termo "identificação", que é no mais das vezes empregado no sentido material (para designar não o processo de identificação, mas sim seus produtos, os quais poderiam ser chamados de "identificados" por analogia com os "introjetados" de que falam certos autores). Pode-se igualmente distinguir a incorporação, processo libidinal descrito por Abraham como simétrico oral da ejeção anal, da introjeção da qual é o protótipo. Quanto

98. *Psychanalyse de l'enfant*, P.U.F, p.221.
99. "Les situations anxiogènes...", in *Essais de Psychanalyse*, p.247.

192 MELANIE KLEIN I

à interiorização, corresponde aos termos mais vagos: prender dentro de si, ter no interior de si, os que se aplicam tanto às manifestações mais primitivas do canibalismo como às formas mais evoluídas da introjeção do "bom" objeto.

A primeira forma de interiorização que aparece no desenvolvimento da criança é, segundo a *Psicanálise da Criança*, a incorporação parcial, acoplada, na teoria, à deflexão da pulsão de morte. O termo é aparentemente abrahamiano, porém Melanie Klein mudou completamente seu sentido. Em Abraham, a incorporação parcial é o processo típico do primeiro estágio anal, e é dita parcial porque renuncia ao devoramento completo do objeto, alvo do canibalismo total. Se o objeto só é devorado em parte, isto se dá para conservá-lo. Este aspecto desaparece completamente em Melanie Klein: a incorporação parcial e, para ela, a que versa sobre objetos parciais (seio, pênis, fezes), pouco distintos dos objetos completos que eles representam ou substituem (*Vertreten*), e parece claro que ela o entende como um processo canibalesco: "o núcleo do superego provém, conforme sua experiência, da incorporação parcial efetuada durante a fase canibalesca". Nesta fase, "os objetos reais ou incorporados são representados sobretudo por seus órgãos", o que é agora invocado para explicar a deformação sofrida pelas imagos: elas "guardam a marca dessas pulsões pré-genitais"[100].

A conexão é direta entre esta incorporação e a deflexão da pulsão de morte. Parece ser necessário entender esta primeira interiorização como posterior à deflexão e como estando referida a um objeto externo transformado em mau por esta primeiríssima defesa: "O fato de que o ego sinta o objeto interiorizado como um inimigo tão cruel do id, explica-se de um modo inteiramente lógico pelo fato de que a pulsão destrutiva defletida para o mundo exterior pelo ego voltou-se contra o objeto; em consequência, só cabe esperar hostilidade da parte deste contra o id" (*Idem*, p. 151; ed. al., p. 173). A sucessão genética é, portanto, clara: deflexão da pulsão destrutiva, em seguida incorporação canibalesca do objeto que irá comandar, por sua vez, a projeção propriamente dita, fundada na ejeção. A incorporação é um relê necessário entre o primeiro precursor da projeção – a deflexão – e a projeção verdadeira:

> Quando a criança pequena começou a introjetar o objeto – representado, aliás, no começo, num vago esboço, somente seus órgãos – então [...] a ansiedade em face do objeto introjetado aciona os mecanismos da ejeção e da projeção. Isto conduz a uma interação entre projeção e introjeção cuja importância é fundamental para a formação do superego, tanto quanto para o desenvolvimento das relações objetais e para a adaptação à realidade (*Idem*, p. 156; ed. al., p. 179).

Tão logo a interiorização leva a uma projeção, o texto de 1932 lhe dá o nome de introjeção. É unicamente por sua entrada em contato com a projeção que a introjeção é concretamente descrita como um mecanismo dotado de uma base libidinal precisa, a incorporação, e que contribui assim para a adaptação à realidade.

É preciso ainda assinalar que o corpo da obra não descreve em absoluto a introjeção, a não ser pelos seus aspectos sádico-orais, como se fosse muito difícil

---

100. *Psychanalyse de l'enfant*, pp. 150-151.

DO APOGEU DO SADISMO AOS MECANISMOS DE REPARAÇÃO   193

para Melanie Klein realmente separar este processo da conotação "má" que adquiriu ao ser utilizado, durante seis anos, para explicar a deformação ansiógena sofrida pelos objetos internos. Se a ideia da introjeção de um objeto se anuncia é apenas, como já vimos, através de notas de rodapé: em 1932 a concepção kleiniana da introjeção não atingiu ainda o equilíbrio.

5. A DESCOBERTA DOS MECANISMOS DE REPARAÇÃO

5.1. *As Circunstâncias da Descoberta dos Mecanismos de Reparação*

Nem a teoria da projeção nem a da clivagem atingem seu pleno desenvolvimento em 1932. A da introjeção está ainda, nesta época, em vias de formação, enquanto que a do simbolismo permanece amplamente implícita. A dos mecanismos de reparação, em contrapartida, apresenta na *Psicanálise da Criança* a forma que manterá como essencial nas teorias ulteriores. Neste sentido, é a descoberta mais importante – em sua forma definitiva – feita por Melanie Klein entre 1927 e 1932.

O primeiro surgimento de um dos termos pertencentes à série da reparação figura nas "Primeiras Fases do Complexo de Édipo", onde é acompanhado de início por sua inserção no modelo fundamental típico dos mecanismos de reparação: o equacionamento entre o corpo materno e o corpo próprio, ação real sobre aquele corpo dos dois termos equivalentes, que é materialmente acessível (trata-se aqui do corpo próprio real), a fim de ser tranquilizado quanto ao estado do corpo em fantasia (objeto interno). A menina que, ao longo de seu desenvolvimento, dirigiu ataques imaginários contra o corpo de sua mãe e seus conteúdos, teme a destruição do interior de seu próprio corpo. Daí a preocupação feminina com a aparência física: "Enfeitar-se e embelezar-se é algo que se baseia sempre na tendência para restauração de si (*Selbstwiederherstellung*), que se origina na ansiedade e no sentimento de culpa"[101]. Desde o início deste ano de 1927, Melanie Klein descrevera uma conduta infantil referente à reparação, porém sem empregar a palavra: tratando das brincadeiras que põem em cena o desenvolvimento do pai ou da mãe, assinala que tais brincadeiras se prolongam invariavelmente através de condutas reativas: "a criança trata agora de fazer bem e espiar o que fez"[102]. Neste texto, trata-se efetivamente da reparação do objeto atacado, porém sem o termo e sem a estrutura relacionai típica. No texto de setembro, o termo e a estrutura relacionai estão presentes, mas o ponto de aplicação não é totalmente encontrado. Não se trata ainda da reparação do objeto danificado, mas sim da restauração de si mesmo. É preciso esperar pelo ano de 1929 para que sejam encontrados associados o termo e todos os aspectos do conceito.

Isto ocorre num texto surpreendente denominado "Situações de Ansiedade Infantil Refletida numa Obra de Arte e no Impulso Criador". Foi escrito em algumas semanas, sugerido pelas circunstâncias. Lido a 15 de maio de 1929 em uma reunião da Sociedade Britânica de Psicanálise, reproduz quase que integralmente e comenta dois artigos publicados num diário berlinense, o *Berliner Tageblatt*, nos dias 11 e 23 de março precedentes. Conhecido como o texto em que está introduzida a noção de repa-

---

101. *Essais de Psychanalyse*, p.238.
102. "Les tendences criminelles...", in *Essais de Psychanalyse*, p.216.

194 MELANIE KLEIN I

ração, não dedica mais do que cinco linhas explícitas a este conceito. Primeiro escrito de Melanie Klein consagrado à arte, versa sobre obras que ela não conhecia diretamente: a obra lírica de Maurice Ravel, *L'Enfant et les sortilèges*, baseada no libreto, escrito por Colette, o qual Melanie Klein cita a partir da crítica, publicada pelo jornal berlinense, de uma apresentação ocorrida na Ópera de Viena; a pintura de Ruth Kjär, à qual a publicista e polígrafa célebre na época, Karin Michaelis, consagrara sua crônica semanal do dia 23 de março, mas que parece nunca ter sido exposta e nunca ter conquistado notoriedade nos meios competentes, a tal ponto que nenhum dos especialistas que consultamos pôde nos dar a menor informação sobre esta artista. É portanto provável que Melanie Klein jamais tenha visto as telas que comenta. A versão alemã do texto de Melanie Klein, publicada dois anos após a versão inglesa, apresenta, o que é bastante raro[103], diferenças não desprezíveis em relação a esta.

Conhece-se o plano de conjunto deste artigo: citação extensa e, em seguida, comentário psicanalítico, inicialmente do texto da crítica de *L'Enfant et les sortilèges* e, em seguida, do artigo de Karin Michaelis. Recordemos rapidamente o argumento do libreto de Colette: uma criança preguiçosa que se recusa a fazer seus deveres teve como castigo comer pão seco; tem um acesso de raiva e põe-se a destruir o quarto em que se encontra. Os objetos e animais que destruiu ou machucou revoltam-se, caçam-na no jardim, onde os animais a atacam. Tudo termina bem porque ela cuida de um esquilo machucado, o que atenua a fúria dos animais. Quanto ao relato de Karin Michaelis, refere-se à história de uma jovem mulher levada a pintar porque não suporta ver o vazio deixado na parede de sua casa por um quadro que teve que ser retirado dali: tal vazio parece-lhe coincidir com o vazio que ela sente dentro de si mesma e que procura preencher, pintando meia dúzia de telas que o autor do relato apresenta como obras-primas. Nos dois casos a interpretação de Melanie Klein liga os espaços considerados – quarto e jardim na ópera de Ravel e a casa de Ruth Kjär – ao corpo da mãe atacado nas fantasias: "Os incidentes ocorridos no quarto repetem-se, agora, em escala bem maior num espaço mais amplo e em maior número. O mundo, transformado em corpo materno atacado, manifesta sua hostilidade à criança e a persegue"[104]. No que concerne ao relato de Karin Michaelis, a parede vazia de onde havia sido retirado o quadro remete ao espaço vazio que existia "dentro de Ruth". Este espaço vazio corresponde ao "sentimento de estar faltando algo em seu corpo", sendo ele próprio a expressão do "temor de que a mãe, por sua vez, lhe roube o conteúdo de seu corpo e especialmente os filhos, e de que este seja destruído ou mutilado" (*Idem*, p. 261). Quando Ruth Kjär faz o retrato de sua mãe, *repara* os danos causados a esta última por seus ataques em fantasia: "o desejo de reparar o que foi feito em fantasia à mãe e assim (a fim de antecipar as represálias em resposta à sua agressão) restaurar o próprio corpo destruído, me parece ter determinado esta sua necessidade compulsiva de pintar estes retratos de membros da família"[105]. Reparando simbolicamente a mãe e a irmã, poderíamos acrescentar que ela repara a imago materna enquanto objeto

---

103. Com exceção da *Psychanalyse de l'enfant*, cf. a introdução deste capítulo (p. 135).

104. *Essais de Psychanalyse*, p.258.

105. *Essais de Psychanalyse*, p.262.

DO APOGEU DO SADISMO AOS MECANISMOS DE REPARAÇÃO 195

interno, assim procedendo, repara a si mesma. Deste modo podemos compreender a dimensão narcísica implícita no texto de 1927 (os cuidados com a beleza da mulher como "restauração de si mesma") bem como o tom em igual modo extremamente narcisista da descrição, sem dúvida muito idealizada que Karin Michaelis faz de sua amiga Ruth Kjär. O que está presente a partir das primeiras utilizações do conceito de reparação é este jogo de equivalências entre, por um lado, o corpo-ventre da mãe, que fornece o modelo continente/conteúdos (ventre/objetos parciais, conteúdos do ventre: fezes, bebês, pênis do pai etc.) e o mundo e, por outro, o corpo próprio. É no jogo destas equivalências simbólicas que poderá se desenvolver o mecanismo de reparação.

Mas na base deste jogo de correspondências entre o corpo fantasiado da mãe e seus equivalentes várias condutas defensivas são possíveis: projeção, decomposição etc. É justo perguntar como se dá a passagem do medo das represálias do objeto para esta reconciliação que está contida na própria noção de mecanismo de reparação. O que leva a criança a seguir antes o caminho da reparação do que o da repetição indefinida dos ataques sádicos? Tal é a questão que permanece aberta após o texto sobre "Situações de Ansiedade Infantil Refletida numa Obra de Arte e no Impulso Criador". Um início da resposta a esta questão aparece alguns meses mais tarde, mas de uma maneira tal que não abrange sua teoria mais ampla. Tratando-se do caso Dick – caso simultaneamente exemplar e eminentemente singular – Melanie Klein vincula claramente os mecanismos de restituição (*Zurückgebung*) às pulsões genitais, associando-os à identificação com o objeto fundada na empatia (*Einfühlung*). Neste sentido antecipa sua teoria ulterior, mas as particularidades do caso Dick impedem de estender a todas as crianças o que foi observado no seu caso. O que em 1932 surgirá como condição de um desenvolvimento favorável é posto, aqui, na origem de uma pseudodebilidade de natureza psicótica em função do caráter prematuro do surgimento simultâneo, nesta criança, dos mecanismos de reparação e da identificação empática com o objeto: "a fase genital nela entrara cedo demais em atividade". Devido a este fato, os ataques sádicos contra a mãe "eram seguidos não somente pela ansiedade, mas também pelo remorso, pela compaixão e pelo sentimento de que deveria restituir o que foi roubado". Sendo capaz de experimentar tão cedo sentimentos desta natureza, a criança está ainda por demais comprometida com a fase sádica para ser capaz de lhes dar a resposta apropriada que são as fantasias de reparação ativa e construtiva, contendo uma parte de ação real: "A identificação prematura com o objeto não podia ser relacionada com a realidade". Dick era ainda incapaz de dirigir sua empatia, endereçando-a a objetos materiais assim como às pessoas. Esta seleção que permitirá a decomposição lhe é ainda inacessível. Ele não pode, portanto, assumir verdadeiras condutas reparatórias; só pode impedir-se de qualquer aproximação de sua mãe – quer seja no plano do sadismo, das pulsões libidinais ou da pulsão do saber. É esta inibição radical que está na origem do recuo psicótico de Dick: "Ao lado de sua incapacidade de tolerar a ansiedade, esta prematura *empatia* tornara-se o fator de sua rejeição de qualquer tendência destrutiva. Dick rompera seus laços com a realidade e detivera sua vida de fantasia" (*Idem*, p. 272; ed. al., *I.Z.P.*, 1930, p. 66). Outro exemplo clínico, o de John, que nos apresenta uma nova ideia em 1931, retomando esta equivalência a este interjogo entre corpo da mãe, corpo próprio,

196 MELANIE KLEIN I

mundo, que fornecem o quadro das fantasias reparatórias. O mecanismo de reparação está ligado, ao menos por lhe ser contemporâneo, a uma possibilidade de triagem entre os bons e os maus objetos que a próxima teoria da clivagem do objeto anuncia. Graças a uma diminuição, resultante da análise, de sua ansiedade frente ao superego, John tornou-se capaz de restaurar simbolicamente o corpo da mãe e o seu próprio corpo, escolhendo sua gaveta (trata-se da gaveta atribuída à criança, da qual possui a chave e na qual coloca, no intervalo entre as sessões, os brinquedos que utiliza nestas). Assim fazendo, "punha ordem em seu próprio corpo e separava suas próprias posses das coisas que ele roubara do interior do corpo da mãe, bem como separava as fezes más das boas, e objetos maus dos bons"[106]. Estes dois artigos apresentam, a partir destes dois casos individuais, o essencial dos temas que a *Psicanálise da Criança* irá desenvolver e que iremos agora destacar.

5.2. *Os Mecanismos de Reparação Têm por Base as Pulsões Genitais*

Esta tese é acompanhada do seguinte corolário: é o decréscimo do sadismo que libera os mecanismos de reparação. Mas, já que o sadismo decresce a partir da fronteira entre o primeiro e segundo estágio anal, é neste período que sua influência se atenua e, portanto, os mecanismos de reparação, que atingem seu apogeu no estágio genital, aparecem desde o segundo estágio anal do qual são, de fato, característicos. Tais são os principais pontos da teoria pulsional da reparação. É preciso confessar que, se os princípios gerais desta teoria são claros e lógicos, os detalhes são algumas vezes complexos e até mesmo confusos. Os principais aspectos a serem precisados são os seguintes:

– A despeito das aparências, os mecanismos de reparação obedecem a um determinante único. Emergência das pulsões genitais e decréscimo do sadismo não são processos independentes. São, ao contrário, estreitamente solidários, um sendo correlato do outro. Sabe-se que, para Melanie Klein, as pulsões genitais estão presentes desde o sexto mês de vida e são elas que desencadeiam os princípios do complexo de Édipo arcaico. Mas durante todo o período do apogeu do sadismo são recobertas pelas pulsões agressivas que deformam as manifestações edipianas e tornam impossível qualquer reparação, ou lhe proporcionam uma saída catastrófica para a própria pessoa quando, como no caso de Dick, pulsões genitais precoces impõem prematuramente a preocupação com o objeto.

– Mais difícil de admitir é o fato de que os mecanismos reparadores têm essência genital, sendo ao mesmo tempo característicos do segundo estágio anal. No plano lógico, certamente, as coisas são claras: já que as pulsões genitais estão presentes desde o início do Édipo arcaico, e portanto desde o desmame; já que os estágios libidinais, segundo Melanie Klein, se acavalam e se interpenetram em larga medida, é natural que sejam encontradas manifestações genitais desde a idade do desmame. É também compreensível que as manifestações de reparação sejam impossíveis no apogeu do sadismo e que, devido a este fato, manifestações que são genitais quanto à sua base pulsional surjam de forma sistemática e característica no começo do segundo estágio anal. Mas isto não deixa de colocar a questão das rela-

---

106. "Contrib. théor. inhibition intellectuelle", in *Essais de Psychanalyse*, p.291.

DO APOGEU DO SADISMO AOS MECANISMOS DE REPARAÇÃO   197

ções que a reparação mantém com os mecanismos próprios do segundo estágio anal, em particular com a formação reativa. Trata-se aqui de um ponto delicado ao qual será necessário retornar de forma mais extensa.

5.3. Os Mecanismos de Reparação Têm como Fator Desencadeante não a Ansiedade mas sim a Culpa

Esta tese só se torna compreensível se for especificado imediatamente que, na ocasião de sua teoria dos mecanismos de reparação, Melanie Klein transforma profundamente sua teoria da ansiedade. O sentimento de culpa é doravante nitidamente distinguido da ansiedade, da qual é uma elaboração tardia. A noção de culpa encontra-se, daqui por diante, restrita a formas que parecem excluir o temor do talião mas implicar a identificação com o objeto atacado pelo próprio sadismo. Assim, curiosamente, as noções de sentimento de culpa e de superego encontram-se separadas na teoria kleiniana, e assim permanecerão doravante. Assiste-se, deste modo, a um verdadeiro vaivém entre as noções. A partir de 1923, Melanie Klein havia considerado a ansiedade que se manifesta nos acessos de *pavor nocturnus* como resultado da culpa edipiana. Em 1926, fundava-se na existência de uma culpa sentida muito precocemente para afirmar a existência do Édipo arcaico. Agora, restringindo a extensão do conceito de sentimento de culpa, ela o descreve como mais tardio. Mas o superego inicial permanece situado no estágio edipiano arcaico. Entre 1932 e 1934, Melanie Klein admitirá que este superego provoca uma ansiedade que não é ainda sentimento de culpa, mas simplesmente temor do talião.

O mais longínquo precursor desta distinção fundamental, e destinada a tornar-se e permanecer um dos elementos mais centrais das concepções kleinianas, figura num texto de 1927. Neste texto são distinguidos dois tipos principais de manifestações do sentimento de culpa, na clínica infantil: ele pode ou expressar-se diretamente, "sob forma de ansiedade ou de representações, que implicam em supercompensação e que são a expressão de formações reativas"[107]. Em 1932, quando introduz explicitamente esta distinção entre ansiedade e sentimento de culpa, ela remete a seu texto de 1929[108] no qual, no entanto, esta distinção figura apenas implicitamente. A primeira afirmação verdadeira desta tese aparece pois na *Psicanálise da Criança*: "O frágil ego da criança não pode chegar a nenhum compromisso com este superego que ameaça de maneira tão insensata; é somente numa fase mais avançada que esta ansiedade se prolonga igualmente em sentimento de culpa e aciona os mecanismos neuróticos obsessivos"[109].

Em que consiste tal distinção? A ansiedade é puramente egocêntrica, poder-se-ia dizer, narcísica, se este termo fizesse parte do vocabulário kleiniano, enquanto que o sentimento de culpa é acompanhado da preocupação com o objeto. É preciso no entanto confessar que os textos de 1932, se não deixam nenhuma dúvida sobre a presença desta ideia na teoria kleiniana da época, não dão, a seu respeito, nenhuma formulação clara,

---

107. "Colloque sur l'analyse des enfants", in *Essais de Psychanalyse*, p. 187.

108. "Les situations anxiogènes de l'enfant", in *Essais de Psychanalyse*, pp.254-262.

109. *Psychanalyse de l'enfant*, p. 184; ed. al., p.211.

198 MELANIE KLEIN I

completa e detalhada. Certamente, a ideia de um elo entre a distinção da ansiedade e do sentimento de culpa, por um lado, e a oposição do sadismo e da preocupação com o objeto, por outro, é, desde esta época, visto como tipicamente kleiniano. Edward Glover apresenta-a como tal na sua recensão da *Psicanálise da Criança*[110]. Mas a comparação não é feita em termos expressos por Melanie Klein, que desenvolve duas séries paralelas e relativamente independentes de considerações. De um lado, ela insiste na ideia de que a ansiedade apresenta duas formas sucessivas e distintas. Mas o contexto e a intenção nos quais isto é feito não deixam de surpreender, e até mesmo decepcionar aquele que esperaria uma antecipação do seu conceito futuro de ansiedade depressiva. Inteiramente ocupada em fazer com que seja admitida sua teoria de um superego primitivo, feroz e implacável, procura mostrar o caráter tardio e relativamente superficial ou, em todo caso, muito atenuado, das situações ansiógenas classicamente reconhecidas pela psicanálise na esteira de Freud e, em particular, a ansiedade da perda do objeto[111]. A distinção dos dois tipos de ansiedade aparece assim num movimento de argumentação que limita singularmente seu alcance. A tese central da passagem é, efetivamente, a seguinte: por certo o medo de perder o objeto amado existe na criança pequena, mas é precedido pelo medo de sofrer o talião, ou seja, existem situações ansiógenas mais arcaicas do que as descritas por Freud. Não é para chamar a atenção sobre a originalidade das formas evoluídas e tardias da ansiedade que este texto foi escrito, mas, ao contrário, para relativizar seu alcance. Nem por isso deixa de subsistir que, neste contexto, impróprio, em boa retórica, à introdução de tal ideia, Melanie Klein é levada a definir a preocupação com o objeto, senão como a manifestação típica da ansiedade tardia, ao menos como uma de suas manifestações:

> O pesar pela ausência da pessoa amada (desejada), perda de amor ou perda de objeto enquanto perigo, assim como o medo de ficar só no escuro ou o receio de permanecer em companhia de uma pessoa estranha: aprende a reconhecer em tudo isso repercussões modificadas das situações ansiógenas mais arcaicas, especialmente a ansiedade por objetos perigosos exteriorizados. A esta ansiedade mais arcaica vem juntar-se, numa fase um pouco mais tardia desse desenvolvimento, a preocupação com o próprio objeto. A criança sente agora a ansiedade pela morte de sua mãe por causa dos ataques imaginários efetuados contra ela na fantasia e teme, além do mais, ser abandonada em seu desamparo[112].

Mas se a criança experimenta a necessidade da presença de sua mãe, pensa Melanie Klein, é no quadro da procura de uma tranquilização contra os temores mais arcaicos: é para ter a prova de que a mãe verdadeira é benevolente e de que não se confunde com a mãe terrível das fantasias. Em suma, esta ideia, capital a nosso ver, da existência de duas formas de ansiedade – uma egocêntrica e outra altruísta –, ideia propriamente kleiniana, interessa tão pouco a Melanie Klein neste momento que ela só a introduz acidentalmente numa passagem cuja questão central não é "quais são as formas mais elaboradas da ansiedade?", mas sim, "a ansiedade da perda do objeto não está baseada numa ansiedade mais profunda?" É pre-

110. *International Journal of Psycho-Analysis*, 1933, pp. 119-129.
111. S. FREUD, *Inibições, Sintomas e Ansiedade*, *G.W.*, v.XI, p.77.
112. *Psychanalyse de l'enfant*, p. 194; ed. al., p.222.

DO APOGEU DO SADISMO AOS MECANISMOS DE REPARAÇÃO   199

ciso, além disso, ressaltar que em toda esta passagem não é abordada, uma só vez, a questão do sentimento de culpa. No mais, a palavra figura apenas uma vez e é tomada no seu sentido mais amplo[113] nas primeiras páginas deste capítulo dedicado a "O Significado das Primeiras Situações de Angústia no Desenvolvimento do Ego". Notar-se-á igualmente que aqui não é ventilado o problema dos mecanismos de defesa em geral, nem em particular, dos de reparação.

A distinção explícita entre a ansiedade e o sentimento de culpa é, em contrapartida, abordada em relação direta com o estudo das tendências de reparação. Estes dois afetos diferenciam-se tanto mais nitidamente quanto a criança, ao longo de seu desenvolvimento, aproxima-se da fase genital: "A condição prévia para o desenvolvimento das tendências reparadoras e das sublimações é que a pressão exercida pelo superego diminua e se manifeste no ego sob a forma de sentimento de culpa (*Idem*, p. 168, ed. al., p. 192). Esta transformação necessita portanto do concurso de duas modificações simultâneas: uma é quantitativa, correspondendo ao rápido decréscimo do sadismo ao longo do segundo estágio anal. A outra é qualitativa e não nos é descrita de maneira mais completa. Melanie Klein se contenta em estudar os aspectos econômicos do fenômeno, notadamente perceptíveis nas variações da pressão do superego que acompanham a aquisição do sentimento de culpa propriamente dito e que podem provocar regressões: "As transformações qualitativas do superego decorrem da manifestação mais forte das pulsões genitais e da relação objetal que influenciam a ligação do superego com o ego e liberam o sentimento de culpa. Mas de modo que o sentimento de culpa sobrevenha de maneira demasiado veemente e sua ação sobre o ego se valorize, de novo, principalmente sob a forma de ansiedade" (*Idem*, p. 168). E quando esta regressão se completa, o ego retorna a seus mecanismos de defesa anteriores, todos com o sentido de um ataque contra o objeto, recorrendo principalmente à ejeção-projeção do superego. Mas o que é do aspecto propriamente qualitativo do fenômeno?

Quando se propõe a distinguir a ansiedade do sentimento de culpa, Melanie Klein cita o artigo de Ernest Jones sobre "O Medo, a Culpa e o Ódio". Este texto de 1929 distingue efetivamente medo e culpa e procede, além do mais, à diferenciação de duas formas de cada um deles. Jones funda a distinção geral entre estes dois afetos sobre considerações filogenéticas e ontogenéticas. Mas é a experiência psicanalítica que permite definir a descrição: "se é verdade que na clínica das neuroses toda ansiedade consciente recobre ordinariamente um sentimento de culpa inconsciente, é preciso ter o cuidado de não generalizar esta relação: a própria culpa provém de um estado de temor ainda mais antigo"[114]. É esta ideia que Melanie Klein retoma em 1932. Mas, neste artigo, Jones se refere ele mesmo às concepções kleinianas. Declara-se interessado pela teoria da "gênese do superego, no estágio sádico mais do que no estágio fálico" (*Idem*, p. 283). Nesta perspectiva, interroga-se sobre a primeira forma do sentimento de culpa. Está associado, supõe, à ansiedade primária da insa-

---

113. *Psychanalyse de l'enfant*, p. 193: "A presença e o amor dos objetos reais contribuem igualmente para diminuir seu medo aos objetos introjetados e seu sentimento de culpa" (ed. al., p.121).

114. *Théorie et pratique de la psychanalyse*, Payot, p.279.

200 MELANIE KLEIN I

tisfação libidinal antes do estabelecimento da relação de objeto. Esta primeira culpa teria como efeito inibir a pulsão, permitindo assim evitar a dor que surge com a ausência da satisfação. Jones situa-se no quadro da segunda teoria kleiniana da ansiedade, à qual Melanie Klein jamais aderiu, uma vez que havia descoberto, antes que Freud publicasse *Inibições, Sintomas e Ansiedade*, que a ansiedade é, antes de mais nada, ansiedade do talião proveniente do próprio sadismo. Mas Jones mesmo nota que, no tocante a esta primeira forma de inibição pulsional, "não é de modo algum certo falar de culpa no sentido completo do termo. É necessário uma expressão particular, por exemplo, o estágio da culpabilidade pré-cruel. Este assemelha-se de fato ao processo de inibição e de renúncia, e a fórmula seria o imperativo categórico: não devo, porque é insuportável". Há aqui pois uma tentativa de evitar a ansiedade primária" (*Idem*, pp. 282-283). Quanto à segunda forma de sentimento de culpa, esta aparece com a relação de objeto:

> Aqui, o sadismo aparece combinado com a cólera proveniente da frustração e o amor dirigido para outra pessoa entra em conflito com o temor do castigo que emana deste (castração e desaparecimento da pessoa amada); o segundo estágio, aquele de uma culpa completamente desenvolvida, se constitui. A fórmula então é a seguinte: "Eu não deveria porque é mau e perigoso".

Nesta perspectiva, qualquer que seja o aspecto inaceitável de um ponto de vista kleiniano e a estranheza da noção de uma "culpa" simultaneamente pré-cruel e pré-objetal, a distinção de Jones tem o mérito de trazer à luz a discussão relacionai e o alto grau de elaboração da segunda forma do sentimento de culpa. "Parece-me completamente improvável – ele pode notar então – que a culpa nunca surja em relação a um objeto que só é odiado: a ambivalência é uma condição essencial da culpa" (*Idem*, p. 283). É sem dúvida esta ideia que motiva o interesse de Melanie Klein pelas reflexões de Jones, de quem absorve duas teses: o temor é mais antigo do que a verdadeira culpa; a culpa propriamente dita supõe o amor e não apenas o ódio.

A partir de 1929, o artigo que expõe o caso de Dick[115] nos fornece a primeira descrição, na obra kleiniana, de uma culpa distinta da ansiedade: "Neste ponto se evidenciou em primeiro plano o fato já mencionado – e que fora um fator determinante no desenvolvimento de Dick: a atividade prematura da fase genital, ou seja, o fato de que tais manifestações[116] eram seguidas não apenas de temor (*Angst*) mas também de remorso, compaixão e necessidade de reparar". É evidente que este texto vai ao encontro da segunda sugestão de Jones: a culpa não existe sem a presença do amor. É também evidente que o sentimento de culpa, tal como é descrito aqui, está indissoluvelmente ligado, por um lado, à necessidade de uma ação reparadora e, por outro, a sentimentos que implicam uma certa identificação com o objeto: associadas a estas manifestações prematuras, porém autênticas, do sentimento de culpa, encontramos "a identificação demasiada precoce com o objeto" ou uma "empatia prematura". Neste sentido, a culpa

115. MELANIE KLEIN, "L'importance de la formation du symbole", in *Essais de Psychanalyse*, p.272.

116. Trata-se, evidentemente, de ataques sádicos.

DO APOGEU DO SADISMO AOS MECANISMOS DE REPARAÇÃO   201

verdadeira tem uma parte vinculada com a compaixão, que aparece como possante móvel do acionamento dos mecanismos de reparação. Mas tal conexão não deixa de apresentar problemas, pois, na teoria psicanalítica clássica, a compaixão não é comumente associada ao nível genital, mas sim ao das formações reativas do segundo estágio anal. Ora, é precisamente este ponto que Melanie Klein coloca em questão.

5.4. Os Mecanismos de Reparação Pertencem ao Grupo das Formações Reativas

A própria natureza dos princípios gerais da teoria kleiniana leva necessariamente a uma reavaliação dos mecanismos reativos. Na concepção freudiana clássica, em que o sadismo nunca é absolutamente primário, é possível distinguir movimentos propriamente libidinais de movimentos essencialmente reativos, procedentes de uma intenção de defesa contra a agressividade, defesa esta que opera o mais das vezes a partir do procedimento econômico do contrainvestimento. Pode-se assim fazer a separação entre um amor e uma benevolência espontâneas, expressão direta da pulsão, e um amor amiúde descrito como coercitivo (*zwanghaft*, traduzido frequentemente por um termo carregado de conotações psicopatológicas: compulsivo), que é a *supercompensação* de um ódio inconsciente reprimido. Mas, na lógica da concepção kleiniana, a libido pura, não infiltrada pelo sadismo, só é encontrada ao longo do período pré-ambivalente do estágio oral de sucção e é essencialmente anobjetal. Toda relação de objeto, qualquer que seja, é sádica e ansiógena antes de ser libidinalizada num segundo momento. Mas se é verdade que Eros vem sempre após Tânatos, podendo apenas seguir seus passos, qualquer manifestação de libido e de amor assumirá necessariamente uma forma reativa: não haverá lugar para distinguir, na teoria, entre as manifestações pulsionais libidinais e formações reativas. Por conseguinte, ainda que os mecanismos de reparação ocupem um lugar privilegiado na série das manifestações reativas, fazem incontestavelmente parte desta: existe uma série contínua de intermediários entre as atitudes de reparação mais eficazes e mais "normais" e as formações reativas mais neuróticas. Assim como os mecanismos de reparação propriamente ditos, as formações reativas aparecem no início do *segundo* estágio anal "que leva a uma evolução nas relações objetais. É também neste momento [...] que a aprovação vinda destes objetos tranquiliza a criança e a protege de uma destruição efetuada a partir de dentro ou de fora: de sua restauração depende sua própria integridade corporal"[117]. Em suma, assim como a libido tomou emprestadas as trilhas abertas pelo sadismo quando se trata de investir os objetos e o mundo exterior, ela agora segue os caminhos percorridos pelas tendências sádicas e suas metamorfoses em temores de represálias, vias essas traçadas pelo sistema das equivalências simbólicas entre o corpo da mãe, mundo exterior, mundo interior, corpo próprio. Para garantir a segurança de meu corpo e de meu mundo exterior, posso reparar a imago interiorizada da mãe. E para fazê-lo posso, apoiando-me no simbolismo, oferecer desenhos ou recortes para a mãe real que lhe corresponde no mundo exterior.

117. MELANIE KLEIN, *Psychanalyse de l'enfant*, p. 160.

202 MELANIE KLEIN I

Voltamos a encontrar exatamente o mesmo contrainvestimento libidinal daquilo que fora, de início, investido num modo sádico nos próprios detalhes do conteúdo das fantasias de reparação e das formações reativas. Do mesmo modo como o superego pré-genital devolve uma mordedura por outra mordedura e como cada detalhe do castigo temido por parte do objeto interiorizado é a reversão sobre a própria pessoa das fantasias sádicas primitivas, as formações reativas e as fantasias de reparação retomam cada detalhe destas fantasias de ataque e tentam *supercompensá-las* segundo um termo que não é próprio de Melanie Klein, mas que é de emprego muito comum tanto por ela quanto por Freud: "A análise das crianças pequenas traz provas indubitáveis deste fato: os mecanismos de reparação baseiam-se, tanto em qualidade como em quantidade e em todos os detalhes, no princípio da semelhança (ou, melhor, no do contraste)" (*Idem*, p. 186; ed. al., p. 214).

Parece, de fato, que dentre o leque das formações reativas, a compaixão ocupa um lugar à parte e está particularmente próxima dos mecanismos de reparação propriamente ditos. Já em 1929, a opção de comentar o argumento de *L'Enfant et les sortilèges* foi motivada pelo elo estabelecido por Colette entre a conduta protetora do jovem herói em relação ao esquilo ferido (símbolo, nos diz Melanie Klein, do pênis no corpo da mãe) e a mudança instantânea da atitude dos animais até então ameaçadores e que, emocionados, retiraram-se, cantando elogios à criança. A versão alemã, publicada e 1931, especifica o momento da ocorrência e o significado da compaixão:

No desenvolvimento ontogenético, a superação do sadismo decorre do desenvolvimento do estágio genital. Tão mais intensamente este estágio emerge, mais a criança torna-se capaz de amor pelo objeto, e mais condições tem de superar o sadismo pela compaixão e empatia; quanto mais espera a amizade e o amor por parte dos objetos reais e introjetados, melhores condições tem então de estimar os objetos reais de acordo com sua capacidade de amor e sua bondade efetivas [...]. Quando o menino experimenta compaixão pelo esquilo ferido, e o socorre, o mundo hostil transforma-se em mundo amistoso. A criança aprendeu a amar e crer no amor[118].

Enquanto o exemplo de Ruth Kjär ilustra uma forma impulsiva de reparação, na qual o elemento narcísico está, ao menos em aparência, extremamente presente, o exemplo de *L›Enfant et les sortilèges* fornece a ilustração de uma compaixão espontânea que não corresponde, num primeiro momento, a nenhuma necessidade da própria criança, repousando unicamente na identificação empática com o animal ferido. Os textos teóricos da *Psicanálise da Criança* retomarão este tema e reservarão à compaixão um lugar muito próximo aos mecanismos de reparação, dos quais ela parece ser amiúde o estimulante específico. Deve-se notar, particularmente, que os textos de 1932 tendem a considerar que as bases pulsionais da compaixão são genitais e não mais somente anais-tardias:

A vitória sobre a ansiedade é tanto mais firmada à medida que a criança se aproxima mais, por um desenvolvimento progressivo da fase genital, e da introjeção concomitante de imagos mais favoráveis e à medida que os métodos do

---

118. MELANIE KLEIN, "Frühe Angstsituationen im Spiegel künstlerischer Darstellungen", *Internationale Zeitschrift für Psychoanalyse*, vol.XVII, 1931, p.501.

DO APOGEU DO SADISMO AOS MECANISMOS DE REPARAÇÃO   203

superego mudam de caráter: quando as arcaicas ameaças exorbitantes do superego se abrandam, reduzindo-se a admoestações e censuras, o ego é capaz de encontrar apoio contra estas acusações em sua relação objetal positiva. A reparação dada ao objeto, a formação reativa da compaixão converte-se no meio de aplacar o superego.[119]

Tal texto parece, de fato, impor a ideia de que "as formações reativas da compaixão", longe de serem de uma natureza anal, "tornam-se o meio de aplacar o superego" na medida exata em que "a criança se aproxima mais [...] da fase genital". Este texto coloca-a em estreita relação com a atitude de apoiar-se em objetos reais benevolentes, encarnações de um superego tolerante, descrita, aliás, como uma das condições da entrada bem-sucedida no período de latência e cuja intervenção pertence, portanto, forçosamente à fase genital infantil. Os indícios que levam ao mesmo sentido são abundantes: detenhamo-nos apenas na estreita relação entre, por um lado, a compaixão e a identificação por intermédio da noção de empatia, e, por outro, a identificação e as tendências genitais. Cumpre sublinhar que Melanie Klein, que utiliza, o mais das vezes, o termo identificação apenas em seu sentido material (no sentido de uma identificação determinada em certo objeto, parcial ou total), utiliza-o em seu sentido formal somente para afirmar o elo da identificação em geral com a fase genital, como se se tratasse, então, a seus olhos, de um mecanismo diferente da incorporação-introjeção sádico-oral. O texto dedicado à "Formação do Símbolo" precisa que esta identificação é empatia (*Einfühlung*), termo carregado de conotações extremamente positivas na tradição cultural alemã e que foi por vezes comentado comparando-se o movimento em direção ao outro que ele designa, com a simpatia, cujo sentido etimológico é, no mais, o mesmo que o do termo alemão compaixão (*mitleiden*, sofrer com). Este movimento é, no sentido kleiniano, projetivo e não introjetivo. A identificação com o objeto atacado é, deste modo, um mecanismo sem relação com a introjeção do objeto atacado, e de significado inverso. Num nível genético arcaico, a introjeção instala "no interior" um objeto parcial perigoso que é preciso ejetar para o mundo exterior, sendo necessário vigiar seus retornos ofensivos – vigilância da qual nasce, no primeiro estágio anal, o senso da realidade. Em contrapartida, a natureza da identificação com o objeto atacado ou estragado é mais tardia e ligada às pulsões genitais. Quando este mecanismo tardio entra em ação prematuramente (caso de Dick), é em função da atividade demasiado precoce das pulsões genitais e seu efeito não é comparável ao da introjeção do "mau" objeto atacado: ele não conduz à ejeção destrutiva do objeto, mas sim à ruptura do movimento projetivo, e portanto, do elo com a realidade, por preocupação de proteger o objeto. Estamos portanto, de fato, em presença de um mecanismo de defesa distinto, em 1932, da introjeção, que pode ser projetiva, se não o foi sempre, e cuja base pulsional é incontestavelmente genital. Assim, a formação reativa da compaixão é tão mais utilizada na medida em que se aproxima do estágio genital, o mecanismo de identificação que a subtende é uma identificação com o objeto estragado, precursor no sistema de 1932 da futura introjeção do objeto "bom" da posição depressiva e associada ao estágio genital. Nada permite distinguir a compaixão dos mecanismos

119. MELANIE KLEIN, *Psychanalyse de l'enfant*, p.168; ed. al., p.192.

204 MELANIE KLEIN I

de reparação, quer através da fonte pulsional, quer através do tipo de relação de objeto.

Mas as outras formações reativas – aversão, ordem, higiene – são menos comumente associadas à compaixão e aos mecanismos de reparação. Todavia, ao passo que uma das formações reativas, a compaixão, tende a conjugar-se estreitamente com a reparação, um dos mecanismos desta série tende a se separar dos outros e a manter relações mais estreitas com as formações reativas. Parece assim provir mais diretamente do segundo estágio anal do que do estágio genital infantil. Trata-se do mecanismo de restituição frequentemente considerado como o equivalente da reparação ou da restauração, a tal ponto que os tradutores, de início ingleses e, mais tarde, franceses, transpõem quase que indiferentemente um pelo outro termos que nos parecem corresponder-se como segue: a *Wiedergutmachung* (inglês: *reparation*, em francês: *réparation*) é a reparação; a *Wiederherstellung* é a restauração (inglês: *restoration*, em francês: *restauration*); a *Wiedergebung* (inglês: *restitution*, em francês: *restitution*) é a restituição. Pode ocorrer certamente que estes três termos sejam equivalentes[120]. Mas cabe notar que Melanie Klein tende nitidamente a dar preferência à utilização do termo restituição no caso de condutas inspiradas pelo temor do objeto ameaçador, quer seja interno ou externo. Neste sentido, as bases pulsionais da restituição são mais frequentemente anais do que genitais, e correspondem a uma relação de objeto do tipo obsessivo na qual "devolver" está muito mais próximo de "tomar" do que "reparar" está de "destruir".

A compulsão a tomar para depois devolver manifesta-se de diversas maneiras na análise do brincar. Ela ocorre, juntamente com a ansiedade e a culpabilidade, como reação às tendências para o roubo e de destruição que eram representadas antes [...] Vemos muitas vezes, então, que por causa da ansiedade que se desenvolve não é somente aquilo que foi tomado de início (simbólico do corpo da mãe) que é reposto no lugar, mas que, ao contrário, a compulsão para dar, ou antes para devolver (*Wiedergeben*, literal: re-doar) não se contenta com isto. É sempre mais, e de diversas maneiras, que a restituição se realiza, no que as tendências sádicas primárias transparecem por trás das tendências reativas[121].

A restituição, mais infiltrada pelo sadismo e pela ansiedade do que o é a reparação propriamente dita, é, deste modo, intermediária entre os mecanismos psicóticos e os mecanismos neurótico-normais. O ego que restitui luta ainda contra uma ansiedade de tipo arcaico, porém utiliza para isto um meio mais sutil do que a projeção pela ejeção, que só será plenamente empregada ao nível genital, na luta contra os sentimentos de culpa:

Também na análise de adultos constatei que o desejo de ter à disposição importâncias em dinheiro para qualquer contingência era, na realidade, o desejo de

---

120. Cf. *Psychanalyse de l'enfant*, p.222, ed. al., p.255. Quando a menina crê ter *realmente* despojado sua mãe através de seus ataques imaginários "este receio [...] concorre para tornar ainda mais fortes os laços que a atam à mãe, e dá lugar a uma necessidade de reparação e de restituição que se exprime por numerosas sublimações de tipo feminino".

121. *Psychanalyse de l'enfant*, pp. 181-182; ed. al., p.208.

DO APOGEU DO SADISMO AOS MECANISMOS DE REPARAÇÃO   205

estarem armados contra um ataque por parte da mãe que roubaram, a fim de poderem devolver o que haviam furtado (grande parte das vezes, a mãe desses pacientes já se achava morta há muito tempo) (*Idem*, p. 183; ed. al., p. 209).

Como o aspecto estritamente reativo prevalece amplamente sobre o movimento libidinal primário em direção ao objeto, a restituição está muito mais exposta aos riscos de fracasso do que os outros mecanismos de reparação. De fato, ela compromete o indivíduo que empreende uma restituição numa cadeia interminável de ações obsessivas em que a anulação anterior se encontra, por sua vez, anulada por uma nova conduta oposta: "assim, vemos a criança gravemente neurotizada submetida à compulsão contínua de tomar, a fim de poder restituir" (*Idem*, p. 184; ed. al., p. 210). Ela pode malograr ainda mais gravemente quando o doente, esmagado pela impossibilidade de restituir tudo, renuncia à estratégia restitutiva e retorna às defesas mais arcaicas. Tal é o caso de John:

Sempre que aumentava sua ansiedade de não ser capaz de produzir a espécie correta de fezes ou uma quantidade suficiente delas, ou de não ser capaz de reparar o que havia danificado, suas tendências destrutivas primárias voltavam de novo com toda a força; sua sede de destruição era insaciável e ele rasgava, picava e queimava as coisas que havia preparado sob a influência das tendências reativas, a caixa que havia armado e enchido e que representava a mãe restaurada ou o pedaço de papel sobre o qual havia feito um desenho (por exemplo, o plano de uma cidade) e nunca achava que havia destruído o suficiente (*Idem*, p. 183; ed. al., pp. 208-209).

O que constitui obstáculo para o sucesso da restituição, é que nela sobrevive alguma coisa do talião. Para liquidar uma dívida (a palavra alemã *Schuld* quer dizer simultaneamente dívida econômica e falta moral, e sabe-se o partido que os filósofos, notadamente Nietzsche[122], tiraram desta polissemia) é preciso devolver e contar o que se deve. Ora, esta via é em si mesma enganosa, e veremos que comporta, de certa forma por sua natureza, uma armadilha inevitável. Mas, antes de chegarmos a isso, convém insistir no fato de que a base pulsional da restituição parece muito mais anal do que genital. A problemática do tomar e do devolver, as condutas relativas ao dinheiro no adulto são apenas sua expressão simbólica. A análise da criança evidencia frequentemente a natureza anal da restituição: "As representações de restituição são com muita frequência interrompidos porque a criança precisa ir ao banheiro para defecar"[123]. Assim, a restituição é relativamente distinta da reparação. Simetricamente, a compaixão não é uma formação reativa como as outras. O campo da reparação assim como o da formação reativa é muito vasto, englobando o segundo estágio anal e o estágio genital infantil, e os dois grupos de mecanismos confundem-se, na realidade. Mas uma fronteira separa este vasto domínio em duas regiões distintas, reparação e compaixão, de um lado, restituição e outras formações reativas, de outro, segundo um critério simples e que acaba por distinguir as reações e reparações bem-sucedidas das que fracassam.

122. F. NIETZSCHE, *Genealogia da Moral*, segunda dissertação, § 19-21.
123. *Psychanalyse de l'enfant*, p. 182; ed. al. p.208.

206   MELANIE KLEIN I

5.5. Convém Distinguir, da Reparação Bem-sucedida, uma Reparação Onipotente Fadada ao Fracasso

Sabe-se que, nas concepções kleinianas definitivas, a reparação onipotente será característica da defesa maníaca. Ora, podemos constatar que Melanie Klein, antes de qualquer elaboração da teoria das posições psicóticas, já possui a noção de uma nítida distinção de dois tipos de condutas reparadoras, distinção fundada no elemento da onipotência do pensamento. Em 1932, é sob a rubrica dos mecanismos obsessivos que é abordado o estudo das perturbações introduzidas na reparação pela ilusão da onipotência do pensamento. Mas é curioso constatar que é na ocasião desta distinção que ela apresenta pela primeira vez em sua obra uma explicação clara e detalhada do temor do talião pela crença infantil na onipotência do pensamento. Certamente, não ignorava a palavra nem a ideia: encontramo-las repetidas vezes nos seus escritos do período protokleiniano, porém desapareceram de seu vocabulário após 1925. Retoma agora este conceito e, citando Freud, Ferenczi e Abraham, recorre à noção de narcisismo, tradicionalmente associada à teoria da ilusão de onipotência, mas que tem pouco a ver com a orientação geral de seu pensamento, e que a obra kleiniana ulterior não mais mencionará. Melanie Klein considera, deste modo, em 1932, que a fase do desenvolvimento em que situa o "ponto de partida do conflito edipiano e das fantasias masturbatórias sádicas que o envolvem é o do narcisismo" (*Idem*, p. 186; ed. al., p. 213). Tal aproximação de termos pode surpreender. Não é menos coerente no quadro da referência às concepções de Abraham, segundo as quais o estágio do narcisismo e da incorporação total do objeto corresponde à etapa libidinal do segundo estágio oral ou estágio canibalesco. Neste estágio o narcisismo impõe a superestimação geral de todos os produtos do corpo, superestimação que a criança "aplica, por extensão, a seus pensamentos" (*Idem*, p. 186). Devido a esta superestimação, o pensamento e o ato equivalem-se, e a criança não faz nenhuma distinção entre atacar na fantasia e atacar na realidade. "Só pode, pois, sentir-se culpada por todos os ataques imaginários contra os pais" (*Idem*, p. 186).

A infelicidade do obsessivo é que ele tenta lutar contra a onipotência do sadismo pela onipotência da lei do talião. "Quando o sentimento de culpa desencadeia a defesa sob a forma de ação compulsiva, o sentimento de onipotência é colocado a serviço da reparação. Mas é preciso sustentá-la, agora, de uma maneira compulsiva e exagerada, pois justamente a reparação baseia-se na onipotência, assume como na origem a destruição" (*Idem*, p. 186, ed. al., p. 213). Neste jogo, os dados são sempre viciados, e isto por efeito de um fator genético. O sentimento de ter destruído é herança de um período de desenvolvimento em que o ego era incapaz de testar a realidade. A convicção de ter destruído o objeto permanece portanto tanto mais arraigada no inconsciente quanto pôde escapar, desde a origem, a qualquer questionamento e exame crítico. Representa um núcleo de convicção absoluta, tanto que seu enfurnamento mesmo nas camadas mais profundas impede qualquer transformação. As tendências de reparação, em contrapartida, surgem no início da segunda etapa anal e são consequência de um ego mais desenvolvido, que já sabe, segundo o profundo reparo de Nina Searl – citada por Melanie Klein, *idem*, p. 287 – ser mais fácil quebrar as coisas do que consertá-las. Este ego já sabe muito para poder abandonar-se à ilusão de sua onipotência reparadora com a mesma

DO APOGEU DO SADISMO AOS MECANISMOS DE REPARAÇÃO   207

cegueira pela qual, no estágio do apogeu do sadismo, acreditara na sua onipotência destruidor a. É, portanto, por essência e não por acidente que a reparação, condenada a igualar a onipotência das fantasias sádicas, é de imediato destinada ao fracasso: "as formações reativas se estabelecem numa fase de desenvolvimento do ego e da relação objetal que supõe uma relação com a realidade muito mais evoluída. Por causa disso, no caso em que um sentimento exagerado de onipotência é o pressuposto da reparação, a crença na possibilidade da reparação fica prejudicada desde o começo" (*Idem*, p. 187; ed. al., p. 214). Devido a esta defasagem inevitável, a reparação obsessiva é um processo sem fim, suscetível de assumir formas clínicas variadas: dúvidas do sujeito quanto às suas capacidades reparadoras que o impelem a repetir indefinidamente reparações mais ou menos mágicas; tentativas de negar a onipotência qualquer que seja ela, já que: "Todo indício de onipotência exercida num sentido positivo seria também uma prova em favor da sua existência, no passado, da onipotência exercida negativamente", atitude que, na criança, compromete as possibilidades de sublimação.

Existe, além disso, uma relação quantitativa entre sadismo primário, ilusão de onipotência e reparação onipotente. Para certos pacientes, um sadismo primário excessivo faz com que a reparação, para que seja proporcional aos estragos cometidos, deva ser propriamente megalomaníaca. Em tais casos, a impossibilidade de reparar leva radicalmente ao fracasso todas as tendências construtivas.

Mas por que alguns sujeitos devem recorrer à reparação onipotente enquanto outros podem evitá-la? Melanie Klein afirma, por certo, que o que impele os neuróticos "a conservar seu sentimento de onipotência ou regressar a ele" é o excesso de culpabilidade decorrente dos ataques imaginários contra os pais. Mas qual é o fator diferencial verdadeiramente eficaz? Por que certos sujeitos cujo sadismo é "exacerbado" tornam-se, uns obsessivos, outros maníacos e outros psicóticos pseudodébeis etc.? Melanie Klein não o diz em 1932. Nesta época, ela reconheceu incontestavelmente a existência de um tipo de funcionamento onipotente dos mecanismos de reparação, porém ainda não elaborou uma teoria completa da reparação onipotente de suas causas e de suas incidências sobre o desenvolvimento; encontra-se ainda bastante longe de sua futura teoria da posição e, mais tarde, da defesa maníaca.

5.6. *A descoberta dos Mecanismos de Reparação Tem como Efeito Cristalizar os Traços do Esquema Genético Kleiniano.*

Neste estágio de evolução e de elaboração do pensamento de Melanie Klein, não está mais em pauta o "esquema de Abraham". As concepções deste autor estão agora integradas numa teoria verdadeiramente original, que opõe uma fase em que o sadismo está em seu apogeu a uma fase de reparação. Esta ideia leva a conferir à fronteira entre as duas etapas anais um significado psicológico e psicopatológico eminente, que por vezes é muito difícil de ser diferenciado do significado referente da distinção entre pulsões pré-genitais e genitais. Já haviam sido notados indícios desta oscilação quando houve necessidade de explicar o fato de que os mecanismos reparadores, geneticamente característicos do segundo estágio anal, possuem também, e não menos, uma base pulsional genital. É verdade que

208 MELANIE KLEIN I

a posição de Melanie Klein a este respeito tem uma coerência lógica absoluta: porém, trata-se especificamente de uma atitude global que ultrapassa os quadros dos mecanismos de reparação, estendendo-se, a partir deles, ao conjunto da teoria kleiniana, e unindo-se aos resultados do aprofundamento da teoria do desenvolvimento pulsional. O fim do apogeu do sadismo e o início dos mecanismos de reparação tendem a coincidir. Entre o amor parcial, marcado pela preocupação de conservar o objeto (segunda etapa anal) e o amor objetal, que exclui os órgãos genitais (estágio genital infantil), a diferença conta menos importância que a semelhança. Além disso, desde que Melanie Klein reconheceu a frequência e os traços originais da psicose infantil, seu interesse centra-se cada vez mais nesta questão e a fronteira entre as duas etapas anais assume para ela um valor tão mais fundamental quanto suas descobertas mostraram que o complexo de Édipo não é, para a criança que inicia o segundo estágio anal, algo por vir mas já é algo que está amplamente em jogo. Deste modo, a *dividing line* assume significado de um teste final, após o qual a evolução é de alguma forma determinada de um modo quase definitivo, do início de uma segunda etapa do desenvolvimento que marca já o estabelecimento, o início, de uma certa latência através da elaboração de um Édipo tardio mais sapiente e falicizado, cujas modalidades são determinadas pelas experiências vividas – essencialmente no nível da vida de fantasia – ao longo do período do apogeu do sadismo.

Não cabe surpreender-se, portanto, com o fato de que Melanie Klein, assim como estabelece o extremo parentesco dos mecanismos de reparação e das formações reativas, relaciona indiferentemente repressão ao estágio genital ou à segunda etapa anal. Ela pode também escrever: "No tocante ao id, o ego muda igualmente de atitude. A ejeção dá lugar à supressão, ou melhor à repressão no sentido próprio da palavra". Melanie Klein não vê nenhuma contradição ao justificar esta afirmação, citando uma frase de Freud onde é afirmado que: "a repressão constitui um mecanismo especialmente ligado à organização genital, e que o ego utiliza outros métodos para defender-se contra a libido em outras etapas de sua organização"[124]. É que, para ela, a distinção que mantém verbalmente entre o segundo estágio anal e o estágio genital infantil conta menos do que aquela entre a fase sádica e a fase em que a primazia do amor começa a afirmar-se. Se a oposição entre o pré-genital e o genital conserva toda a sua importância, esta importância deixa de ser entendida no sentido diacrônico e genético. Queremos dizer com isso que não são as pulsões genitais que dão seu tom geral a seu ritmo ao desenvolvimento das pulsões: este papel pertence às pulsões sádicas pré-genitais, em função de sua brusca irrupção, seguida de seu decréscimo significativo. As pulsões genitais, por sua vez, estão presentes desde o início sem variação importante e brusca de intensidade. Qualitativamente, elas são desde o começo o que serão no momento de Édipo clássico, orientais para o objeto, inspirando o amor e a benevolência, a tal ponto que seu surgimento prematuro pode provocar em Dick uma empatia precoce catastrófica para seu desenvolvimento. Deste modo, se se admite que a noção de reparação constitui, entre 1929 e 1932, a expressão da inspiração mais profunda de Melanie Klein, é possível compreender que a tendência de suas elaborações teóricas consiste em conceder sempre mais atenção à fronteira

---

124. S. FREUD, *inhibition, symtôme et angoisse*, P.U.F., p.51, citado in *Psychanalyse de l'enfant*, p. 155; ed. al., p. 177.

DO APOGEU DO SADISMO AOS MECANISMOS DE REPARAÇÃO   209

genética entre o sadismo e reparação, e cercar o mais exatamente possível os processos que aí se desenvolvem e que permitem a superação do sadismo, facilitados pelo seu decréscimo espontâneo. As duas descobertas essenciais da criadora da análise através do brincar são, entre 1927 e 1932, a de uma fase de apogeu do sadismo, ponto de fixação da psicose, e de um mecanismo, a reparação, que permite a superação desta. Tudo contribui portanto para dar ao momento em que a reparação permite superar o sadismo o valor mais central no desenvolvimento na *Psicanálise da Criança* já contém o essencial da descoberta mais importante de Melanie Klein: a da posição depressiva infantil, que ela fará dois anos mais tarde.

5.7. *A Descrição da Fase do Apogeu do Sadismo é Indissociável da Descoberta dos Mecanismos de Reparação. Sua Sucessão Conflitante Aparece como o Evento Maior do Desenvolvimento Infantil*

Entendemos, com isso, que o movimento através do qual Melanie Klein descobre e tematiza, na linha das análises de Abraham, a existência de um sadismo extremo, contemporâneo da fase canibalesca deste autor, não é independente, como poderia parecer, daquele através do qual ela chega à descoberta dos mecanismos de reparação. Notamos, de início, no plano do fato mais irrefutável, a simultaneidade das duas descobertas e o fato de ambas encontrarem sua primeira ilustração clínica importante na exposição do caso de Dick. Mas se consideramos retrospectivamente o caminho percorrido desde que, em 1923, o complexo de Édipo arcaico foi reconhecido na análise de Rita, podemos constatar que o movimento de aprofundamento das concepções de Melanie Klein conduziram-na constantemente a pôr em evidência formas cada vez mais arcaicas, num primeiro momento (até 1929), em seguida formas cada vez mais intensas do sadismo máximo no que se refere a suas fontes, seus meios e seus objetos. É o mesmo movimento de exploração do mais profundo, do mais antigo, do mais extremo, que explica o interesse da criadora da técnica do brincar pelas psicoses, e que a conduziu a reconhecer as dimensões paranoicas em Erna, autista ou como ela diz, esquizofrênica, em Dick. Pode-se seguramente lançar este movimento da evolução da teoria kleiniana à conta da experiência clínica: é, sem nenhuma dúvida, a presença cotidiana da vida de fantasia mais arcaica das crianças pequenas pré-psicóticas que mobiliza a atenção da terapeuta e a obriga a introduzir na teoria a descrição daquilo que a prática lhe fez vivenciar. Entre 1929 e 1932 este verdadeiro choque com a realidade clínica é exercido de maneira tão próxima e tão urgente que Melanie Klein procura, antes de mais nada, armar-se dos instrumentos conceituais capazes de permitir o referenciamento teórico desta ordem de realidades. Ora, é preciso insistir no fato de que os conceitos aos quais recorre nesta perspectiva não são por ela inventados no quadro de um esforço de produção de um aparelho nocional que lhe fosse próprio, mas ela os toma emprestado a Abraham, ainda que tenha de modificá-los amplamente para adaptá-los às necessidades com as quais se defronta: ataques sádicos variados, acavalamento dos estágios, torção do sentido da noção de incorporação parcial etc. Na descrição que faz da fase do apogeu do sadismo – cujo conceito é de sua propriedade – apenas a pulsão do saber e a fantasia dos pais combinados têm o *status* de noções exclusivamente

210 MELANIE KLEIN I

kleinianas. Ainda, é preciso especificar que esta última fantasia dá-se mais como um fato a ser constatado nos cenários imaginários que organiza, como um fato a ser certamente interpretado e nesse sentido a ser construído, do que como um conceito teórico a ser elaborado. Se nossa hipótese é exata, seria necessário considerar que Melanie Klein, se foi capaz de descobrir a existência de um conjunto de manifestações de sadismo extremo ao longo das fases arcaicas do desenvolvimento, ficou quer embaraçada, quer relativamente pouco atenta quando se tratou de elaborar a teoria desta descoberta. O que impressiona, de fato, é que ela quase não se preocupa em procurar um motivo profundo do sadismo comparável ao que serão mais tarde a avidez, a identificação projetiva e a inveja: ora, desde 1927, ela faz um uso episódico dos dois primeiros conceitos e dispõe de todos os elementos clínicos que lhe permitirão em 1946 criar o terceiro. Não é portanto por falta de meios de proceder a esta conceitualização do sadismo que ela se desinteressa, relativamente, deste tema. Além disso, notaremos que foi precisamente quando quis identificar o mecanismo produtor de maus objetos internos, que Melanie Klein colocou-se por um tempo bastante longo num certo impasse teórico, querendo apegar-se a esta ideia de que um objeto "introjetado" foi constituído naquilo que possui de mais característico – a saber, ser irrealmente "mau" – através de um mecanismo de tipo introjetivo.

Não pretendemos certamente, por estas considerações, subestimar a firmeza e o alcance da contribuição da criadora da psicanálise através do brincar no que se refere à descrição das formas mais arcaicas e mais extremas do sadismo. Mas queremos realçar, por contraste, que é precisamente no domínio da análise e da evidenciação dos diferentes procedimentos utilizados pelo ego para superar o sadismo ou, em todo caso, para lhe fazer face de maneira mais ou menos completa, que a genialidade de Melanie Klein se desdobra em toda sua criatividade. A descoberta feita, a partir de 1929, dos mecanismos de reparação trazem em sua esteira a tematização de todos os processos cujo reconhecimento é característico da abordagem kleiniana: a clivagem do objeto, a identificação (que não é descrita como uma introjeção) ao objeto atacado nas fantasias sádicas, o verdadeiro sentimento de culpa, na medida em que ele se opõe à simples ansiedade, sem contar a repressão propriamente dita, as sublimações. É em torno deste polo reparador que se agrupam as noções mais novas e mais promissoras entre todas aquelas com as quais Melanie Klein opera na *Psicanálise da Criança*. De imediato, constituem um sistema de tal modo que, aquele que percebe os elos estreitos que mantém, desde 1932, a clivagem e o sentimento autêntico de culpa, jamais correrá o risco de confundir esta clivagem "boa" com o mecanismo esquizoide homônimo que os textos de 1946 e 1952 descrevem, e nunca será surpreendido por ver a autora de *Inveja e Gratidão* redescobrir em 1957 as virtudes adaptativas deste processo defensivo[125]. Porém efetuar tal constatação é também dizer no mesmo lance que Melanie Klein está, em 1932, de posse de todos os elementos, mediante os quais, bastando-lhe especificar o elo entre eles, poderá constituir a teoria da posição depressiva. Por um paradoxo que é apenas aparente, é na ponta extrema de uma atitude decididamente geneticista que a *Psicanálise da Criança* acaba fazendo o berço da futura concepção de 1934, a qual afastará

---

125. Retornaremos a todos estes pontos *Melanie Klein II* (Estudos 96) que tratará da evolução das concepções de Melanie Klein de 1932 a 1960.

DO APOGEU DO SADISMO AOS MECANISMOS DE REPARAÇÃO   211

as preocupações genéticas. É que, à força de opor, cada vez mais radicalmente, no próprio quadro de seu "esquema" genético, a fase do apogeu do sadismo à fase de reparação, Melanie Klein chega fatalmente a encarar as modalidades concretas de sua interação, seus acavalamentos, as regressões ou progressões de uma para a outra, em suma, a coexistência conflitual em que a distinção entre as "duas fases" assume, durante toda a duração de seu período de acavalamento, um sentido muito mais dinâmico do que genético. Isto equivale a dizer que, então, elas não são mais fases, mas já posições, no sentido que o texto de 1934[126] dará expressamente a este termo, mas que parece já estar perto de ter neste ou naquele emprego de 1932. Pode-se dizer que no momento mesmo em que o primeiro sistema kleiniano acaba de se constituir já contém os germes de sua própria superação.

126. MELANIE KLEIN, "Contributions à l'étude de la psychogénèse des états maniacodépressifs", in *Essais de Psychanalyse*, Payot, pp. 325-326.

Bibliografia

I. BIBLIOGRAFIA CRONOLÓGICA DOS ESCRITOS DE MELANIE KLEIN

a) *Publicações Originais*

N.B., 1928a, 1930a, 1935, 1950 e 1958 foram objeto de comunicações no ano que precedeu sua publicação; uma forma resumida de 1940 foi lida no Congresso Internacional de Psicanálise de Paris em 1938.

L. J. P. : *International Journal of Psycho-Analysis.*
I.Z.P. : *Internationale Zeitschrift für Psychoanalyse.*

1920,   "Der Familienroman in Statu Nascendi" (O Romance Familial in Statu Nascendi), *Internationale Zeitschrift für Psychoanalyse*, 1920.

1921,   "Eine Kinderentwicklung", *Imago*, 1921; trad. ing., *International Journal of Psycho-Analysis*, 1923, reed, in 1948; trad. fr. in 1968: *Le développement d'un enfant*, trad. port. in 1981: *O Desenvolvimento de uma Criança.*

1922,   "Hemmungen und Schwierigkeiten im Pubertätsalter", in *Die Neue Erziehung*, vol.IV, 1922 (Inibições e Dificuldades na Idade da Puberdade); trad. ing. in 1975, vol.I.

1923a,   "Die Role der Schule für die libidinöse Entwicklung des Kindes", *L.Z.P.*, 1923; trad. ing., "The Role of the School in the Libidinal Development of the Child", *I.J.P.*, 1924, reed, in 1948; trad. fr. in 1968a: "Le rôle de l'école dans le développement libidinal de l'enfant"; trad. bras. in 1981: "O Papel da Escola no Desenvolvimento Libidinal da Criança".

1923b,   "Zur Frühanalyse", *Imago*, 1923; trad. ing. "Infant Analysis", *I.J.P.*, 1924, reed, in 1948; trad. fr. in 1968a: "L'analyse des jeunes enfants; trad. bras. in 1981: A Análise Infantil".

1925,   "Zur Gênese des Tics", *L.Z.P.*, 1925; trad. ing. in 1947: "A Contribution to the Psychogenesis of Tics", in 1948; trad. fr. in 1968: "Contribution à

214 MELANIE KLEIN I

l'étude de la psychogénèse des tics; trad. bras. in 1981: "Uma Contribuição à Psicogênese dos Tiques.

1926, "Die psychologischen Grundlagen der Frühanalyse". *Imago*, 1926; trad. ing.: "The Psychological Principles of Infant Analysis", in *I.J.P.*, 1926, reed, in 1948; trad. fr. in 1968a: "Les principes psychologiques de l'analyse des jeunes enfants; trad. bras. in 1981: "Princípios Psicológicos da Análise Infantil".

1927a, "Criminal Tendencies in Normal Children", *British Journal of Medical Psychology*, 1927; reed. 1948; trad. fr. in 1968a: "Les tendances criminelles chez les enfants normaux"; trad. bras. in 1981: Tendências Criminais em Crianças Normais".

1927b, "Symposium on Child Analysis", *I.J.P.*, 1927, reed, in 1948; trad. fr. in 1968a: "Colloque sur l'analyse des enfants"; trad. bras. in 1981: "Simpósio Sobre Análise Infantil".

1928a, "Frühstadien des Ödipuskonfliktes", *I.Z.P.*, 1928; trad. ing. "Early Stages of the Oedipus Conflict", *I.J.P.*, 1928, reed. in 1948; trad. fr. in 1968a: "Les stades précoces du conflit oedipien"; trad. bras. in 1981: "Primeiras Fases do Complexo de Édipo".

1928b, "Notes on *A Dream of Forensic Interest* by D. Bryan", *I.J.P.*, *I*928 ; não reeditado. (Notas sobre *Um Sonho de Interesse Médico-Légal*.)

1929a, "Die Rollenbildung im Kinderspiel", *I.Z.P.*, 1929; trad. ing.: "Personification in the Play of Children", *I.J.P.*, 1929, reed. 1948; trad. fr. in 1968a: "La personnification dans le jeu des enfants"; trad. bras. in 1981: A Personificação nos Jogos das Crianças, in 1981.

1929b, "Infantile Anxiety-Situations Reflected in a Work of Art and in the Creative Impulse", *I.J.P.*, 1929, reed. in 1948; trad. ing. de 1931a; trad. fr. da trad. ing. in 1968a: "Les situations d'angoisse de l'enfant et leur reflet dans une oeuvre d'art et dans l'élan créateur"; trad. bras. in 1981: "Situações de Ansiedade Infantil Refletida numa Obra de Arte e no Impulso Criador".

1930a, "Die Bedeutung der Symbolbildung für die Ichentwicklung", *I.Z.P.*, 1930; trad. ing. "The Importance of Symbol-formation in the Development of the Ego", *I.J.P.*, 1930, reed. in 1948; trad. fr. in 1968a: "L'importance de la formation du symbole dans le développement du moi"; trad. bras. in 1981: "A Importância da Formação de Símbolos no Desenvolvimento do Ego".

1930b, "The psychotherapy of the Psychosis", *British Journal of Medical Psychology*, 1930, reed. in 1948; trad. fr. in 1968a: "La psychothérapie des psychoses"; trad. bras. in 1981: "A Psicoterapia das Psicoses".

1931a, "Frühe Angstsituationen im Spiegel künstlerischer Darstellungen", *I.Z.P*, 1931; tr. ing. in 1929b.

1931b, "A Contribution to the Theory of Intellectual Inhibition, *I.J.P.*, 1931, reed., in 1948; trad. fr. in 1968a: "Contribuition à la théorie de l'inhibition intellectuelle": trad. bras. 1981: "Uma Contribuição à Teoria da Inibição Intelectual.

1932, *Die Psychoanalyse des Kindes*, Viena, Internationale Psychoanalytischer Verlag; trad. ing.: *The Psychoanalysis of Children*, Londres, Hogarth Press, 1932; trad. fr.: *La Psychanalyse des enfants*, Paris, P.U.F., 1959; trad. bras. in 1969: *A Psicanálise da Criança*.

1933, "The Development of Conscience in the Child", in *Psycho-Analysis Today*, New York, Covici-Friede Publishers, 1933, reed. in 1948; trad. fr. in 1968a: "Le développement précoce de la conscience chez l'enfant"; trad. bras. in 1981: "O Desenvolvimento Inicial da Consciência na Criança".

1934, "On Criminality", *British Journal of Medical Psychology*, 1934, reed. in 1948, trad. fr. in 1968a: "La Criminalité"; trad. bras. 1981: "Sobre a Criminalidade".

BIBLIOGRAFIA   215

1935,   "A Contribuition to the Psychogenesis of Manic-Depressive States", *I.J.P.*, 1935, reed. in 1948; trad. fr. in 1968a: "Contribuition à l'étude de la psycho-génèse des états maniaco-dépressifs"; trad. bras. in 1981: "Uma Contribuição à Psicogênese dos Estados Maníaco-Depressivos".

1936,   "Weaning", in J. RICKMAN & col., *On the Bringing-Up of Children*, Londres, Kegan Paul, Trench Trubner and Co., reed in 1975, vol. I; trad. bras. in 1969: "O Desmame", in *A Educação de Crianças à Luz da Investigação Psicanalítica.*

1937 "Love, Guilt and Reparation", in KLEIN, M. & RIVIERE, J., *Love Hate and Reparation*, Londres, Hogarth Press; trad. fr. in KLEIN, M. & RIVIERE, J., *L'amour et la haine*, Paris, Payot, 1968b: "L'amour, la culpabilité et le besoin de réparation", trad. bras. in 1975: "Amor, Culpa e Reparação," in *Amor, Ódio e Reparação.*

1940,   "Mourning and its Relation to Manic-Depressive States", *I.J.P.*, 1940, reed. in 1948; trad. fr. in 1968a: "Le Deuil et ses Rapports avec les États Maniaco-Dépressifs"; trad. bras. in 1981: "O Luto e sua Relação com os Estados Maníaco-Depressivos".

1942,   "Some Psychological Considerations", in WADDINGTON & col., *Science and Ethics*, Londres, Allen & Unwin, 1942.

1945,   "The Oedipus Complex in the Light of Early Anxieties", *I.J.P.*, 1945, reed. in 1948; trad. fr. in 1968a: "Le Complexe d'Oedipe éclairé par les angoisses précoces"; trad. bras. in 1981: "O Complexo de Édipo à Luz das Primeiras Ansiedades".

1946,   "Notes on Some Schizoid Mechanismes", *I.J.P.*, 1946, reed. in 1952; trad. fr. in 1966: "Notes sur quelques mécanismes schizoïdes"; trad. bras. in 1978: "Notas sobre Alguns Mecanismos Esquizoides"

1948a,   *Contributions to Psyco-Analysis*, Londres, Hogarth Press; trad. fr. 1968; trad. bras. in 1981: *Contribuições à Psicanálise.*

1948b,   "A Contribution to the Theory of Anxiety and Guilt", *I.J.P.* 1948, reed. in 1952; trad. fr. in 1966: "Sur la théorie de l'angoisse et de la culpabilité"; trad. bras. in 1978: "Sobre a Teoria de Ansiedade e Culpa".

1950,   "On the Criteria for the Termination of a Psycho-Analysis", *I.J.P.*, 1950.

1952a,   "Some Theoretical Conclusions Regarding the Emotional Life of the Infant", in 1952c; trad. fr. in 1966: "Quelques conclusions théoriques au sujet de la vie émotionnelle des bébés; trad. bras. in 1978: "Algumas Conclusões Teóricas sobre á Vida Emocional do Bebê.

1952b,   "On Observing the Behaviour of Young Infants", in 1952c; trad. fr. in 1966: "En observant le comportement des nourrissons"; trad. bras. in 1978: "Sobre a Observação do Comportamento dos Bebês.

1952c,   em col. com HEIMANN, P., ISAACS, S. & RIVIERE, J., *Developments in Psycho-Analysis*, Londres, Hogarth Press.; trad. fr. in 1966; trad. bras. in 1978: *Os Progressos da Psicanálise.*

1952d,   "The Origins of Transference", *I.J.P.* 1952; trad. fr.: "Les origines du transfert", *Revue française de psychanalyse*, 1953; trad. bras.: "As Origens da Transferência" in Fábio A. HERRMANN, AMAZONAS ALVES LIMA, *Melanie Klein: Psicologia*, São Paulo, 1982.

1952e,   "The Mutual Influences in the Development of the Ego ani the Id", *The Psycho-Analytic Study of the Child*, 1952.

1955a,   "The Psycho-Analytic Play Technique; its History and Significance", in 1955b; trad. bras. in 1969: "A Técnica Psicanalítica Através do Brinquedo: Sua História e Significado".

1955b,   em col. com HEIMANN, P. & MONEY-KYRLE, R.E., *New Directions in Psycho-Analysis*, Londres, Tavistock Publications; reed. 1977 por Maresfield Reprints, trad. bras. in 1969: *Novas Tendências na Psicanálise.*

216   MELANIE KLEIN I

1955c,   "On Identification", in 1955b; trad. fr. in 1968b; trad. bras. 1969: "Sobre a Identificação".

1957,   *Envy and Gratitude*, Londres, Tavistock; trad. fr. in 1968b; trad. bras. in 1974: *Inveja e Gratidão*.

1958,   "On the Development of Mental Functioning" (Sobre o Desenvolvimento do Funcionamento Mental), *I.J.P.*, 1958.

1959,   "Our Adult World and its Roots in Infancy", *Human Relations*, 1959, reed. 1963c; trad. fr. in 1968b: "Notre monde adulte et ses racines infantiles"; trad. bras. in 1971: "Nosso Mundo Adulto e suas Raízes na Infância".

1960,   "On Mental Health", *British Journal of Medical Psychology*, 1960.

b) *Publicações póstumas*

1961,   *Narrative of a Child Analysis*, Londres, Hogarth Press; trad. fr. 1973; trad. bras. 1976: *Narrativa da Análise de uma Criança*.

1963a,   "Some Reflections on the Oresteie", in 1963c; trad. fr. in 1968b: "Réflexions sur l'Orestié; trad. bras. 1971: "Algumas Reflexões sobre a Oréstia".

1963b,   "On the Sense of Loneliness", in 1963c; trad. fr. in 1968: "Se sentir seul"; trad. bras. 1971: "Sobre o Sentimento de Solidão".

1963c,   *Our Adult World*, Londres, Heinemann. (Coletânea de 1955c, 1959, 1963a e 1963b; trad. fr. destes quatro textos em 1968b); trad. bras. 1971: *O Sentimento de Solidão.*.

c) *Edição crítica*

1975,   MONEY-KYRLE, R.E., *The Writings of Melanie Klein*, ed. em col. com JOSEPH, B., O'SHAUGHNESSY, E. e SEGAL, H., 4 vols., The Hogarth Press and the Institute of Psycho-Analysis, Londres.

d) *Traduções francesas*

1953,   "Les origines du transfert", *Revue française de psycharlyse*, 1952, t.XVI, nº 2, pp.204-214, trad. por Daniel Lagache de 1952.

1959,   *La psychanalyse des enfants*, trad. por J.B. Boulanger de 1932, P.U.F.

1966,   *Développements de la psychanalyse*, trad. por Willy Baranger de 1952c, Paris, P.U.F., 1966.

1968a,   *Essais de psychanalyse*, trad. por Marguerite Derrida de 1947, Payot, 1968.

1968b,   *Envie et Gratitude*, trad. por Victor Smirnoff, com col. de Marguerite Derrida & S. Aghion, de 1957 e de 1963c, Gallimard.

1968c,   *L'amour et la haine*, trad. por Annette Stronck de 1937 e do texto de J. Rivière, 1937. Paris, Payot, 1968.

1973,   *La psychanalyse d'un enfant*, trad. por Mireille Davidovici de 1961, Paris, Tchou, 1973.

e) *Traduções para a língua portuguesa*

1969,   *Psicanálise da Criança*, trad. por Pola Civelli, Ed. Mestre Jou.

1974,   *Inveja e Gratidão*, trad. por José Octávio de Aguiar Abreu da ed. inglesa de 1957, Imago Editora Ltda.

BIBLIOGRAFIA 217

1975, *Amor, Ódio e Reparação*, trad. por Maria Helena Senise da ed. inglesa de 1967, Imago Editora Ltda. e Editora da Universidade de São Paulo.

1976, *Narrativa da Análise de uma Criança*, trad. por José Carlos Campanha de Vanêde Nobre da ed. inglesa de 1961, Imago Editora Ltda.

1978, *Os Progressos da Psicanálise*, trad. por Álvaro Cabral da ed. inglesa de 1952, Zahar Editores.

1981, *Contribuições à Psicanálise*, trad. por Miguel Maillet da ed. inglesa de 1965, Editora Mestre Jou.

1982, "As Origens da Transferência", *Melanie Klein: Psicologia*, São Paulo, Ática, 1982.

2. BIBLIOGRAFIA ALFABÉTICA GERAL

ABRAHAM, N., TOROK, M.

1968, "Introdução à edição francesa", in M. KLEIN, 1950; trad. fr. *Essais de psychanalyse*, Paris, Payot, 1968.

ABRAHAM, K.

1914, "L'angoisse locomotrice et son aspect constitutionnel"; trad. fr. in 1966.

1920a, "La valorisation narcissique des excrétions dans le rêve et la névrose"; trad. fr. in 1966.

1920b, "Manifestations du complexe de castration de la femme"; trad. fr. in 1966.

1924, "Esquisse d'une histoire du développement de la libido basée sur la psychanalyse des troubles mentaux"; trad. fr. in 1966 de: *Versuch einer Entwick-lungsgeschichte der Libido*, Viena, Internationale psychoanalytischer Verlag, 1924; trad. bras. 1970: "Breve Estudo do Desenvolvimento da Libido, Visto à Luz das Perturbações Mentais," in *Teoria Psicanalítica da Libido*, Imago Ltda.

1965, *Oeuvres complètes*, I, Paris, Payot, 1965.

1966, *Oeuvres complètes*, II, Paris, Payot, 1966.

ABRAHAM, K., FREUD, S.

Correspondance 1907-1926, trad. fr. Paris, Gallimard, 1969.

ALEXANDER, F.

1923, "The Castration Complex and the Formation of Character", *LLP.*, IV, 1923.

ANZIEU, D.

1956, *Le psychodrame analytique chez l'enfant*, Paris, P.U.F., 1956.

1961, *Les méthodesprojectives*, 4a. ed., P.U.F, 1973; trad. bras. por Maria Lúcia do Eirado Silva, *Os Métodos Projetivos*, Rio de Janeiro, Campus, 1978.

1974, "Vers une métapsychologie de la création", in ANZIEU & col., 1974.

ANZIEU, D. e col.

1974, *Psychanalyse du génie créateur*, Paris, Dunod, 1974.

BARANDE, R.

1968, "Mélanie Klein parmi nous", *L'inconscient*, P.U.F., nº 8, 1968.

BARANGER, W.

1971, *Posición y objeto en la obra de Melanie Klein*, Buenos Aires, Paidos, 1971; trad. bras.: *Posição e Objeto na Obra de Melanie Klein*, Porto Alegre, Editora Artes Médicas, 1981.

BERGERET, J.

1974, *La personnalité normale et pathologique*, Paris, Dunod, 1974.

BION, W.

1961, *Recherches sur les petits groups*; trad. fr. Paris, P.U.F, 1965.

218 MELANIE KLEIN I

BION, W., ROSENFELD, H., SEGAL, H. 1961, "Melanie Klein", *I.J.P.*, 1961.

BOEHM, F.

1920, "Homosexualität und Polygamie" (Homossexualidade e Poligamia), *I.Z.P.*

1922, "Beiträge zur Psychologie der Homosexualität" (Contribuições à Psicologia a Homossexualidade), *I.Z.P.*

1926, "Homosexualität und Ödipuskomplex", I.Z.P.

1930, "Weiblichkeitkomplex des Mannes" (O Complexo de Feminilidade do Homem), *I.Z.P.*.

CASSIRER, E.

1923, *Philosophie des formes symboliques*, t.I. *La langue*; trad. fr., Ed. De Minuit.

1925, *Philosophie des formes symboliques*, t.II. *La pensée mythique*; trad. fr. Ed. de Minuit.

1929, *Philosophie des formes symboliques*, t. III. *Phénoménologie de la connaissance*; trad. fr., Ed. de Minuit.

CHADWICK, M.

1925, "Die Wurzel der Wissbegierde" (A Raiz do Desejo Ávido de Saber), *I.Z.P.*

CHASSEGUET-SMIRGEL, J.

1964, *Introduction in La sexualité féminine*, Paris, Payot.

DEUTSCH, H.

1925, "Psychanalyse der weiblichen Sexualfunktionen" (Psicanálise das Funções Sexuais Femininas), *Internationalepsycho-analytischer Verlag*, Viena, 1925.

DEVEREUX, G.

1970, *Essais d'ethnopsychiatrie générale*, Paris, Gallimard.

FAIRBAIRN, R.

1951, *Psycho-Analytic Studies on Personality*, Londres, Hogarth Press.

FERENCZI, S.

1908, "Psychanalyse et pédagogie", trad. fr. in 1968-74, I.

1909, "Introjection et transfert", trad. fr. in 1968-74, I.

1913a, "L'ontogenèse des symboles", trad. fr. in 1968-74.

1913b, "Le développement du sens de la réalité et ses stades", trad. fr. in 1968-74, 2.

1917, "Névroses du dimanche", trad. fr. in 1968-74, 2.

1919, "Difficultés techniques d'une analyse d'hystérie", in 1968-74, 3.

1924, *Thalassa, psychanalyse des origines de la vie sexuelle*, trad. fr. Paris, Payot, 1962; trad. bras.: *Thalassa, Psicanálise das Origens da Vida Sexual*, Rio de Janeiro, Biblioteca Universal Popular S.A., 1967.

1968-74, *Psychanalyse* 1, 2, 3; *Oeuvres complètes* de S. Ferenczi, em vias de publicação, Paris, Payot.

FREUD, A.

1927, *Le traitement psychanalytique des enfants*, trad. fr. Paris, P.U.F., 1969; trad. bras.: *O Tratamento Psicanalítico de Crianças*, Rio, Imago, 1971.

1965, *Le normal et le pathologique chez l'enfant*, trad. fr. Paris, Gallimard, 1968; trad. bras.: *Infância Normal e Patológica*, Rio, Zahar, 1971.

FREUD, S.

1895, "Qu'il est justifié de séparer de la neurasthénie un certain complexe sympto-matologique sous le nom de 'névrose d'angoisse'", trad. fr. in *Névrose, psychose, perversion*, Paris, P.U.F.; trad. bras.: "Sobre os Critérios para Destacar uma Síndrome Particular Intitulada 'Neurose de Angústia'", vol.Ill, pp. 107-136, Edição Standard Brasileira das *Obras Completas* de Sigmund Freud, Rio de Janeiro, Imago Ed. Ltda.

BIBLIOGRAFIA   219

1900,   *L'interprétation des rêves*, trad. fr., Paris, P.U.F.; trad. bras.: *A Interpre-
        tação de Sonhos*, vols.IV e V.

1901,   *Le rêve et son interprétation*, trad. fr., Paris, Gallimard; trad. bras.: *Sobre
        os Sonhos*, Vol.V.

1905,   *Trois essais sur la théorie de la sexualité*, trad. fr., Paris, Gallimard ; trad.
        bras.: *Três Ensaios sobre a Teoria da Sexualidade*, vol. VII.

1907,   "Les explications sexuelles données aux enfants", trad. fr. in *La vie sexuelle*,
        Paris, P.U.F.; trad. bras.: "O Esclarecimento Sexual das Crianças", vol. IX.

1909a, "Analyse d'une phobie d'un petit garçon de cinq ans (le petit Hans)",
        trad. fr. in *Cinq psychanalyses*, P.U.F.; trad. bras.: "Análise de uma Fobia
        em um Menino de Cinco Anos (O Pequeno Hans)", vol. X.

1909b, "Le roman familial des névrosés", trad. fr. in *Névrose, psychose, perver-
        sion*, Paris, P.U.F.; trad. bras.: "Romances Familiares", vol. IX.

1909c, "Remarques sur un cas de névrose obsessionnelle (l'homme aux rats)",
        trad. fr. in *Cinq psychanalyses*, P.U.F.; trad. bras.: "Notas sobre um Caso
        de Neurose Obsessiva (O Homem dos Ratos)", vol. X.

1910a, *Un souvenir d'enfance de Léonard de Vinci*, trad. fr. Paris, Gallimard; trad.
        bras.: "Leonardo da Vinci e uma Lembrança da sua Infância", vol. XI.

1910b, "Des sens opposés dans les mots primitifs", trad. fr. in *Essais de psycha-
        nalyse appliquée*, Paris, Gallimard; trad. bras.: "A Significação Antitética
        das Palavras Primitivas", vol. XI.

1911,   Formulierungen ueber die zwei Prinzipien des psychischen Geschehens",
        Gesammelte Werke, 8, Imago Publishing, Londres; trad. bras.: "Formu-
        lações sobre os Dois Princípios do Funcionamento Mental", vol. XII.

1915,   "Pulsions et destins de pulsions", trad. fr. in *Métapsychologie*, Gallimard;
        trad. bras.: "Os Instintos e suas Vicissitudes", vol. XIV.

1916-17, *Introduction à la psychanalyse*, trad. fr. Paris, Payot; trad. bras.: "Con-
        ferências Introdutórias sobre Psicanálise", vol. XV.

1919,   "Les voies nouvelles de la thérapie psychanalytique", trad. fr. in *De la
        technique psychanalytique*, Paris, P.U.F.; trad. bras.: "Linhas de Pro-
        gresso na Terapia Psicanalítica", vol. XVII.

1921,   "Psychologie collective et analyse du moi", trad. fr. in *Essais de psychanalyse*,
        Paris, Payot; trad. bras.: "Psicologia de Grupo e Análise do Ego, vol. XVIII.

1925,   "La négation", trad. fr. in *Revue française de psychanalyse*, 7, 1934, n.
        2; trad. bras.: "A Negativa", vol. XIX.

1926,   *Inhibition, symptôme et angoisse*, trad. fr., Paris, P.U.F.; trad. bras.: "Ini-
        bições, Sintomas e Ansiedade", vol. XX.

1950,   "Esquisse d'une psychologie scientifique", trad. fr. in *Naissance de la
        psychanalyse*, Paris, P.U.F.; trad. bras.: "Projeto para uma Psicologia
        Científica", vol. I.

GIOVACCHINI, P.L. & col.

1972,   *Tactics and Techniques in Psycho-Analytic Therapy*, Londres, Hogarth Press.

GLOVER, E.

1933,   "The Psycho-Analysis of Children", *I.J.P.*

GUNTRIP, H.

1961,   *Personality Structure and Human Interaction*, Londres, Hogarth Press.

HOFFER, W.

1961,   "Melanie Klein", *I.J.P.*

HORNEY, K.

1923,   "Zur Genèse des weiblichen Kastrationskomplexes" (A Gênese do Com-
        plexo de Castração Feminino), *I.Z.P.*

220 MELANIE KLEIN I

1926, "Flucht aus der Weiblichkeit" (Fuir la féminité), *I.Z.P.*

HUG-HELLMUTH, H. von.

1921, "Zur Technik der Kinderanalyse" (Contribuição à Técnica de Análise de Crianças), *I.Z.P.*, trad. ing. *I.J.P.*, 1921 ("On the Technique of Child Analysis").

ISAACS, S.

1952, "Nature et fonction du phantasme", in M. KLEIN e col., 1952.

JACCARD, R.

1971, *La pulsion de mort chez Mélanie Klein*, Lausanne, L›âge d›homme.

JAKOB, E.

1929, "Ravels Kinderoper in Wien", *Berliner Tageblatt*, 11 mar. 1929.

JAQUES, E.

1963, "Mort et crise du milieu de la vie", in ANZIEU, D. e col. 1974.

JONES, E.

1916, "La théorie du symbolisme", trad. fr. in *Théorie et pratique de la psychanalyse*, Paris, Payot.

1929, "La peur, la haine et la culpabilité", trad. fr. in *Théorie et pratique de la psychanalyse*, Paris, Payot.

1932, "Le stade phallique", trad. fr. in *Théorie et pratique de la psychanalyse*, Paris, Payot.

1927, *La vie et l'oeuvre de Sigmund Freud*, trad. fr. em 3 vols., Paris, P.U.F.

KANNER, L.

1943, "Autistic Disturbances of Affective Contact", *The Nervous Child*, 1943, 2.

LAGACHE, D.

1964, "Fantaisie, réalité, vérité", *La psychanalyse*, t.5, P.U.F.

LEVI-STRAUSS, C.

1949, "L'efficacité symbolique", in *Anthropologie structurale*, Paris, Pion, 1961; trad. bras.: "A Eficácia Simbólica", in *Antropologia Estrutural*, Rio de Janeiro, Ed. Tempo Brasileiro, 1975.

LINDON, J.A.

1972, "Melanie Klein's Theory and Technique: her Life and Work", in GIO-VACCHINI, 1972.

MERLEAU-PONTY, M.

1953, *Les relations avec autrui chez l'enfant*, Paris, Centre de documentation universitaire.

MICHAELIS, K.

1929, "Der leere Fleck...", *Berliner Tageblatt*, 23 mar. 1929.

MONEY-KYRLE, R.E.

1975, "Introduction", in MELANIE KLEIN, 1975.

NIETZSCHE, F.

1887, *La généalogie de la morale*, trad. fr., Paris, Gallimard.

PFEIFER, S.

1919, "Äusserungen der infantil-erotischer Triebe im Spiele (Psychoanalytische Stellungnahme zu den wichtigsten Spieltheorien)", (Expressões das Pulsões Eróticas Infantis no Jogo – Posicionamentos Psicanalíticos sobre as Principais Teorias do Jogo), *Imago*, vol. V, 1919.

PIAGET, J.

BIBLIOGRAFIA 221

1923, "La pensée symbolique et la pensée de l'enfant", *Archives de Psychologie*, XVIII, 1923.

1945, *La formation du symbole chez l'enfant*, Paris, Neuchatel, Delachaux et Niestlé; trad. bras.: *A Formação do Símbolo na Criança*, Rio de Janeiro, Zahar.

PONTALIS, J.-B.

1965, "Nos débuts dans la vie d'après Mélanie Klein", in *Après Freud*, 2ª ed., Paris, Gallimard, 1968.

PONTALIS, J.-B., LAPLANCHE, J.

1967, *Vocabulaire de la psychanalyse*, Paris, P.U.F.; trad. bras.: *Vocabulário da Psicanálise*, São Paulo, Livraria Martins Fontes Editora.

RADO, S.

1928, "Das Problem der Melancholie", *I.Z.P.*, 1927; trad. ing. "The Problem of Melancholia", *I.J.P.*, 1928.

RODRIGUE, E.

1955, "Psycho-Analysis of a Three-year-old Mute Schizophrenic Boy", in MELANIE KLEIN, PAULA HEIMANN, R.E. MONEY-KYRLE, 1955; trad. bras.: A Análise de um Esquizofrênico com Mutismo, de três Anos de Idade", in *Novas Tendências na Psicanálise*, 1969.

RÓHEIM, G.

1923, "Nach dem Tode des Urvaters" (Após a Morte do Pai Primitivo), *Imago*, 1923.

ROSENFELD, H., BION, W. & SEGAL, H.

1961, "Melanie Klein", *LLP.*, 1961.

SAUSSURE (F. de)

1916, *Cours de linguistique générale*, Paris, Payot.

SEGAL, H.

1957, "Remarque sur la formation du symbole", trad. fr., *Revue française de psychanalyse*, 1970, 34, n. 4.

1964, *Introduction à l'oeuvre de Mélanie Klein*, trad. fr., Paris, P.U.F.; trad. bras.: *Introdução à Obra de MelanieKlein*, Rio de Janeiro, Imago, 1975.

1973, *Introduction to the Work of Melanie Klein*, nova edição ampliada, Hogarth Press, 1973.

SEGAL, H., BION, W., ROSENFELD, H.

1961, "Melanie Klein", *I.J.P.*, 1961.

SPERBER, H.

1922, "Ueber den Einfluss sexueller Momenten auf Entstehung und Entwicklung der Sprache" (Da Influência dos Fatores Sexuais sobre a Origem e o Desenvolvimento da Linguagem), *Imago*, 1922.

TOROK, M., ABRAHAM, N.

1968, Introdução à edição francesa, in M. KLEIN, 1952, trad. fr., *Essais de Psychanalyse*, Paris, Payot, 1968.

PSICOLOGIA E PSICANÁLISE NA PERSPECTIVA

Distúrbios Emocionais e Anti-Semitismo, N. W. Ackerman e M. Jahoda (D010)
LSD, John Cashman (D023)
Psiquiatria e Antipsiquiatria, David Cooper (D076)
Manicômios, Prisões e Conventos, Erving Goffman (D091)
Psicanalisar, Serge Leclaire (D125)
Escritos, Jacques Lacan (D132)
Lacan: Operadores da Leitura, Américo Vallejo e Ligia C. Magalhães (D169)
A Criança e a Febem, Marlene Guirado (D172)
O Pensamento Psicológico, Anatol Rosenfeld (D184)
Comportamento, Donald Broadbent (E007)
A Inteligência Humana, H. J. Butcher (E010)
Estampagem e Aprendizagem Inicial, W. Sluckin (E017)
Percepção e Experiência, M. D. Vernon (E028)
A Estrutura da Teoria Psicanalítica, David Rapaport (E075)
Freud: A Trama dos Conceitos, Renato Mezan (E081)
O Livro dIsso, Georg Groddeck (E083)
Melanie Klein I, Jean-Michel Petot (E095)
Melanie Klein II, Jean-Michel Petot (E096)
O Homem e Seu Isso, Georg Groddeck (E099)

Um Outro Mundo: A Infância, Marie-José Chombart de Lauwe (E105)
A Imagem Inconsciente do Corpo, Françoise Dolto (E109)
A Revolução Psicanalítica, Marthe Robert (E116)
Estudos Psicanalíticos Sobre Psicossomática, Georg Groddeck (E120)
Psicanálise, Estética e Ética do Desejo, Maria Inês França (E153)
O Freudismo, Mikhail Bakhtin (E169)
Psicanálise em Nova Chave, Isaias Melsohn (E174)
Freud e Édipo, Peter L. Rudnytsky (E178)
Os Símbolos do Centro, Raïssa Cavalcanti (E251)
Violência ou Diálogo?, Sverre Varvin e Vamik D. Volkan (orgs.) (E255)
Cartas a uma Jovem Psicanalista, Heitor O'Dwyer de Macedo (E285)
Holocausto: Vivência e Retransmissão, Sofia Débora Levy (E317)
Os Ensinamentos da Loucura: A Clínica de Dostoiévski, Heitor O'Dwyer de Macedo (E326)
O Terceiro Tempo do Trauma, Eugênio Canesin Dal Molin (E346)
A Disposição Para o Assombro, Leopold Nosek (E354)
A "Batedora" de Lacan, Maria Pierrakos (EL56)
Memória e Cinzas: Vozes do Silêncio, Edelyn Schweidson (PERS)
Acorde: Estratégias e Reflexões Para Atualizar Habilidades de Relacionamento em Tempo de Inovações, Abel Guedes (LSC)
A Grande Mentira, José María Martínez Selva (LSC)

COLEÇÃO ESTUDOS
(Últimos Lançamentos)

318. *Missão Italiana: HIstórias de uma Geração de Diretores Italianos no Brasil*, Alessandra Vannucci
319. *Além dos Limites*, Josette Féral
320. *Ritmo e Dinâmica no Espetáculo Teatral*, Jacyan Castilho
321. *A Voz Articulada Pelo Coração*, Meran Vargens
322. *Beckett e a Implosão da Cena: Poética Teatral e Estratégias de Encenação*, Luiz Marfuz
323. *Teorias da Recepção*, Claudio Cajaiba
324. *Revolução Holandesa, A Origens e Projeção Oceânica*, Roberto Chacon de Albuquerque
325. *Psicanálise e Teoria Literária: O Tempo Lógico e as Rodas da Escritura e da Leitura*, Philippe Willemart
326. *Os Ensinamentos da Loucura: A Clínica de Dostoiévski*, Heitor O'Dwyer de Macedo
327. *A Mais Alemã das Artes*, Pamela Potter
328. *A Pessoa Humana e Singularidade em Edith Stein*, Francesco Allieri
329. *A Dança do Agit-Prop*, Eugenia Casini Ropa
330. *Luxo & Design*, Giovanni Cutolo
331. *Arte e Política no Brasil*, André Egg, Artur Freitas e Rosane Kaminski (orgs.)
332. *Teatro Hip-Hop*, Roberta Estrela D'Alva
333. *O Soldado Nu: Raízes da Dança Butō*, Éden Peretta

334. *Ética, Responsabilidade e Juízo em Hannah Arendt*, Bethania Assy
335. *Alegoria em Jogo: A Encenação Como Prática Pedagógica*, Joaquim Gama
336. *Jorge Andrade: Um Dramaturgo no Espaço Tempo*, Carlos Antônio Rahal
337. *Nova Economia Política dos Serviços*, Anita Kon
338. *Arqueologia da Política*, Paulo Butti de Lima (E338)
339. *Campo Feito de Sonhos*, Sônia Machado de Azevedo
340. *A Presença de Duns Escoto no Pensamento de Edith Stein: A Questão da Individualidade*, Francesco Alfieri (E340)
341. *Os Miseráveis Entram em Cena: Brasil, 1950-1970*, Marina de Oliveira
342. *Antígona, Intriga e Enigma*, Kathrin H. Rosenfield
343. *Teatro: A Redescoberta do Estilo e Outros Escritos*, Michel Saint-Denis
344. *Isto Não É um Ator*, Melissa Ferreira
345. *Música Errante*, Rogério Costa
346. *O Terceiro Tempo do Trauma*, Eugênio Canesin Dal Molin
347. *Machado e Shakespeare: Intertextualidade,* Adriana da Costa Teles
348. *A Poética do Drama Moderno*, Jean-Pierre Sarrazac
349. *A Escola Francesa de Goegrafia*, Vincent Beurdoulay
350. *Educação, uma Herança Sem Testamento,* José Sérgio Fonseca de Carvalho
351. *Autoescrituras Performativas,* Janaina Fontes Leite
353. *As Paixões na Narrativa,* Hermes Leal
354. *A Disposição Para o Assombro,* Leopold Nosek